L.1264.
B.p.4.

HISTOIRE
DES FRANÇAIS.

TOME IV.

HISTOIRE DES FRANÇAIS,

PAR

J. C. L. SIMONDE DE SISMONDI,

Correspondant de l'Institut de France, de l'Académie impériale de Saint-Pétersbourg, de l'Académie royale des Sciences de Prusse, membre honoraire de l'Université de Wilna, de l'Académie et de la Société des Arts de Genève, de l'Académie Italienne, de celles des Georgofili, de Cagliari, de Pistoia; de l'Académie Romaine d'Archélogie, et de la Société Pontaniana de Naples.

TOME QUATRIÈME.

A PARIS,

CHEZ TREUTTEL ET WÜRTZ, LIBRAIRES,
RUE DE BOURBON, N° 17.

A STRASBOURG et à LONDRES, même Maison de Commerce.

1823.

HISTOIRE DES FRANÇAIS.

TROISIEME PARTIE.

LA FRANCE CONFÉDÉRÉE SOUS LE RÉGIME FÉODAL.

CHAPITRE PREMIER.

Affermissement du système féodal à la chute de la seconde dynastie. 987.

Nous avons désigné deux longues périodes de l'histoire des Français, par le nom des deux races de rois, les Mérovingiens et les Carlovingiens, qui gouvernèrent les premiers la France. Une troisième période commence avec le sacre de Hugues Capet à Reims, le 3 juillet 987, période qui ne prendroit qu'improprement son nom de la race nouvelle des Capétiens : c'est celle où la royauté fut, en quelque sorte, anéantie en France, où le lien social fut brisé, et où la contrée qui s'étend du Rhin aux

Pyrénées, et du canal de la Manche au golfe de Lyon, fut gouvernée par une confédération de princes rarement soumis à une volonté commune, et réunis par le seul système féodal.

Pendant que la France fut confédérée sous le régime féodal, le pouvoir législatif y fut suspendu. Hugues Capet et ses successeurs, jusqu'à l'avènement de Saint-Louis, n'avoient point le droit de faire des lois; la nation n'avoit point de diète, point d'assemblées régulièrement constituées dont elle reconnût l'autorité. Le système féodal tacitement adopté, et développé par la coutume, étoit seul reconnu par les nombreux souverains qui se partageoient les provinces. Il leur tenoit lieu de lien social, de monarque et de législateur; il doit, dès le commencement de cette organisation nouvelle, devenir l'objet principal de notre attention.

La période de deux cent quarante ans, qui s'étend de l'élévation de Hugues Capet à la mort de Louis VIII (987-1226), dont nous avons entrepris de présenter aujourd'hui l'histoire, est donc comme un long interrègne durant lequel l'autorité royale fut suspendue, quoique le nom de roi se conservât toujours. Celui qui portoit ce titre au milieu d'une république de princes, ne se distinguoit d'eux que par quelques prérogatives honorifiques, et n'exerçoit sur eux presque aucune autorité. Jusque près de la fin du onzième siècle, ces princes n'étoient guère moins nombreux que les châteaux qui couvroient la France. Aucune autorité n'étoit reconnue à distance, et chaque forteresse donnoit à son seigneur rang parmi les souverains. La conquête de l'Angleterre par les Normands rompit l'équilibre entre les seigneurs féodaux; un des princes confédérés, devenu roi en 1066, étendit graduellement, jusqu'en 1179, sa domination sur une grande moitié de la France; et quoique ce ne fût pas celui qui portoit le titre de roi des Français, on put croire pendant un temps que le reste de la contrée passeroit également sous son joug. Philippe-Auguste et son fils, durant les quarante-six dernières années de la même période, reconquirent presque tous les fiefs que les rois anglais avoient réunis, ramenèrent les autres grands vassaux à l'obéissance, et changèrent la confédération féodale qui avoit régi la France en une monarchie qui incorpora le système féodal dans sa constitution.

La durée du régime féodal n'est point limitée en effet à la période que nous embrassons aujourd'hui. Ses premiers élémens étoient de beaucoup antérieurs au règne de Hugues Capet; ses débris ont continué à couvrir le sol de la France bien long-temps après Louis VIII; mais c'est toujours d'une manière un peu arbitraire qu'on est forcé d'indiquer le commencement et la fin d'un ensemble de lois lentement formé et lentement détruit. Le droit féodal n'a été recueilli et mis par écrit que dans sa décadence; en le rédigeant, on a voulu le fonder sur un usage immémorial, et justement parce qu'il ne repose pas sur une constitution ou un code primitif qu'on puisse montrer, on a supposé son origine plus ancienne qu'elle ne l'est réellement, et on l'a fait naître, ou durant les premières conquêtes des peuples germaniques, ou même auparavant, dans les bois où ils avoient leurs antiques demeures. Sans doute les mœurs et le caractère des anciens Germains avoient imprimé à leur race quelques marques indélébiles ; plus d'une opinion accréditée chez les Francs de Clovis étoit encore universellement reçue parmi les Français de Hugues Capet; plus d'un droit, plus d'un privilége, réclamés par les premiers Teutons qui attaquèrent l'empire romain, faisoient encore partie des lois et des coutumes des seigneurs féodaux du dixième au douzième siècle. Il ne faut point oublier cependant que dans ce long espace de temps les conquérans de l'Europe avoient passé, à plus d'une reprise, de la liberté à la servitude, de la vigueur guerrière à l'épuisement. Sous les successeurs de Charlemagne, l'ordre social, ouvrage de ce grand homme, fut renversé; plusieurs des matériaux qui avoient été mis en œuvre par lui, et qui avoient également servi à un ordre plus ancien, furent, pour la troisième ou la quatrième fois, employés dans le nouvel édifice qui remplaça le sien. L'antiquité supérieure de ces fragmens d'une autre organisation n'empêche point que le système féodal où on les fit entrer, n'ait été façonné seulement vers le dixième siècle.

Si l'on veut voir de la féodalité partout où la terre appartenant au seigneur et non au laboureur, le premier se crée une puissance par l'abandon qu'il fait d'une certaine portion de cette terre contre de certains services, partout où il permet aux cultivateurs de faire valoir ses champs, sous condition qu'ils lui obéiront pendant la paix, et qu'ils combattront pour lui à la guerre, on trouvera que ce système a dominé, non-seulement dans tous les pays sur lesquels s'étendit l'empire de Charlemagne, mais encore dans une très-grande partie du monde habitable. Les seigneurs Francs, après avoir obtenu, dès les premiers partages, beaucoup plus de terre qu'ils n'en pouvoient cultiver, les distribuèrent, comme on distribua plus tard les fiefs, aux *Leudes*, qui prirent en retour l'engagement de les servir, et qui n'hésitèrent point en effet à les suivre dans ces guerres privées ou *fehde*, que le relâchement du lien social permettoit entre les puissans. Ces guerres privées, cette obéissance des Leudes, cette récompense qu'ils recevoient en biens de terre, et l'obligation à laquelle ils se soumettoient d'attendre la justice des mains de leur seigneur fiduciaire ou *antrusthion*, ressemblent si fort au droit féodal, que nous avons quelquefois nous-mêmes donné à cet état le nom de féodalité. Cependant on retrouveroit des institutions semblables chez les Celtes de la Haute-Écosse, ou les Slaves de la Pologne, qui n'ont jamais été soumis au droit féodal. On retrouveroit même des usages analogues chez les Turcs, ou dans le royaume de Caubul, au centre de l'Asie, et jusque dans les îles de la mer du Sud, où l'on n'ira point chercher la féodalité.

D'ailleurs, ce qui est plus essentiel pour séparer le système germanique des conquérans, d'avec le système féodal du dixième siècle, cette indépendance des seigneurs, et leur union intime avec leurs Leudes, et leurs guerres privées, avoient cessé pendant la plus brillante partie de la période carlovingienne. Le pouvoir national, et le pouvoir militaire du chef de la nation avoient été élevés au-dessus des pouvoirs locaux, par les Pepins et Charles Martel; l'ordre et l'obéissance à l'intérieur avoient été rendus uniformes pendant le long règne de Charlemagne; d'autre part, la population militaire, tant celle des hommes libres que celle des Leudes, s'épuisa pendant les guerres étrangères, et pendant les guerres civiles des règnes de son fils et de ses petits-fils. La classe intermédiaire disparut presque absolument au temps de Charles-le-Chauve. On ne trouvoit plus dans les provinces que des seigneurs et des esclaves, et les premiers se proposant d'accumuler des richesses, plutôt que d'augmenter leurs pouvoirs, demandoient en retour pour les terres mises en culture, des produits agricoles ou de l'argent, non des services militaires. Comme les soldats nés sur leurs terres ne combattoient plus pour eux, il leur convenoit d'en diminuer plutôt que d'en augmenter le nombre; de là la foiblesse de l'empire vis-à-vis des Normands, et l'impossibilité de la défense publique après la cessation des guerres privées.

C'est avec l'indépendance locale et les moyens de résistance militaire des seigneurs qu'on vit naître le nouveau système féodal, et avec lui commencèrent aussi l'esprit belliqueux de la nation, le sentiment de liberté, tout au moins dans une classe des habitans, la distinction et la multiplication rapide de l'ordre équestre, les progrès enfin de la population universelle. Nous avons précédemment indiqué les commencemens de cette révolution heureuse; nous l'avons attribuée à l'abandon où Louis-le-Bègue fut forcé de laisser tomber l'édit de Pistes qui, en 864, interdisoit encore d'élever aucune fortification sans le consentement royal.

Sous la première race, les seigneurs avoient rarement fortifié leurs châteaux ou demandé la permission de le faire, parce que les peuples germaniques conservoient encore leur haine pour les enceintes de murailles et leur mépris pour ceux qui faisoient usage de quelque avantage dans le combat. Ces permissions avoient rarement été accordées sous la seconde race, aussi long-temps que les empereurs possédèrent assez d'autorité pour les refuser à leur noblesse dont ils se défioient. Lorsque Louis-le-Bègue, aussi foible de santé et d'esprit que dénué de crédit, ne put plus résister aux usurpations des grands, des mains desquels il reçut comme par grâce la couronne de son père, tout fut changé dans les mœurs, les opinions, le système militaire de l'état; les riches propriétaires, en se fortifiant chez eux, songèrent d'abord à leur sécurité, bientôt à leur force; l'ambition prit dans leur cœur la place de la cupidité, la possession de vastes campagnes que jusqu'alors ils avoient considérées sous le seul rapport de leurs revenus, devint un moyen d'augmenter infiniment leur puissance; ils recommencèrent à distribuer leurs terres en lots nombreux, sous la condition du service militaire. La permission de se fortifier qu'ils avoient tout récemment arrachée au monarque, ils l'accordèrent à leur tour à leurs vassaux, et les châteaux s'élevèrent par milliers autour de la forteresse du comte ou du chef d'une province. Les familles de l'ordre équestre se multiplièrent avec une rapidité qui tient presque du prodige; la noblesse naquit en quelque sorte tout à la fois du milieu du neuvième au milieu du dixième siècle, et la fable de Deucalion et Pyrrha sembla pour la seconde fois recevoir une explication allégorique; la France, en autorisant l'édification des forteresses, sema des pierres sur ses jachères, et il en sortit des hommes armés.

Le droit rendu à tous les sujets de l'empire de pourvoir par eux-mêmes à leur propre défense, que les monarques avoient si négligée, n'eut donc pas seulement pour résultat d'arrêter et de rendre impossible les effroyables dévastations des Normands, des Hongrois et des Sarrasins; il retrempa le caractère national, il rendit le sentiment de l'indépendance à quiconque avoit les moyens de se défendre chez soi; il inspira une nouvelle bravoure à ceux que l'esclavage avoit avilis, et qui retrouvoient la liberté dans leurs armes; il leur fit comprendre leur dignité, si ce n'est d'hommes, du moins de chevaliers; il fit renaître en eux une salutaire estime d'eux-mêmes, et il les autorisa à exiger des égards mutuels de ceux de qui ils tenoient des terres, comme de ceux à qui ils en concédoient. Il introduisit enfin dans les mœurs nationales un respect pour l'équité dans l'inégalité même, qui fut la base du système féodal.

Il est digne de remarque, que dans les siècles barbares on perfectionne bien davantage l'art de se défendre, et dans les siècles civilisés celui d'attaquer : dans les premiers, ceux qui cherchent à conserver leur maison, leur personne, leur ville, sont plus forts que ceux qui veulent les détruire; dans les seconds, aucun moyen conservateur n'est égal aux pouvoirs destructeurs que les progrès des sciences ont mis entre les mains des hommes. Tous les moyens d'attaque sont devenus aujourd'hui disproportionnés avec les moyens de se garantir : aucune armure ne met à l'abri de la balle, aucun château ne peut résister au premier coup de canon, aucune place forte, même entourée d'ouvrages qui dépassent en étendue et en solidité tous les monumens de l'antiquité que nous admirons le plus, ne peut soutenir un siége de six mois. Dans les temps barbares, au contraire, quand on ne fait que commencer à appliquer les arts aux usages de l'homme, les villes qui s'entourent d'une enceinte sont bientôt en état de défier les invasions les plus formidables; bientôt la demeure de chaque homme riche peut de même être mise à l'abri des insultes de ses ennemis; les fortes murailles de la tour isolée où il se réfugie, lui permettent de braver, avec un petit nombre de domestiques, toutes les violences de la multitude ; l'industrie, dès qu'il a de quoi la payer, travaille enfin à mettre sa personne, même en rase campagne, à l'abri de tout danger ; et sa cuirasse devient une fortification mobile sous la garantie de laquelle il demeure invulnérable au milieu d'une populace qu'il méprise.

Ce qui créa la fierté de la noblesse, au moment où cet ordre, se répandant sur les campagnes et les couvrant de ses châteaux, sembla sortir de terre ; ce qui lui communiqua une bravoure nouvelle, bravoure qui un siècle auparavant sembloit éteinte dans toute la nation, c'est que le riche fut réellement tout à coup mis à l'abri des dangers, et que sa vie acquit des garanties que le reste des hommes ne partageoit point avec lui. Tous les habitans des Gaules, du temps de Charles-le-Chauve, étoient également accessibles à la peur, et lorsque cette passion honteuse a été une fois ressentie dans le danger réel, elle se reproduit à la seule apparence d'un danger qui n'existe plus. Lorsque au contraire l'homme a acquis de la confiance dans ses forces et dans ses moyens, lorsqu'il a reconnu qu'il est supérieur aux dangers vulgaires, il s'accoutume bien vite à compter sur sa fortune aussi-bien que sur sa valeur, il conserve au milieu du péril toute sa présence d'esprit, et elle lui donne une supériorité nouvelle sur ceux que la crainte déconcerte; la peur qu'il n'a point eu occasion de connoître, là où tout autre auroit été effrayé, tandis que lui-même ne couroit aucun danger, ne l'approche pas davantage dans les dangers réels auxquels il s'expose, et une première habitude de sécurité devient la base de son courage.

Telle fut l'éducation que reçurent tous ces hommes d'armes qui, du neuvième au dixième siècle, reçurent en fief tant de parcelles du domaine des comtes, sous l'obligation de les servir à la guerre, et qui commencèrent chacun leur établissement dans la campagne, par la construction d'une petite forteresse, ne fût-elle composée que d'une seule tour. La confiance de chaque gentilhomme dans la force de sa demeure, dans la bonté supérieure de son cheval, de son épée, de son armure défensive, développoit en lui une valeur qu'on n'avoit point aperçue tant qu'il n'avoit eu aucun moyen de résistance. La vie d'un noble étoit tellement plus difficile à ravir que celle d'un plébéien, qu'il s'accoutuma et que chacun s'accoutuma comme lui à l'estimer infiniment davantage. Lors même que cent bras se levoient contre lui, il étoit assuré qu'aucun ne pouvoit l'atteindre; il ne lui restoit plus qu'à faire en sorte que ses moyens de nuire fussent égaux à ses moyens de se défendre, et que son bras seul fût plus redoutable que les cent dont il bravoit déjà les coups. Dans ce but, il se fortifia par un constant exercice, et par la dextérité qu'il acquit dans tous les travaux chevaleresques : sa vie entière fut consacrée au maniement des armes et à l'éducation de son destrier; et si dès lors l'ignorance fit des progrès parmi la noblesse, en dépit du développement des esprits et de l'adoucissement des mœurs nationales, c'est que le gentilhomme n'avoit réellement plus le temps de faire autre chose que de se préparer à se battre.

Il se trouva alors dans la société une classe d'hommes à elle seule plus forte que tout le reste de la nation; une classe d'hommes presque invulnérables dans les combats, où ils frappoient sans pouvoir être frappés à leur tour; une classe d'hommes qu'aucune autorité et aucune justice ne pouvoit atteindre, puisqu'ils étoient en possession de châteaux forts que la puissance des souverains, ni le talent des ingénieurs de ce siècle ne pouvoient ouvrir. Cette classe, supérieure à toutes les autres en force de corps et en dextérité dans l'exercice des armes, l'étoit encore, par une conséquence nécessaire, en fierté et en estime de soi-même; en goût pour la liberté, résultat de ses habitudes d'indépendance; en point d'honneur, qu'elle devoit au sentiment même de sa supériorité; en franchise, car la fraude est la conséquence de la foiblesse, et à la suite de ces premières vertus, plusieurs autres ne tardèrent pas à renaître aussi en elle.

Les gentilshommes, les chevaliers, qui se sentoient libres, et qui vouloient le demeurer, reconnurent cependant le besoin de quelque ordre politique, de quelque garantie sociale. Ils avoient en quelque sorte anéanti le pouvoir monarchique; ils y substituèrent une organisation à peu près républicaine, une organisation résultant de contrats volontaires, de promesses données et reçues, et d'engagemens réciproques. Les mêmes causes agissoient en même temps dans tous les pays qui avoient été soumis au sceptre de Charlemagne; savoir : la France, la Germanie, l'Italie et l'Espagne septentrionale. Mais quelques circonstances les modifioient dans chaque contrée; en France surtout, où la nation qui se donnoit des lois nouvelles ne s'assembloit point, ne reconnoissoit aucune volonté commune, aucun pacte qui pût lier la minorité par l'acte de la majorité, le nouveau contrat social fut le résultat d'engagemens individuels, successifs, réciproques, et qu'on chercha seulement à rendre à peu près semblables les uns aux autres. Les lois portées dans l'empire, où les diètes continuoient à s'assembler, furent reçues de confiance dans les Gaules qui n'étoient point soumises à ces diètes, et qui n'avoient point de représentation en propre; ainsi le système qui n'étoit encore écrit nulle part, reçut une exécution régulière par l'assentiment universel.

Pendant les derniers règnes de la seconde race, les rois résidant à Laon et à Reims, et n'ayant conservé qu'un très-petit nombre de domaines dans le voisinage de l'Oise, cherchèrent bien à les inféoder aux mêmes conditions que les grands seigneurs; mais leurs vassaux immédiats étoient en si petit nombre, qu'ils ne suffisoient point pour constituer une armée, et que chaque effort de Louis IV, de Lothaire et de Louis V, pour se faire des créatures, n'avoit d'autre résultat que d'appauvrir davantage encore le monarque. Le nombre des grands barons qui s'étoient partagé le territoire de la France, et qui, ne reconnoissant d'autre supérieur que le roi, étoient regardés alors comme vassaux immédiats de la couronne, n'étoit probablement point limité; il auroit été très-difficile de tracer une ligne pour les séparer de ceux qui les suivoient en importance : ce fut au bout de plusieurs générations seulement qu'on pretendit qu'ils n'étoient qu'au nombre de sept, et qu'on voulut voir en eux les auteurs des pairs laïques du royaume. Sept grands princes qui avoient affermi leur autorité héréditaire sur de vastes provinces, pendant la décadence de la seconde race, survécurent en effet à sa chute. C'étoit le comte de Flandre, alors Arnoul II (965-989), qui, pour une partie de ses états, relevoit d'Othon III et de la couronne de Germanie, tandis que l'autre étoit supposée faire partie de la France; le comte de Vermandois, alors Héribert III (968-993), dont les possessions disséminées à Saint-Quentin, à Péronne, à Troyes et à Meaux, n'auroient point suffi pour le ranger au nombre des grands vassaux, si l'on n'avoit pas eu égard à la puissance des comtes de Champagne qui lui succédèrent; le comte de Paris et d'Orléans, alors Hugues Capet, qui étoit reconnu pour seigneur dans toute l'Ile de France, dont il enrichit le domaine de la couronne quand il fut fait roi; le duc de Bourgogne Henri, frère de Hugues Capet; le duc de Normandie, alors Richard-sans-Peur, petit-fils de Rollon; le duc d'Aquitaine, Guillaume Fier-à-Bras, qui étoit en même temps comte de Poitiers; et le comte ou duc de Toulouse, Guillaume Taillefer III. Le comté de Paris ayant été réuni à la couronne par Hugues Capet, on supposa que les six autres, jusqu'alors les égaux de Hugues, et qui l'avoient reconnu pour leur chef, avoient transmis à leurs descendans six pairies laïques, auxquelles on joignit dans la suite six pairies ecclésiastiques. Mais rien ne fait foi de la prééminence, au dixième siècle, de ces seigneurs sur tous les autres. Il y avoit à la même époque un duc de Bretagne, qu'on voulut plus tard considérer comme tenant ce puissant duché en fief des Normands, et en arrière-fief de la couronne, mais qui n'avoit jamais reconnu une telle inféodation; des comtes d'Anjou, du Maine, de Nevers, d'Auvergne, d'Angoulême, de la Marche, de Périgord, de Rouergue, de Carcassonne, qui ne le cédoient point en puissance à ceux qu'on a regardés comme les pairs d'Hugues Capet. Au pied des Pyrénées, les ducs de Gascogne, les comtes de Béarn, de Foix, de Cominges, ignoroient presque l'existence des rois de France; au-delà du Rhône, les comtes et les marquis de Provence; au-delà de la Saône, les comtes de Bourgogne, relevoient du royaume d'Arles et de Bourgogne; tout le pays entre la Meuse et le Rhin, tout comme le comté de Namur et le duché de Brabant, à la gauche de la Meuse, relevoit de l'empire.

Pendant presque toute la durée de la seconde race, ces grands seigneurs avoient travaillé constamment à rompre les liens qui les attachoient à la couronne. Ils se mettoient en possession de leurs gouvernemens par droit héréditaire, le plus souvent sans consulter le roi, sans lui faire serment de fidélité, sans lui payer aucune redevance, et sans lui fournir aucune troupe; tout au plus mettoient-ils son nom en tête de leurs actes, pour montrer qu'ils ne relevoient pas de l'empereur. Mais ces mêmes hommes qui cherchoient à s'affranchir du pouvoir royal, s'efforçoient au contraire de resserrer le lien féodal qui les unissoit à leurs propres vassaux (1). Ils avoient partagé leurs comtés ou duchés en grandes divisions, qui prenoient le nom de comtés particuliers ou de vicomtés. Ils les distribuèrent ordinairement entre leurs enfans; car depuis que le crédit et la puissance étoient attachés aux familles nombreuses, on voyoit chaque père élever un grand nombre d'enfans, chaque fils se marier à son tour, et chaque mâle avoir une part à l'héritage. Seulement pour conserver l'union des familles, tous les fils cadets tenoient leur portion de l'héritage paternel, à foi et hommage de leur frère aîné. Ceux-ci, à leur tour, distribuoient des baronnies, et les barons, des fiefs de haubert à leurs fils cadets, et aux hommes d'armes qui se dévouoient à leur fortune. Le même contrat se répétoit jusqu'aux plus bas degrés de l'échelle féodale, jusqu'aux chevaliers qui, n'ayant plus

(1) Mably, *Observations sur l'Histoire de France*, Liv. III, chap. 11, p. 156 et suiv.

rien à partager, vivoient en commun dans un lieu fort, quelquefois dans une ruine antique dont ils avoient fait leur citadelle, comme les chevaliers des Arènes de Nismes, dont il est souvent fait mention dans l'histoire de Languedoc. (1)

Comme le lien féodal se retrouvoit dans tous les partages entre des frères, il en résulta une opinion universellement reçue, qu'en rendant foi et hommage, loin de se dégrader, on faisoit en quelque sorte preuve de noblesse, et que l'obligation de servir que l'on contractoit ainsi, s'accordoit avec l'égalité d'origine. Toutes les obligations, en effet, auxquelles le contrat d'inféodation soumettoit le vassal envers son seigneur, correspondoient à des devoirs de protection qu'il imposoit au seigneur à l'égard de son vassal. Si ces obligations étoient violées de part ou d'autre, le vassal perdoit sa terre, ou le seigneur perdoit le droit de seigneurie qu'il exerçoit sur elle (2). Ces devoirs nouveaux, cette subordination nouvelle, reposoient, non sur une force sociale, dont on avoit reconnu

(1) *Voyez* le serment des chevaliers des Arènes de Nismes, au vicomte Bernard Atton, vers l'an 1100. — Preuves à l'Hist. du Languedoc, T. II, n° 328, p. 353.

(2) *Voyez* dans l'excellent livre de Hallam, l'Europe au moyen âge, le chap. 11, et particulièrement page 202.

l'impuissance, mais sur la foi du serment : on les comprit sous le nom de foi et hommage ; et comme la foi devoit être désormais la garantie de la société, le respect pour une parole donnée ou la loyauté devint la vertu fondamentale de la génération nouvelle, celle à laquelle on ne put manquer, sur laquelle même on ne put souffrir un doute sans déshonneur.

L'engagement du vassal envers son seigneur étoit contracté par la triple cérémonie d'hommage, de foi et d'investiture. L'hommage étoit la déclaration solennelle du vassal, comme guerrier et sur son honneur, qu'il vouloit être l'*homme* de son seigneur. Il le rendoit toujours en personne, et à sa personne seule. Il se mettoit à genoux, les deux mains entre celles de son seigneur, la tête nue, sans baudrier et sans éperon, et il promettoit ainsi d'employer ses mains et ses armes, aussitôt que le seigneur lui en rendroit l'usage, aussi-bien que son honneur et sa vie, loyalement, au service de celui qui lui concédoit la terre pour laquelle il faisoit hommage. Le même engagement étoit répété par serment avec des cérémonies religieuses, pour lier la conscience, comme l'hommage lioit l'honneur; c'étoit la *foi*. Le seigneur, en retour, livroit ensuite à son vassal la terre qu'il lui inféodoit, soit en le conduisant sur les lieux, soit en lui présentant quelque produit symbolique de cette terre, que l'usage avoit fixé dans chaque seigneurie ; c'étoit l'*investiture*. (1)

La noblesse trouva de si grands avantages au contrat féodal, et à la double garantie que lui donnèrent le point d'honneur et la religion, qu'il devint bientôt universel. En premier lieu, presque tous les hommes libres qui avoient conservé des propriétés allodiales, se trouvant isolés au milieu d'ennemis ou de voisins qui ne reconnoissoient de droit que la force, et se sentant trop foibles pour se défendre, entrèrent dans le système, en faisant à quelque voisin riche et puissant, dont ils jugeoient la protection avantageuse, ce qu'on nommoit *oblation de fief*; c'est-à-dire, que le propriétaire allodial abandonnoit à un seigneur sa propriété, pour la recevoir ensuite de lui sous foi et hommage, avec engagement de services militaires d'une part, de protection de l'autre.

Ensuite, les alliances que des voisins contractoient librement pour leur défense mutuelle, revêtirent presque toujours l'apparence d'une soumission féodale : l'une des parties contractantes donnoit à l'autre un château ou quelque portion de terre, sous condition de foi et d'hom-

(1) *Voyez* Ducange, *Glossarium*, voc. Hominium, *fidelitas, investitura*.

mage; et par cette inféodation, non-seulement ils étoient obligés à se défendre mutuellement, mais encore leur engagement étoit mis sous la sanction de l'honneur et de la religion ; il étoit reconnu de tous, et les devoirs qu'il imposoit étoient conciliés par la loi générale, avec les autres devoirs que les mêmes parties contractantes pouvoient avoir antérieurement contractés à l'égard d'autres seigneurs. Ces inféodations pour cause d'alliance contribuèrent fort à entretenir un sentiment d'égalité entre tous les possesseurs d'un fief noble, à quelque éloignement qu'ils fussent du seigneur suzerain (1). En effet, aucun grand seigneur ne répugnoit à recevoir d'un prince moins puissant que lui un fief à sa convenance, et à lui rendre foi et hommage pour ce fief. Entre deux chevaliers, l'un se trouvoit souvent seigneur de l'autre dans une terre, et son vassal dans l'autre. Souvent le comte, après avoir reçu l'hommage du vicomte pour sa vicomté, lui faisoit hommage à son tour pour quelque baronnie qu'il recevoit de lui, et qui faisoit partie de cette même vicomté. Les rois eux-mêmes ne dédaignèrent pas de tenir à leur tour des terres dans la mouvance de leurs sujets, et

(1) Li sires, *dit Beaumanoir*, doit autant foi et loïalté à son home, comme li home fet à son seigneur.

l'oriflamme, devenue l'enseigne des rois de France, n'étoit que la bannière d'une baronnie pour laquelle ces rois étoient vassaux de l'abbaye de Saint-Denis. (1)

Les rois, en effet, rentrèrent bientôt dans le système féodal, dont on avoit commencé par les écarter. Leur couronne ne fut plus regardée que comme un grand fief, duquel tous les autres fiefs relevoient ; l'obéissance qui leur étoit due par les sujets ne fut plus que la conséquence de la foi et de l'hommage de leurs vassaux. L'importance et la solennité qu'on attachoit à cette première relation sembloient servir de garantie à l'observation de tous les autres devoirs féodaux. Les grands vassaux se soumirent donc, avec une sorte d'empressement, à donner au roi ces marques d'obéissance qu'ils recevoient à leur tour de leurs inférieurs, et qu'ils avoient long-temps négligé de rendre. De leur côté, les rois parurent préférer l'obéissance féodale à l'ancienne dépendance des sujets de la couronne ; de part et d'autre on travailla à donner à cette innovation toutes les apparences d'un ancien usage ; et lorsqu'il fut bien établi dans l'opinion de tous que les grands vassaux étoient, à l'égard de la couronne, dans le même rap-

(1) *Sugerius de rebus in administratione sua gestis*, T. IV. Apud Duchesne. *Script. Franc.* T. IV, p. 333. — *Historiens de France*, T. XII, p. 50. Note.

port que les moindres vassaux à l'égard de leurs seigneurs, les rois firent valoir tout à coup des prérogatives dont on n'avoit d'abord point tenu compte ; ils demandèrent des services militaires, une déférence à leurs ordres, une soumission à leurs cours de justice, que les ancêtres de ces mêmes comtes et ducs, leurs grands vassaux, n'avoient jamais rendue à leurs ancêtres. C'est ainsi que Louis VII, Philippe-Auguste et Louis VIII, en adoptant le système féodal, le maîtrisèrent, et qu'ils relevèrent l'autorité royale à l'aide des lois de cette même république fédérative qui sembloit l'avoir détruite. (1)

L'essence du lien féodal étoit le service militaire ; le vassal s'engageoit pour la défense de son seigneur, envers et contre tous, à rendre ce service, soit seul, soit avec un nombre plus ou moins grand de chevaliers et de suivans d'armes, selon la dignité de son fief ; ce service devoit durer pendant un nombre de jours déterminé, qui rarement passoit quarante ; il étoit souvent beaucoup moindre, surtout s'il y avoit eu oblation de fiefs ; car alors la faveur reçue du seigneur étoit plus simulée que réelle. Ce fut seulement plus tard, et dans la décadence du système, que le vassal, en ren-

(1) Mably, *Observations sur l'Hist. de France*, Liv. III, chap. 11, p. 162.

dant hommage, se réserva de ne faire la guerre ni contre le roi, ni contre l'Église, ni contre tel autre seigneur qu'il désignoit; d'autre part, le seigneur s'engageoit à une protection si entière de son vassal, qu'il s'obligeoit à la restitution intégrale s'il étoit évincé de son fief. A ces engagemens, qui formoient l'essence du contrat féodal, s'en joignoient d'autres dont la nature sembloit plus chevaleresque, et dont l'observation étoit de même confiée à la garantie du point d'honneur. Ainsi, le vassal étoit tenu, si son seigneur perdoit son cheval à la bataille, de lui donner le sien en échange; il devoit le couvrir de son corps dans le danger, se livrer pour lui en prison ou en otage, garder ses secrets, lui révéler les machinations de ses ennemis, défendre enfin son honneur et celui de tous les membres de sa famille. Le vassal qui séduisoit ou tentoit de séduire la femme, la fille ou la sœur de son seigneur, *tant comme elle est damoiselle en son hostel* (1), commettoit trahison et perdoit sa terre. Le seigneur qui corrompoit de même la femme ou la fille de son vassal, confiées à sa garde, perdoit sa seigneurie.

(1) Assises de Jérusalem, chap. 265. — *Libri Feudorum*, Liv. I, T. V.; Liv. II, T. XXIV. — Établissemens de Saint-Louis, ch. 51 et 52. — *Histoire de Saint-Louis*, Dufresne Ducange. Fol. 1668.

Mais le service judiciaire fut attaché d'une manière tout aussi intime que le service militaire à la féodalité. Ce système avoit été fondé à la chute de tout autre ordre social, lorsque aucune justice ne pouvoit plus se faire respecter, et qu'aucune loi n'obtenoit obéissance. Il avoit donc été nécessaire de remplacer de quelque manière les anciens *placita minora*, où les peuples germaniques rendoient la justice, et qui se trouvoient abandonnés, depuis que les citoyens libres n'y obtenoient plus de protection, que le comte n'y étoit plus le représentant du monarque, surtout depuis que les jugemens étoient presque impossibles à exécuter. Au lieu de ces anciens *plaids*, les seigneurs assemblèrent des cours dans leurs châteaux, ils les composèrent de leurs vassaux, qui s'étoient engagés par la tenure féodale à servir à la cour et au camp, comme juges et comme soldats. Par imitation ou par habitude, ils transportèrent dans ces cours féodales plusieurs règles et plusieurs usages des anciens tribunaux populaires; ils conservèrent des anciennes lois tout ce qui n'avoit pas été modifié par la coutume; les vassaux se jugèrent entr'eux comme autrefois les citoyens, sous la présidence du seigneur qui faisoit les fonctions de l'ancien comte, et qui souvent en gardoit le titre. Le nouveau gentilhomme, comme auparavant l'homme libre, n'étoit soumis à aucune autre juridiction qu'à celle de ses pairs. Quant aux moyens de distinguer le droit ou l'innocence, les quatre ou cinq siècles qui s'étoient écoulés n'avoient encore apporté aucune lumière. On n'en connoissoit que trois, du moins dès que le cas présentoit quelque difficulté : les *conjurateurs*, ou le serment prêté par un certain nombre d'amis du prévenu ou du défendeur; les *épreuves de Dieu*, au moyen du fer chaud, de l'eau chaude ou froide, etc., et le *combat judiciaire*. Lors de la décadence de la bravoure nationale, sous les Carlovingiens, les sermens et les épreuves recommandés par les prêtres obtinrent l'avantage : Louis-le-Débonnaire s'attribua même le mérite d'avoir aboli le combat judiciaire. Lorsque la France, au contraire, recommença à se couvrir de guerriers et de châteaux forts, les chevaliers se récrièrent sur ce que les parjures et les fraudes pieuses des gens d'église avoient corrompu toute justice; ils rétablirent le combat judiciaire, ils en réglèrent les conditions et les formes, et leur jurisprudence se réduisit presque à organiser cet empire de la force que leur fierté vouloit seul admettre. (1)

Dans les ordres supérieurs de la société, les tribunaux ont rarement occasion d'intervenir pour

---

(1) Mably, *Observations sur l'Hist. de France*, Liv. III, chap. 3, pag. 156 et suiv.

la répression des crimes : aujourd'hui même, et avec le changement de nos mœurs, l'ordre y est plutôt maintenu par le point d'honneur, l'appréhension des duels, et cette espèce de police dont la société est en possession, que par l'autorité des juges. La solennité du combat judiciaire, la publicité de toute la procédure, et l'appui des idées religieuses suffisoient de même autrefois, entre gentilshommes, à réprimer le crime et la violence ; en sorte que, même dans ce système barbare, ils ne triomphoient pas beaucoup plus qu'aujourd'hui. Mais toute la partie inférieure de la société, dans les villes comme dans les campagnes, étoit demeurée en dehors du système féodal. L'esclavage avoit précédé l'établissement de ce système ; il étoit presque universel dans l'empire de Charlemagne ; il l'étoit encore au moment du partage des fiefs : tous les paysans, et presque tous les citadins appartenoient ou par conquête ou par usurpation à quelque seigneur ; ils étoient concédés avec la terre qu'ils devoient faire valoir, et il fallut du temps avant que cette liberté féodale qui régnoit parmi leurs maîtres descendît jusqu'à eux. Ces malheureux n'obtenoient point la protection, et n'éprouvoient point les caprices de la jurisprudence barbare des chevaliers. Pour les serfs et les vilains, la volonté arbitraire du seigneur remplaçoit le plus souvent toutes les formes de la justice ; des exécutions sommaires suivoient de près les offenses. La loi admettoit, il est vrai, le combat pour les roturiers, avec des armes ignobles ; mais on n'y avoit guère recours que pour le divertissement des seigneurs et des nobles dames des châteaux, afin de leur procurer un passe-temps selon leur goût. On comptoit peu arriver ainsi à la vérité, car on n'attendoit pas un miracle de la Divinité pour empêcher qu'un sang ignoble ne fût versé. On racontoit, il est vrai, que dans quelques occasions célèbres l'innocence d'un vilain avoit triomphé par le combat ; mais alors il se trouvoit toujours que quelque gentille dame ou demoiselle, que quelque vieillard ou quelque enfant de sang illustre, auroit perdu ses droits sans le miracle par lequel Dieu étoit venu au secours d'un roturier. Ainsi les cours de justice féodale pour les gentilshommes, et la juridiction sommaire des seigneurs qui infligeoient à leurs serfs des punitions arbitraires, suffisoient à maintenir quelque espèce de sécurité dans la société, parce que si l'ordre social punissoit peu de crimes, il en créoit aussi fort peu. Lorsqu'on a retranché tous les genres de fraude contre le revenu public, tous les genres de fraude destinés à abuser de la loi, tous les genres de résistance à l'autorité ou de conspiration contre elle, et lorsqu'on ne compte pour rien la juste garantie due aux dernières classes, on est étonné de voir combien est diminuée la liste des délits qui restent à punir, et on commence à accorder moins d'estime à toute cette organisation judiciaire qu'on suppose être aujourd'hui la première base de la société. Dans les siècles féodaux la loi sembloit faite par les hommes forts et pour les hommes forts, et elle se soucioit fort peu des foibles. Elle avoit bien réservé l'usage des champions pour les femmes, les prêtres, les vieillards; mais elle paroissoit en même temps les vouloir décourager de recourir à une décision fondée sur la seule force; elle condamnoit leur champion s'il étoit vaincu à perdre le poing, et certes, il est difficile de comprendre comment on auroit trouvé des hommes disposés à soutenir une cause étrangère en leur faisant courir un semblable risque. La plupart des causes judiciaires portées devant les tribunaux féodaux, devoient avoir pour objet la propriété d'un fief, et il semble que ceux qui administroient la loi, et qui commençoient à ne plus guère compter sur l'intervention de la Divinité dans les combats, avoient eu beaucoup plus en vue de faire servir le fief par le plus brave soldat, que de garantir sur lui le droit du foible.

Quelque sacré que parût être le lien féodal, il n'étoit pas indissoluble; l'esprit de liberté qui étoit né avec l'indépendance de la noblesse châtelaine, l'esprit d'égalité qui résultoit du principe que tout franc-fief n'étoit donné qu'à des gentilshommes, vu qu'il anoblissoit son propriétaire, n'auroient pu s'accommoder d'une soumission sans terme, à celui qui rendoit son autorité insupportable, quoiqu'il n'eût pas précisément enfreint le contrat féodal. Il fut donc reconnu que le vassal auroit toujours le droit d'*abjurer son hommage*, en rendant au seigneur le fief qu'il avoit reçu de lui : d'après cette formalité solennelle qui abolissoit le serment, et cette restitution qui dégageoit le vassal de la reconnoissance, il pouvoit faire la guerre à son seigneur pour obtenir la réparation de l'injustice dont il se plaignoit. (1)

Tel se trouvoit à la fin du dixième siècle le système féodal auquel la France, la Germanie, l'Italie, le nord de l'Espagne, étoient soumis, et qui fut ensuite transporté tout à la fois en Angleterre par la conquête des Normands. Des souvenirs odieux s'attachent à son nom seul, parce que ce nom rappelle l'esclavage universel qui existoit avant lui, et qu'il parut maintenir, parce qu'il rappelle encore les prérogatives offensantes d'une foule de petits tyrans qui continuèrent presque jusqu'à nos jours à opprimer leurs vassaux, depuis que la république féodale

---

(1) L'abbé de Mably en a rassemblé un grand nombre de preuves, Liv. III, ch. 1ᵉʳ, note 6, T. II, p. 278 et suiv.

avoit été anéantie, et que les fiefs étoient devenus une distinction monarchique. Le régime féodal cependant, durant la vigueur de l'institution, fut un régime de liberté; il mit à la tête du gouvernement dans les provinces, au lieu des courtisans du pouvoir, tour à tour oppresseurs et esclaves, de petits souverains auxquels l'indépendance enseigna quelque dignité de caractère; il créa dans l'ordre équestre une classe nombreuse d'hommes libres, ardens à défendre leurs droits, et fiers d'une égalité qu'ils trouvoient le moyen d'accorder avec la subordination; enfin il fut favorable, même à l'ordre inférieur des serfs et des vilains; car, tant que leurs seigneurs immédiats conservèrent de l'indépendance, ils cherchèrent un appui dans leurs vassaux roturiers qu'ils avoient soin d'intéresser à leur défense; tandis que l'oppression féodale, qui écrasa le paysan, reprit le caractère le plus odieux après le rétablissement de l'autorité royale, lorsque les seigneurs n'eurent plus besoin de soldats, lorsqu'ils perdirent la dignité de caractère qui appartenoit au chef d'un petit peuple armé pour sa défense, et que, humiliés par leurs supérieurs, par les gouverneurs de province, par les favoris de cour, ils cédèrent au désir de se venger de tant d'offenses sur des inférieurs qu'ils foulèrent aux pieds.

La période de l'histoire des Français que nous

avons comprise sous le nom de *confédération féodale*, est en effet celle peut-être où la nation reçut les développemens les plus rapides; cette période vit naître l'esprit chevaleresque avec sa bravoure, sa loyauté, sa franchise, son respect pour le sexe le plus foible, et son sentiment délicat de l'honneur. Elle vit naître les communes, où cet esprit d'association dans des villes auparavant asservies, qui leur donna d'abord une enceinte de murailles et des milices pour se défendre contre leurs oppresseurs, ensuite des contributions volontaires, une justice populaire, des magistrats, des conseils de leur choix, et une administration républicaine; enfin le commerce et les manufactures, qui ne peuvent fleurir sans liberté. Elle vit naître les langues modernes, la poésie romantique et les études classiques. Lorsque la population, infiniment multipliée, enrichie et jouissant de plus de repos, ne put plus se contenter du jargon barbare, qui lui suffisoit quand l'homme évitoit l'homme, au lieu de se rapprocher de lui, les Français commencèrent à concevoir une autre jouissance que les plaisirs des sens; ils avoient besoin de quelque nourriture pour l'imagination et pour l'âme, et ils accueillirent avec empressement, au midi les chants des Troubadours, au nord les récits des Trouverres, à Paris les enseignemens subtils des nouvelles écoles de philosophie et d'érudition, qui prirent bientôt le titre d'Université. Enfin la même période vit naître la première grande réforme religieuse, cette prédication destinée à ramener l'Évangile à son antique pureté, à corriger les mœurs du clergé, à limiter le pouvoir oppressif de l'Église, à réconcilier avec la raison un enseignement qui pervertissoit souvent et l'entendement et la morale; les Patérins, les Béguins, les Pauvres de Lyon, les Vaudois, les Albigeois élevèrent simultanément leur voix de toutes parts; mais il étoit encore trop tôt; la tyrannie qu'ils attaquoient s'étoit trop affermie sur les consciences, et le flambeau de la première réforme fut éteint dans des flots de sang.

CHAPITRE II.

Règne de Hugues Capet. 987-996.

L'ORGANISATION féodale d'une république de gentilshommes s'étoit formée indépendamment de l'autorité royale, et sans son aveu, pendant que la seconde branche des Carlovingiens luttoit avec tous ses sujets pour sauver son existence même. Charles-le-Simple, par son incapacité, avoit laissé anéantir le pouvoir entre ses mains; ses successeurs avoient vainement combattu pour le reconquérir; ils ne pouvoient se réconcilier à leur nouvelle situation, ils manquoient de force pour en sortir; mais on devoit s'attendre, tant qu'ils existeroient, à ce qu'ils renouvelassent la lutte. Il y avoit eu une révolution dans l'état, et pour consolider cette révolution, la dynastie devoit être changée; elle le fut en 987. Le monarque, au lieu d'être plus long-temps le représentant du pouvoir national des premiers conquérans, au lieu d'élever des prétentions à toute la puissance qu'avoit exercée Charlemagne, d'invoquer des lois qui n'existoient plus, et de refuser de reconnoître les droits nouveaux que la force avoit conquis, fut un seigneur d'entre les nouveaux seigneurs, un feudataire élevé comme les feudataires, par le pouvoir que lui conféroient ses vassaux, les comtes, les barons, les chevaliers engagés par leur foi et leur hommage à le servir. Hugues Capet, en montant sur le trône, devint ainsi le complément de la révolution féodale; il n'avoit ni le génie qui auroit pu en jeter les bases, ni la force d'esprit ou de caractère qui auroit pu la diriger : il fut peu de chose par lui-même; mais tout dépourvu de talent et de grandeur que paroisse avoir été ce fondateur d'une dynastie nouvelle, il valoit mieux, pour le régime qui commençoit, que la famille ancienne des rois.

987. Dans l'étude purement chronologique de l'histoire, un changement de dynastie apparoît comme la révolution la plus importante d'une monarchie. En effet, ce n'est point le progrès des institutions, le mouvement des passions à l'intérieur, le jeu des partis et le triomphe des factions que la chronologie considère, mais seulement les époques, et celles-ci sont marquées par la durée des règnes et par celle des races; par les alliances de la famille régnante, et par ses généalogies : aussi la première notion qui ait été présentée aux Français sur leur ancienne histoire, c'est la succession des trois dynasties qui ont occupé le trône de France. Il s'en faut de beaucoup cependant que les contem-

porains considérassent ce changement de race comme un événement si important. Au milieu de tant de convulsions violentes, l'expulsion d'une famille ancienne, les titres nouveaux usurpés par une famille nouvelle, attiroient à peine quelque attention. Le trône étoit déjà tombé si bas, les deux races des Mérovingiens, puis des Carlovingiens, étoient déjà si méprisées, que leur suppression s'accomplit sans occasionner aucun bouleversement.

Il suffit de recourir aux écrivains du dixième et du onzième siècle, pour s'assurer que le changement de dynastie ne fut point considéré de leur temps comme un événement de si haute importance, ou qui changeât les destinées de la nation. Ils en parlent avec une telle briéveté, et d'une manière si incomplète; ils paroissent si indifférens sur les actions antérieures de Hugues Capet, ou sur les motifs qui déterminèrent en sa faveur ceux qui le mirent sur le trône; ils connoissent si mal et la famille du nouveau roi et son caractère, qu'on voit bien que l'attention générale n'étoit point dirigée sur ces objets; d'autant plus que leur silence n'est pas la conséquence d'une barbarie universelle, d'une ignorance absolue, comme celle qui envelopoit de son obscurité l'élévation des premiers Carlovingiens. Il nous est resté beaucoup de monumens de cette époque, si ce n'est pour l'histoire de

France, du moins pour celle de l'Empire et pour celle de l'Église. Mais tous les intérêts des habitans de chaque province française dépassoient à peine la seigneurie dans laquelle chacun se trouvoit placé. Au dehors, aucun grand événement ou aucun grand caractère ne frappoit l'imagination, ou ne captivoit l'attention; au dedans, le changement de règne n'étoit accompagné d'aucun changement notable de mesures. On oublioit très vite une révolution à laquelle on n'avoit pas contribué, et dont on ne ressentoit pas l'influence : aussi le meilleur historien du temps, Rodulphus Glaber, moine de Clugny, qui est mort en 1048, et qui étoit né sous les Carlovingiens, rendant compte de l'élévation de Hugues Capet, se contente-t-il de dire qu'il étoit fils de Hugues-le-Grand et petit-fils de Robert, comte de Paris, qui avoit été roi; *mais qu'il a différé de tracer son origine, parce qu'auparavant elle est fort obscure* (1). Deux siècles plus tard seulement, Albéric, moine de Trois-Fontaines, ajoute à cette généalogie un

---

(1) *Glabri Rodulphi historiar.*, Lib. I, cap. 2, p. 5. La phrase de Glaber, *cujus genus idcircò adnotare distulimus, quia valde inante reperitur obscurum*, a été traduite par Velly avec une impudente mauvaise foi, par ces mots, *dont l'origine se perd dans les siècles les plus reculés.* — *Histoire de France*, T. I, p. 423; et une aussi ingénieuse traduction a été adoptée ensuite par d'autres, tels que l'auteur de l'article HUGUES CAPET dans la *Biographie universelle*.

degré de plus. « Les rois Robert et Eudes, dit-
« il, furent fils du comte Robert-le-Fort, mar-
« quis de la race des Saxons, auquel Charles-le-
« Chauve avoit donné en fief le comté d'Anjou,
« comme à un homme vaillant, pour défendre
« de ce côté le royaume contre les Bretons et les
« Normands. Mais, *ajoute-t-il*, les historiogra-
« phes n'ont su rien nous apprendre de plus sur
« cette race (1). » Plus les temps se sont éloignés,
et plus les généalogistes, se trouvant à leur aise,
ont prétendu voir clair dans la nuit des âges. La
descendance de Hugues Capet, qu'on vouloit
faire venir de quelque maison antique, puissante et illustre, est devenue l'objet de plusieurs
systèmes, parmi lesquels on a distingué, au dix-
septième siècle, comme les plus ingénieux, ceux
de Zampini, de Chifflet et de Tournemine. Nous
avons vu aussi à l'établissement d'une quatrième
dynastie, les antiquaires de cour chercher à faire
voir sa filiation de la seconde race, et convenir
qu'elle étoit obscure ; mais si le pouvoir lui
étoit demeuré, cette généalogie se seroit à son
tour éclaircie, et des créateurs d'ancêtres n'auroient pas manqué non plus à la maison de Bo-
naparte. (2)

(1) *Chronicon Alberici monachi Trium-Fontium.* — Recueil
des Hist. de France, T. X, p. 285-286.

(2) Les différens systèmes sur l'origine des Capétiens sont
exposés dans la Préface du T. X des Historiens de France, p. 111.

Au reste, au temps de Hugues Capet, c'étoit une opinion généralement répandue, et peut-être accréditée par ses ennemis, qu'il étoit sorti des rangs inférieurs de la société. Trois siècles encore après son usurpation, la croyance populaire le rangeoit toujours parmi *les Plébéiens*: aussi vers 1294, le moine Ipérius, dans la chronique de Saint-Bertin, cherche-t-il à combattre cette *croyance des hommes vulgaires et simples* (1); tandis que peu d'années après, le Dante la reproduisit dans son immortel ouvrage, où il fait dire au comte Hugues lui-même, qu'il étoit fils d'un boucher de Paris. (2)

Hugues Capet étoit duc de France, comte de Paris et d'Orléans, et abbé de plusieurs riches monastères. A ces titres divers, un nombre considérable de seigneurs relevoit de lui. Il est probable que plusieurs des plus pauvres, parmi les vassaux immédiats de la couronne, sur les bords de l'Oise, qui se sentoient fatigués d'avoir soutenu seuls le trône de Lothaire et de Louis V, avec leurs foibles ressources, se joignirent aussi

---

(1) *Chronicon Sithiense Sancti-Bertini*, T. X, p. 297.

(2) Dante, *Purgatorio*, Canto XX, v. 49.

> Di me son nati i Filippi e Luigi
> Per cui novellamente è Francia retto.
> Figliuol fui d'un beccaio di Parigi
> Quando li regi antichi venner meno,
> Tutti fuor ch'un renduto in panni bigi.

à lui. Il eut l'appui du duc de Bourgogne, son frère, et du duc de Normandie, son beau-frère; et c'est ainsi qu'il forma l'assemblée de seigneurs français qui, au dire de quelques chroniques, l'éleva sur le trône à Noyon (1). Pour fortifier son titre par une sanction ecclésiastique, Hugues Capet se fit sacrer à Reims, le 3 juillet, par l'archevêque Adalbéron, et le 1er janvier de l'année suivante, il fit sacrer également son fils Robert, dans la même ville. (2)

Ces démarches pouvoient encore n'être considérées que comme les entreprises d'un rebelle, ou tout au plus comme la manifestation des vœux d'un parti, car le droit de Charles de Lorraine à la succession de son neveu, Louis V, étoit aussi incontestable que celui d'aucun de ses prédécesseurs. Quelques Carlovingiens avoient reconnu, il est vrai, qu'ils devoient leur couronne à l'élection des grands, et non à l'ordre légitime de la succession; toutefois, pour intervertir cet ordre par une élection nouvelle, il semble qu'il auroit fallu le consentement d'un plus grand nombre de seigneurs. Mais si Charles, en acceptant un fief de l'empereur Othon, et en lui faisant hommage, n'avoit ni renoncé à ses droits, ni offensé la nation française, ni man-

---

(1) *Ademari Cabannens. Chronicon*, p. 144. — *Fragment. Hist. Franciæ*, p. 213, T. X.

(2) *Fragment. Hist. Franciæ*, anno 1110 scriptæ, p. 210.

qué à aucune des convenances des temps féodaux, il ne s'en étoit pas moins écarté de la scène où il devoit agir pour faire valoir ses titres. Son fief de Basse-Lorraine ne lui fournissoit qu'un petit nombre de soldats; il manquoit peut-être d'argent pour porter ses armes à quelque distance de chez lui; il sentoit sa foiblesse pour se mesurer avec un rival aussi puissant que le comte de Paris, et tandis que Hugues annonça ses prétentions à la couronne de France, dix jours seulement après la mort de Louis V, Charles laissa passer dix mois avant d'entrer dans le diocèse de Laon, et de réclamer l'héritage de son neveu et de son frère.

Depuis que l'indépendance des feudataires étoit devenue presque absolue, les grands ne prenoient que fort peu d'intérêt à l'élection d'un roi. Parmi les grands feudataires qu'on a, plus tard, transformés en pairs de la couronne, Héribert III, comte de Vermandois, beau-père de Charles; Arnoul II, comte de Flandre; Guillaume Fier-à-Bras, comte d'Aquitaine et de Poitou; et Guillaume Taillefer, comte de Toulouse, s'étoient déclarés pour la maison Carlovingienne. La plupart des autres grands vassaux, surtout dans le Midi, sembloient attachés au même parti; du moins ils continuèrent à marquer les années du règne de Charles dans leurs actes; mais l'intérêt qu'ils prenoient à sa royauté n'étoit point assez vif pour les engager à faire la guerre; et Hugues Capet demeura roi, moins parce qu'il avoit été élu par ses pairs, que parce que ceux-ci négligèrent d'appuyer par des actes leur dissentiment.

Tout le pays soumis à Hugues Capet, même en y comprenant la Bourgogne où régnoit son frère, n'égaloit pas en étendue la domination de quelques-uns des grands vassaux qui s'étoient déclarés contre lui; celle, entr'autres, du duc d'Aquitaine. Aussi ne désiroit-il point soumettre ses prétentions à la décision des armes; il plaçoit plus d'espérance dans l'appui qu'il attendoit du clergé. Il chercha surtout à s'assurer des deux archevêques de Sens et de Reims. Seguin, archevêque de Sens, paroissoit lui être peu favorable. Hugues Capet se hâta de lui faire écrire « qu'il n'abuseroit en rien de la puis-
« sance royale, et qu'il consulteroit ses fidèles
« sur toutes les affaires de la république, pour
« se conduire d'après leur avis; qu'il vouloit
« en particulier l'admettre lui-même à ses con-
« seils, et qu'il l'invitoit en conséquence à ve-
« nir, avant le 1er novembre, lui promettre
« cette foi que les autres lui avoient jurée, pour
« maintenir la paix et la concorde dans l'église
« de Dieu, et parmi le peuple chrétien; mais
« que s'il s'y refusoit, il devoit s'attendre à en

« être sévèrement puni par le pape et par les « autres évêques. » (1)

L'archevêque de Reims Adalbéron étoit l'un des partisans de Hugues Capet qu'il avoit sacré; mais ce prélat étant mort au commencement de l'année 988, il devenoit important que son siége ne tombât pas aux mains d'un ennemi. Quoique la distribution des dignités ecclésiastiques fût la partie des prérogatives royales qui étoit demeurée la plus entière, Hugues Capet étoit loin, sans doute, d'avoir un libre choix, puisqu'il consentit à accorder cette première des prélatures de son royaume à Arnolphe, fils naturel du roi Lothaire, et neveu par conséquent de Charles de Lorraine, son rival. Arnolphe, qui jeune encore avoit reçu les ordres ecclésiastiques, consentit, pour être porté sur le siége de Reims, à remettre au roi un écrit signé de sa main, par lequel il s'engageoit « à garder aux « rois des Français, Hugues et Robert son fils, la « foi la plus pure; à les aider de ses conseils et de « ses secours, selon son savoir et son pouvoir, « dans toutes leurs affaires, et il se soumettoit à « perdre son archevêché s'il assistoit leurs ennemis d'aucun secours ou d'aucun conseil. » (2)

(1) *Gerberti Epistola*, n° 18, p. 392, T. X. *Scr. franc.*
(2) *Acta Remensis Concilii Sancti-Basoli.* Hist. franç., T. X, p. 561, §. 8.

Arnolphe fut accusé d'avoir violé les libertés du clergé, pour avoir consenti à tenir d'un roi une des premières dignités de l'Église, sous les conditions auxquelles un chevalier auroit reçu un fief militaire. Mais Hugues Capet devoit sentir, de son côté, qu'une semblable promesse ne seroit qu'une foible garantie de la foi du Primat du royaume, lorsqu'une fois l'oncle de ce prélat se présenteroit sur la frontière même où étoit situé son archevêché, pour réclamer son héritage. La foi d'Arnolphe fut bientôt mise à l'épreuve. Charles, assisté, autant qu'on en peut juger, par Héribert III, comte de Vermandois, son beau-père, et par Arnoul II, comte de Flandre, s'empara, par surprise, de la ville de Laon, vers le commencement de mai 988. Dans cette ville, qui avoit été la résidence de son père Louis IV, de son frère Lothaire, et de son neveu Louis V, il fut proclamé roi par leurs anciens serviteurs (1). Il fit ensuite avancer une troupe de soldats jusqu'aux portes de Reims. Arnolphe désiroit les succès de son oncle, et ne vouloit pas cependant jeter encore le masque. Il fit ouvrir aux Lorrains les portes de Reims, par le prêtre Adalger, son confident, qui parut s'être laissé corrompre par un agent de Charles, tandis que lui-même, demeuré

(1) *Chronicon Sithiense*, p. 298. — *Chron. Willelmi Nangii*, p. 301.

tranquille dans son palais, fit mine de s'y laisser surprendre par les soldats de son neveu, qui livrèrent la ville et les églises au pillage, et qui l'emmenèrent prisonnier à Laon. Pour accréditer cette ruse, il lança une excommunication contre les brigands qui avoient profané sa ville épiscopale et dissipé ses trésors. Tous les évêques de la province la répétèrent; mais bientôt Arnolphe, prenant confiance dans l'entreprise de son oncle, ne se fit plus scrupule d'entrer dans tous ses conseils, et de donner aux soldats du diocèse de Reims l'ordre de marcher avec les Lorrains. (1)

Nous n'apprenons point que Hugues Capet ait fait pendant les trois premières années de son règne quelque tentative pour chasser Charles, son compétiteur, de Laon et de Reims. Il avoit changé de titres, mais sa domination n'étoit pas plus étendue que lorsque, dans les années précédentes, il étoit seulement comte de Paris. Les monumens du temps, qui sont, il est vrai, bien confus et bien incomplets, nous font voir qu'à cette époque il accordoit des diplômes aux églises de Sainte-Geneviève de Paris, de Saint-Vincent de Laon, de Saint-Martin de Tours, etc. pour confirmer leurs immunités et leurs priviléges,

(1) *Acta Remensis Concilii*, §. 7-14, p. 516-519. — *Labbei Concilia*, T. XI, p. 737. — *Baronii Annal. eccles.*, an. 990, T. X, p. 864. — *Pagi Critica ad* 990, §. 4, p. 59.

afin, disoit-il, « que la bonté divine multiplie « notre semence royale sur la terre (1). » Que d'autre part il essayoit de lier quelque correspondance avec les vassaux les plus éloignés de la couronne de France, entr'autres avec Borel, marquis de Barcelonne ou de la Marche d'Espagne, auquel il promettoit des secours contre les musulmans, qu'il étoit bien peu en état de lui donner (2); mais nous ne connoissons aucune tentative de Hugues pour faire reconnoître son titre par les armes, avant l'année 990; c'est du moins à cette époque que nous croyons devoir rapporter son expédition contre Poitiers, dont la date n'est pas fixée. Guillaume Bras-de-Fer, qui réunissoit les titres de comte de Poitou et de duc d'Aquitaine, continuoit à méconnoître sa nouvelle dignité. Pour le réduire à l'obéissance, Hugues Capet vint assiéger Poitiers; toutes ses attaques furent repoussées, et son armée, en se retirant, fut poursuivie jusqu'à la Loire. Un combat sanglant s'engagea sur ses bords, et l'on assure que le roi des Français en sortit victorieux; mais tout le fruit de cette victoire fut d'accomplir sa retraite sans être plus long-temps molesté (3). Bientôt après le même Guillaume Bras-de-Fer rechercha son alliance, parce qu'il

---

(1) *Diplomata regis Hugonis*, T. X, p. 548 seq.
(2) *Gerberti Epistola* 23, p. 395.
(3) *Ademari Cabannensis Chron.*, p. 145.

se voyoit attaqué par Adalbert, comte de Périgueux. Celui-ci enleva successivement à son adversaire les villes de Poitiers et de Tours. Hugues Capet auroit volontiers porté du secours à Guillaume, mais il n'osa point provoquer le ressentiment d'Adalbert. Quand il vit cependant celui-ci joindre au titre de comte de Périgueux, ceux de comte de Poitiers et de Tours, il lui envoya un héraut d'armes, chargé de lui adresser cette seule question, *Qui t'a fait comte? — Et qui donc t'a fait roi?* lui fit répondre Adalbert par le même héraut. (1)

Ce fut probablement après avoir traité avec Guillaume Bras-de-Fer, que Hugues Capet vint dans l'été de 990 mettre le siége devant Laon. L'archevêque Arnolphe s'y étoit enfermé avec son oncle, et il avoit appelé à la défense de cette ville les vassaux de l'archevêché de Reims. Charles se mettant à la tête des chevaliers lorrains, laonais et rémois, qui s'étoient attachés à sa fortune, fit dans le second mois du siége une sortie si vigoureuse, qu'il se rendit maître du camp de Hugues Capet, le brûla, et força ce monarque à prendre honteusement la fuite (2). Le seul homme qui attire les regards dans cette époque de ténèbres, Gerbert, qui servoit tour à tour

(1) *Ademari Cabannensis Chron.*, p. 146.
(2) *Sigeberti Gemblacensis Chron.*, p. 216. — *Chronic. Saxonicum*, p. 228.

de secrétaire à tous les grands personnages, et dont les lettres sont presque le seul monument authentique et contemporain du règne de Hugues Capet, écrivit après cet échec à l'évêque de Trèves, pour empêcher que le bruit de la défaite de Hugues ne fît un trop mauvais effet en Allemagne. « Ne croyez point trop légèrement, « lui dit-il, aux rapports du peuple; avec la grâce « de Dieu et par l'aide de vos prières, nous « sommes toujours, comme devant, maîtres de « tout l'évêché; et de toute la rumeur que vous « avez entendue, rien n'est vrai, si ce n'est que « les soldats du roi étant après midi accablés « par le vin et le sommeil, les habitans de la « ville ont fait une sortie que les nôtres ont re-« poussée; mais pendant ce temps le camp a été « brûlé par des goujats, et tous les préparatifs « du siége ont été détruits. Ce dommage sera « cependant réparé avant le 25 août. » (1)

Mais ce n'étoit point par la force des armes que Hugues Capet devoit effacer l'affront qu'il venoit de recevoir. Il lia une correspondance secrète avec l'évêque de Laon, Ascelin, ou Adalbéron, le même qu'on accusoit d'avoir été l'amant de la reine Emma, et qui, à cause de cette princesse, avoit eu à souffrir de l'inimitié de Charles de Lorraine. Il l'engagea par de brillantes promesses à profiter de l'occasion qui lui étoit offerte pour

(1) *Gerberti Epistola* 44, p. 399.

TOME IV.

se venger de son ancien ennemi. Un jour de la semaine avant Pâques, comme le dernier des Carlovingiens se reposoit sur son lit après le repas, l'évêque Adalbéron entra dans son appartement suivi de gens armés, l'arrêta avec sa femme, et son neveu Arnolphe, archevêque de Reims, et les livra tous trois à Hugues Capet. Charles de Lorraine, que ses partisans nommoient Charles IV, et qu'ils regardoient comme roi des Français, fut enfermé par ordre de son rival, dans une tour des prisons d'Orléans, où il mourut au bout d'une année. Sa femme, qui étoit grosse au moment de son arrestation, accoucha dans cette prison de deux jumeaux, Charles et Louis, qui plus tard recouvrèrent leur liberté, et furent souvent désignés comme rois, dans plusieurs chartes du midi de la France. Ce ne fut guère qu'au bout de vingt ans que ces deux princes allèrent chercher un asile en Allemagne, où la postérité de Louis s'éteignit seulement en 1248. (1)

Avant de s'enfermer dans Laon, Charles avoit eu d'une première femme un fils aîné nommé Othon, qu'il avoit laissé dans son duché de Basse-Lorraine, et qui y fut reconnu pour son successeur. Othon conserva ce duché jusqu'à l'année 1006, qu'il mourut sans enfans. Après sa mort, l'empereur Henri II investit de son fief

(1) *Ademari Cabannens.*, p. 145. — *Pagi critica in Baronium ad ann.* 990, §. 7, p. 60.

un comte de Verdun. Des deux filles de Charles, Hermengarde et Gerberge, l'aînée fut mariée au comte de Namur; elle fut l'aïeule d'Élisabeth de Flandre, qui, en 1180, épousa Philippe II. D'anciens partisans de la légitimité remarquèrent alors avec joie que le sang de la seconde race se mêloit ainsi à celui de la troisième. Il est difficile cependant de concevoir quel droit cette alliance pouvoit établir en faveur des Capétiens, dans un pays où les femmes ne sont point admises à succéder. (1)

Les monumens qui nous restent du dixième siècle, après nous avoir montré les revers de Hugues Capet au siége de Poitiers, et ses revers au siége de Laon, ne lui font remporter un premier succès que par la trahison d'un prêtre; mais il faut des victoires plus réelles et un bonheur plus soutenu pour établir solidement une maison nouvelle. Aussi, comme tout ce qui regarde ce roi est entouré d'épaisses ténèbres, nous pouvons croire que ces échecs furent compensés par des avantages qui nous sont inconnus. En effet, l'historien contemporain Glaber nous dit que la plupart des grands qui avoient d'abord favorisé Hugues se révoltèrent successivement contre lui; mais que, doué comme il l'étoit de vigueur d'esprit et de corps, il les fit,

(1) *Chronicon Sithiense*, T. X, p. 298.

en peu d'années, rentrer tous dans le devoir (1). Cependant nous ne savons ni le nom de ces grands, ni la date de ces combats. C'est de cette manière vague et incomplète que toutes les actions de Hugues Capet nous sont indiquées. Ainsi, par exemple, on nous apprend aussi qu'il eut lieu de se repentir d'avoir associé son fils Robert à la couronne, et que celui-ci lui manqua de respect et affligea sa vieillesse; mais nous n'avons aucune sorte de détails sur les querelles qui éclatèrent entre le père et le fils. (2)

Nous sommes donc forcés de détourner nos regards du roi des Français, pour les reporter sur le seul homme qui brille comme un météore au milieu d'une nuit obscure, sur un homme dont la destinée prouve que, même dans ce siècle de barbarie et d'oppression, la route des plus hautes dignités étoit ouverte au génie. Cet homme étoit Gerbert, né en Aquitaine dans la condition la plus obscure, et reçu par grâce, comme un pauvre moine, dans le couvent d'Aurillac. Bientôt ses talens l'y firent distinguer; l'étude de l'antiquité forma son goût, et ceux de ses écrits qui nous ont été conservés ont, par la pureté du style, par la netteté des idées, un attrait qu'on ne trouve dans ceux d'aucun de ses contemporains. Cependant c'étoit

(1) *Glabri Rodulphi*, Lib. II, cap. 1, p. 13.
(2) *Epistola Abbatis Divionensis ad Robertum*, T. X, p. 568.

surtout vers les sciences exactes et les sciences naturelles que son goût l'avoit entraîné ; il avoit obtenu de ses supérieurs la permission d'aller les étudier en Espagne ; et oubliant son intolérance monacale, il s'établit à Cordoue, la plus célèbre des universités arabes, où il atteignit toutes les sciences cultivées alors par les seuls musulmans. Lorsqu'il en revint, les prodiges qu'il sembloit opérer par la connoissance de la chimie, et les caractères arabes qu'on lui voyoit lire, l'exposèrent au soupçon d'avoir appris des infidèles les sciences occultes, et d'avoir fait un pacte avec le diable ; et ce soupçon, qui pouvoit à toute heure lui coûter la vie, le poursuivit jusque sur la chaire de Saint-Pierre, où il devoit parvenir, et jusqu'au jour de sa mort (1). Mais Gerbert étoit plus remarquable encore par l'adresse de son esprit que par son savoir : son goût pour la science étoit subordonné à son ambition, et en laissant connoître comment son habileté pourroit être profitable à ses protecteurs, il se gardoit de faire parade à leurs yeux de tout ce qui pouvoit exciter leurs soupçons. L'archevêque de Reims, Adalbéron, l'em-

---

(1) On répandit le bruit que le diable étoit venu redemander son âme, lorsqu'il officioit comme pape, le 11 mai de l'an 1003, dans l'église de Sainte-Croix-de-Jérusalem à Rome. *Baronii Annal. eccles.*, ann. 999, T. X, p. 926.

ploya comme son secrétaire, et le nomma en même temps écolâtre de sa cathédrale. Ce fut alors que Gerbert se fit connoître des impératrices, aïeule et mère d'Othon III, qui lui donnèrent la riche abbaye de Bobbio; il fut présenté en même temps au roi Lothaire, à sa femme, à son fils et à son frère; enfin à Hugues Capet, encore comte de Paris; il leur prêta à presque tous le service de sa plume. Après la mort d'Adalbéron, il demeura comme secrétaire au service de son successeur Arnolphe : avec lui, il s'engagea dans le parti des Carlovingiens; aussi à cette époque il écrivoit à l'évêque de Laon : « Le pro-
« pre frère du roi Lothaire, l'héritier légitime
« du royaume a été chassé du trône; ses ennemis
« ont été nommés rois, ou du moins ils sont
« tenus pour tels par l'opinion de beaucoup de
« monde. Mais par quel droit l'héritier légitime
« peut-il être déshérité? par quel droit peut-il
« être privé du trône? (1) » Bientôt toutefois le même Gerbert écrivit à Arnolphe pour renoncer à toute obéissance envers lui, et lui rendre toutes les places qu'il tenoit de lui. Il écrivit en même temps à l'archevêque de Trèves, pour lui déclarer, « que sa conscience ne lui permettoit pas
« de jouer plus long-temps le double rôle qu'il
« avoit rempli jusqu'alors, et de se faire servi-

---

(1) *Gerberti Epistolæ*, n° 54, T. X, p. 402.

« teur du diable, pour l'amour de Charles ou
« d'Arnolphe. » (1).

Il paroît que ce qui éclaira la conscience de Gerbert fut l'offre que lui fit Hugues Capet de diriger l'éducation de son fils Robert, qui n'avoit probablement pas seize ans, quand il fut associé au trône, et de remplacer dans l'archevêché de Reims, Arnolphe, que Hugues vouloit déposer, pour ôter un chef aux Carlovingiens. Le moment d'exécuter cette seconde partie de ses promesses ne se présenta qu'après que Hugues Capet se fut rendu maître à Laon de la personne de son rival, et de celle de l'archevêque; et même alors l'entreprise étoit difficile. Arnolphe étoit le chef d'un corps puissant, dont les prérogatives étoient redoutables, et dont l'influence sur l'opinion l'étoit davantage encore. Hugues, en attaquant en lui le chef des Carlovingiens, craignoit ses propres prêtres; il craignoit le pape; il étoit arrêté peut-être aussi par des scrupules de conscience, car la seule qualité de l'usurpateur qu'on nous ait fait connoître, étoit son extrême dévotion. Il écrivit au pape Jean XV qui siégeoit alors, et lui fit écrire par des évêques, pour accuser Arnolphe d'avoir faussé son serment. D'autre part Héribert III, comte de Vermandois, que la captivité de Charles et d'Arnolphe avoit laissé seul à la tête du parti

(1) *Gerberti Epistolæ*, n° 73, 74, p. 408.

carlovingien, se rendit en personne à Rome pour implorer la protection du pontife; et comme il réussit à lui faire accepter une superbe haquenée blanche, il assura la faveur du chef de l'Église aux Carlovingiens contre les Capétiens. (1)

Mais le roi n'attendit pas une réponse de Rome, il convoqua pour le 17 juin 991, un concile provincial dans le couvent de Saint-Basle de Reims, auquel il déféra le jugement d'Arnolphe. Les archevêques de Sens et de Bourges s'y rendirent avec onze évêques et un grand nombre d'abbés. Les actes de ce concile, rédigés par Gerbert, nous introduisent d'une manière assez dramatique dans l'intérieur de l'assemblée. Ils nous font comprendre comment l'autorité royale, qu'on voyoit déchoir dans tous ses autres attributs, s'affermissoit au contraire à l'égard des ecclésiastiques, parce que le progrès des idées féodales les avoit rangés parmi les feudataires, et qu'on s'accoutumoit à ne pas plus permettre à un évêque qu'à un chevalier de violer sa foi envers son seigneur.

Arnolphe, l'archevêque captif de Reims, fut traduit devant l'assemblée, et il y fut confronté avec Adalger, le prêtre qui avoit ouvert cette ville aux Lorrains. Celui-ci protesta qu'après avoir reçu les premières propositions de Dudon, chevalier de Charles, il avoit voulu voir lui-

(1) *Remense Concilium*, cap. 27, p. 522.

même son archevêque, pour n'obéir qu'à ses ordres ; que celui-ci lui rappelant que Charles étoit son oncle, lui avoit en même temps indiqué les auxiliaires sur lesquels il comptoit pour son entreprise ; qu'il lui avoit enfin donné lui-même les clefs de la ville, et lui avoit enjoint d'introduire, par leur moyen, les soldats de Charles. « Si quelqu'un d'entre vous, dit-il
« alors, suppose qu'il en est autrement, ou me
« regarde comme indigne d'être cru, qu'il en
« croie le feu, l'eau bouillante, le fer incan-
« descent ; que les tourmens fassent foi à ceux
« à qui mes paroles ne suffisent pas. » (1)

Les prélats se firent montrer ensuite l'excommunication fulminée par ce même Arnolphe contre ceux à qui il avoit secrètement livré sa ville épiscopale : l'évêque d'Autun y remarqua, avec une sorte d'horreur, que l'archevêque de Reims condamnoit les Lorrains « pour avoir sac-
« cagé les misérables demeures des pauvres, tan-
« dis qu'il ne disoit rien de la captivité des prêtres
« de Dieu ; qu'il faisoit un crime aux soldats
« d'avoir renversé de viles cabanes appartenant
« à des mendians, et qui seroient tombées de
« pourriture si l'on n'y avoit employé la force,
« tandis qu'il ne parloit pas même des temples de
« Dieu qu'ils avoient profanés (2). » D'autres,

---
(1) *Concilium Remense Sancti-Basoli*, XI, p. 516.
(2) *Ibid.*, XIII, p. 518.

991. sans faire aucune mention ni de Charles ni des droits de la famille carlovingienne, virent dans l'acte d'Arnolphe une félonie contre son seigneur ; et quoique plusieurs d'entre eux parussent émus de compassion pour lui, et disposés à l'indulgence, ils n'hésitèrent point, pour une faute qui n'étoit nullement canonique, à le menacer de l'anathème, et à le réduire à donner enfin sa démission. Toutefois, les prélats assemblés à Saint-Basle sembloient regarder la juridiction qu'ils s'attribuoient, comme un empiétement sur celle de la cour de Rome. Ils s'excusèrent de n'avoir point attendu la décision de Jean XV qu'ils avoient d'abord provoquée, et l'évêque d'Orléans en prit occasion de peindre avec des couleurs très-vives, dans un discours éloquent que Gerbert nous a conservé, les désordres de la cour de Rome au dixième siècle, les abominations et les vengeances de ces papes à peine parvenus à l'adolescence, qui s'arrachèrent par les armes la tiare les uns aux autres, et qui se condamnèrent réciproquement aux plus atroces supplices (1) ; de ce Jean XII qui fit couper le nez, la langue et la main

(1) *Concilium Remense*, cap. 28, p. 523.
Dans la Chronique de frère Hugues de Fleury, l'histoire de ces deux conciles est racontée plus brièvement, mais tout à l'avantage d'Arnoul. Elle est mêlée cependant d'erreurs assez graves pour qu'il ne vaille pas la peine de s'y arrêter. *In Duchesn., script.*, T. IV, p. 142.

droite au cardinal Jean ; de ce Boniface VII, qui fit étrangler Jean XIII, en 973, et mourir de faim, en 983, Jean XIV, dans un cachot du château Saint-Ange. « Est-ce, s'écria-t-il, à « de tels monstres qui sont remplis de toutes « les ignominies humaines, qui sont vides de « toutes les sciences divines, que nous soumet- « trons les prêtres innombrables de Dieu, qui « se signalent sur toute la terre par leur science « et le mérite de leur vie ? J'ose le dire, le pon- « tife romain qui pèche contre son frère, et « qui, averti à plusieurs reprises, ne veut pas « entendre la voix de l'Église ; le pontife ro- « main, par le précepte de Dieu lui-même, ne « doit être regardé que comme un païen et un « publicain. » Cette première manifestation des sentimens de liberté de l'Église gallicane a provoqué, en 1604, la colère de l'annaliste de l'Église. Le cardinal Baronius attribue ces blasphèmes contre l'autorité pontificale à Gerbert, qui, peu d'années après, devoit en être revêtu lui-même ; sa philosophie lui paroît bien plus scandaleuse que les crimes de Boniface VII ; et sans respecter en lui le pape Silvestre II, il s'écrie : « Écoutez la constance avec laquelle « cet homme ose affirmer sa souveraine incon- « stance ; voyez son impudence infinie et sa « témérité ; faites attention à son audace et à « son arrogance, et demeurez stupéfaits de sa

« superbe, si du moins les paroles de ce furieux « sont dignes de notre examen, et non de notre « mépris (1). » Ce sont les expressions d'un cardinal, du champion le plus obstiné de l'autorité des pontifes de Rome ; et c'est à l'un des plus illustres parmi ces pontifes qu'il les applique. Loin de les adopter, nous regrettons que les sentimens de liberté ecclésiastique, professés pour la première fois en France au concile de Saint-Basle de Reims, y fussent suggérés par l'intérêt des factions, et non par celui de l'Église.

Après son abdication, Arnolphe fut renvoyé dans la prison d'Orléans, où il fut retenu captif aussi long-temps que Hugues Capet vécut. Le même concile provincial qui l'avoit déposé, élut à sa place Gerbert ; et celui-ci, appuyé par le roi des Français, fut reconnu, au moins pendant trois ans, comme archevêque de Reims (2). Les communications avec la cour de Rome étoient lentes et difficiles : le pape Jean XV ne pouvoit donner presque aucune attention aux affaires générales de la chrétienté ; il combattoit alors même pour défendre les restes de son autorité contre le consul Crescentius, qui s'efforçoit de rétablir l'ordre et l'autorité des lois en Italie,

(1) *Annal. ecclesiast. Baronii*, ann. 992, p. 882.
(2) *Gerberti Epistolæ*, n° 86, p. 414. — *Concilia Generalia*, T. IX, p. 739.

et d'y ressusciter la république romaine. Toutefois le comte de Vermandois continuoit à défendre auprès du pape les intérêts de la famille carlovingienne. Avant de mourir en 993, il engagea Jean XV à condamner les actes du concile de Saint-Basle de Reims, comme attentatoires à l'autorité du saint-siége; à frapper d'anathème les évêques qui y avoient assisté, et qui ne se rétracteroient pas; à annuler enfin l'élection de Gerbert. Hugues Capet chercha vainement, en 994, à calmer la colère du pape; il lui offrit d'aller à sa rencontre jusqu'à Grenoble, ville qui appartenoit alors au royaume d'Arles, si Jean XV vouloit consentir à s'avancer ainsi jusqu'aux frontières des Gaules, pour être à portée d'examiner les témoins (1). Ces instances et ces offres du roi ne purent rien obtenir. Jean XV, au lieu de venir en France, y envoya un légat nommé Léon, qui dans l'année 995 présida successivement deux conciles : l'un à Mouson et l'autre à Reims. Dans celui de Mouson, Aimon, évêque de Verdun, exposa en gaulois, ou dans la langue romane qui commençoit à se former, le sujet de l'assemblée. C'étoit un progrès important dans l'usage de cette langue, que de l'employer dans une occasion si solennelle, au milieu du clergé qui re-

(1) *Epistola Hugonis Regis; Concilia Generalia*, T. IX, p. 743.

gardoit le latin comme sa langue propre. Gerbert défendit lui-même sa cause en latin, et son éloquent discours, qui nous a été conservé, est une apologie spirituelle des libertés de l'Église gallicane (1). Cependant il fut condamné, et Arnolphe, toujours détenu dans les prisons d'Orléans, fut déclaré archevêque légitime. Dans une lettre à l'impératrice Adélaïde, Gerbert se plaint que dès lors ses soldats et ses élèves avoient conspiré contre lui; que personne ne vouloit plus manger avec lui; que personne n'assistoit aux cérémonies sacrées qu'il célébroit, qu'on l'avoit avili, méprisé, livré aux plus graves injures (2). Il ne voulut pas se soumettre plus long-temps à de telles persécutions, il quitta la France pour se rendre auprès des deux impératrices Adélaïde et Théophanie, aïeule et mère du jeune empereur Othon III, qui lui avoient toujours montré beaucoup de faveur. Othon III lui-même avoit suivi ses leçons, et dans l'année 998 il l'en récompensa magnifiquement, en l'élevant d'abord à l'archevêché de Ravenne, puis au bout de peu de mois, au saint-siége. (3)

(1) *Concilia Generalia*, T. IX, p. 747. — *Scr. Franc.*, T. X, p. 532. Dans ce discours se trouve une des phrases que Baronius reproche à Gerbert, sur un pape pécheur, qui doit être tenu pour pire qu'un païen et un publicain.
(2) *Gerberti Epistolæ*, n° 102, p. 424.
(3) *Pagi critica ad ann.* 998, p. 81.

Tandis que Hugues Capet se trouvoit, à l'occasion de Gerbert, engagé, avec l'Église, dans une lutte qui n'étoit pas sans danger, le territoire de la France étoit ensanglanté par les guerres des grands feudataires ; ces guerres, qui éclatoient partout à la fois, influoient bien plus que les actes royaux sur le développement du caractère national, et sur la prospérité ou le malheur des habitans. Mais comme les intrigues et les révolutions d'une province étoient presque toujours sans rapport avec celles de l'autre, il est à peu près impossible de trouver un fil pour se conduire au travers de ce labyrinthe. L'esprit se fatigue à concevoir des intérêts et des personnages qui ne lui sont présentés qu'un instant, et qui disparoissent pour faire place à d'autres intérêts et d'autres personnages absolument nouveaux. Tous ces noms de chefs et de guerriers, dont le caractère reste inconnu, ne nous arrivent que comme un bruit confus qui ne laisse après lui aucun souvenir.

On sait peu de chose sur les deux grands feudataires qui avoient embrassé la cause des Carlovingiens. Héribert III, comte de Vermandois, qui paroît l'avoir défendue par ses négociations plus que par ses armes, mourut en 993 : peu après, ses deux comtés de Meaux et de Troyes passèrent au comte Eudes de Blois, qui par cet héritage devint un des plus puissans feudataires du royaume, tandis que le comté de Vermandois demeura déchu de son antique splendeur (1). Arnoul II, comte de Flandre, mourut à Gand l'année d'après l'élévation de Hugues Capet sur le trône, et son fils *Baudoin à la belle barbe* qui lui succéda, étoit alors trop jeune pour rien entreprendre au dehors. (2)

En s'asseyant sur le trône des Français, Hugues Capet avoit surtout compté sur son étroite alliance avec les ducs de Bourgogne et de Normandie, l'un son frère, et l'autre son beau-frère. Le premier, Henri qui gouverna la Bourgogne de l'an 965 à l'an 1002, est désigné par le surnom de Grand, qui le distinguoit sans doute de quelque autre Henri moins puissant. On ne connoît de lui autre chose que le soin qu'il prit de réformer la règle de quelques couvens. Les historiens de Bourgogne lui donnent le titre de premier duc propriétaire, comme s'il avoit acquis sur son duché des droits que n'avoient point ses prédécesseurs. Ils auroient dû remarquer, au contraire, que la Bourgogne étoit la province de France où les comtes particuliers avoient le mieux établi leur indépendance vis-à-vis du duc, en sorte que ce dernier avoit des titres pompeux et fort peu de

---

(1) *Rodulphus Glaber*, Liv. II, cap. 7, p. 19. — *Chronicon Alberici Trium-Fontium*, p. 286. — *Chron. Virdunens*, p. 206.
(2) Oudegherst, *Chroniques et Annales de Flandres*, c. 33, f. 65.

pouvoir, que tour à tour il rançonnoit ou protégeoit les églises qui fournissoient la partie la plus nette de son revenu ; mais qu'il étoit si peu obéi par les laïques, que pendant deux siècles cet Henri-le-Grand et tous ses successeurs ne se signalèrent dans aucune guerre, et ne firent aucune action digne de mémoire. (1)

Richard-sans-Peur, qui depuis 942 gouvernoit la Normandie, avoit épousé Anne, sœur de Hugues Capet, qui étoit morte avant l'élévation de son frère. Il avoit favorisé cette élévation, et comme Arnoul II, comte de Flandre, s'y opposoit, il l'avoit attaqué et lui avoit enlevé Arras et toutes ses places fortes jusqu'à la Lys ; après quoi il l'avoit reconcilié à Hugues Capet, et lui avoit rendu toutes ses conquêtes. Ce fut la dernière guerre de Richard-sans-Peur, qui ayant atteint sa soixantième année, s'occupa dès lors bien plus de rétablir la paix entre ses voisins que d'ajouter à sa réputation militaire. « Il étoit d'une stature « élevée, dit Guillaume de Jumiège, l'historien « normand ; son visage étoit noble, son corps « bien formé ; il portoit une longue barbe, et sa « tête étoit décorée de cheveux blancs. Il fut un « très-pieux bienfaiteur des moines, il pour- « voyoit aux besoins des clercs, il méprisoit les « superbes, il aimoit les plus humbles, il sou-

(1) *Histoire de Bourgogne* du P. Plancher, Liv. V, ch. 40-53, p. 244.

« tenoit les pauvres, les orphelins et les veuves,
« et il se plaisoit à racheter les captifs. » (1)

Les Normands établis en Neustrie depuis moins d'un siècle, avoient conservé toute la vigueur d'une nation nouvelle. Ils avoient adopté la religion, la langue, les lois, et surtout le système féodal des Français ; mais sous ces traits communs on reconnoissoit toujours leur amour de la liberté et leur ancienne indépendance. Ils prétendoient que leur duc, au lieu de l'hommage lige, ne devoit au roi que l'hommage *par parage*, qui indiquoit à peine quelque subordination, et qui n'obligeoit à aucune obéissance (2). Il est cependant probable que cette distinction fut inventée beaucoup plus tard, en faveur des rois d'Angleterre ducs de Normandie. Le chef de la nation croyoit moins tenir son fief du monarque français, que du choix de son peuple. Lorsque Richard-sans-Peur mourut en 996, à peu près en même temps que Hugues Capet, il étoit à l'abbaye de Fécamp, où, se sentant accablé par la maladie, il rassembla autour de lui les principaux seigneurs normands, et leur présenta son fils Richard II. « Jusqu'ici, mes
« compagnons d'armes, leur dit-il, j'ai dirigé
« votre milice ; mais à présent Dieu m'appelle,

---

(1) *Willelmi Gemeticensis*, Lib. IV, cap. 19, p. 184.

(2) Extrait de l'Histoire d'aucuns des ducs de Normandie, T. X., p. 276.

« la maladie redouble d'âpreté; je vais entrer
« dans la voie de toute chair, et vous ne pou-
« vez plus m'avoir pour chef. » Les seigneurs,
après avoir témoigné leurs regrets par leurs sou-
pirs et leurs larmes, donnèrent leur assentiment
aux désirs du vieux duc, et jurèrent fidélité à
son fils, le jeune Richard. (1)

Charles-le-Simple, en abandonnant aux Normands la Neustrie qu'ils avoient dévastée, les avoit autorisés à aller chercher des vivres dans la Bretagne, qu'il regardoit comme ennemie. Il leur avoit, dit-on, cédé tous ses droits sur cette province, droits qu'il ne pouvoit ni exercer lui-même ni garantir. Les Bretons, différens des Français par l'origine, la langue et les mœurs, avoient quelquefois obéi aux rois français les plus puissans; mais ils s'étoient bientôt hâtés de secouer leur joug. Lorsque le système féodal prit plus de stabilité, le duché de Bretagne fut regardé comme un fief mouvant de celui de Normandie; mais probablement cette *mouvance*, qui depuis fut le sujet de longues contestations, avoit été considérée, dans le contrat primitif de Charles avec Rollo, comme de fort peu d'importance, et fort mal définie. Toutefois, lorsque les Bretons avoient été divisés par des guerres civiles, les Normands en avoient souvent profité

(1) *Willelmi Gemet.*, Lib. IV, cap. 20, p. 185. — J. Duchesne, *Script. Normann.*, p. 248.

pour faire valoir leur suzeraineté. Au temps de Hugues Capet, la Bretagne étoit partagée entre les trois comtes de Nantes, de Rennes et de Cornouailles. La maison du premier, cependant, s'éteignit vers l'an 990, et Conan, surnommé le Tort, réunit les comtés de Rennes et de Nantes; tandis que Bénédict, quoique marié, réunit l'évêché de Quimper au comté de Cornouailles. Son fils fut également marié, évêque et comte, et le célibat des prêtres semble à cette époque n'avoir pas été admis par les Bretons. (1)

Quoique la Bretagne fût partagée entre deux princes rivaux, les Normands ne cherchèrent pas à cette époque à disputer aux Bretons leur indépendance; mais Conan-le-Tort eut à combattre un ennemi non moins dangereux dans son voisin, et son beau-frère Foulques-Nerra, comte d'Anjou. Celui-ci avoit, en 987, succédé à son père Geoffroi Grisegonnelle; il s'étoit aussi emparé du comté du Maine, et il avoit couvert de châteaux-forts ces deux gouvernemens (2). La maison d'Anjou, qui n'étoit inférieure ni en puissance ni en ambition, à celles qu'on a regardées comme ayant fondé les grandes pairies laïques, l'emportoit sur elles

(1) *Histoire de Bretagne*, par L. G. Lobineau, religieux bénédictin. Liv. III, ch. 35, p. 85.

(2) *Fragmenta historiæ Andegavens. Auctore Fulcone comite*, p. 204.

par l'avantage d'avoir produit successivement plusieurs capitaines distingués. Les comtes d'Anjou s'étoient flattés d'étendre leur domination sur toute la partie de la Bretagne qui parloit français; mais les entreprises de Geoffroi Grisegonnelle avoient été arrêtées en 981, par la première bataille de Conquéreux, qu'il avoit perdue contre Conan-le-Tort (1). Ces feudataires firent la paix; Conan-le-Tort épousa une fille de Geoffroi. Cependant après la mort de celui-ci les hostilités recommencèrent; Conan voulut surprendre Angers pendant l'absence du comte Foulques-Nerra; l'audace de ses quatre fils, tous vaillans chevaliers, et la bravoure de ses Bretons, lui donnoient de grandes espérances de succès. Après des ravages mutuels, les deux comtes se donnèrent rendez-vous pour le 27 juin 992, dans cette même lande de Conquéreux qu'ils avoient ensanglantée dix ans auparavant. Conan, inférieur en cavalerie, recourut à un stratagème pour triompher de son adversaire; il fit creuser des tranchées sur le champ de bataille, qu'il recouvrit ensuite de feuillage et de terre meuble. Par une fuite simulée, il attira les Angevins dans ce piège, en tua un grand nombre, et fut sur le point de faire pri-

(1) Cette bataille donna naissance à une expression proverbiale : *C'est comme à la bataille de Conquéreux, où le tort l'emporte sur le droit.*

sonnier Foulques lui-même, qui avoit été renversé de son cheval. Mais le comte d'Anjou s'étant relevé avec l'aide de ses compagnons d'armes, les excita à la vengeance, mit les Bretons en déroute, et Conan, avec plus de mille de ses guerriers, fut tué dans le combat. Ce fut la plus grande bataille livrée en France pendant le règne de Hugues Capet; elle n'eut cependant aucun résultat important. Geoffroi, fils aîné de Conan, recueillit le comté de Rennes, son héritage; il fit la paix avec Foulques-Nerra, et au bout d'assez peu de temps, il soumit le reste de la Bretagne, et s'en fit appeler duc. (1)

Le plus puissant des feudataires au midi de la Loire étoit Guillaume Fier-à-Bras, en même temps comte de Poitou et duc d'Aquitaine. Il s'étoit le premier opposé au couronnement de Hugues Capet, et il l'avoit forcé à tourner ses armes contre lui dès le commencement de son règne, quoiqu'il lui eût précédemment donné sa sœur en mariage. Mais les Aquitains avoient la réputation d'être les plus mauvais soldats des Gaules, et Guillaume, en effet, après avoir fait la paix avec Hugues Capet, auroit probablement évité toute autre hostilité, si des querelles, dans sa famille même, n'avoient exposé ses su-

(1) *Glabri Rodulphi histor.*, Lib. II, cap. 3, p. 14. — *De gestis consulum Andegavensium*, p. 255. — Histoire de Bretagne, Liv. III, chap. 36, p. 85.

jets aux armes de ses soldats. Le comte de Poitiers avoit épousé la pieuse Emmeline, fille de Thibault, comte de Blois, bienfaitrice du couvent de Maillezais, et non moins distinguée, dit un moine de ce couvent, par son zèle ardent pour la religion, que par la noblesse de son caractère. Pendant qu'Emmeline étoit uniquement occupée de diriger les constructions du couvent de Maillezais, elle fut avertie que son mari, en revenant de Bretagne, avoit été reçu par la vicomtesse de Thouars, dans son château, et que celle-ci n'avoit point résisté aux instances amoureuses de son seigneur. Emmeline en témoigna le ressentiment le plus vif à son mari, qui, après avoir vainement cherché à se justifier, cessa de lui répondre. Mais la comtesse de Poitiers put bientôt savourer la vengeance qu'elle cherchoit. Elle s'étoit approchée de Thouars avec une suite nombreuse de chevaliers et de pages; elle eut le bonheur de rencontrer sa rivale en rase campagne; elle attaqua sa suite et la dispersa; et s'emparant de la vicomtesse, elle la livra, pendant toute la nuit, aux outrages successifs de chacun de ses chevaliers. Jugeant ensuite que son mari ne lui pardonneroit pas cette violence, elle se retira dans le château de Chinon qui lui appartenoit. Pendant deux ans une petite guerre entre les deux époux désola les campagnes de l'Aquitaine. Bientôt, cependant, les hommes religieux de cette contrée recoururent à Guillaume, et lui remontrèrent que la bénédiction de Dieu avoit toujours reposé sur lui, tant qu'il avoit vécu en paix avec sa femme; que sa colère, au contraire, le menaçoit depuis leur brouillerie. Ils l'engagèrent ainsi à la reprendre, et à confesser qu'il avoit péché grièvement contre elle, lorsque après avoir manqué lui-même à la foi conjugale, il avoit témoigné tant de courroux pour une faute légère. « Dès lors, continue notre moine, « cette femme, d'une rare prudence, ayant « repris toute son autorité, consacra ses ri- « chesses et son pouvoir à achever l'église de « Maillezais. » (1)

Guillaume Fier-à-Bras mourut en 994; il eut pour successeur son fils de même nom que lui, qu'on désigna par le surnom de Grand, à cause de l'étendue de sa domination. En effet, il joignit au duché d'Aquitaine, au Poitou, au Limousin, au pays d'Aunis et à la Saintonge, qui formoient l'héritage de son père, la dot considérable que lui apporta Almodis, veuve de Bozon II, comte de la Marche; ses états s'étendoient de l'Océan jusqu'aux rives du Rhône, et

(1) *Petri Malleacensis Monachi relatio*, Lib. I, cap. 2, p. 179.

pendant son long règne (994-1030), il fut considéré comme le plus puissant des seigneurs français. (1)

Tout le pays situé au levant de la Saône et du Rhône, jusqu'aux Alpes, formoit alors les royaumes réunis d'Arles et de Bourgogne transjurane qui étoient regardés comme absolument étrangers à la France. Ils furent gouvernés pendant cinquante-sept ans, de 937 à 993, par Conrad-le-Pacifique. Depuis que ce roi n'étoit plus sous la tutelle d'Othon-le-Grand, il n'avoit rien fait qui attirât sur lui l'attention, ou qui méritât l'estime. Quoique plusieurs des plus grandes et des plus commerçantes villes de France, telles que Lyon, Vienne, Genève, Besançon, Avignon, Arles, Marseille, Grenoble, fussent situées dans l'enceinte de ses états, il s'étoit laissé réduire à une extrême pauvreté : ses droits avoient été successivement usurpés par tous les feudataires civils et ecclésiastiques ; et la seule autorité qu'il parût exercer se bornoit à accorder des diplômes à divers couvens. (2)

Conrad mourut au commencement de l'année 993, et eut pour successeur son fils aîné, Rodolphe III, auquel ses mœurs efféminées firent

---

(1) *Petri Malleacens.*, Lib. I, cap. 6, p. 181. — *Adémarus Cabannens.*, p. 146.

(2) Hist. de Bourgogne, Liv. IV, chap. 103 et suiv., p. 202. — Bouche, *Hist. de Provence*, T. I, Liv. VI, p. 80.

donner le surnom de lâche ou de fainéant. Cependant Rodolphe, le plus pauvre des rois de l'Europe, voulut, en montant sur le trône, faire un effort pour recouvrer les droits et les revenus que son père avoit aliénés. Il avoit été couronné dans une diète ou assemblée des grands tenue à Lausanne. Ces grands, alarmés des projets que leur roi annonçoit, lui retirèrent une obéissance à laquelle il avoit perdu ses droits, en méprisant leurs privilèges. Ils battirent ses troupes, et le forcèrent à recourir à la médiation de l'impératrice Adélaïde sa tante. Celle-ci joignoit au glorieux souvenir d'Othon-le-Grand la réputation d'une sainte. La vénération des grands vassaux de la couronne d'Arles pour son caractère leur fit accepter sa médiation. La paix fut signée à Saint-Maurice, et Rodolphe continua dès lors à régner jusqu'en 1032, sans qu'on aperçût presque son existence. Il avoit fixé sa résidence en Suisse, et il y étoit réduit à une si grande pauvreté, que sans les annates ou revenus de la première année des bénéfices ecclésiastiques dont il avoit la disposition, il n'auroit pas même eu de quoi vivre. (1)

La foiblesse de Rodolphe-le-Fainéant donna

---

(1) *Chronic. Ditmari Merseburg*, Lib. VII, p. 408. — *In Leibnitio Script. Brunsw*, T. I. — *Muller Geschichte der Schweiz*, B. I., cap. 12, p. 296. — *Annales Heridanni Monachi Sancti-Galli*, p. 193.

occasion aux grands seigneurs du royaume d'Arles d'affermir leur indépendance. Parmi ceux-ci on commençoit à remarquer Berchtold et son fils Humbert-aux-Blanches-Mains, comtes de Maurienne, et fondateurs de la maison de Savoie (1); Otte-Guillaume, qu'on prétend être fils d'Adalbert, roi d'Italie, et héritier, par le droit de sa mère, du comté de Bourgogne; il fut le fondateur de la maison souveraine de Franche-Comté; Guigue, comte d'Albon, fondateur de la maison souveraine des dauphins de Viennois; Guillaume, qu'on prétend issu d'un frère de Rodolphe de Bourgogne, roi de France, et qui fut comte souverain de Provence. Ces quatre seigneurs eurent, pendant tout le règne de Rodolphe, bien plus de pouvoir que lui dans le royaume d'Arles; et, lorsqu'à sa mort sa couronne fut réunie à celle de l'empire, les féudataires qui avoient grandi à ses dépens, devinrent presque absolument indépendans. D'autre part, leurs vassaux commençoient de leur côté à acquérir au-dessous d'eux de l'importance, et en Provence, on peut, dès cette époque, tracer la succession des comtes de Forcalquier et de Venaissin, des princes d'Orange, des vi-

---

(1) Guichenon, *Hist. généalog. de la maison de Savoie*, Liv. II, p. 181-188.

comtes de Marseille, des barons de Baux, de Sault, de Grignan et de Castellane. (1)

Nous pourrions suivre encore la formation d'un grand nombre d'autres maisons feudataires, ou plutôt souveraines. Ainsi, les comtes de Toulouse, ceux de Rouergue, les ducs de Gascogne, les comtes de Foix, de Béarn, de Carcassonne, datent au moins de cette époque; mais leur existence ne nous est annoncée que par leurs diplômes et leurs testamens. Aucun historien ne nous a fait connoître la suite de leurs actions, de manière à nous intéresser à leur personne. Lorsque la vie des rois eux-mêmes est si obscure, lorsque Ardoin en Italie, Conrad en Bourgogne, se dérobent à toutes nos recherches; que Hugues Capet va disparoître sans que nous ayons pu nous former aucune idée de son caractère, il n'est pas étrange que les comtes et les ducs se perdent aussi dans l'ombre. (2)

L'existence tout entière des peuples est également dérobée à notre connoissance; nous savons seulement qu'en 994 une peste effroyable dévasta le Limousin et l'Aquitaine. La contagion étoit augmentée par la dévotion mal entendue des peuples, qui, sans cesse rassemblés

(1) Bouche, *Hist. de Provence*, Liv. VI, p. 807.
(2) Hist. gén. de Languedoc, T. II, Liv. XIII, p. 113-132.

dans les églises, y apportoient leurs malades, pour que les reliques conservées dans le sanctuaire leur rendissent la santé. Ces malades passoient dans les temples les nuits comme les jours; ils remplissoient l'air de leurs cris, et le corrompoient par des exhalaisons pestilentielles : on assure que leur chair sembloit frappée par le feu, qu'elle se détachoit de leurs os et tomboit en pourriture. L'église de Saint-Martial à Limoges étoit celle autour de laquelle les pestiférés se pressoient en plus grand nombre. Lorsqu'on en approchoit, on étoit frappé de l'effroyable puanteur de l'atmosphère qui l'entouroit; mais ce funeste avertissement ne suffisoit point pour éloigner les fidèles, dont la foule, attirée par l'espoir d'un miracle, se renouveloit sans cesse. La plupart des évêques d'Aquitaine s'y rendirent, et y firent porter avec eux les reliques de leurs propres églises. Les ducs et les princes, frappés de terreur, s'engagèrent par une sorte de traité à observer entre eux la paix et la justice, pour détourner la colère du ciel. Ce fut la première origine de cette convention par laquelle ils se lièrent plus tard à s'abstenir de toute hostilité pendant certains jours de la semaine, et qui fut connue sous le nom de *trêve de Dieu*. (1)

(1) *Historia translationis S. Genulfi.*, p. 361. — *Chron. Ademari Cabannens.*, p. 147.

996.   Voilà tout ce qu'il nous a été possible de recueillir sur Hugues Capet, ou sur l'histoire des Français pendant son règne. Les actions de ce fondateur d'une nouvelle dynastie, son caractère, sa politique, tout nous est également inconnu. On croit pouvoir fixer sa mort au 24 octobre 996, quoiqu'il y ait quelque incertitude sur l'année. Il devoit alors être âgé de cinquante-sept ans. Paris avoit été sa résidence habituelle; c'est là, sans doute, qu'il mourut, et il fut enterré à Saint-Denis. Le moine Helgaud de Fleury, qui a écrit le panégyrique du roi Robert son fils, assure que Hugues se sentant près de sa fin, appela Robert auprès de lui, et lui tint ce discours : « O mon cher fils !
« je te conjure, au nom de la sainte et in-
« divisible Trinité, de ne jamais abandonner
« ton esprit aux conseils des flatteurs qui cher-
« cheront à te séduire par des présens empoi-
« sonnés, pour que tu disposes, selon leur
« volonté, de ces abbayes que je laisse après
« Dieu sous ton gouvernement. Qu'aucune lé-
« gèreté d'âme ne t'engage à piller leurs trésors,
« à les distraire ou à les dissiper. Je te recom-
« mande encore, et cela par-dessus toute chose,
« de ne jamais permettre qu'on t'arrache à la
« dévotion du chef de notre religion, savoir,
« de notre père saint Benoît; c'est lui qui, après
« la mort de ce qui n'est que chair, te procurera

« auprès de notre commun juge, l'entrée du sa-
« lut, seul port tranquille et seul asile assuré. »(1)

Peut-être s'il nous étoit resté aucun autre discours de Hugues Capet, aucun autre trait qui
peignît son caractère, nous donnerions fort peu
d'attention à ces paroles qui semblent appartenir bien plus au moine historien qu'au roi. Mais
on ne doit pas oublier que ce chef d'une dynastie nouvelle, élevé par la défiance des grands
vassaux plus que par leur amour, n'étoit guère
autre chose qu'un roi des prêtres ; que la concession des biens des abbayes étoit à peu près
sa seule fonction royale, et que les flatteurs
qui l'approchoient, différens en cela de ceux
qui ont entouré ses successeurs, lui apportoient
des présens en retour des bénéfices ecclésiastiques qu'ils sollicitoient de lui ; ces présens faisoient même le principal revenu qu'il tirât du
royaume. D'ailleurs, Hugues Capet paroît avoir
été adonné à une dévotion superstitieuse ; c'est
presque la seule notion que nous ayons sur son
caractère, et elle doit expliquer un fait rapporté sans commentaire par les anciens historiens ; c'est que s'il n'eut point de scrupule à
usurper la souveraineté, il en eut cependant à
en porter les marques, en sorte qu'il ne mit
jamais de couronne sur sa tête. (2)

(1) *Helgaldi Floriacensis vita Roberii Regis*, cap. 14, p. 104.
(2) *Chronic. Willelmi Godelli*, Lib. III, p. 259. — *Chronic.
Autissiodorens.*, p. 275.

CHAPITRE III.

Commencemens du règne de Robert. Ses mariages, son caractère, mœurs nationales, pontificat de Silvestre II. 996—1003.

La fin du dixième siècle et le commencement du onzième forment peut-être la période la plus mal connue de l'histoire, non-seulement pour la France, mais pour toute l'Europe. Les rois tout comme les peuples se perdent dans une profonde obscurité. Le petit nombre de faits qui nous sont connus semblent en contradiction les uns avec les autres; tout devient matière de doute et de confusion, et l'on ne sait où trouver un fil qui lie les événemens les uns avec les autres. Cette obscurité frappe d'autant plus qu'elle ne tient point, comme au septième siècle, à une ignorance absolue, à une barbarie universelle : les mœurs s'étoient déjà adoucies, la civilisation avoit fait des progrès, les études s'étoient perfectionnées. On trouve dans les écrivains de cette époque, dans Radulphus Glaber, dans Guillaume de Jumièges, et bien plus encore dans Gerbert et dans l'évêque Fulbert, une certaine philosophie, un peu de goût dans le choix des circonstances qu'ils rapportent, un peu de vie et de sentiment dans l'écrivain, et quelque étude de la bonne latinité. On sent qu'ils appartiennent à un peuple qui nous est moins complétement étranger par ses opinions et par ses mœurs, que ne l'étoient les Francs de Clothaire ou ceux de Charlemagne; et cependant on ne voit rien de ce monde dans lequel ils vivent, on ne réussit à faire connoissance avec aucun de leurs contemporains.

Plusieurs causes ont contribué à cette stérilité ou cette obscurité de l'histoire dans les dixième et onzième siècles, et sans doute celle qui doit tenir le premier rang, c'est le manque de communication entre les hommes. Accoutumés que nous sommes à ce que tous les pays nous soient ouverts, à ce que de nombreux voyageurs parcourent sans cesse l'univers plus facilement qu'ils ne parcouroient alors la France, à ce que la poste nous apporte régulièrement tous les jours et avec une rapidité qui auroit alors paru prodigieuse des lettres de tous les pays, à ce qu'une classe d'hommes fasse métier de satifaire la curiosité du public, en écrivant dans des gazettes l'histoire journalière du monde entier, nous ne savons point nous replacer par l'imagination dans un temps où le gouvernement ne faisoit guère sentir son influence que sur l'étendue de terre que le seigneur pouvoit parcourir à cheval dans un jour, et où le monarque ne recevoit que bien rarement des nouvelles d'une province qu'il avait cessé d'habiter; où chaque feudataire se défiant de tout ce qui étoit étranger à sa domination, surveilloit comme des espions les voyageurs qui arrivoient chez lui, et soumettoit à des avanies les marchands même qui lui étoient le plus nécessaires; où l'on n'avoit pas commencé à sentir le besoin de l'admirable invention de la poste aux lettres, et où rien ne remplaçoit les gazettes, qui sont devenues pour nous un objet de nécessité. Dans cet isolement réciproque de tous les états, on n'apprenoit guère ce qui s'étoit passé dans les autres parties de chaque royaume, que par quelques marchands qui faisoient leur tournée, et qui évitoient de se compromettre en laissant percer trop de curiosité; par quelques pèlerins qu'une dévotion inquiète conduisoit à de fameux sanctuaires, mais qu'elle ne préparoit pas à comprendre la politique; enfin par les voyages de quelques seigneurs, qui se rendoient pour une occasion d'éclat à la cour de leur souverain. Mais la curiosité se proportionne à ce qu'on sait, non à ce qu'on ignore. Les actions d'un prince ou d'un peuple dont on n'avoit jamais entendu parler, et dont personne ne vous parleroit plus à l'avenir, n'éveilloient l'attention qu'autant qu'elles avoient en elles-mêmes quelque chose de merveilleux; aussi les fables les plus absurdes se répandoient quelquefois jusqu'aux contrées les plus lointaines, tandis qu'un événement tout simple, quelque important qu'il fût, n'étoit connu que de ceux sous les yeux desquels il s'étoit passé, et ne sembloit point mériter d'être raconté. (1)

On auroit pu, il est vrai, savoir dans chaque seigneurie l'événement du jour ou de l'année, et nous en laisser l'indication : c'est ainsi que notre active curiosité recherche aujourd'hui l'histoire de chaque ville et de chaque comté, et qu'elle s'étonne de ne pas trouver tout au moins les généalogies et la succession des princes, dans les Mémoires de chaque province. Mais quoique ces souvenirs locaux dussent constituer la vraie histoire du temps, l'objet, par comparaison avec ce qui avoit occupé les précédens historiens, ne sembloit pas valoir la peine d'être écrit. Les derniers qui s'étoient chargés de conserver pour la postérité la mémoire des événemens publics, avoient eu à rendre compte des conquêtes de Charlemagne ou des revers de ses

(1) Lorsque le comte Burchard voulut fonder un monastère à Saint-Maur-des-Fossés, la renommée du vénérable Maieul, abbé de Clugny, le détermina à aller implorer son assistance; mais son historien parle de son voyage comme de l'entreprise la plus hardie. *Tam longo itinere fatigatus, tam longinquam adisse patriam.* Saint Maieul, à qui il demandoit une colonie de moines, lui répondit : *Il seroit bien laborieux pour nous d'aller visiter des régions étrangères et inconnues, d'abandonner notre pays, pour aller chercher le vôtre.* Duchesne, T. IV. Script. fr., p. 117. — Historiens de France, T. X, p. 352. *In vita Burchardi venerabilis Comitis.*

successeurs, maîtres, comme lui, de tout l'Occident. Il dut se passer un temps assez long avant que les chroniqueurs comprissent qu'au lieu de traiter de ces grands intérêts, ils devoient désormais se borner à rendre compte des petites guerres des comtes d'Anjou, de Toulouse ou de Poitiers: l'indépendance des feudataires et celle des villes, précéda de plus d'un siècle le commencement de ces histoires partielles.

La nature des événemens à cette époque doit donc être considérée comme la seconde cause de l'obscurité de l'histoire. Le pouvoir royal et le pouvoir national avoient été simultanément anéantis; toute action à distance avoit cessé, et l'Europe ne devoit ressentir aucun intérêt pour ce qui paroissoit n'exercer aucune influence sur ses destinées. Pendant les sept ou huit premières années du règne de Robert II, qui forment l'objet de ce chapitre, l'autorité royale étoit si complétement détruite en France, que la suite des actions du roi, quand on les connoîtroit dans le plus grand détail, ne nous donneroit aucune sorte d'idée de l'administration du pays. Dans le royaume d'Arles, qui comprenoit près du tiers de la France, le roi Rodolphe III étoit tout aussi étranger au gouvernement: il voyageoit de couvens en couvens dans la Suisse, avec un petit nombre de chevaliers, et il oublioit dans la débauche cette autorité de ses prédécesseurs qu'il n'espéroit plus pouvoir ressaisir. Ardoin, marquis d'Ivrée, qui fut couronné comme roi d'Italie, après la mort d'Othon III, en 1002, menoit une vie presque semblable dans les couvens du Piémont, et quoique son titre à la couronne lui fût disputé par un concurrent, il n'essayoit point, et ne pouvoit même espérer de rassembler une armée, et de combattre pour ses droits. Le trône d'Allemagne sembloit seul conserver un peu plus de dignité. Henri II, qui s'y assit à la fin de cette période, montroit toujours l'activité d'un roi électif; sans être vraiment chez lui nulle part, il continuoit à parcourir l'empire comme avoient fait ses prédécesseurs, à se rappeler ainsi au souvenir des provinces éloignées, et à imprimer quelque mouvement à cette masse inerte. On le vit même présider des diètes et commander des armées; aussi l'histoire d'Allemagne est-elle la seule, à cette époque, dont il nous reste des monumens. En Angleterre, la lutte d'Ethelred II avec les Danois et les Suédois; en Espagne, la lutte de Sanche III, roi de Navarre, contre les Maures, sembloient appartenir à un monde séparé. Le reste des Occidentaux ne communiquoit ni avec les Anglais ni avec les Espagnols, et ne paroissoit prendre aucun intérêt à leurs combats.

Mais une troisième cause concourut, à l'époque où nous sommes parvenus, à faire renoncer à la conservation de tous les anciens souvenirs, et à obscurcir ainsi l'histoire; cette cause fut la croyance à la fin prochaine du monde. Autant qu'on pouvoit comprendre les obscures prophéties de l'Apocalypse, elles sembloient annoncer que mille ans après la naissance de Jésus-Christ, l'Antechrist commenceroit son règne, et qu'il seroit suivi de bien près par le jugement universel (1). Plus on avoit approché de ce terme fatal, et plus la terreur de cette catastrophe s'étoit emparée des esprits. Le clergé qui y trouvoit son avantage l'avoit fortement répandue; il invitoit tous les pécheurs à la repentance, et surtout à l'expiation, pendant le bref espace de temps qui leur étoit encore accordé; il encourageoit des donations à son profit, qui pourroient exciter des soupçons sur sa bonne foi. En effet, de même que les pécheurs cédoient sans regret, à cause de la cessation des siècles, les biens de leur famille devenus inutiles à leurs enfans, il semble que les prêtres n'auroient point dû les rechercher, à moins qu'ils ne comptassent en jouir. Cette terreur, qui augmenta si fort les richesses des églises, qui quelquefois produisit aussi des réconciliations sincères, après de mortelles offenses, qui engagea même

---

(1) *Raynaldi, Annal. eccles.*, anno 1001, T. XI, p. 1. — *Voyez* aussi 2, Thessalon. 2.

quelquefois des seigneurs à rendre la liberté à leurs esclaves ou à leurs vassaux (1), interrompoit d'autre part toutes les relations de la vie. Elle tenoit tous les fidèles dans la situation d'esprit d'un condamné dont les jours sont comptés et dont le supplice approche; elle décourageoit de toute prudence, de tout soin de son patrimoine, de tout préparatif pour l'avenir; et en particulier, elle rendoit presque ridicule le travail d'écrire une histoire ou des chroniques, pour l'avantage d'une postérité qui ne devoit jamais voir le jour.

(1) Dans les Preuves de l'Histoire de Bretagne, on trouve un très-grand nombre de chartes de donation aux églises, qui commencent par ces mots : *Mundi termino adpropinquante, ruinis que crebrescentibus*. Preuves du second Livre, T. II, p. 63-64, et *passim*.

Cette formule est moins fréquente dans les autres recueils de chartes. Je la retrouve cependant encore en l'an 1001, dans une donation de Roger Ier, comte de Carcassone, Preuves de l'Histoire du Languedoc, T. II, p. 157; car il restoit quelque incertitude sur l'époque précise; et c'est peut-être ce qui empêcha la cessation de tous les travaux, et sauva l'Occident d'une famine.

Saint Abbon, abbé de Fleury, s'opposa de tout son pouvoir, dit son biographe, à cette croyance universelle de la fin du monde; mais il paraît qu'il commença à prêcher contre la terreur populaire seulement en l'an 1001, et que son biographe écrivit sa vie plus tard encore, lorsque l'événement avoit fait justice de la prophétie. *Vita Sancti Abbonis*, cap. 9, p. 332, T. X, *Scriptor. franc.*; et Baronius *Annal.*, anno 1001, T. XI, p. 2.

La croyance à l'approche de la fin du monde peut être considérée comme un des élémens de la révolution importante qui s'opéra dans le onzième siècle ; de celle sur laquelle nous devons surtout fixer nos regards, puisqu'elle embrassa toute l'Europe dans ses effets, et qu'elle se lia aux plus brillans événemens de la période suivante. Cette révolution s'opéroit dans le pouvoir de l'Église ; il avoit constamment décliné durant le dixième siècle, et il étoit presque arrivé à son plus bas terme : il fut reconstruit pendant le onzième ; les immenses donations faites au clergé à cause de la fin du monde, commencèrent à le rétablir ; le talent, l'adresse, la constance, la vertu même, furent enrôlés à son service pendant près de cent ans. Le clergé avoit enfin recouvré tout son ascendant au commencement du douzième siècle, et les guerres entre le sacerdoce et l'empire, les croisades et les persécutions des hérétiques signalèrent son triomphe.

C'étoit par le progrès des institutions féodales que les prélats, en même temps que les rois, avoient été dépouillés de leur pouvoir au dixième siècle. Ils avoient cherché, ainsi que les hauts barons, à créer une milice qui dépendît d'eux, en inféodant par parcelles leurs vastes domaines à des chevaliers ; mais en même temps ils s'étoient trouvés rangés, presque sans s'en apercevoir, non parmi les vassaux immédiats des rois, mais parmi ceux des comtes ou des ducs, dans la domination desquels leurs diocèses étoient situés. Appelés dès lors à lutter pour leurs intérêts temporels avec des supérieurs et avec des inférieurs, tous militaires, ils avoient été successivement dépouillés de presque tous leurs avantages, d'autant plus que les vassaux des évêques, tout comme leurs seigneurs, avoient dans leurs fiefs un intérêt héréditaire ; tandis que le prélat, qui ne possédoit son bénéfice que pour sa vie, faisoit souvent bon marché des droits de ses successeurs. Ce fut sans doute pendant la vacance de chaque siége que les grands vassaux s'arrogèrent, sur la nomination du nouveau prélat, une influence qui auparavant n'avoit appartenu qu'au roi (1). Ils en profitèrent d'abord pour donner ces hautes dignités à quelqu'un de leurs parens ; souvent ensuite pour les offrir publiquement en vente. C'est ainsi que Guillaume-Taillefer, comte de Toulouse, pourvut, en 990, à l'évêché de Cahors (2). Souvent encore, et par un abus non moins scandaleux, les comtes et les seigneurs disposoient par testament des évêchés qui dépendoient d'eux :

(1) Hist. génér. de Languedoc, Liv. XII, ch. 94, p. 109. — Mably, *Observations sur l'Hist. de France*, L. III, c. 2, p. 23.
(2) Hist. de Languedoc, Liv. XIII, ch. 27, p. 128. — *Vita S. Abbonis ab Aimoino Script.*, cap. 80.

c'est ainsi que, dans la même année 990, le vicomte de Béziers légua à ses deux filles les deux évêchés de Béziers et d'Agde, qui se trouvoient situés dans sa vicomté, et qui devoient servir de dot à ces deux dames. (1)

Tandis que les évêques étoient tombés dans la dépendance des ducs, des comtes et même des vicomtes qui gouvernoient leur ville principale, les papes eux-mêmes n'avoient pu, à la fin du dixième siècle, échapper au joug du feudataire le plus rapproché de Rome. Les marquis de Tusculum avoient disposé de la tiare comme d'un bénéfice attaché à leur fief. De leur côté, les barons romains avoient fortifié leurs châteaux; d'autres s'étoient ménagé des retraites dans les antiques monumens qui décoroient la capitale du monde; et de là, ils bravoient en même temps la puissance du peuple et celle de l'Église. Crescentius, maître du tombeau d'Adrien, avoit eu pitié des souffrances de ses concitoyens; il s'étoit intitulé consul des Romains, et il avoit pris la défense des bourgeois contre les barons et contre les prêtres. Jean XV, qui avoit été contemporain de Hugues Capet, et qui pendant douze ans avoit occupé le saint-siége, avoit presque aussi long-temps lutté contre Crescentius. Saint Abbon, abbé de Fleury,

(1) Testament de Guillaume, vicomte de Béziers. Preuves à l'Hist. de Languedoc, T. II, p. 145.

qui, pendant ce pontificat, s'étoit rendu à Rome, pour y obtenir la confirmation des priviléges de son ordre, « n'y trouva point, dit « son biographe, le pontife Jean tel qu'il l'au- « roit voulu, ou tel qu'il auroit dû être; en « effet, il étoit avide d'un gain honteux, et « vénal dans toutes ses actions; aussi, l'ayant « en horreur, il revint après avoir visité les « saints lieux. » (1)

Jean V mourut en 996, quelques mois avant Hugues Capet, et l'on pourroit dater de cette époque le mouvement des esprits qui favorisa la puissance pontificale et l'accroissement graduel de cette puissance pendant deux siècles. La succession de Robert II, seul fils de Hugues Capet au trône de France, n'eut pas une grande influence sur ces progrès qu'on vit dès lors faire aux prêtres; le pouvoir de ce prince bigot et timide étoit enfermé dans une trop étroite enceinte. La part que l'empereur s'attribua dès lors dans l'élection des papes contribua bien plus directement à changer la situation du clergé. Othon III, roi de Germanie et d'Italie, jeune homme âgé seulement de quinze ans, qui se trouvoit alors à Ravenne, recueillit en quelque sorte l'héritage du marquis de Tusculum; il ne rendit point à la tiare son indépendance; mais au lieu de permettre plus long-temps à un petit

996.

(1) *Vita Abbonis Floriacensis*, cap. XI, p. 334.

seigneur italien d'en disposer, il réserva à la première des couronnes la nomination de la première des dignités de l'Église. Il plaça sur le saint-siége son parent Bruno, petit-fils d'une fille d'Othon-le-Grand, et il reçut à son tour la couronne impériale de ce nouveau pape qui prit le nom de Grégoire V (1). Celles des élections successives qui furent faites par le crédit des empereurs, donnèrent presque toujours pour chefs à l'Église des hommes remarquables par leurs talens et par leur ambition, qui ne cessèrent dès lors de travailler à secouer le joug que leur avoit imposé la puissance séculière.

Leur première attaque dut se diriger contre les seigneurs et les hauts barons qui s'étoient emparés des dignités de l'Église, comme si elles faisoient partie de leur héritage. Il y avoit en France, comme nous venons de le voir, peu d'évêchés ou d'abbayes qui ne fussent tombées au pouvoir de quelque grand seigneur. Parmi les bulles des papes destinées à tirer ces fondations pieuses de dessous le joug, nous traduirons celle que Benoît VIII adressa au comte Guillaume II de Provence, et à la comtesse Adélaïde sa mère, comme un échantillon curieux de l'éloquence du père commun des fidèles à cette époque ; elle est destinée à glacer

---

(1) *Muratori Annali* 996, T. VIII, p. 231. — *Mascovii Comment.*, Lib. III, cap. 32, p. 162.

d'effroi les usurpateurs des biens de la fameuse
abbaye de Saint-Giles, à peu de distance d'Arles,
et sur le bras occidental du Rhône. Informé,
dit le pape, que par une injustice inouïe les monastères fondés dans la province de ces comtes,
par la générosité de leurs pères, sont dépouillés
de leurs richesses par des hommes dépravés, il
exclut du giron de l'Église tous les hommes qui
chercheront à recevoir d'eux quelque portion
des biens de Saint-Giles, sans le consentement
de l'abbé de ce couvent; il excommunie en
même temps tous ceux qui s'en trouveroient
actuellement en possession. « Qu'ils ne puissent
« jamais, dit-il, se retirer de l'assemblée de Juda
« qui trahit son maître, de Caïphe, d'Anne,
« d'Hérode et de Ponce-Pilate; qu'ils périssent
« par la malédiction des anges, et qu'ils éprou-
« vent la communion de Satan, dans la perdi-
« tion de leur chair; qu'ils reçoivent d'en haut
« les malédictions, qu'ils les reçoivent d'en bas,
« de l'abîme au-dessous d'eux; qu'ils réunissent
« la malédiction céleste et la malédiction ter-
« restre; qu'ils éprouvent cette malédiction dans
« leurs corps, que leurs âmes en soient affoi-
« blies, et qu'elles tombent dans la perdition et
« les tourmens; qu'ils soient maudits avec les
« maudits, flagellés avec les ingrats, et qu'ils
« périssent avec les superbes; qu'ils soient mau-
« dits avec les Juifs qui, voyant le Seigneur

« revêtu de chair, n'ont point cru en lui, mais ont tenté de le crucifier; qu'ils soient maudits avec les hérétiques qui veulent renverser l'Église de Dieu, maudits avec ceux qui blasphèment le nom du Seigneur, maudits avec ceux qui désespèrent de sa miséricorde; qu'ils soient maudits avec les damnés de l'enfer, maudits avec les impies et les pécheurs, s'ils ne s'amendent et ne font réparation à Saint-Giles; qu'ils soient maudits dans les quatre parties du monde; maudits à l'orient, abandonnés en occident, interdits au septentrion, et tranchés par l'excommunication au midi; qu'ils soient maudits de jour et excommuniés de nuit, maudits dans leurs maisons et hors de leurs maisons excommuniés; maudits lorsqu'ils sont debout, et excommuniés lorsqu'ils s'asseyent; maudits lorsqu'ils mangent, et maudits lorsqu'ils boivent; maudits lorsqu'ils dorment et excommuniés lorsqu'ils s'éveillent; maudits lorsqu'ils travaillent, et excommuniés lorsqu'ils essaient de se reposer; maudits au printemps, excommuniés en été; maudits en automne, et excommuniés en hiver; maudits dans le présent, et excommuniés dans les siècles futurs. Que des étrangers saisissent tous leurs biens, que leurs femmes aillent en perdition, et que leurs enfans périssent par le glaive; que leur nourriture soit mau-

« dite, que les restes de leur table soient mau-
« dits, et que quiconque en goûtera soit maudit
« aussi; que le prêtre qui leur offriroit le corps
« et le sang du Seigneur, ou qui les visiteroit
« dans leurs maladies, soit maudit et excom-
« munié; qu'il en soit de même de ceux qui
« les porteroient à la sépulture, ou qui pré-
« tendroient les ensevelir; qu'ils soient enfin
« maudits et excommuniés de toutes les malé-
« dictions possibles. » (1)

Tandis que le clergé s'efforçoit de regagner par la terreur de ses malédictions ce qui lui avoit été ravi par la violence, un jeune homme qui ne savoit ni menacer, ni maudire, ni inspirer la terreur à personne, succédoit dans Paris à la dignité royale que son père avoit usurpée. Robert, seul fils de Hugues Capet, avoit de vingt-quatre à vingt-six ans lorsque son père mourut. Quoiqu'il fut depuis huit ans associé à la couronne, on ne sait point qu'il eût pris jusqu'alors aucune part au gouvernement, et il ne commença à compter les années de son règne que depuis la mort de son père. Les historiens ne nous disent point qu'aucune assemblée du peuple ou de ses représentans intervînt pour le reconnoître au moment de la succession. Quelques formes d'élection avoient cependant tou-

996.

---

(1) Bulle du pape Benoît VIII, de l'an 1014. Dans les Preuves de l'Histoire de la ville de Nismes, §. 8., T. I, p. 20.

996.

jours été observées par les Carlovingiens, et les derniers rois de cette race avoient expressément admis le droit des vassaux à leur déférer la couronne; mais comme vers cette époque tous les fiefs étoient devenus héréditaires, les esprits s'étoient accoutumés aussi à ne plus élever de doutes sur l'hérédité du plus éminent de tous, du royaume lui-même. D'ailleurs les grands vassaux, jaloux de leur indépendance, ne s'étoient pas contentés de secouer l'autorité royale, ils s'étoient soustraits en même temps à celle qu'exerçoient autrefois leurs collègues assemblés avec eux dans les grands plaids du royaume. Ils avoient déserté ces assemblées, et dès lors tout pouvoir législatif avoit cessé en France, car ils ne supposoient pas même que le roi pût l'exercer sans leur concurrence, et l'eût-il essayé, il n'auroit trouvé aucun moyen de faire exécuter ses ordonnances.

Il n'y eut donc, au commencement de la troisième dynastie, ni même sur la fin de la seconde, plus de plaids généraux ou d'assemblées nationales, plus de réunion des grands vassaux, plus de capitulaires, plus d'impôts votés pour être perçus sur toute la France, et plus d'élection ou de confirmation du roi par ses sujets. La mémoire d'une révolution récente, et l'insubordination de tous ceux qui pouvoient disputer le pouvoir des rois, engagèrent Hugues Capet et ses premiers successeurs, à faire couronner leur fils de leur vivant, pour éviter à leur famille les chances d'un interrègne; mais cette précaution étoit la conséquence de l'anarchie et non de la constitution de l'état. Peut-être prirent-ils encore la précaution de présenter ce fils qu'ils s'associoient à une cour plénière où ils avoient réuni tous leurs vassaux immédiats; toutefois c'étoient là des assemblées de réjouissances plutôt que des assemblées politiques. Il ne faut pas se laisser faire illusion par des mots dont le sens a changé dans la suite. Ceux de *parlamentum* et de *conventus*, qui se présentent quelquefois dans les écrivains du onzième siècle, ne désignoient point à cette époque un parlement ou des états généraux. On les employoit alors dans le langage de toute l'Europe, pour indiquer des conférences volontaires entre des seigneurs indépendans.

Les fonctions laissées aux rois dans le gouvernement étoient réduites à si peu de chose, que l'accession de Robert à la couronne ne put apporter aucun changement dans l'administration. Non-seulement toute la partie de la France qui étoit tombée sous le gouvernement des grands vassaux ne recevoit aucun ordre du roi, et ne conservoit plus de rapports avec lui; bien plus, les domaines propres de Hugues Capet, comme duc de France, ou comme comte de Paris et d'Orléans, avoient été également

996.
inféodés et subinféodés à des vassaux d'un ordre inférieur. Ceux-ci s'étoient engagés, il est vrai, à rendre au roi, leur seigneur, de certains services militaires, mais ils ne lui laissoient aucune part à l'administration locale de leur fief, et Robert ne pouvoit se rendre de Paris à Orléans, sans passer sur le territoire de plusieurs seigneurs qui ne se croyoient nullement obligés de lui obéir, et qui souvent lui refusoient l'entrée de leur forteresse. Par des degrés plus ou moins multipliés, on arrivoit toujours jusqu'au châtelain qui gouvernoit la ville ou la bourgade où il se trouvoit présent. L'autorité des absens, et plus que tout, celle du roi, se réduisoit à de vaines prérogatives honorifiques; et comme dans cette échelle tout étoit héréditaire, comme les charges attachées à la personne et à la maison du souverain avoient été elles-mêmes inféodées, et avoient passé des pères aux enfans, les rois n'avoient réellement plus rien à faire dans le royaume. Aussi lorsque Helgaud, moine de Fleury, dans une biographie très-détaillée de Robert, nous le montre occupé tour à tour de sa dévotion, de ses charités, des hymnes qu'il composoit et qu'il mettoit en musique, enfin, de ses querelles de ménage, il a réellement parcouru tout le cercle des occupations royales.

Cependant, au moment où Robert demeura seul roi des Français par la mort de son père, ses relations avec le clergé et avec son chef lui causoient une juste inquiétude. Il retenoit toujours en prison l'archevêque de Reims, Arnolphe, qu'il regardoit comme le chef de ses ennemis; mais un concile avoit proclamé les droits d'Arnolphe, et le pape exigeoit impérieusement sa mise en liberté. En même temps il se trouvoit lui-même soumis aux censures ecclésiastiques, et menacé de l'anathème, pour un mariage dont les circonstances sont enveloppées de beaucoup de doute et d'obscurité. Berthe, seconde fille du roi Conrad-le-Pacifique de Bourgogne, et cousine au quatrième degré de Robert, avoit épousé Eudes ou Odon, comte de Blois et de Chartres; elle en avoit eu six enfans. Robert déjà couronné, mais dont le père vivoit encore, fut avec elle parrain de l'un d'eux (1). Cette association spirituelle étoit considérée comme ne mettant pas moins obstacle au mariage que la plus étroite parenté. Cependant Eudes, qui vivoit encore le 9 février 995, étant mort peu après au couvent de Marmoutiers, où il avoit, dans ses derniers jours, revêtu l'habit de moine, Robert épousa sa veuve presque aussitôt qu'il eut appris qu'elle étoit libre. Archambaud, archevêque de Tours, lui donna la bénédiction nuptiale, et plusieurs

(1) *Helgaldi Floriac. Epitome*, p. 196. — *Fragment. histor. Franciæ*, p. 211.

996. évêques assistèrent au mariage. Cette union ne fut pas plus tôt connue à Rome, que le pape la déclara incestueuse, et exigea qu'elle fût rompue. Le légat du saint-siége, Léon, qui avoit présidé aux conciles de Mouson et de Reims, fut chargé d'insister pour que le roi donnât cette satisfaction à l'Église; et Robert préférant de céder sur le point qui lui tenoit le moins à cœur, commença par remettre Arnolphe, archevêque de Reims, en liberté, espérant qu'à ce prix on lui permettroit de garder sa femme (1). Saint Abbon, abbé de Fleury, fut envoyé par Robert à Grégoire V, pour conduire cette négociation. Le nouveau pontife, fier de sa parenté avec la famille impériale, et de l'appui d'Othon III, prenoit un ton plus impérieux que ses prédécesseurs; il menaçoit de frapper d'anathème le royaume des Français, si Arnolphe

997. n'étoit pas rendu à son archevêché. Abbon lui annonça la condescendance du roi, et lui demanda en retour quelque indulgence pour une union qui sembloit heureuse; mais bientôt changeant l'objet de ses négociations, il se contenta d'obtenir des priviléges pour son église et son couvent, et il revint en France sans avoir pacifié le roi avec la cour romaine. (2)

(1) *Gerberti Epistolæ*, n° 102, p. 424. — *Monitum in Diplomata Roberti regis*, p. 567.

(2) *Vita S. Abbonis Floriacensis*, cap. 11 et 12, p. 334-335.

Grégoire V assembla ensuite un concile à Rome, en présence du jeune empereur Othon III, et il fit prononcer à cette assemblée des canons relatifs au mariage du roi des Français. Ces canons nous ont été conservés, mais sans aucun détail sur les circonstances du jugement dont ils font partie. Ils portent. « Le roi Robert quit-
« tera sa parente Berthe, qu'il a épousée contre
« les lois, et il fera une pénitence de sept ans,
« selon les degrés fixés par l'Église. S'il refuse de
« la faire, qu'il soit anathème. Le même ordre
« s'étend aussi à la susdite Berthe.

« Nous suspendons de la très-sainte commu-
« nion Archambaud, archevêque de Tours, qui
« a consacré ce mariage, tout comme tous les
« évêques qui ont assisté et consenti aux noces
« incestueuses du roi et de Berthe sa parente,
« jusqu'à ce qu'ils soient venus satisfaire au saint-
« siége apostolique. (1) »

Le reste de cette histoire ne nous est présenté que d'une manière très-confuse : la vérité est cachée sous les fables que les prêtres accréditèrent dans le siècle suivant, lorsqu'ils travaillèrent avec tant de succès à relever la puissance pontificale. Ils cherchèrent alors à établir que Robert fût le premier à sentir tout le poids de cette autorité que l'Église s'attribuoit sur les rois.

(1) *Concilium Romanum in Labbe Concil. gener.*, T. IX, p. 772.

Cependant il est certain que, malgré sa dévotion extrême et son caractère timide, Robert ne céda point immédiatement aux injonctions de la cour de Rome. On nous a conservé diverses dotations faites à des monastères, où son nom se trouve réuni à celui d'Adélaïde sa mère et de Berthe sa femme, d'après lesquelles on doit conclure qu'il ne s'en sépara pas avant l'an 1001, et peut-être avant l'an 1004. Nous verrons aussi qu'il fit de nouveau quelques tentatives pour la reprendre vers l'an 1016 (1). D'autre part, on a produit une lettre que le pape Grégoire V, mort en février 999, adressoit à Constance, reine des Gaules (2), et lors même que nous supposerions quelque erreur dans cette pièce isolée, il en reste plusieurs autres d'après lesquelles on doit conclure que Robert prit des engagemens avec cette seconde femme avant de s'être entièrement séparé de la première (3). Ce n'est pas la seule occasion où les papes en se donnant pour les défenseurs des mœurs, précipitèrent leurs pénitens dans des fautes plus graves que celles d'où ils vouloient les retirer.

Cinquante ans plus tard les prêtres s'emparèrent de toutes les circonstances de ce divorce, et en firent un récit propre à frapper de terreur

(1) *Monitum ad Diplomata Roberti regis*, p. 568.
(2) *Epistolæ Gregorii V in Labbe Concilia*, T. IX, p. 779.
(3) *Pagi critica in Baronium*, anno 998 ; §. 10, p. 79.

les peuples et les rois qui osoient lutter contre l'Église. Le cardinal Saint-Pierre Damien écrivoit à l'abbé du Mont-Cassin : « L'aïeul de ce mo-
« narque, Robert, roi des Gaulois, épousa une
« femme sa parente, qui lui donna un fils dont
« le col et la tête ressembloient à ceux d'une oie.
« Presque tous les évêques des Gaules, d'un
« commun consentement, excommunièrent en-
« semble l'époux et l'épouse. La terreur que res-
« sentit le peuple de cet édit sacerdotal fut telle,
« que tout le monde fuyoit la société du roi, et
« qu'il ne resta auprès de lui que deux petits
« esclaves pour le nourrir. Encore ceux-ci ju-
« geoient-ils abominables tous les vases dans les-
« quels le roi avoit bu ou mangé, et ils les je-
« toient aussitôt après dans les flammes. Ce fut
« en raison de cet état de souffrance, que Robert,
« revenu à des conseils plus sages, rompit un
« mariage incestueux, et contracta un mariage
« légal (1). » Il n'est point impossible que l'imagination de Berthe, frappée par les menaces de Rome, ait donné à l'enfant qu'elle portoit dans son sein quelque chose de monstrueux, et qu'on en ait profité pour crier au miracle ; mais quant au délaissement universel dont parle Saint-Pierre Damien, il ne s'accorde ni avec ce que nous savons sur la vie publique de Robert, ni avec son

---

(1) *Petri Damiani Epistolæ.* Lib. II, ep. 15. *Scr. Fr.* T. X, p. 492. — *Fragm. hist. Francor.* p. 211.

caractère privé, ni même avec le degré de crédulité du peuple. Il est bien plus probable que le saint Italien, en chargeant son récit de circonstances merveilleuses, vouloit seulement faire réfléchir l'empereur Henri IV aux dangers qu'il couroit, lorsqu'il bravoit les foudres de l'Église.

Constance, seconde femme de Robert, étoit fille, ou de Guillaume Ier, comte de Provence, ou de Guillaume Taillefer, comte de Toulouse (1): elle étoit remarquable par sa beauté; mais elle ne l'étoit pas moins par l'arrogance et la dureté de son caractère. Elle mit à de rudes épreuves la patience de son époux, qui paroît avoir été l'un des hommes les plus doux, comme aussi les plus foibles et les plus incapables de gouverner qui soient jamais montés sur aucun trône. « Robert, nous dit le moine auteur de la Chro« nique de Saint-Bertin, étoit très-pieux, pru« dent, lettré, et suffisamment philosophe, « mais surtout excellent musicien. Il composa « la prose du Saint-Esprit, qui commence par « ces mots : *Adsit nobis gratia*; les rhythmes

(1) On n'est pas d'accord sur la famille de Constance. L'expression de Glaber, Lib. III, cap. 2, p. 27, *Filiam Willelmi prioris Aquitaniæ Ducis*, étant équivoque, Pagi l'entend du comte de Provence, *Critica ann.* 998, §. 6, p. 77. D. Vaissette, au contraire, l'entend de Guillaume Taillefer, comte de Toulouse, de Cahors et d'Albi. Histoire du Languedoc, T. II, p. 601.

« *Judæa et Hierusalem, concede nobis quæsu-*
« *mus*, et *Cornelius centurio*, qu'il offrit à
« Rome sur l'autel de Saint-Pierre, notés avec
« le chant qui leur étoit propre, de même que
« l'antiphone *Eripe*, et plusieurs autres beaux
« morceaux. Sa femme Constance, le voyant
« toujours occupé de ces travaux, lui demanda,
« comme par plaisanterie, de faire aussi quel-
« que chose en mémoire d'elle. Il écrivit alors
« le rhythme o *Constantia martyrum*, que la
« reine, à cause du nom de Constantia, crut
« avoir été fait pour elle. Ce roi avoit souvent
« coutume de venir à l'église de Saint-Denis,
« revêtu de ses habits royaux, et la couronne
« en tête; il y dirigeoit le chœur à matines, à
« vêpres et à la messe, et il y chantoit avec les
« moines. Aussi, comme il assiégeoit certain
« château le jour de la fête de saint Hippolyte,
« pour qui il avoit une dévotion particulière,
« il quitta le siége pour venir à l'église de Saint-
« Denis diriger le chœur pendant la messe; et
« tandis qu'il chantoit dévotement avec les
« moines, *Agnus Dei, dona nobis pacem*, les
« murs du château assiégé tombèrent subite-
« ment, et l'armée du roi en prit possession; ce
« que Robert attribua toujours aux mérites de
« saint Hippolyte. » (1)

(1) *Chronicon Sithiense S. Bertini*, T. X, p. 299.

998-1004. La religion de Robert ne se bornoit pas à chanter les offices de l'Église. Il étoit animé envers les indigens d'une compassion et d'une bienveillance universelles; seulement il répandoit ses bienfaits sans choix, sans mesure et souvent sans jugement. Surtout il s'efforçoit de les dérober à la connoissance de la reine, et toutes les fois qu'il faisoit à quelque pauvre un riche présent, il lui disoit toujours, *Fais en sorte que Constance ne te voie pas* (1). Le moine Helgaud, du couvent de Fleury, qui assure avoir été admis à son intimité, raconte plusieurs traits de cette bienfaisance royale, qui peignent tout ensemble, et le singulier caractère du débonnaire Robert, et la simplicité des mœurs du temps, et la vie que menoient ces rois, en qui les modernes s'obstinent à chercher les chefs du gouvernement.

Un jour il remarqua que sa femme avoit eu soin de faire garnir sa lance d'ornemens d'argent. Il venoit dans ce moment d'achever ses prières à l'église de Poissy-sur-Seine, où il avoit un palais. Il chercha des yeux un pauvre à qui il pût donner cet argent, et l'ayant trouvé, il lui ordonna de lui apporter un outil de fer qui pût servir à arracher des clous : puis le pauvre et le roi s'enfermèrent ensemble et travaillèrent

---

(1) *Anonymi Chronicon ad ann.* 1269, *productum.* p. 292.

en commun à arracher tout l'argent dont Constance avoit fait orner la lance royale. Robert le mit ensuite lui-même dans la besace du mendiant, lui recommandant de s'enfuir bien vite, de peur que la reine ne le vît. Lorsque Constance s'étonna ensuite de voir la lance de son mari toute dépouillée, Robert jura par le nom de Dieu, qu'il ne savoit point comment cela étoit arrivé. (1)

Qu'on ne s'étonne pas, au reste, si le pieux roi se permettoit un parjure pour déguiser ses charités; « il avoit, dit Helgaud, une grande
« horreur pour le mensonge : aussi avoit-il fait
« faire une châsse de cristal, vide par dedans,
« et ornée d'or, dans laquelle il avoit eu soin
« de ne mettre aucune relique, afin de pouvoir
« justifier ceux dont il recevoit le serment, aussi
« bien que lui-même (s'ils venoient à se parju-
« rer). C'est sur cette châsse qu'il faisoit jurer
« ses princes qui n'étoient point instruits de
« sa fraude pieuse. De même il faisoit jurer
« les gens du peuple sur un œuf d'autruche.
« Oh! combien se rapportent exactement à ce
« saint homme ces mots du prophète : *Celui qui*
« *parle avec la vérité selon son cœur, habitera*
« *dans le tabernacle du Très-Haut. C'est lui qui*
« *n'a point de tromperie dans sa langue,* et

(1) *Helgaldi Floriacens. Epitome vitæ Roberti regis*, cap. 8, p. 102.

« *qui ne médite point de ruses contre son pro-
« chain* (1) ». Le moine Helgaud, en effet, tout
aussi-bien que le bon roi, croyoit en conscience
que ceux qui avoient juré sur ces fausses châsses
pouvoient se parjurer sans péché comme sans
danger.

La charité de Robert paroissoit s'étendre sur
tous les pécheurs. A Étampes, dans un festin
où il étoit avec Constance, il ordonna qu'on
ouvrît le palais, pour que tous les pauvres y pussent entrer. L'un d'eux se glissant alors comme
un chien, sous la table, se coucha sous les pieds
du roi qui le nourrit de son assiette. Le pauvre,
cependant, profita de cette familiarité pour détacher du manteau de Robert un ornement
d'or du poids de six onces, qu'on nommoit le
label. Robert ne fit pas semblant de le remarquer; et quand il se fut levé, après que tous
les pauvres étoient déjà sortis, et que Constance
observa avec colère qu'il avoit été volé, Robert
répondit seulement : Celui qui l'a pris en avoit
sans doute plus besoin que moi (2). Un autre
voleur ayant détaché la moitié de la frange d'or
de son manteau, pendant qu'il étoit en prières,
Robert se retourna vers lui, et lui dit seulement : Laisse le reste pour un autre, qui sans

(1) *Helgaldi Floriacens. Epitome vitæ Roberti regis*, cap. 8,
p. 103.

(2) *Helgaldi Epitome*, cap. 3, p. 100.

doute en aura aussi besoin (1). Il ne montroit pas plus de colère à ceux qui voloient les choses saintes. Un jour il remarqua dans l'église qu'un clerc nommé Ogger, qu'il y avoit placé lui-même, s'approchoit de l'autel, ôtoit un cierge de son candélabre d'argent, et cachoit celui-ci dans les plis de sa robe. Lorsque les autres clercs qui avoient la garde du trésor de l'église, eurent découvert le vol, ils furent dans un trouble extrême ; ils demandèrent au roi, qui étoit toujours demeuré à la même place, s'il n'avoit rien vu, et celui-ci protesta que non. Constance, avertie à son tour de ce sacrilége, jura par l'âme de son père, le comte Guillaume, qu'elle feroit arracher les yeux des gardiens du temple, et leur feroit éprouver toute sorte de tourmens, si le candélabre ne se retrouvoit pas. Alors Robert fit appeler à lui le prêtre Ogger, et lui conseilla de se hâter de retourner dans la Lorraine sa patrie, avant que la vengeance de Constance pût l'atteindre. Il lui donna même de l'argent pour faire sa route ; et quelques jours après, quand il crut le voleur en sûreté, il raconta aux clercs ce qu'étoit devenu leur candélabre (2). Une autre fois enfin, un samedi saint avant Pâques, comme il se relevoit au milieu de la nuit pour assister aux prières de l'église, et qu'il tra-

(1) *Helgaldi Epitome*, cap. 7, p. 101.
(2) *Ibid.*, cap. 9, p. 102.

versoit des appartemens où personne ne l'attendoit, il y trouva deux amans couchés sur un même lit, et qui n'avoient point assez de vêtemens pour pouvoir se cacher de lui. A l'instant il détacha son manteau et le jeta sur eux, afin qu'aucun autre ne pût les voir ou du moins les reconnoître. (1)

On ne sauroit lire ces traits de simplicité et de bienveillance universelle, sans aimer le roi Robert; mais en même temps on est forcé de convenir qu'une telle facilité, ou plutôt une telle foiblesse de caractère étoit peu propre au gouvernement. On comprendroit à peine comment un roi toujours prêt à sacrifier son intérêt à celui de tous les autres, à céder dans toutes les contestations, auroit pu maintenir une autorité antique et affermie par des siècles; mais si un usurpateur, si le second fondateur d'une dynastie nouvelle resta sur le trône avec des dispositions si débonnaires, c'est parce qu'il ne valoit pas la peine de lui disputer son autorité. En effet, le gouvernement des nobles s'organisoit, s'affermissoit, les provinces devenoient toujours plus étrangères l'une à l'autre, les châteaux étoient toujours plus soustraits à l'influence de la couronne; et tandis qu'on voyoit s'élever cette génération de fer, ces guerriers indomptables et impitoyables dont les jeux étoient

(1) *Helgaldi Epitome*, cap. 18, p. 107.

des combats, dont la religion demandoit du sang, dont l'amour ne se montroit que dans les tournois, la race royale sembloit devenir d'autant plus efféminée que la noblesse étoit plus fière. Pendant un siècle entier, les descendans de Capet demeurèrent seuls étrangers à la chevalerie qui se formoit.

Les dévotions et les charités de Robert ne composent point l'histoire de France. Nous devons la chercher dans les provinces où son autorité ne s'étendoit pas, et où son nom même étoit presque inconnu. Mais les petits faits locaux que nous y rencontrons semblent n'avoir point de liaison les uns avec les autres. En 997 cependant, un effort du peuple pour secouer le joug, mérite d'être remarqué, puisque c'est le premier qui se soit présenté à nous dans une histoire dont nous avons déjà parcouru plus de cinq siècles, et qui nous a toujours fait voir l'oppression de ce peuple comme intolérable. Ce fut en Normandie que les paysans se soulevèrent, comme un nouveau duc, Richard II, avoit succédé à son père, presque à l'époque où Robert étoit monté sur le trône de Hugues Capet. Ce soulèvement ne fut point la conséquence d'un redoublement de cruauté de la part des maîtres ; il éclata au contraire lorsque les laboureurs, un peu moins abrutis par l'esclavage, commencèrent à reprendre quelques confiance en leurs

propres forces. « Les paysans, dit Guillaume
« de Jumièges, historien normand du milieu du
« onzième siècle, s'étant rassemblés en conven-
« ticules, dans tous les comtés de la Norman-
« die, résolurent, d'un consentement unanime,
« de vivre à leur gré, sans se soumettre plus à
« aucune des lois établies, quant à l'usage qu'ils
« pourroient faire des bois, des forêts et des
« eaux. Chaque assemblée de ce peuple furieux
« nomma deux députés qui devoient se réunir
« en assemblée générale, au milieu du pays,
« pour maintenir leurs prétentions. Mais le
« nouveau duc en étant averti, envoya aussitôt
« une troupe de soldats, sous la conduite du
« comte Rodolphe, pour dissiper cette assem-
« blée rustique. Celui-ci, exécutant ses ordres
« sans retard, fit arrêter tous les députés, et
« quelques autres paysans avec eux; et leur
« ayant fait couper les mains et les pieds, il les
« renvoya ainsi à leurs familles, rendus inu-
« tiles pour la vie. Les paysans ayant éprouvé ces
« rigueurs, et craignant des châtimens plus sévè-
« res encore, renoncèrent aussitôt à leurs assem-
« blées et retournèrent à leurs charrues. » (1)

Le moine auteur de ce récit, qui avoit lui-
même des paysans, et qui regardoit leur révolte
comme le bouleversement de l'ordre le plus sacré,

(1) *Willelmi Gemeticensis monachi historia Normannorum*,
Lib. V, cap. 2, p. 185.

nous laisse cependant juger par son récit même, que ce n'était pas le peuple qui se conduisoit en furieux, mais ceux qui se refusoient à écouter ses plaintes. En effet, c'est une conséquence nécessaire d'un ordre oppressif, qu'il ne sauroit être maintenu que par des supplices atroces. Les seigneurs frappoient de terreur les paysans pour être moins souvent appelés à punir des révoltes qui les ruinoient eux-mêmes. Les prêtres, à leur tour, cherchoient à inspirer la même terreur aux nobles, pour les ramener à la soumission à l'Église dont ils s'étoient écartés, et pour regagner ce pouvoir absolu et cette richesse dont le régime féodal avoit dépouillé le clergé. Des légendes et des récits de miracles devoient soumettre les esprits de ces chevaliers indépendans. Ils avoient beaucoup de foi et peu de logique, et le surnaturel ou l'absurdité d'un conte sembloit les disposer davantage encore à le croire; toutefois leur âme n'étoit préparée à aucune espèce de crainte; leur force physique elle-même les rassuroit contre les terreurs de l'autre monde, et leur conduite vis-à-vis de l'Église présente un singulier mélange de superstition et d'audace.

Foulques Nerra, comte d'Anjou, un des seigneurs les plus hardis et les plus entreprenans de cet âge, fut aussi peut-être celui en qui l'on put le mieux remarquer ces alternatives fréquentes de rebellion contre toutes les lois religieuses, et de soumission à l'autorité des prêtres. Dans cette même année 997, il avoit violé les franchises de Saint-Martin de Tours, pour y surprendre ou y arrêter quelque ennemi. « Il « entra à main armée, dit une chronique d'An- « jou, dans le cloître même ouvert à chacun « comme un refuge. Personne ne lui résista; « mais les chanoines déposant aussitôt par terre « les corps des saints et les crucifix, les cou- « vrirent d'épines, aussi bien que le corps du « très-saint confesseur Martin. En même temps « ils fermèrent, de jour comme de nuit, les « portes de l'Eglise; ils en exclurent tous les « bourgeois, et n'y admirent que les pèlerins. « Mais bientôt le comte se repentant de ce qu'il « venoit de faire, et implorant miséricorde, « s'avança vers l'église les pieds nus, suivi des « principaux de son état. Il fit d'abord satis- « faction devant le tombeau de saint Martin, « en présentant une offrande, puis devant les « corps de chaque saint et devant le crucifix; « et il promit à Renaud, évêque d'Anjou, de « ne jamais plus rien entreprendre de sem- « blable (1). » Plus tard on vit ce même Foulques, qui avoit poignardé sa femme Elisabeth, et brûlé la ville de Saumur; qui mettant lui-même le

---

(1) *Fragment. Chronic. Andegavensis*, *in notis ad Gerberti Epistolas*, p. 424.

feu à l'église de Saint-Florent, dans cette dernière ville, crioit au saint : « Laisse-moi seulement brûler ici ton église, je t'en bâtirai bientôt une plus belle à Angers ». On le vit, dis-je, tour à tour renouveler et expier ses forfaits par un pèlerinage à Rome, et par trois pèlerinages à la Terre-Sainte. (1)

Les miracles qu'on disoit opérés chaque jour, et qui annoncés de toutes les chaires à ces pieux chevaliers calmoient tout à coup leurs passions et les arrêtoient dans leurs fureurs, nous sembleroient plutôt aujourd'hui un objet de risée. Ainsi l'on publia que, le 12 juillet de cette même année 997, Wilderode, évêque de Strasbourg, à qui Gerbert avoit adressé quelques-unes de ses lettres, ayant dissipé les biens de son église, fut, en punition de ce crime, attaqué par des rats, contre lesquels il ne put se défendre, et qui le dévorèrent tout vivant. C'étoit, à ce qu'il semble, le supplice plus particulièrement destiné aux usurpateurs des biens du clergé; car, à la même époque, Ditmar raconte qu'un chevalier qui s'étoit emparé des biens de saint Clément, fut attaqué de même par des rats affamés, contre lesquels il se défendit d'abord avec son bâton, puis avec son épée; mais que ne pouvant s'en délivrer, accablé de som-

(1) *Historia monasterii Sancti-Florentii Salmuriensis*, p. 266.

meil, et ne sachant comment dormir en paix, il s'enferma dans une caisse qu'il fit suspendre en l'air par une corde; toutefois le matin suivant, quand on ouvrit cette caisse, on n'y trouva plus que ses os; les rats l'avoient entièrement dévoré dans la nuit. (1)

Ces contes ridicules suffisoient cependant pour faire une impression profonde sur des guerriers qui, exerçant leur corps sans relâche, s'étoient mis dans l'impossibilité de cultiver leur esprit, et qui se faisoient un devoir de ne pas penser. L'esprit féodal ayant élevé la force de corps et la bravoure au-dessus de toutes les vertus, la force de corps et la bravoure devinrent aussi l'offrande qu'on crut la plus digne de la divinité. Les barons, les chevaliers, auxquels ni les rois, ni les comtes, ni les prélats ne demandoient jamais d'autre service que celui de leur épée, crurent devoir également consacrer leur épée à Dieu, et ils se figurèrent que leur plus sûr moyen de salut étoit de déployer leur bravoure dans une expédition lointaine. Avec ce nouveau caractère donné à la dévotion, commencèrent les pèlerinages, qui furent mis à la mode vers cette époque, et qui devoient bientôt être suivis par les croisades. Dans tout le cours du dixième siècle on avoit

(1) *Bruschius in Argentinæ episcopis et Ditmarus Merseb.*, Lib. VI. *Scr. Fr.*, T. X, p. 376.

vu les Français et les Allemands se rendre en pèlerinage à Rome et aux sanctuaires d'Italie ; mais au commencement du onzième, le pèlerinage de Rome ne paroissoit déjà plus assez aventureux à ces gentilshommes, avides de dangers autant que du salut de leur âme. Les seigneurs français, et surtout les Normands, en entreprirent d'autres dans la Basse-Italie, au mont Gargano, au mont Cassin, puis ils s'embarquèrent dans ces mêmes lieux pour Jérusalem ; là, ils rencontrèrent pour la première fois des infidèles, et leur désir de les combattre s'accrut en raison de toutes les vexations qu'ils éprouvèrent de leur part. Ce fut dans les premières années du onzième siècle que quarante pèlerins normands, qui revenoient de Jérusalem, offrirent leurs services à Guaimar III, prince de Salerne, contre les Sarrasins qui l'attaquoient ; et que, par un brillant fait d'armes, ils établirent la réputation de bravoure des Normands dans le midi de l'Italie, et ils en ouvrirent le chemin à ceux de leurs compatriotes qui devoient bientôt y fonder le royaume des Deux-Siciles. (1)

Cependant Grégoire V, qui, avec l'appui de son cousin Othon III, avait relevé la dignité

---

(1) *Leo Ostiensis Chron. Mon. Cassinens.*, Lib. II, cap. 37. *Script. Ital.*, T. IV, p. 362. — *Anonymi monach. Cassinens. ad ann.* 1000. — *Ib.*, T. V, p. 55.

pontificale, et qui, quoique jeune encore, s'étoit fait respecter du clergé italien en instruisant le peuple dans les trois langues, teutonique, latine et vulgaire, mourut le 18 février 999 (1). Othon III qui se trouvoit alors à Rome, qui s'étoit affectionné à l'Italie, et qui, avec un zèle de jeunesse, se flattoit de relever l'ancien empire des Césars, auquel il donnoit de nouveau le nom de république (2), jugeoit nécessaire, pour accomplir ses projets, d'avoir un pape qui lui fût dévoué. Il jeta les yeux sur Gerbert, l'archevêque destitué de Reims, qui lui avoit donné des leçons aussi-bien qu'au roi Robert, et, par son crédit, il le fit porter sur le saint siége le 2 avril, sous le nom de Silvestre II (3). C'étoit le premier Français qui fût parvenu à la tiare; c'étoit aussi le plus digne de gouverner l'Église, par l'étendue de ses connoissances, et peut-être même par ses vertus; car dans sa vie si agitée, on ne remarque point de tache; et le même homme, qui avoit défendu avec chaleur ce qu'on nomma depuis les libertés gallicanes, s'étoit résigné à une destitution humiliante plutôt que d'occasionner un schisme. Cepen-

(1) *Baronii Annal. eccles.*, ann. 999, §. 1, p. 925; *cum epitaphio Gregorii V.*

(2) *Diploma apud* Mabillon, T. IV, p. 694. — *Mascovius Comment.*, Lib. III, p. 172.

(3) *Pagi critica ad anno* 999, §. 1, p. 82.

dant sa brillante élévation, et plus encore l'étendue de ses connoissances, si disproportionnées avec celles de son siècle, accréditèrent la fable déja répandue sur l'appui que lui avoient promis les esprits infernaux. Il avoit appris des Arabes l'arithmétique, la musique et la géométrie, et il avoit tenté d'introduire en France l'étude des sciences exactes, qui, avant lui, y étoit absolument négligée. Les mécaniques lui durent aussi des progrès notables, dans l'Occident. Pendant qu'il avoit occupé le siége de Reims, il y avoit fait construire une horloge pour marquer les heures, qui n'avoit point encore eu de modèle dans ces contrées, et qu'on regardoit comme tenant du prodige. Il y avoit aussi fait faire un orgue, qui étoit inspiré, dit-on, par la seule vapeur de l'eau bouillante. Mais l'historien Guillaume de Malmesbury, qui nous donne ces détails, les a entremêlés de fables extravagantes. Selon lui, Gerbert possédoit un livre qui lui donnoit le commandement des démons; par leur aide, il avoit découvert des trésors inépuisables; il avoit fabriqué une tête qui lui rendoit des oracles; son pouvoir enfin lui fut ravi, et les diables vinrent redemander son âme après qu'il eut chanté la messe dans l'église de Sainte-Croix de Jérusalem (1). Quel-

(1) *Willelmus Malmesbur. de Gestis regum Anglorum*, Lib. II, cap. 10, p. 243.

que envie qu'un vulgaire aveugle ressentit contre un grand homme qui n'avoit fait que du bien à ses contemporains, elle auroit probablement été étouffée, et le souvenir de ses vertus seroit demeuré, si Silvestre II, avant d'être pape, ne s'étoit pas opposé à quelques-unes des usurpations les plus scandaleuses de l'Église de Rome. Les dévots ne lui pardonnèrent pas cet acte de raison et de justice, même après qu'il fut devenu leur chef, et un pape, abandonné par la milice de l'Église, n'a plus trouvé de défenseurs. (1)

Les relations que Gerbert avoit formées avec les musulmans, pendant qu'il étudioit à Cordoue, ne l'empêchèrent point, quand il fut pape, de prendre vivement contre eux la défense de la chrétienté. Les vexations du calife Fatimite Hakem, qui plus tard, en 1009, détruisit le saint sépulcre, commençoient à rendre le séjour de Jérusalem dangereux pour les pèlerins. Silvestre II, qui en fut informé, fut en quelque sorte le premier prédicateur des croisades; car il écrivit, au nom de *Jérusalem dévastée*, une lettre à toutes les églises de la chrétienté, pour leur demander des secours. « Levez-vous, soldats du Christ, leur disoit-il, « prenez son drapeau, et combattez pour lui; et

---

(1) *Sigebertus Gemblacens. Chron.*, p. 217. — *Chron. fratris Andreæ Aquicinctini*, p. 270, et suiv.

« ce que vous ne pourrez accomplir par les ar-
« mes, faites-le par votre prudence ou par vos ri-
« chesses. Voyez ce que vous donnez et celui à
« qui vous le donnez ; sur une grande masse de
« biens vous ne retranchez que peu de chose,
« mais c'est à celui qui vous a tout donné gra-
« tuitement que vous le rendez ; et lui cepen-
« dant, il ne le reçoit point gratis : ici il mul-
« tipliera vos richesses, et dans l'éternité il vous
« en rendra la récompense. » (1)

Gerbert avoit consenti à renoncer à l'Église de Reims, mais il n'en regardoit pas moins la déposition d'Arnolphe comme légitime ; élevé au pontificat, il voulut bien confirmer son rival dans la jouissance de son archevêché ; ce fut toutefois en lui pardonnant et en effaçant ce qu'il y avoit eu d'irrégulier dans sa conduite. Il lui écrivit : « C'est le propre de la dignité
« apostolique de relever les pécheurs, et de leur
« rendre les honneurs qu'ils avoient perdus.
« Aussi avons-nous jugé digne de nous, ô Ar-
« nolphe ! de venir à ton secours. Tu avois,
« pour quelques excès, été privé des honneurs
« pontificaux ; mais comme ton abdication
« n'avoit point été sanctionnée par l'Église ro-
« maine, sa piété peut d'autant mieux te relever.
« Aussi nous te rendons la crosse et l'anneau
« avec tous les honneurs, tous les privilèges

(1) *Gerberti Epistolæ* n° 107, p. 426.

« qui appartiennent à la Sainte métropole de
« Reims; comme la bénédiction des rois de
« France, et celle de tous les évêques qui te sont
« soumis.... Nous interdisons de plus à tout
« homme, soit dans un synode, soit ailleurs,
« de te faire un crime de ton abdication, ou de
« t'insulter en paroles à cette occasion : que notre
« autorité pontificale te couvre partout, quand
« même ta conscience t'accuseroit intérieure-
« ment. » (1)

Cet Adalbéron que nous avons vu tour à tour être l'amant de la reine Emma, femme de Lothaire, le confident de Charles de Lorraine, et le traître qui le livra à Hugues Capet, étoit toujours évêque de Laon. Robert l'accusoit de trahisons nouvelles, mais il n'avoit point assez d'autorité pour le punir lui-même. Il recourut à Silvestre II, et celui-ci le somma de se trouver à Rome pour y subir le jugement d'un concile (2). Nous n'en savons pas davantage sur la part qu'eut ce pontife français à l'administration ecclésiastique de la France. Il demeura moins de cinq ans à la tête de la chrétienté, et déjà parvenu à un âge très avancé, il mourut le 12 mai de l'an 1003 (3). Son élève, Othon III, étoit mort un peu plus d'un an avant lui, à Paterno, sur les

(1) *Gerberti Epistolæ* n° 106, p. 425.
(2) *Gerberti Epistolæ*, n° 110, p. 428.
(3) *Baronii Annal. eccles.* 1003, p. 15.

confins de l'Abruzze. En lui finissoit cette illus- 996—1004.
tre maison de Saxe qui avoit recueilli en Allemagne l'héritage de la maison carlovingienne, et qui avoit donné successivement pour chefs quatre grands hommes au royaume de Germanie. Après lui la couronne impériale devint purement élective, tandis que la monarchie héréditaire s'affermissoit en France dans la famille des Capets; et les deux systèmes de royauté peuvent dès lors être comparés dans leurs effets sur les deux grandes divisions de l'empire de Charlemagne.

CHAPITRE IV.

Fin du règne de Robert II. 1002—1031.

Nous avons cherché dans le chapitre précédent à faire connoître quelle étoit la situation de l'Église, celle de la France, celle de la famille royale, et le caractère même du roi, dans les premières années du règne de Robert II ; mais il nous reste à mettre sous les yeux de nos lecteurs la plus grande partie de ce long règne. C'est une période importante dans ses conséquences, décisive pour le caractère national, pour les institutions de la monarchie, et cependant enveloppée d'une épaisse obscurité ; une période dans laquelle tout demeure confus, la chronologie et l'enchaînement des événemens, le caractère des principaux personnages, leurs prétentions et leurs droits respectifs, surtout les prérogatives de la couronne, qui tantôt grandissent à nos yeux par le souvenir de ce qu'elles avoient été, par l'attente de ce qu'elles devinrent, tantôt se réduisent presque à rien. Le fils de Hugues Capet régna trente-quatre ans et neuf mois, aimé de ses seuls domestiques, méprisé de ses voisins et de ses vassaux, oublié de ses peuples, et laissant anéantir entre ses mains, non pas seulement l'autorité des rois ses prédécesseurs, mais même celle des comtes de Paris ses ancêtres. Cependant, c'est durant cette longue léthargie de la puissance royale que l'on voit naître et se former tous les traits qui doivent caractériser la grande époque de la chevalerie, que la bravoure et le point d'honneur deviennent, loin de la cour, la base du caractère national, que les villes commencent à se considérer comme des corporations, à agir en leur nom propre, et à contracter des obligations ; que les paysans eux-mêmes s'efforcent de secouer dans les campagnes un joug trop oppressif, et par des insurrections fréquentes, forcent enfin les seigneurs à les traiter avec moins de rigueur ; que l'énergie de l'esprit humain se développe de nouveau par de hardies spéculations sur les mystères de la religion, et que le fanatisme combattant cet esprit d'innovation, fait périr dans les flammes ceux qu'il ne peut convaincre ; que les expéditions lointaines et aventureuses qui devoient illustrer la chevalerie commencent ; que la poésie moderne fait pour la première fois entendre ses accords. Mais cette fermentation universelle qui créoit un monde nouveau ne laisse encore entrevoir, durant le règne de Robert, que le germe de ce qui devoit être. Les événemens de ces trente-cinq années, mal enchaînés, mal racontés, et toujours enfermés dans un cercle étroit, ne présentent que fort peu d'intérêt. C'est la naissance de l'esprit des siècles suivans qui mérite seule toute notre attention; ce sont ces dispositions que, par une observation curieuse, nous verrons poindre dans le peuple, et dont les résultats nous paroîtront plus tard si importans. Occupés de cette recherche, nous allons entreprendre d'exposer l'histoire des Français pendant le règne de Robert, non point dans l'ordre chronologique, que la confusion des dates, et plus encore la confusion des faits simultanés qui ne se lioient point les uns aux autres, rend presque impossible à suivre; mais en subordonnant cet ordre à l'enchaînement des événemens, soit dans les rapports extérieurs de la France, soit dans le développement des divers états dont elle étoit composée.

Les étrangers s'apercevoient à peine du déclin de l'autorité royale en France; ils savoient que la population paroissoit s'accroître, que tout le territoire des Gaules étoit hérissé de forteresses, et que les peuples qui les avoient ravagées un siècle auparavant, ne passeroient pas impunément leurs frontières. La parenté des rois français de l'une et l'autre dynastie, avec les Othons empereurs d'Allemagne, avoit accoutumé à regarder les souverains des deux pays comme étant sur un pied de grande égalité; les noms de Francs orientaux et de Francs ou Français occidentaux, étoient encore en usage, et les deux dominations étoient supposées bien plus égales en étendue qu'elles ne l'étoient réellement. Dans l'année 1002, la monarchie des Francs orientaux, qui comprenoit encore une partie assez considérable de la France moderne, éprouva une révolution par la mort d'Othon III, survenue le 23 janvier à Paterno, sur les confins de l'Abruzze. Comme il ne laissoit pas d'enfans, les diètes allemandes rentrèrent, par l'extinction de la dynastie saxonne, dans la plénitude de leurs droits d'élection. Deux concurrens se présentèrent : l'un Herman, duc de Souabe et d'Alsace, gouvernoit les provinces sur la gauche du Rhin, qui appartenoient alors à la Germanie, qui aujourd'hui sont à la France; l'autre Henri, duc de Bavière, fils de Henri-le-Querelleur, et petit-fils d'un autre Henri frère d'Othon-le-Grand, étoit déjà le favori des moines, qui l'ont inscrit dans le catalogue des saints, aussi-bien que sa femme Cunégonde, surtout en raison du vœu de chasteté qu'il avoit fait de concert avec elle. La controverse entre les deux concurrens à l'empire fut en partie décidée sur un territoire aujourd'hui français. L'évêque de Strasbourg avoit embrassé le parti contraire à son seigneur le duc d'Alsace, et s'étoit déclaré pour Henri. Herman vint l'attaquer dans sa ville épiscopale. Il entra dans Strasbourg le samedi saint, et

1002. le jour même de Pâques il livra cette grande cité au pillage. « Il mit en cendres la ville en-
« tière, écrit un historien du temps ; ses soldats
« violoient dans les églises les matrones et les
« vierges qui s'y étoient réfugiées ; ils précipi-
« toient les prêtres des autels, et les dépouil-
« loient de leurs vêtemens ; ils leur enlevoient
« les calices, les livres, les globes sacrés, les
« croix et les châsses des saints ; tandis qu'ils
« répandoient les reliques par terre, comme si
« ce n'étoit que de la boue (1). » Les écrivains ecclésiastiques attribuent à ces profanations la déroute finale d'Herman, qui, successivement abandonné par les états de Lorraine, fit enfin à Bruchsal, le 1er octobre, sa soumission à Henri II ; mais le sac de Strasbourg, le jour de Pâques, est surtout remarquable, comme manifestant combien dans ce siècle la plus craintive superstition donnoit peu de garantie contre l'audace du sacrilége. Les esprits étoient soumis aux prêtres, mais les soldats unissoient le sentiment de leur force à l'habitude du déréglement, et ils passoient en un instant des terreurs religieuses à l'outrage.

Avant que Henri II eût affermi sa domination sur l'Allemagne et la France orientale,

(1) *Chronicon Senonense*, Lib. II, cap. 15. *In Acheri Spicilegio*. T. XI, p. 616. — *Scr. Franc.* T. X, p. 319. — *Chron. Ditmari. Merseburg.* L. V, p. 125.

avant même sa première élection, qui avoit eu lieu le 6 juin à Mayence, les Italiens, avertis les premiers de la mort d'Othon III, lui avoient donné un successeur, dans une diète qu'ils avoient assemblée à Pavie le 25 février; ils y avoient déféré la couronne à Ardoin, marquis d'Ivrée, qui, pendant treize ans (1002-1015), soutint sans éclat et sans aucun grand fait d'armes la rivalité de Henri II (1). L'intérêt de l'Europe, et celui de la France en particulier, auroient demandé que les Italiens fussent secondés dans cette première lutte pour l'indépendance, que leur belle contrée ne fût pas soumise aux maîtres demi-barbares qu'il plaisoit aux diètes allemandes de leur donner. Mais cette politique étoit trop subtile pour le onzième siècle. Elle passoit la compréhension de Robert et de ses vassaux, et le premier auroit eu la disposition de toutes les armées féodales de la France, qu'il n'auroit encore probablement pris aucune part à cette querelle. C'étoit dans leurs propres états que les rois trouvoient leurs ennemis; et tandis qu'ils disputoient les droits de leurs vassaux, ils se sentoient unis par un même intérêt avec tous les souverains de l'Europe.

La mort de Henri, duc de Bourgogne, survenue à Pouilly-sur-Saône, le 15 octobre 1002, appela Robert à quitter la chapelle de Saint-

(1) *Mascovii Comment.* Lib. IV, p. 191-298.

Denis, pour porter la guerre à quelque distance de ses foyers et de ses habitudes domestiques. Henri étoit frère de Hugues Capet, et oncle du roi ; et comme il ne laissoit pas d'enfans, son fief devoit retourner à la couronne. Mais les seigneurs de Bourgogne, qui pendant toute la vie de Henri avoient réussi à secouer chaque jour davantage l'autorité ducale, ne se montroient nullement disposés à obéir à Robert. Leurs comtés, où ils se sentoient presque indépendans, comprenoient déjà la plus grande partie de la province ; le domaine propre des ducs étoit peu considérable ; ils s'en emparèrent les armes à la main, au moment de la mort de Henri, et ils se partagèrent ses palais et ses châteaux (1). Hugues, évêque d'Auxerre, qui étoit Bourguignon, et de la famille des comtes de Chalons-sur-Saône, demeura seul attaché à la maison royale ; aussi s'attira-t-il la haine de tous les seigneurs ses compatriotes. Il invita Robert à venir recueillir l'héritage de son oncle ; mais comme celui-ci tardoit à se présenter avec une armée, Landeric, comte de Nevers, s'empara de la ville d'Auxerre, et en chassa l'évêque, qui alla chercher un refuge dans les châteaux des comtes de Chalons, ses parens (2). La Bourgogne se trouva alors presque absolument occupée par

---

(1) *Rodulphus Glaber*. Lib. II, cap. 8, p. 20.
(2) *Historia Episcopor. Autissiodor.* cap. 49, p. 171.

le comté Othe-Guillaume et par ses partisans. Othe-Guillaume étoit fils de la femme du duc Henri et de son premier mari Adalbert, roi d'Italie. Un moine qui l'avoit dérobé à la fureur des Allemands, lors de l'invasion d'Othon-le-Grand en Lombardie, l'avoit apporté à sa mère, à la cour de Bourgogne. Dès lors il s'étoit élevé, par ses richesses et par ses talens militaires, au premier rang parmi les seigneurs des Gaules. Il avoit été pourvu du comté de Bourgogne, qui relevoit de la couronne d'Arles; du comté de Nevers, qu'il avoit cédé ensuite à son gendre Landeric; du comté de Mâcon, et à la mort de son beau-père, il s'empara du comté de Dijon. Il étoit puissamment secondé par Bruno, évêque de Langres, dont il avoit épousé la sœur. D'autres seigneurs bourguignons qui avoient partagé avec lui les dépouilles du dernier duc, s'étoient engagés à le défendre; ni Robert, plus occupé de sa musique que de son royaume, ni le fainéant Rodolphe, ne sembloient en mesure d'arrêter son ambition. (1)

Robert essaya cependant de faire valoir ses droits par les armes. Le duché de France ne lui fournissoit qu'un nombre très limité de soldats: mais Richard II, duc de Normandie, qui com-

---

(1) *Rodulphi Glabri.* Lib. III, cap. 2, p. 27. — *Chronicon Virdunense Hugonis Flaviniacensis*, p. 208. — P. Plancher, *Histoire de Bourgogne*, Liv. V, chap. 66, p. 253.

mandoit à un peuple brave et entreprenant, et qui, jeune encore, cherchoit l'occasion de se signaler à la guerre, joignit ses armes à celles du roi. On prétend que ces deux princes rassemblèrent, en 1003, une armée de trente mille hommes, nombre probablement fort exagéré. Ils ravagèrent tout le plat pays, et forcèrent les Bourguignons à s'enfermer dans les places fortes. Mais Robert et Richard ayant ensuite formé le siége d'Auxerre, toutes leurs attaques furent repoussées. Ils essayèrent du moins de se rendre maîtres du couvent de Saint-Germain, qui, détaché de la ville, pouvoit être considéré comme sa citadelle. Ils sommèrent l'abbé Hildéric d'en sortir avec ses moines. Celui-ci se retira en effet ; toutefois il laissa huit religieux dans le cloître, pour que le service divin n'y fût pas suspendu. L'évêque d'Auxerre, qui étoit dans le camp du roi, l'exhortoit à n'en tenir aucun compte, à donner l'assaut au couvent de Saint-Germain, et à en chasser la garnison que le comte de Nevers y avoit établie. D'autre part, le vénérable Odilon, abbé de Cluny, menaçoit Robert de toute la colère de Saint-Germain, s'il osoit tourner des armes profanes contre son cloître. Dans ce moment, un brouillard épais s'éleva de la rivière. *Voilà*, s'écrièrent les soldats de Robert, *voilà saint Germain qui couvre ses élus de son bouclier, et qui nous livre à leurs coups.* Aussitôt l'armée royale prit honteusement la fuite. (1)

C'étoit pour Robert un effort difficile que de rassembler une armée ; aussi après cette campagne, qui n'avoit eu d'autre résultat que de piller le plat pays, il se reposa une année entière. En 1005, il fit une seconde tentative sur la Bourgogne, dans laquelle il eut encore à combattre les moines. Cette fois ce furent ceux de Sainte-Bénigne de Dijon, qui lui résistèrent. Sous prétexte de se mettre en état de défense contre les brigands, les religieux avoient changé tous leurs couvents en forteresses ; toutefois ils avoient souffert à leur tour de cet appareil belliqueux, parce que le siége d'une ville commençoit presque toujours par l'attaque de leur maison. Après une vaine tentative sur Dijon, Robert, en se retirant, témoigna ses remords du trouble qu'il avoit causé à l'abbé Guillaume, et aux moines de Sainte-Bénigne. Il réussit mieux contre le château d'Avalon, dont il se rendit maître au bout de trois mois de siége. Il attaqua aussi Auxerre pour la seconde fois, mais nous ne pouvons décider s'il réussit à s'en emparer. (2)

(1) *Glabri Rodulphi Histor.* Lib. II, cap. 8, p. 20. — *Historia Episcop. Autissiodor.* cap. 49, p. 171. — *Gesta Abbatum S. Germani Autissiod.* p. 296.

(2) *Chronicon S. Benigni Divionens.*, p. 174. — *Hugonis Flaviniacens. Chronic.* p. 221. — *Gesta Regum Francor. abbreviata*, p. 227.

Après ces deux campagnes, la guerre de Bourgogne demeura suspendue durant près de dix ans. Les avantages qu'avoit recueillis le roi n'étoient nullement proportionnés aux frais que ces expéditions lui avoient causés, et les chances de succès ne paroissoient pas s'accroître. Le duc des Normands n'étoit point disposé à reprendre les armes pour une querelle étrangère : aucun autre des grands vassaux de la couronne ne songeoit à seconder le roi. La rivalité d'Eudes II, comte de Blois, et de Foulques Nerra, comte d'Anjou, exposoit les frontières du duché de France à des insultes fréquentes ; et dans ce duché même, l'autorité du roi étoit tous les jours moins respectée.

L'un des seigneurs dont le roi suivoit le plus habituellement les conseils pour l'administration de ce duché, étoit Burchard, fils puîné de Foulques-le-Bon, comte d'Anjou. Hugues Capet, qui l'avoit reçu à sa cour dès sa jeunesse, lui avoit fait épouser Élisabeth, veuve d'Aymon, comte de Corbeil, mort en pèlerinage. Il lui avoit donné les comtés de Corbeil, de Melun, et la sénéchaussée de Paris, et il avoit confié à sa fidélité la défense de son fils (1). Mais tandis que Burchard étoit à la cour auprès du roi Robert, le château de Melun fut livré par son lieutenant à Eudes II, comte de Blois, petit-fils de Thibaut-le-Tricheur, fils de Berthe,

---

(1) *Vita Burchardi venerabilis Comitis*, p. 350.

première femme de Robert, et l'un des plus entreprenans et des plus ambitieux parmi les nobles de France. Le roi étoit obligé de garantir à son vassal le fief qu'il lui avoit accordé; il assiégea donc Melun, dont il se rendit maître avec l'assistance des Normands, et il rétablit le comte Burchard dans la possession de cette ville; mais il provoqua d'autre part le ressentiment du comte Eudes, dont les intrigues troublèrent dès lors toujours son règne. (1)

Un autre des favoris du roi fut Hugues de Beauvais, qui, en flattant tous les penchans du foible monarque, trouva d'autant plus sûrement le moyen de lui plaire, que Robert étoit moins accoutumé à rencontrer tant de déférence chez lui. Toujours contrarié, souvent menacé par Constance sa femme, il regrettoit l'humeur plus douce de Berthe, et conservoit du penchant pour elle; Hugues de Beauvais, qu'il avoit créé comte du palais, l'encourageant à braver les excommunications du pape, il fut sur le point de la reprendre; peut-être même la reçut-il de nouveau dans son palais, pendant l'absence de Constance, qui avoit été faire une visite à son père; mais celle-ci se hâta de revenir, accompagnée par douze vaillans chevaliers, que Foulques Nerra, comte d'Anjou, son oncle,

(1) *Willelmi Gemeticensis Hist. Normannor.*, Lib. V, c. 14, p. 189. — *Vita Burchardi Comitis*, p. 354-355.

1005—1015. lui avoit donnés. Ces chevaliers, avertis que Robert étoit allé à la chasse avec Hugues de Beauvais qui ne le quittoit pas, l'attendirent dans la forêt : au moment où il passoit, ils se jetèrent sur Hugues et le massacrèrent, aux pieds même du roi. Ni le ressentiment d'un tel outrage, ni l'horreur qu'il en avoit éprouvée, ne pouvoient faire une longue impression sur le foible Robert. *Quoique pendant un peu de temps*, dit Glaber, *il fût rendu triste par cet événement, il se reconcilia bientôt à la reine comme il le devoit.* (1)

Un des moyens auxquels Constance avoit eu recours pour affermir son autorité sur son mari, avoit été de remplir la cour de ses compatriotes du midi de la France. Les arts et le commerce avoient fait des progrès bien plus rapides dans les comtés de Languedoc et de Provence, que dans la France septentrionale. Les Sarrasins parvenus en Espagne à leur plus haut degré de raffinement, fréquentoient les ports de la Méditerranée, et y portoient leurs marchandises; les habitudes du luxe se répandoient dans les châteaux; elles y préparoient à ces fêtes, à ces cours d'amour, où l'on vit peu après se former la musique et la poésie provençale; tous les cheva-

---

(1) *Rythmus Satyricus de tempore Roberti regis*, v. 32; eum notis Mabillonii, p. 95. — *Radulphus Glaber. Histor.*, Lib. III., cap. 2, p. 27.

liers du midi étoient déjà occupés du service des dames, tandis que ceux du nord ne songeoient encore qu'à combattre. Mais ces derniers ne voyoient pas sans jalousie l'élégance de leurs rivaux, et ils étoient tout prêts à considérer comme un vice le luxe qu'ils ne pouvoient imiter. « Après l'an mille, dit Glaber, comme le
« roi Robert avoit été chercher une femme dans
« les provinces de l'Aquitaine, on vit affluer en
« France et en Bourgogne, à cause de cette reine,
« les plus vains et les plus légers de tous les
« hommes, qui arrivoient de l'Auvergne et de
« l'Aquitaine. Leurs mœurs et leurs habille-
« mens étoient désordonnés ; leurs armes et
« l'équipement de leurs chevaux étoient égale-
« ment étranges ; à partir du milieu de la tête ils
« ne portoient point de cheveux ; ils se rasoient
« la barbe comme des bateleurs ; leurs chaus-
« sures et leurs bottines étoient honteusement
« façonnées ; enfin, ils ne respectoient ni la foi
« ni les promesses de paix. Mais, ô douleur !
« ces honteux exemples furent presque aussitôt
« imités par toute la race des Français, aupara-
« vant si honnête dans ses manières, et par
« toute celle des Bourguignons, jusqu'à ce que
« toutes deux eussent égalé leurs modèles dans
« le crime et dans l'ignominie. Si quelque
« homme religieux et craignant Dieu s'effor-
« çoit de contenir ceux qui portoient de tels

« habits, il étoit accusé par eux de folie. Enfin,
« l'homme dont la foi et la constance étoient
« les plus entières, le père Guillaume, abbé de
« Sainte-Bénigne, mettant de côté sa modestie,
« et s'appuyant sur son caractère spirituel, re-
« procha vivement au roi et à la reine d'avoir
« permis de telles choses dans leur royaume,
« qui jusqu'alors avoit passé pour l'emporter
« sur tous les autres en décence et en habitudes
« religieuses. S'adressant ensuite aux hommes
« d'un rang inférieur, il mêla ses réprimandes
« de tant de menaces, que la plupart cédèrent
« à ses conseils, d'autant plus que le saint abbé
« affirmoit que toutes ces modes nouvelles
« étoient la livrée du diable, et que quiconque
« porteroit cette livrée au moment de sa mort,
« ne pourroit qu'à grand'peine échapper aux
« liens de Satan. » (1)

Tandis que quelques chevaliers portoient dans les cours ce luxe nouveau qui scandalisoit les religieux, d'autres enfermés dans leurs châteaux, souvent avec trois ou quatre hallebardiers seulement pour toute garnison, comptant sur leurs fortes murailles, leurs portes ferrées et leurs ponts-levis, se mettoient en garde contre les surprises de leurs adversaires, ou cherchoient à les surprendre à leur tour. Chacun étoit en guerre avec tous ses voisins;

(1) *Glabri Rodulphi*, Lib. III, cap. 9, p. 42.

cependant on entendoit rarement parler de combats en rase campagne ; toutes les hostilités se réduisoient à des surprises, des embuscades, et presque à des actes de brigandage. La plupart n'ont laissé aucune trace dans l'histoire ; d'autres, au contraire, se liant à la biographie de quelques saints, ou aux annales de quelque couvent, nous ont été transmises dans tous leurs détails. Ainsi, les petites guerres des moines de Fleury, avec un fils du vicomte de Limoges qui leur avoit enlevé les châteaux de Brosse et de Saint-Benoît du Sault, sont racontées par les historiens contemporains avec plus de détail que les actions du roi Robert. On y voit que c'étoit l'usage des moines d'inviter tous les chevaliers du voisinage à de grands repas, la veille de la fête de leur patron ; et que ceux de Fleury profitèrent de l'ivresse de leurs convives pour les lier, par un vœu, à recouvrer les domaines de leur couvent (1). Dans la même province, et vers le même temps, Guido, vicomte de Limoges, enleva l'évêque d'Angoulême, et le retint prisonnier dans une tour, pour le forcer à l'investir de l'avouerie du couvent de Brantôme. L'évêque ayant recouvré sa liberté en faisant ce qui lui étoit demandé, implora la protection du pape ; et se rendit à Rome, où

(1) *Liber II miraculorum Sancti Patris Benedicti*, cap. 11 à 17, p. 343 seq. — *Chronicon. Ademari Cabannens.*, p. 146.

il fut suivi par son adversaire. La cour romaine, instruite de leur différend, prononça, le jour même de Pâques, que quiconque avoit fait prisonnier un évêque devoit être rompu vif par des chevaux indomptés, et dévoré ensuite par des bêtes féroces. C'étoit beaucoup plus que n'en demandoit l'évêque d'Angoulême; aussi le vicomte de Limoges ayant été confié à sa garde, jusqu'au troisième jour fixé pour son supplice, ces deux seigneurs se réconcilièrent et partirent secrètement de Rome, pour retourner dans leurs états. (1)

Parmi ces faits d'armes isolés, et ces tentatives violentes et imprévues de barons indépendans, l'une de celles qui pouvoit avoir de plus graves conséquences, fut la surprise de la ville de Valenciennes, que Baudoin IV, surnommé *à la Belle-Barbe*, comte de Flandre, enleva en l'an 1006 à son voisin le comte de Hainault. Ce dernier relevoit du roi de Germanie; et Henri II, pour ne point brouiller les deux monarchies, à l'occasion d'une guerre entre leurs deux feudataires, demanda à Robert une entrevue, où ils conviendroient des moyens de rendre justice à leurs vassaux. Les deux rois étoient dans la force de l'âge; ils étoient également pieux, également soumis à l'Église, également occupés de pratiques monastiques. Mais le chaste Henri II, qui

(1) *Chronic. Ademari Cabannensis*, p. 148.

conserva sa virginité même dans le mariage, étoit plus actif et plus belliqueux que Robert ; il avoit déjà porté tour à tour la guerre contre les Bohémiens, les Polonais et les Italiens, et il régissoit d'une main bien plus ferme l'aristocratie féodale de Germanie. La Meuse séparoit les royaumes de Henri et de Robert : lorsque les deux rois arrivèrent sur ses bords, plusieurs courtisans représentèrent que celui qui se rendroit chez l'autre, paroîtroit reconnoître sa supériorité ; en sorte qu'ils leur proposèrent de se réunir, pour leurs conférences, dans un bateau au milieu du fleuve. Henri, au lieu de les écouter, passa le premier la rivière avec une suite peu nombreuse, vint embrasser le roi des Français, assister avec lui à la messe, et partager son repas. Cette visite fut rendue le lendemain par Robert, avec la même confiance. Les deux rois s'offrirent réciproquement des présens considérables, qu'ils eurent la discrétion de ne point accepter. Robert reconnut que le comte de Flandre n'avoit aucun droit sur Valenciennes ; et comme ce puissant vassal ne tenoit plus aucun compte de l'autorité royale, Robert, de concert avec Richard II, duc de Normandie, joignit ses armes à celles de Henri II. Avec leurs forces réunies ils assiégèrent Valenciennes, d'où ils furent vaillamment repoussés par Baudoin, qui, secondé par la faveur des habitans, les contraignit enfin à lever le siége (1). L'année suivante Henri II revint seul attaquer le comte de Flandre, et se rendit maître de la ville de Gand. Cette conquête lui donna les moyens de traiter. Baudoin livra Valenciennes à l'empereur élu, mais sous condition de la recevoir de nouveau en fief de lui : à cette première concession Henri II joignit l'île de Walcheren, et plusieurs places de Zélande, attachant ainsi à la couronne germanique le prince qu'on regardoit comme le premier des comtes français. (2)

Tandis que les courtes expéditions du roi des Français, et les guerres privées des seigneurs, quels que fussent leur nombre et leur fréquence, n'étoient que des événemens isolés, qu'il est impossible de lier à un récit suivi, la marche du clergé, et les progrès de la fermentation religieuse qu'il s'efforçoit d'exciter, tenoient à un plan général qui embrassoit non-seulement la France, mais l'Europe entière, et qui, pour être bien saisi, demande toute notre attention. L'Église s'étoit aperçue que le corps social étoit tombé en dissolution, que l'autorité royale étoit anéan-

---

(1) *Chronic. Ditmari episcopi Merseburg*, p. 128. — *Balderici Chronic. Cameracense*, p. 196-197. — *Gesta episcop. Leodicens.*, p. 320. — Oudegherst, *Chron. et Annal. de Flandre*, cap. 35, p. 69.

(2) *Mascovius Comment.*, Lib. IV, cap. 16, p. 211. — Oudegherst, cap. 36, p. 72.

tie, que l'autorité nationale des diètes étoit oubliée en France, où depuis plus d'un siècle on n'en avoit plus assemblé aucune, et elle s'efforça de se saisir d'un pouvoir délaissé, en multipliant ses assemblées. Glaber remarque que dès l'année 1002 il y eut des conciles provinciaux et des synodes dans presque toutes les parties de l'Italie et de la France. Les questions pour lesquelles le clergé fut convoqué sembloient d'abord peu importantes ; il s'agissoit de régler les jeûnes qui devoient précéder l'Ascension et la Pentecôte ; le dimanche où l'on devoit chanter le *Te Deum* avant Noël, et le jour de l'Annonciation (1). Mais l'habitude de s'assembler et de délibérer en commun importoit bien plus que les motifs de l'assemblée : le clergé conservoit ainsi son esprit de corps au milieu des membres épars de la monarchie ; il ranimoit son zèle au moment où toute autre passion publique sembloit éteinte : d'ailleurs il savoit bien amener incidemment dans ces conciles des décisions qui affermissoient son pouvoir. Ainsi le concile de Poitiers décréta en 1002, que tous ceux qui durant les cinq dernières années s'étoient emparés de vive-force de quelque possession contestée, seroient traduits en justice. « Et « si le condamné ne veut pas se soumettre à « justice, ajoute le Canon, que l'on convoque les

(1) *Radulphi Glabri Hist.*, Lib. III, cap. 3, p. 29.

« princes et les évêques qui ont institué ce con-
« cile, et que, d'un commun accord, tous ceux-ci
« marchent à sa confusion et à sa ruine jusqu'à
« ce qu'il soit revenu à justice ». (1)

« En même temps, remarque encore Glaber,
« on commença dans toute la chrétienté, mais
« surtout en Italie et en France, à renouveler
« les basiliques et les églises, même lorsqu'elles
« avoient le moins besoin de réparations. Tous
« les peuples chrétiens sembloient vouloir l'em-
« porter les uns sur les autres par l'élégance de
« leurs temples; on eût dit que le monde entier
« se secouoit, et que, rejetant ses vieilles dépouil-
« les, il vouloit faire revêtir à toutes ses églises
« des habits de fête. Aussi presque toutes les
« églises épiscopales, et un grand nombre de
« monastères de saints ou de moindres oratoires,
« furent restaurés en même temps par les fidè-
« les (2). » C'est de cette époque que datent en
effet presque tous les beaux monumens que nous
nommons gothiques. Plus tôt, les arts et la richesse des peuples n'auroient pas suffi à les
construire : plus tard, le zèle qui les avoit
élevés se refroidit de nouveau.

La découverte de nouvelles reliques fut un
des moyens que le clergé mit en œuvre pour
réveiller cette ferveur. Glaber dit encore qu'on

---

(1) *Labbei Concilia general.*, T. IX, p. 751.
(2) *Glabri Rodulphi*, Lib. III, cap. 4, p. 29

auroit cru *assister à une résurrection universelle de ces gages sacrés qui, après avoir demeuré long-temps cachés, furent partout révélés en même temps aux fidèles.* En effet, jamais on n'entendit à la fois plus de récits sur l'invention de nouvelles reliques, et jamais ces récits ne furent plus absurdes. A Sens, l'archevêque Leuthéric prétendit avoir trouvé une partie de la baguette de Moïse, et un nombre prodigieux d'autres reliques : le concours des pèlerins qui accoururent pour les voir, apporta dans la ville d'immenses richesses (1); à Saint-Julien, dans l'Anjou, on prétendit avoir trouvé un soulier de Jésus-Christ (2), et à Saint-Jean-d'Angely la tête de saint Jean-Baptiste. Le roi et la reine des Français, don Sanche, roi de Navarre, et un nombre infini de grands personnages de France, d'Espagne et d'Italie, vinrent rendre hommage à cette tête. (3)

La fermentation que le clergé avoit enfin réussi à exciter dans le peuple, ne tarda pas à se manifester par un redoublement d'intolérance. Elle s'exerça tour à tour contre les hérétiques et contre les Juifs. Pendant plusieurs siècles, l'Église n'avoit été troublée par aucune hérésie; l'ignorance étoit trop complète, la sou-

(1) *Glabri Rodulphi*, Lib. III, cap. 6, p. 32.
(2) *Chronic. Andegavense*, p. 272.
(3) *Chronic. Ademari Cabannens.*, p. 157.

mission trop servile, la foi trop aveugle, pour que les questions qui avoient si long-temps exercé la subtilité des Grecs fussent seulement comprises par les Latins. Mais le zèle nouveau que le clergé avoit réveillé s'étoit lié aux progrès des études scolastiques. Des doutes s'étoient élevés dans quelques esprits, des fidèles en plus grand nombre avoient été entraînés par un excès de zèle, vers ce qu'ils considéroient comme un perfectionnement, ou comme des développemens plus lumineux des anciennes doctrines. Auprès du bourg de Vertus, en Champagne, un nommé Leutard commença le premier, vers l'an 1000, à prêcher une réforme qu'il appuyoit sur l'autorité de l'Écriture. Il brisa les crucifix et les images prétendues miraculeuses; il déclama contre le payement des dîmes, et il se vit bientôt entouré d'un grand nombre de prosélytes. L'évêque de son diocèse, Gibuin, l'appela à une conférence, après laquelle on annonça au peuple que Leutard se voyant convaincu d'erreur, s'étoit de lui-même noyé dans un puits (1). Un autre hérétique fut découvert dans le même temps à Ravenne; mais on ne lui demanda point de se faire justice à lui-même; le fer et le feu délivrèrent l'Église de lui et de ses sectateurs (2). Peu après Leuthéric, arche-

(1) *Glabri Rodulphi*, Lib. II, cap. 11, p. 23.
(2) *Ibid.*, Lib. II, cap. 12, p. 23.

vêque de Sens, fut accusé d'une hérésie, sur la participation à l'Eucharistie, dont on ne nous dit point quelles furent les conséquences (1). Mais il paroît que dès cette époque le dogme de la présence réelle devint l'objet de discussions. Fulbert, un des plus savans hommes du siècle, alors chancelier des écoles de l'église de Chartres, et bientôt après évêque de la même ville, commença, au plus tard vers l'an 1007, à enseigner que la croyance à la transsubstantiation étoit nécessaire pour le salut; tandis que Bérenger, qui jeune encore suivoit alors ses leçons, reproduisit au bout de quelques années la doctrine contraire, que probablement il tenoit de Leuthéric. (2)

Les semences de ces doctrines nouvelles eurent besoin de quelques années pour se répandre; mais tous les esprits actifs s'occupoient à chercher des explications des dogmes de l'Église. En pensant toujours à un même sujet, et à un sujet incompréhensible, chaque génération avoit besoin d'ajouter ou d'ôter quelque chose aux enseignemens qu'elle avoit reçus de ses pères, de les modifier par la ferveur même de son zèle, et de recréer les mystères, jusqu'à ce qu'elle crût les comprendre. Comme il arrive toujours,

(1) *Baronii Annal. eccles.* 1004, T. XI, p. 21.
(2) *Baronii, ann.* 1004, p. 22. — *Pagi critica,* 1004, §. 2 et 3, p. 93.

c'étoient les hommes les plus savans, les plus pieux et les plus charitables, qui, s'occupant le plus constamment des questions de dogme, s'écartoient les premiers de l'orthodoxie. Tel étoit en effet le caractère qu'on s'accordoit à donner à Étienne et à Lisois, deux prêtres d'Orléans, qui furent dénoncés à la chrétienté, en 1022, comme ayant renouvelé les enseignemens des gnostiques : l'un avoit été le confesseur de la reine Constance, et tous deux étoient particulièrement chéris par elle et par son mari, en raison de leur réputation de science et de piété (1). Cependant Richard II, duc de Normandie, celui des grands vassaux qui paroissoit mettre le plus d'importance à conserver ses relations avec la couronne, les accusa auprès de Robert, comme enseignant des doctrines hérétiques. Un chevalier normand, nommé Ardfast, s'offrit à donner la preuve de leurs erreurs. Son chapelain, nommé Héribert, s'étoit, disoit-il, rendu à Orléans pour y suivre des leçons de théologie, et les deux prêtres avoient cherché à lui inculquer leurs opinions. Le roi et le duc de Normandie, dirigés par le secrétaire de Fulbert, évêque de Chartres, engagèrent Ardfast à se rendre à Orléans, à suivre avec docilité les le-

---

(1) *Gesta Synodi Aurelianensis*, p. 537. — *Glaber Rodulphus*, Lib. III, cap. 8, p. 35. — *Ademari Cabannensis*, p. 159. — *Sancti-Petri vivi Senonensis, Chron.*, p. 224.

çons des deux prêtres; et, après avoir paru adopter toutes leurs erreurs, à les dénoncer à un concile, Ardfast se chargea, sans hésiter, de ce rôle infâme. (1)

Il n'est pas très-facile de démêler les vraies opinions de ces sectaires, au travers des rapports de leurs espions et de leurs juges. Toutefois il semble qu'ils regardoient comme dégradante pour la Divinité la supposition qu'elle eût revêtu un corps humain, et qu'elle se fût soumise à toutes les infirmités de l'homme; ils prétendoient donc que ce n'étoit qu'une apparence, non un corps réel, qu'on avoit vu naître de la vierge Marie, souffrir sur la croix, être déposé dans le sépulcre, et ressusciter ensuite du milieu des morts. Ils ajoutoient que le baptême ne lavoit point de tous les péchés, que le corps et le sang de Jésus-Christ n'étoient point présens dans l'Eucharistie, enfin que l'invocation des martyrs et des confesseurs étoit idolâtre. (2)

Il n'étoit pas possible de faire assez comprendre au peuple ce que l'Église trouvoit d'odieux dans ces doctrines, pour exciter en lui l'horreur dont on vouloit accabler les hérésiarques. Aussi répandit-on des accusations d'une toute autre nature, qui ne furent ni appuyées d'au-

---

(1). *Gesta Synodi Aurelianensis*, p. 537.
(2) *Ibid.*, cap. 3, p. 537. — *Epistola Johannis monachi ad Olibam.*, p. 498.

cuns témoignages, ni débattues devant les évêques. On calomnia donc les mœurs des nouveaux gnostiques, comme on l'a fait de presque toutes les sectes secrètes. On raconta qu'après avoir éteint les lumières, ils se livroient dans leurs assemblées aux plus honteux déréglemens; qu'ils jetoient ensuite dans le feu les enfans nés de leurs unions temporaires, qu'ils en recueilloient les cendres, et que ces cendres, qu'ils faisoient manger aux néophytes, avoient une telle vertu, que ceux qui en avoient une fois goûté ne pouvoient plus abandonner l'hérésie. (1)

Par ces effroyables accusations, on atteignit le but qu'on s'étoit proposé : Étienne, Lisois, et leurs sectateurs, furent arrêtés inopinément, au moment où Robert et Constance se rendoient à Orléans, avec Leuthéric, archevêque de Sens, Guarin, évêque de Beauvais, et un petit nombre d'autres évêques. Déjà la populace sembloit vouloir les déchirer, et Constance, pour modérer sa fureur, s'arrêta elle-même sur la porte du temple où le concile s'assembloit, et écarta ceux qui vouloient y poursuivre les hérétiques. Ceux-ci, lorsque les prélats les interrogèrent, cherchèrent d'abord à se dérober au danger par des réponses évasives; mais lorsque Ardfast les accusa de lui avoir enseigné expressément les

(1) *Gesta Synodi Aurelianensis*, cap. 6, p. 538.

dogmes que nous venons d'exposer, ils les confessèrent avec courage; ils se déclarèrent prêts à subir, pour l'amour de Jésus-Christ, tous les supplices qu'on voudroit leur infliger, et ils parurent compter ou sur une assistance miraculeuse qui les déroberoit au danger, ou tout au moins sur la grâce de demeurer insensibles au milieu des flammes. Ce fut aux flammes en effet que Robert les condamna, après que le concile les eut dégradés. Une chaumière, à peu de distance de la ville, avoit été remplie de matières combustibles, pour leur tenir lieu de bûcher. Comme ils sortoient de l'église en chantant des hymnes, pour s'y rendre, ils passèrent devant Constance, qui, avec une baguette ferrée à la main, étoit demeurée à la porte du temple. La reine reconnut son père spirituel, son ancien confesseur, Étienne, à la tête de cette procession lugubre; elle crut devoir montrer au peuple que le sentiment religieux étouffoit en elle toute pitié et tout reste d'affection pour celui qu'elle avoit une fois écouté avec tant de respect; elle s'élança sur lui, et, de la baguette qu'elle portoit à la main, elle lui arracha un œil. Les victimes étoient au nombre de treize : un clerc et une religieuse, qui firent abjuration, ne furent point compris dans la sentence du concile. On conduisit les autres dans la petite

1022. maison qui leur étoit préparée ; on y mit le feu, et elle fut consumée en peu d'instans. (1)

La condamnation des gnostiques d'Orléans ne fut qu'un premier exemple de la sévérité de l'Église; il devoit en peu de temps être suivi par beaucoup d'autres : on prétendit en effet que ces sectaires avoient infecté tout l'Occident, et l'on commença dès lors à les poursuivre en tous lieux. On en brûla entre autres quelques-uns à Toulouse, car il paroît que la première introduction en Aquitaine des opinions pour lesquelles on persécuta un siècle plus tard les Albigeois date de cette époque. (2)

1005—1015. L'esplosion de la haine populaire contre les Juifs fut plus rapide et plus cruelle encore; elle éclata à l'occasion d'un événement qui sembloit leur être absolument étranger. Le goût des pèlerinages s'accroissoit avec les difficultés que les pèlerins avoient à surmonter. Le calife Fatimite Hakem parut ressentir des scrupules de ce qu'un culte qu'il regardoit comme idolâtre, attiroit les Latins dans ses états; il ne leur per-

---

(1) *Gesta Synodi Aurelianensis*, p. 539. — *Labbeï Concilia generalia*, T. IX, p. 836. — *Rodulphus Glaber*, Lib. III, cap. 8, p. 38. — *Ademari Cabannensis*, p. 159. — *Baronii Annal. ecclesiastici*, 1017, p. 58 ; et *Pagi critica*, p. 112.

(2) *Ademari Cabannensis*, p. 159. — *Hist. gén. de Languedoc*, Liv. XIII, c. 75, p. 155. — De Marca, *Hist. de Béarn*, Liv. III, ch. 13, p. 239.

mit plus d'approcher du saint sépulcre, s'ils ne consentoient à le profaner, et les chroniques du onzième siècle racontent la supercherie indécente du comte Foulques d'Anjou, qui, pour obéir aux ordres du calife, répandit une libation de vin blanc sur le tombeau (1). Ce fut problablement dès l'année suivante que Hakem fit renverser l'église et le saint sépulcre, le 29 septembre 1009. Lorsque la nouvelle en fut répandue dans l'Occident, elle frappa toute la chrétienté de consternation. Les prélats et les seigneurs latins ne pouvaient se résigner à souffrir cet affront sans se venger. Les musulmans, et surtout le fanatique Hakem, étoient trop loin d'eux pour qu'ils pussent songer à l'atteindre. Ils ne voyoient à leur portée d'autres infidèles que les Juifs, qui peut-être avoient laissé percer leur joie, lorsque la religion de leurs oppresseurs avoit été frappée d'une telle calamité : c'est sur eux que se déchargea leur courroux.

On répandit dans les Gaules le bruit absurde que les sollicitations des Juifs d'Occident avoient déterminé Hakem à détruire le saint sépulcre; on nomma même le juif d'Orléans, qui lui avoit, disoit-on, écrit une lettre en caractères

---

(1) *Vinum de vesica effudit coram Sarracenis, urinam simulans effudisse.* Chronic. Turonense, p. 283. — Hist. Monasteri Sancti-Florentii Salmur., p. 264. — Gesta Consul. Andegav., p. 256. — Chron. Willelmi Godelli, p. 262.

hébraïques, et le messager qui, déguisé en pèlerin, l'avoit portée dans un bâton creux. Cette fable suffit pour faire commencer, dans tout l'Occident, une persécution atroce contre les Juifs. « Poursuivis, dit Glaber, par une haine « universelle, ils furent chassés de toutes les « villes : les uns furent égorgés par le glaive, « d'autres précipités dans les rivières, d'autres « mis à mort par tous les genres de supplices. « Plusieurs, pour échapper aux tourmens, se « tuèrent eux-mêmes ; en sorte qu'après cette « digne vengeance, il n'en demeura plus qu'un « nombre infiniment petit dans tout l'empire « romain. Les évêques décrétèrent qu'il seroit « interdit à tout chrétien de s'associer à eux « dans aucune espèce de négoce. On consentit « seulement à recevoir dans les villes ceux qui « se convertiroient, et qui renonceroient, par « le baptême, à toutes les habitudes judaïques. « Plusieurs d'entre eux le firent alors par la « crainte de la mort; mais bientôt après ils re- « tournèrent impudemment à leurs anciennes « mœurs ». (1)

Un seul seigneur, au milieu de cette persécution universelle, parut prendre pitié des Juifs, et sa compassion intéressée lui devint fatale. Ce seigneur étoit Rainard, comte de Sens, qui

(1) *Rodulphus Glaber*, Lib. III, cap. 7, p. 34. — *Ademari Cabannens.*, p. 152.

avoit succédé à son père Fromond. On l'accusoit de cruauté envers ses sujets qu'il accabloit d'exactions, et d'un grand mépris pour les prêtres et les églises. Les Juifs, persécutés dans le reste de la France, trouvoient, à prix d'argent, un refuge dans ses états. Il sembloit mettre sa gloire à les protéger, et il recevoit en plaisantant le titre de roi des Juifs que lui donnoient ses voisins. Le bien qu'il avoit fait à ces malheureux parut, aux yeux du clergé, une offense plus grande encore que ses railleries contre les prêtres. Il fut accusé de judaïser, et l'on annonça que ce seroit une action pieuse de le dépouiller et le faire périr. Leuthéric, archevêque de Sens, d'après le conseil de Rainold, évêque de Paris, recourut au roi Robert, et lui offrit de le rendre maître de Sens pour prix de l'assistance qu'il lui demandoit contre son seigneur. En effet, l'année 1016, la ville fut surprise par les troupes royales; elle fut aussitôt pillée avec une cruelle barbarie, puis à moitié brûlée (1). Le comte Rainard s'enfuit presque nu; son frère Fromond se réfugia avec quelques soldats dans une tour, où il espéroit encore se défendre; mais au bout de peu de jours, il fut forcé de

(1) *Rodulphus Glaber*, Lib. III, cap. 6, p. 32-33. — Ce fut le 22 avril 1016, suivant la Chronique, *Sancti-Petri vivi Senonensis*, p. 223.

se rendre, et il mourut dans les prisons du roi. (1)

Toutefois l'occupation de Sens causa quelque inquiétude aux feudataires voisins, qui ne vouloient permettre aucun accroissement de la puissance royale, et qui comptoient ne laisser à Robert d'autre occupation dans le royaume, que de corriger les Missels des moines de Saint-Denis. Ils en témoignèrent leur ressentiment aux prélats qui avoient conjuré contre le comte de Sens, et nous avons une lettre de Fulbert, évêque de Chartres, destinée à le justifier lui même, aussi-bien que l'archevêque de Sens et le roi Robert. Il protestoit que tous trois n'avoient songé qu'à écraser l'hérésie, au lieu de suivre les calculs d'une politique mondaine. (2)

Le comte Rainard de Sens, après avoir perdu sa capitale, alla chercher un refuge auprès d'Eudes II, comte de Blois et de Chartres, fils de la femme divorcée de Robert, et l'un des plus actifs et des plus entreprenans parmi les seigneurs qui gouvernoient la France. Eudes étoit maître en même temps des comtés de Tours, de Beauvais, de Meaux et de Provins; il accepta volontiers l'alliance de Rainard, qui lui-même étoit bon homme de guerre : avec son consentement,

---

(1) *Hugonis Floriacens. Chronic.*, p. 221.
(2) *Fulberti Carnotensis Epist.* 18, p. 452.

il bâtit le château de Montereau-Faut-Yonne, pour tenir en échec le roi, et quoique beaucoup plus puissant que Rainard, il lui en fit hommage, parce que ce château étoit situé dans le comté de Sens, et que toutes les alliances prenoient alors le caractère de la féodalité (1). Robert avoit partagé la seigneurie de Sens avec l'archevêque de cette ville. Rainard et Eudes II vinrent attaquer ce dernier; ils ravagèrent pendant trois jours son territoire; ils entrèrent dans les faubourgs, où ils brûlèrent plusieurs églises; ils commencèrent enfin le siège de la ville; et Robert ne sachant comment défendre les assiégés, leur permit de capituler, sous condition que Rainard jouiroit de la ville et du comté de Sens pendant sa vie; mais qu'à sa mort la moitié de ce fief retourneroit à l'église de Saint-Étienne, et l'autre au roi. (2)

Il n'est pas probable que Rainard, rentré à Sens, recommençât à étendre sur les Juifs une protection qui lui avoit coûté si cher. D'ailleurs, si la fureur populaire s'étoit épuisée dans les massacres de l'an 1009, les prêtres avoient soin que les chrétiens n'oubliassent jamais leur haine pour ces malheureux. Ils choisissoient les cérémonies les plus solennelles de la religion pour la réveiller : à Toulouse ils avoient établi que

(1) *Chronic. Sancti-Petri vivi Senonens.*, p. 224.
(2) *Ibid.*

le jour de Pâques un chrétien donneroit en présence de tous les fidèles un soufflet à un Juif devant la porte de la principale église; et quoique ce soufflet symbolique dût plutôt rappeler la haine et le mépris qu'on désiroit conserver dans le cœur de tous pour la nation, que faire souffrir l'individu qui y étoit exposé, on avoit soin de choisir toujours, pour le donner, celui dont le bras paroissoit le plus vigoureux. Le vicomte Aimery de La Rochechouard étant venu à Toulouse faire les Pâques de l'année 1018, afin de lui faire honneur, on choisit son chapelain, le prêtre Hugues, pour donner le soufflet au Juif, et celui-ci s'en acquitta avec tant de violence, que les yeux et la cervelle de la malheureuse victime sortirent de sa tête, et qu'il tomba mort à la porte du temple. La même année un ouragan violent ayant renversé plusieurs maisons à Rome, Benoît VIII, pour faire cesser les vents, fit trancher la tête d'un grand nombre de Juifs, accusés par un apostat de leur religion, d'avoir profané les mystères chrétiens. (1)

La ferveur religieuse qu'on s'efforçoit par tant de moyens de ranimer, commençoit aussi à se manifester par ces expéditions qui, toutes empreintes qu'elles fussent de férocité, ont cependant fait la gloire du moyen âge. Les Arabes d'Espagne entretenoient avec le midi des Gaules

---

(1) *Ademari Cabannensis*, p. 154.

des relations constantes de commerce ; cependant il arrivoit quelquefois aussi que des hostilités éclatoient sur leurs frontières. La monarchie des Ommiades ou des Émirs al Moumenim avoit perdu son ancienne vigueur ; une féodalité arabe sembloit rivaliser avec la féodalité germanique ; chaque cheik étoit devenu indépendant dans sa seigneurie ; et si plusieurs ne songeoient qu'au luxe et aux arts de la paix, d'autres vouloient encore illustrer l'islamisme par les armes. Une tentative des Musulmans d'Espagne pour surprendre Narbonne, fit songer les chrétiens à aller à leur tour les attaquer dans leurs foyers (1). Un comte normand, nommé Roger, accompagné d'un grand nombre d'aventuriers de sa nation, vint offrir, en 1018, ses services à Ermesende, comtesse de Barcelonne, dont il épousa la fille. Il conquit sur les Sarrasins de l'Aragon un grand nombre de châteaux ; et pour les frapper de plus de terreur, il prit à tâche de leur persuader qu'il étoit anthropophage. Les premiers captifs qu'il fit aux Musulmans furent coupés par morceaux, et mis cuire dans des chaudières. On en offrit à manger aux autres Sarrasins, auxquels on annonça que le reste étoit réservé pour la table du comte Roger et de ses Normands. Il semble que cet odieux stratagème réussit, car le cheik Musa

1016.

(1) *Ademari Cabannensis*, p. 155.

ou Muset, le même peut-être qui conquit la Sardaigne, demanda la paix à la comtesse Ermesende. Roger ne trouvant plus à combattre autour de Barcelonne, s'embarqua avec l'évêque de Toulouse et ses premiers compagnons d'armes, et il alla exercer la piraterie sur les côtes de l'Espagne méridionale. (1)

Le zèle des pèlerinages continuoit à mettre les chevaliers français en contact avec d'autres Musulmans, soit dans la Basse-Italie, soit dans la Terre-Sainte. Le roi Robert avoit, comme les autres, cédé à la mode universelle; et après avoir visité presque tous les sanctuaires de France, il alla, probablement dans l'année 1016, visiter les tombeaux des saints apôtres à Rome (2). Mais pour lui ce pèlerinage s'accomplit sans appareil militaire; aussi la plupart des écrivains anciens n'ont pas daigné en faire mention (3). La veille de la fête de saint Pierre et saint Paul il déposa sur l'autel des apôtres, au Vatican, un papier cacheté, où les moines se flattoient de trouver une donation importante.

(1) *Chronicon Ademari Cabannensis*, p. 156.

(2) *Benedicti VIII Epistola, in Labbei Concilia generalia*, T. IX, p. 811.

(3) Non seulement les historiens italiens n'en ont fait aucune mention; Helgaldus lui-même, en rendant compte de ses pèlerinages, ne parle point de son voyage d'Italie. *Epit.*, c. 30, p. 114.

Ce ne fut pas sans humeur qu'en l'ouvrant ils y trouvèrent seulement le *rithme Cornelius centurio*, dont le roi avoit composé les paroles et la musique, et qu'il avoit noté à l'aide de la gamme inventée par Guido d'Arezzo, son contemporain (1). On raconte que, pendant son absence, la reine Constance s'étoit retirée avec son fils aîné au château de Tillers, près de Sens; qu'elle y fut alarmée par la nouvelle que Berthe avoit suivi le roi à Rome, et que les deux époux divorcés sollicitoient le pape pour lui faire reconnoître leur mariage; mais qu'elle fut tranquillisée par une vision de saint Savinien, et que bientôt après, en effet, Robert revint à elle plus constant dans ses affections que jamais. (2)

C'étoit avec des sentimens plus âpres, et dans une attitude plus menaçante, que la plupart des seigneurs français alloient visiter les sanctuaires d'Italie. La même année, le normand Rodolphe, que les écrivains italiens ont nommé Drengott, ayant éprouvé quelque injustice de la part de son duc Richard II, se rendit à Rome, avec tous ceux de ses compagnons d'armes qu'il put conduire à sa suite, pour accomplir un pèlerinage,

---

(1) *Chronic. vetus mss. Sancti-Germani*, p. 303. — Chroniques de Saint-Denis, p. 305.
(2) *Continuatio Chronic. Odoranni*, p. 166. — Abrégé de l'Hist. de France, écrite sous Philippe Auguste, p. 279.

et demander en même temps justice au pape Benoît VIII. Celui-ci lui proposa de combattre les Grecs de la Pouille, et le recommanda aux princes lombards de Bénévent. Mélos, citoyen de Bari, qui travailloit à soustraire sa patrie au joug des césars de Bysance, accueillit les Normands au mont Gargano, les pourvut d'armes et de chevaux, et les conduisit contre les Grecs, sur lesquels, avec leur aide, il remporta deux victoires, dans cette première campagne (1). Cependant Rodolphe, animé par ces succès, écrivit en Normandie, pour inviter ses compatriotes à venir le joindre, et à partager avec lui les richesses de l'Apulie. Le duc Richard, loin de s'y opposer, encouragea tous les jeunes gens avides d'aventures, et dont il pouvoit craindre l'esprit inquiet, à se rendre en Italie. Leur troupe se trouva assez nombreuse pour forcer les passages des montagnes, et apporter à Rodolphe un secours efficace. Ce fut ainsi que commencèrent ces expéditions des Normands en Pouille, qui, conduites par des aventuriers désavoués par leur souverain, appartiennent à peine à l'histoire nationale, et qui, au bout d'un siècle de combats chevaleresques, fondè-

(1) *Guillelmus Appulus poema Normann*, Lib. I, p. 253. — *Anonymi Cassinensis*, page 55, *in Muratorii*, T. V. *Rer. ital.*

rent cependant la monarchie normande des
Deux-Siciles. (1)

Ce fut peut-être en partant pour son pèlerinage de Rome, peut-être à son retour, que Robert termina la guerre de Bourgogne, qui, depuis l'année 1005, se continuoit obscurément entre Otte Guillaume et l'évêque d'Auxerre. Il ne paroît pas que, durant cet espace de temps, le roi fût rentré dans leur province; mais ses principaux adversaires, Brunon, évêque de Langres, et Landeric, comte de Nevers, étoient morts. Otte Guillaume voyoit avec inquiétude se former un orage contre lui dans le royaume d'Arles, et il rechercha une pacification, dans laquelle il renonçoit seulement aux titres qu'il avoit usurpés, en gardant tout son pouvoir réel. Le roi Robert fut reçu à Dijon, avec Constance, sa femme, et ses enfans, par tous les seigneurs de la Bourgogne : avec leur consentement, il donna à son second fils, Henri, le titre de duc de Bourgogne, tandis que Otte Guillaume se contenta de celui de comte; mais ce dernier conserva les comtés de Dijon, de Mâcon et de Besançon; tous les autres seigneurs bourguignons gardèrent leurs divers fiefs, et la suzeraineté que Robert avoit recouvrée, ne lui valut autre chose que la présidence des conciles de

(1) *Rodulphus Glaber*, Lib. III, cap. 1, p. 25. — *Ademari Cabannens*, p. 152.

Challons, d'Auxerre, de Beaune et de Dijon, et le droit de rendre un culte plus solennel aux reliques qu'on y rassembloit de toute la province. (1)

Le motif qui probablement détermina le comte Otte Guillaume à rechercher une réconciliation avec Robert, étoit la crainte de se trouver en même temps en butte aux attaques des rois de Germanie et de France. Rodolphe-le-Fainéant, roi d'Arles, dont la pauvreté, la lâcheté et les mœurs efféminées avoient alors passé en proverbe, se voyoit d'autant plus méprisé par les grands de son royaume, qu'il n'avoit pas d'enfans. Il rechercha un appui dans Henri II, fils de sa sœur Gisèle, et soit en raison des anciennes prétentions des empereurs sur le royaume d'Arles, soit à cause de la parenté qui les lioit, il proposa de reconnoître Henri II pour son héritier, sous condition que celui-ci l'aideroit à se tirer des embarras qu'il éprouvoit. Les deux rois s'étoient donné rendez-vous d'abord à Bamberg, puis à Strasbourg; mais Rodolphe, n'ayant pu se rendre ni dans l'une ni dans l'autre ville, envoya auprès de l'empereur sa femme Ermengarde, avec deux

(1) *Chronicon Sancti-Benigni Divionens.*, p. 174-175. — *Glabri Rodulphi*, Lib. II, cap. 8, p. 21. — *Hist. Episcop. Autissiod.*, p. 171-172. — Plancher, *Hist. de Bourgogne*, Liv. V, chap. 78, p. 257 et suiv., et Preuves, *ib.*, p. 25.

fils qu'elle avoit eus de son premier mari, et pour lesquels Henri II lui avoit promis de grands avantages. Ermengarde convint avec Henri, à Strasbourg, que dès lors Rodolphe III ne feroit plus rien dans son royaume sans l'aveu de l'empereur. Les grands ne furent pas plutôt avertis de cet accord, qu'ils en témoignèrent hautement leur mécontentement. Otte Guillaume se mit à leur tête, et comme Rodolphe III n'osa pas lui résister, ce comte puissant devint dès lors le principal administrateur du royaume. (1)

La négociation qui soumettoit le royaume d'Arles à l'empire n'en eut pas moins son effet, elle n'en étendit pas moins les frontières du monarque germanique jusqu'à la Saône et au Rhône; mais comme Rodolphe III vécut encore seize ans, et plus long-temps que Henri II ou Robert, son autorité eut le temps de déchoir davantage, et d'être réduite à un vain titre, avant de passer à des mains plus vigoureuses, et qui auroient pu en faire un dangereux usage contre la France.

Henri II, empereur, roi d'Allemagne et d'Ita-

---

(1) *Ditmari Merseburg*, apud *Leibnitz. Script. Brunsvic*, Lib. VII, T. I, p. 407. — Copié par *Chronic. Saxonicum*, p. 230, et mieux expliqué par *Alberti Monachi Sancti-Symphoriani de diversitate temporum*, Lib. II, p. 139. — *Mascovius Comment.*, Lib. IV, cap. 29, p. 228, et *Annotat.*, p. 18. — *Muller Geschichte*, B. I, cap. 12, p. 299.

lie, et héritier reconnu du royaume d'Arles, étoit, comme Robert, le chef d'une aristocratie orgueilleuse et indépendante, dont chaque membre avoit le droit de faire la paix et la guerre, dont chacun sembloit pouvoir se maintenir par ses propres forces, et pouvoir braver l'autorité supérieure du monarque. Les ducs allemands, les ducs italiens, paroissoient même plus puissans que les seigneurs de France. Les Allemands étoient plus belliqueux, les Italiens plus opulens; l'empire auquel les uns et les autres appartenoient étoit plus vaste. D'ailleurs Henri II se faisoit remarquer, comme Robert, par cette piété exagérée, par ces habitudes monastiques, qu'on devoit croire destructives de toute énergie. Cependant l'empire continuoit à être réglé par des lois communes, à rassembler au besoin des armées, à trouver de l'argent pour ces armemens, et à se faire respecter de ses voisins, tandis que la France étoit sans gouvernement et sans vigueur. Mais l'empire étoit électif, et quoique l'élection ne donnât pas toujours un grand prince à la monarchie, elle ne pouvoit tomber ni sur un mineur, ni sur un homme absolument nul; l'élection d'ailleurs laissoit toujours le rang suprême accessible aux princes de l'Empire, aussi ne désiroient-ils point trop dépouiller un trône sur lequel ils pouvoient espérer de monter, et ne refusoient-ils leur assistance ni aux diètes qui rendoient les lois et la justice, ni aux armées qui les faisoient exécuter.

Henri II avoit soutenu des guerres longues et glorieuses contre Boleslas, roi de Pologne, et avoit soumis la Bohême à l'empire; il avoit gouverné le royaume de Lorraine d'une main vigoureuse, et remporté plusieurs victoires sur les Frisons; il avoit en Allemagne puni l'insubordination des ducs qui ne s'étoient point conformés aux ordres de l'empire; enfin il avoit parcouru l'Italie entière dans trois expéditions différentes; il avoit vaincu les Grecs dans la Pouille, et leur avoit pris la ville de Troyes, et il avoit accordé aux aventuriers normands des fiefs dans cette province. Cette activité faisoit un singulier contraste avec la nonchalance et la nullité des premiers rois capétiens; elle montroit que le système féodal pouvoit avoir des résultats bien différens, selon la nature de la royauté à laquelle il étoit associé. Henri II, à son retour de sa dernière expédition d'Italie, demanda une conférence à Robert, dans des vues politiques et religieuses qui nous sont mal connues. Le bourg d'Ivois, sur le Chier, aux frontières de la Champagne et du Luxembourg, fut choisi pour leur entrevue. Les deux monarques s'y rendirent pour la fête de Saint-Laurent, le 11 août 1023. Leur suite étoit nombreuse; leur rencontre fut affectueuse; ils s'offrirent réciproquement des présens, mais Henri II n'en voulut accepter d'autres qu'une dent de saint Vincent, martyr : ils se séparèrent en très bonne harmonie, et convinrent de se rencontrer l'année suivante avec le pape à Pavie ; ce qui donne lieu de croire que le but principal de leur conférence étoit quelque arrangement ecclésiastique (1). Henri II ne vécut pas assez long-temps pour mettre ce projet à exécution.

On croit aussi que Henri II promit de prendre la défense de Robert contre Eudes II, comte de Champagne, le plus remuant des grands vassaux de France, et celui qui donnoit au roi le plus d'inquiétude. Tout au moins Henri ne vouloit pas lui permettre d'opprimer ses propres vassaux du royaume de Lorraine, et il vint à Verdun pour protéger contre lui Thierry, comte de Toul (2). Arrivé dans cette ville, il rendit visite à Richard, abbé de Saint-Vanne, de Verdun, pour lequel il avoit beaucoup d'amitié et de respect. En entrant dans son couvent, il fut tout à coup saisi d'un accès de zèle, et il s'écria, dans les paroles du Psalmiste : « Voici

---

(1) *Balderici Chronic. Cameracense*, Lib. III, cap. 37, p. 201. — *Sigeberti Gemblacensis Chron.*, p. 219. — *Charta Wanini Belvacensis episcopi*, p. 609. — *Mascovius Comment.*, Lib. IV, cap. 46, p. 255.

(2) *Balderici Chronic.*, p. 202.

« le repos que j'ai choisi, et mon habitation aux
« siècles des siècles. » Un des religieux qui l'entendit, avertit l'abbé que, selon toute apparence, l'empereur vouloit se faire moine, et qu'ainsi l'Église perdroit en lui un de ses plus puissans et de ses plus zélés défenseurs : mais Richard jugea plus politique d'admettre cet illustre profès et de profiter de son zèle. Il l'appela aussitôt dans le chapitre des moines, et il lui demanda quelle étoit son intention. « Celle, avec la grâce de Dieu,
« répondit l'empereur en pleurant, de renon-
« cer à l'habit du siècle, de revêtir le vôtre, et
« de ne plus servir que Dieu avec vos frères. —
« Voulez-vous donc, reprit l'abbé, promettre,
« selon notre règle, et à l'exemple de Jésus-
« Christ, l'obédience jusqu'à la mort ? — Je le
« veux, reprit l'empereur. — Eh bien, je vous
« reçois comme moine, et dès ce jour j'accepte
« la charge de votre âme ; accomplissez donc
« mes volontés avec la crainte de Dieu. Or, je
« vous ordonne de retourner à gouverner l'em-
« pire qui vous a été délégué par Dieu, et de
« soigner son salut de tout votre pouvoir, avec
« recueillement et avec crainte. » L'empereur se sentant lié par son vœu monastique, obéit, quoique avec regret ; seulement, et pendant le peu de mois qu'il vécut encore, il appela l'abbé de Saint-Vanne, de Verdun, à la déci-

sion de toutes les affaires plus importantes de l'empire. (1)

Eudes II, dont la puissance inquiétoit également l'empereur et le roi de France, s'étoit élevé par son talent pour l'intrigue, par son activité, par son économie qui mettoit toujours à sa disposition des trésors considérables (2), plus que par ses talens militaires; du moins dans ses premières expéditions contre Burchard, comte de Melun, ou contre Richard II, duc de Normandie, son beau-frère, fut-il toujours battu. Il ne fut pas plus heureux dans ses longues guerres avec Foulques Nerra, comte d'Anjou, guerres signalées par le plus sanglant combat livré en France pendant tout le règne de Robert; celui de Pontlevoi, le 6 juillet 1016, où l'on combattit de part et d'autre avec tant d'obstination, que, malgré la petitesse des armées, on assure que trois mille morts restèrent sur le champ de bataille. (3)

Mais Eudes savoit également tirer parti de ses moindres avantages, et se relever de ses revers.

———

(1) *Vita Sancti-Richardi abbatis Santi-Vitoni Virdunensis auctor. monacho Sancti-Vitoni fere æquali*, p. 373. — *Chron. Alberici Monachi Trium Fontium*, p. 288.

(2) *Rodulphus Glaber*, Lib. III, cap. 9, p. 40.

(3) *Gesta Ambasiens. Dominor.*, p. 241. — *Hist. Andegavensis fragm.*, p. 204. — *Gesta Consulum Andegav.*, p. 256.

En 1019 il s'empara de la plus grande partie de l'héritage d'Etienne, comte de Champagne et de Brie, de la maison de Vermandois, qui étoit mort sans enfans. C'est de cette réunion des comtés de Troyes et de Meaux à ceux de Blois et de Chartres que date la grandeur de la nouvelle maison de Champagne (1). Eudes avoit eu aussi à combattre contre les peuples septentrionaux; car Richard II, duc de Normandie, profita de ce que l'Angleterre étoit alors même exposée à leurs invasions, pour demander l'assistance d'Olaus, roi de Norwège, et de Lacman, roi de Suède, aux ravages desquels il livra les comtés de Blois et de Chartres. Les Français crurent voir recommencer ces terribles invasions des Normands qui avoient si long-temps dévasté leur patrie; et quelque indisposé que fût le roi Robert contre Eudes, il se chargea de faire sa paix avec le duc de Normandie, et il obtint qu'Olaus et Lacman se rembarqueroient avec leurs redoutables compatriotes (2). La querelle d'Eudes II avec Thierry, comte de Toul, tenoit à quelques châteaux que le premier avoit fait bâtir sur le terrain du second. Henri II les fit raser, et il rétablit ainsi la paix

---

(1) *Rodulphus Glaber*, Lib. III, cap. 2, p. 27. — *Diploma Roberti regis*, p. 602.

(2) *Willelmi Gemetis. Hist. Normannor.*, Lib. V, cap. 10, 11 et 12, p. 187-188.

entre les deux comtes. Il avoit aussi dans son camp des ambassadeurs de Robert, qu'il se proposoit d'entendre contradictoirement avec le comte de Champagne, pour décider entre eux. On ne nous dit point cependant que ce jugement, dérogatoire à la majesté des rois de France, ait été jamais prononcé. (1)

Robert qui s'étoit contenté d'un vain titre sur la Bourgogne, qui ne conservoit à peu près aucune influence sur la Flandre, qui se voyoit serré presque de tous côtés par les états des comtes de Champagne et de Blois, et qui étoit inconnu aux feudataires du midi de la Loire, jugea cependant encore qu'il avoit conservé plus d'états qu'il n'en pouvoit administrer à lui seul; en conséquence, le jour de Pentecôte 9 juin 1017, il associa l'aîné de ses fils à la couronne. Le moment, il est vrai, n'étoit pas encore venu de confier à ce jeune prince, nommé Hugues, aucune partie de ses travaux, car il n'avoit alors que dix ans; aussi les vassaux et les évêques que Robert avoit consultés, lui avoient-ils conseillé d'attendre encore, et de ne point conférer à un enfant des titres mal définis, qui éveilleroient ses prétentions, qui donneroient à ses flatteurs des prétextes dangereux, et qui rendroient désormais son éducation comme impossible. Ces conseils ne furent

(1) *Balderici Chronic. Cameracense*, p. 202.

pas écoutés, et la cérémonie du couronnement de Hugues se fit dans l'église de Compiègne (1). Cependant Constance, qui paroît avoir d'abord sollicité son mari d'assurer ainsi la succession de son fils, fut la première à se rebuter de l'orgueil du jeune prince, auquel les compagnons de ses jeux donnèrent le nom de *Grand*. Il n'avoit pas plus de quatorze ans en 1021, lorsqu'il prétendit qu'étant couronné comme son père, il devoit régner comme lui, c'est-à-dire avoir la disposition d'autant d'argent que lui, et n'être pas plus gêné que lui dans ses plaisirs ou ses caprices. Il se plaignoit que sa royauté ne lui avoit valu autre chose que des habits et de la nourriture. Encouragé par les compagnons de ses jeux, il quitta le palais avec eux, et commença à piller les fermes et les châteaux de son père et de sa mère. Bientôt il sentit sa foiblesse, et il se retira auprès d'Eudes II, comte de Champagne, qui pouvoit faire de son nom un dangereux usage. Fulbert, évêque de Chartres, écrivit au roi en faveur de Hugues; le père et le fils furent réconciliés; et l'historien Glaber fait un grand éloge des vertus, de la douceur et de la miséricorde de cet Hugues, qu'on

(1) *Rodulphus Glaber.*, Lib. III, cap. 9, p. 38. — *Helgaldi Epitome*, cap. 16, p. 106. — *Brev. Chronic.*, p. 169. — *Diploma Roberti eccles. Noviom*, p. 599.

ne peut cependant, sans moquerie, nommer Hugues-le-Grand. (1)

Ces pillages du fils du roi, qui ne méritent point l'honneur d'être rangés parmi les guerres civiles, les hostilités continuelles de tous les seigneurs, quel que fût leur rang dans l'échelle féodale, et l'anéantissement de l'autorité royale qui ne pouvoit plus protéger personne, laissoient les pauvres et les foibles exposés à d'effrayantes vexations. Cependant ceux que l'ordre public ne défendoit plus commençoient à faire effort pour se défendre eux-mêmes; les prêtres commençoient à prêcher la paix, comme le seul moyen de désarmer la colère du ciel, et les bourgeois des villes ayant recouvré, à l'aide de l'enceinte de murailles dont ils s'étoient entourés, le sentiment de leur importance, commençoient à stipuler, en leur nom propre, les conditions auxquelles cette paix seroit observée. C'est à l'année 1021 que se rapporte le plus ancien de ces pactes entre deux villes, qui paroissoient s'attribuer déjà les droits de communauté, quoique le nom de commune ne fût pas encore prononcé (2). « Les bourgeois d'Amiens et ceux

---

(1) *Rodulphus Glaber*, Lib. III, cap. 9, p. 39. — *Fulberti Carnotensis Epist.*, 26-28, p. 457-458.

(2) La date de cette convention est fixée par celle de l'incendie de l'église de Corbie, en 1021. *Chronic. Saxon.*, p. 231.

« de Corbie, nous dit un contemporain, traitè-
« rent avec leurs seigneurs ; ils promirent d'ob-
« server une paix entière, c'est-à-dire de toute
« la semaine ; et pour la maintenir, de se rendre
« chaque année à Amiens à la fête de Saint-Fir-
« min. Là ils devoient la confirmer par de nou-
« veaux sermens, s'engageant, s'il survenoit en-
« tre eux quelque différend, à ne point s'en faire
« justice par le pillage et l'incendie, jusqu'à ce
« qu'à un jour fixé, en face de l'église, et devant
« l'évêque et le comte, ils eussent plaidé leur
« cause pacifiquement. » (1)

De telles conventions s'étoient déjà très multipliées, mais la plupart des traités dans lesquels elles étoient consignées ont péri. Nous en pouvons juger par une singulière controverse que nous a conservé Balderic de Cambrai. « Les
« évêques Berold de Soissons, et Guarin de Beau-
« vais, dit-il, voyant que, par l'imbécillité du roi
« et les péchés du peuple, le royaume marchoit
« à sa ruine, que les droits étoient confondus,
« que les coutumes nationales étoient profanées,
« et tout ordre de justice détruit, résolurent,
« pour secourir la république, de suivre l'exem-
« ple des évêques de Bourgogne. Ceux-ci ne re-
« levant plus d'aucune autorité, avoient fait un
« decret par lequel ils lioient, tant eux-mêmes

(1) *Miraculorum Sancti-Adelhardi abbatis Corbeiensis*, Lib. I, p. 378.

« que le reste des hommes, à observer la paix
« et la justice. Berold et Guarin, excités par un
« tel exemple, et appuyés par les autres évêques
« de la Gaule supérieure, invitèrent l'évêque
« Gérard de Cambrai à s'unir à eux. Mais celui-
« ci jugeant les choses de plus haut, crut con-
« venable de s'y refuser absolument, car ce
« projet lui paroissoit également pernicieux et
« impossible à exécuter. Il regardoit en effet
« comme non moins inconvenable qu'illégal de
« s'arroger un droit qui appartenoit à la puis-
« sance royale. C'étoit confondre l'état de la
« sainte Église, qui consiste en deux personnes,
« l'une sacerdotale, l'autre royale : à l'une, il ap-
« partient de prier ; à l'autre, de combattre ; en
« sorte que c'est l'office des rois d'arrêter les
« séditions, d'apaiser les guerres, d'étendre le
« commerce ; c'est celui des évêques d'avertir les
« rois de combattre vaillamment pour le salut
« de la patrie, et de prier pour leur victoire. A
« son avis ce décret étoit donc dangereux pour
« tous, puisqu'il soumettoit tous les hommes ou
« au serment ou à l'anathème, et qu'il les en-
« veloppoit tous dans un péché commun. Les
« autres évêques reprenoient Gérard de s'être
« séparé d'eux ; ils disoient que celui-là n'étoit
« point ami de la paix, qui s'opposoit à des me-
« sures si pacifiques. Gérard céda enfin aux sol-
« licitations de tous ceux qui l'entouroient, et

« surtout aux prières des abbés Leduin et Ro-
« deric ; mais l'événement prouva la justice de
« ses craintes, puisqu'il y eut bien peu de gens
« qui ne se trouvassent, ensuite de ce décret,
« enveloppés dans le parjure. » (1)

Cette modération de l'évêque de Cambrai,
et ce scrupule à usurper la juridiction civile,
qui paroîtroient rares dans tous les siècles, l'é-
toient particulièrement au onzième. Le cardinal Baronius les condamne hautement comme
coupables (2). Au reste, Gérard se trouvoit dans
une position particulière ; seul des évêques du
royaume de Lorraine, il relevoit d'un archevêque français (3) ; mais son supérieur temporel étoit l'empereur Henri II, qui avoit montré,
pour défendre ses droits, une main bien plus
ferme que Robert. Aussi n'osoit-il point se permettre, avec le roi de Germanie, une usurpation que le roi de France n'avoit pas même re-
marquée. Ce Henri II, dont l'évêque de Cambrai
n'avoit point osé envahir les prérogatives, mourut peu de mois après, le 13 juillet 1024, près
de Bamberg, où il est enterré.

Deux cousins qui portoient également le nom
de Conrad, mais dont l'un étoit fils du duc de

___
(1) *Balderici Chronic. Cameracense*, Lib. II, cap. 27,
p. 201.
(2) *Baronii Annal. eccles.*, 1034, p. 113.
(3) *Sigeberti Gemblacensis ad annum* 1033, T. XI, p. 162.

Franconie, l'autre du duc de Carinthie, et qui tous deux descendoient d'Othon-le-Grand par les femmes, se présentèrent comme compétiteurs à la couronne de Germanie, à laquelle étoient attachées celles de Lorraine, d'Italie et de l'Empire. Une diète des princes et prélats de la Germanie, convoquée sur les bords du Rhin, entre Worms et Mayence, donna la préférence au Franconien, qui fut dès lors connu sous le nom de Conrad II, ou le Salique. (1)

Les seigneurs italiens avoient, à ce qu'on assure, été également convoqués à la diète d'élection; mais ils ne purent ou ne voulurent pas s'y rendre. Ils l'emportoient en richesse sur les Allemands; ils se croyoient leurs égaux en bravoure, leurs supérieurs dans les arts de la paix, et ils ne pouvoient supporter patiemment que la souveraineté de leur pays fût transportée par l'élection de princes étrangers à une famille étrangère, sans qu'on les eût seulement consultés. Le temps leur paroissoit venu pour l'Italie de secouer absolument les chaînes de l'Allemagne, et de choisir, dans une diète toute italienne, un monarque qui ne dût qu'à eux son élévation. Déjà, sur la nouvelle de la mort de Henri II, les habitans de Pavie s'étoient soulevés, et avoient rasé le palais que cet empereur avoit construit dans leur ville. Les seigneurs

---

(1) *Mascovius Comm.*, Lib. V, cap. 1, p. 266.

virent avec plaisir cette explosion des passions populaires. Cependant leur jalousie les uns des autres, peut-être aussi leur défiance de leurs forces, les ramenèrent bientôt à la résolution de choisir un prince étranger assez riche, assez puissant par lui-même, pour défendre la couronne qu'ils alloient lui donner; et pour repousser les Allemands, ils crurent devoir chercher un Français. (1)

Leurs yeux se fixèrent d'abord sur le roi Robert, dont les titres, plutôt que la puissance réelle, faisoient à cette distance quelque illusion. Ils lui demandèrent, ou d'accepter leur couronne, ou de leur donner pour roi son fils Hugues qui commençoit à être en âge de gouverner. Ils lui firent entrevoir que le roi des Français, indépendamment de l'avantage qu'il procureroit à son fils, pourroit lui-même profiter des embarras que l'Italie donneroit à Conrad II pour recouvrer le royaume de Lorraine; car cet état, par sa langue et ses mœurs, étoit français, non allemand. Robert, en effet, mit de côté, pour un instant, ses goûts pacifiques; en même temps qu'il entretenoit les ambassadeurs italiens, il promit sa protection à Gothelon, duc de Basse-Lorraine et de Brabant, qui vouloit se soustraire à l'obéissance du nouvel empereur. Mais Conrad, après avoir été cou-

(1) *Muratori Annali d'Italia*, p. 356.

1024.   ronné à Mayence le 8 septembre, parcourut avec tant d'activité la frontière Slave, la Bavière, la Souabe, la Franconie et la Lorraine, raffermissant la fidélité de tous ses grands vassaux, et recevant leurs sermens, que Robert fut effrayé d'entrer en lutte avec un pareil homme, qu'il abandonna les négociations qu'il avoit entamées en Lorraine, et qu'il congédia les députés italiens, en renonçant à la couronne qu'ils lui offroient, et pour lui-même et pour son fils. (1)

1025.   Les seigneurs italiens s'adressèrent alors à Guillaume III, comte de Poitiers et duc d'Aquitaine, que suivant l'usage de ce siècle on distinguoit entre les autres Guillaume, par le surnom de Grand. Ce prince n'avoit pas eu occasion d'acquérir de gloire militaire, et l'on ne remarquoit en lui d'autre grandeur que celle de ses richesses ou l'étendue de ses états. Quoiqu'il fût déjà âgé de soixante-cinq ans, il ne se refusa point immédiatement à une entreprise qui pouvoit paroître hasardeuse ; il parut flatté de l'offre d'une couronne ; il écrivit au roi Robert pour l'engager à empêcher, par son influence, les seigneurs lorrains de se réconcilier avec Conrad, et avant de donner une réponse définitive, il

(1) *Sigebertus Gemblacensis Chron.* p. 219. — *Wippo vita Conradi Salici*, p. 430. — *Rodulphus Glaber*, L. III, c. 9, p. 39. — *Epistola Fulconis Andegav. ad Robertum regem*, p. 500.

partit pour l'Italie en habit de pèlerin, afin de
juger lui-même de la force des partis. Mais lorsque dans ce voyage qui sembloit n'avoir pour
but que la dévotion, il eut comparé les ressources des Italiens à la puissance de Conrad, il perdit courage, et il renonça à l'honneur qu'on
vouloit lui faire. (1)

Quoique Guillaume eût demandé des secours
au roi Robert, il comptoit peu sur ce monarque
qu'il méprisoit; Robert témoigna même sa douleur de la manière peu respectueuse dont le comte
de Poitiers parloit de lui dans ses lettres (2).
Ce dernier avoit un plus ferme appui dans
Eudes II, comte de Champagne, son beau-frère,
que l'activité de son esprit rendoit propre à
conduire à la fois toutes les intrigues de l'Europe. Le comte de Champagne continua assez
long-temps à correspondre avec les seigneurs
italiens au nom de Guillaume (3); il y mettoit
d'autant plus d'intérêt, qu'il se proposoit de
disputer à Conrad une autre des couronnes que
l'empereur élu croyoit attachées à celle de l'Empire, savoir, celle du royaume d'Arles et de

---

(1) *Ademari Cabannens. Chron.*, p. 161. — *Fulconis Epistolæ*, p. 500. — *Gulielmi Aquitaniæ Ducis Epistolæ*, 3, 4 et
5, p. 483.

(2) Il vit les lettres de Guillaume à Ascelin, évêque de Laon,
et il s'affligea *de sua vilitate quam ibi scriptam invenit. Fulberti Epistola ad Guillelm. Duc. Aquitan.*, p 468.

(3) *Balderici Chron. Cameracens.*, Lib. III, cap. 55, p. 500.

1025. Bourgogne. Conrad, en effet, prétendoit profiter de la cession que Rodolphe III avoit faite de son héritage à Henri II, son prédécesseur : il avoit épousé Gisèle, mère de Rodolphe ; il avoit eu une entrevue à Basle avec ce roi si méprisé, et il l'avoit déterminé à renouveler avec lui le traité qu'il avoit fait avec Henri II. Mais d'autre part, Rodolphe avoit deux neveux, le comte de Champagne et le duc de Souabe, qui tous deux prétendoient succéder à sa couronne, et qui comptoient un grand nombre de partisans dans la Bourgogne transjurane. Eudes II, le plus habile et le plus actif, auroit eu probablement la plus grande part à cet héritage (1), s'il n'avoit été à cette époque même constamment distrait par sa rivalité avec Foulques Nerra, comte d'Anjou ; car l'inimitié des deux comtes des bords de la Loire influoit sur les destinées de l'Allemagne et de l'Italie.

La rivalité de Foulques Nerra et d'Eudes II fut peut-être, pendant tout le règne de Robert, la cause qui fit répandre le plus de sang, et qui troubla le plus la tranquillité de la France ; mais nous n'en connoissons point assez les détails pour pouvoir nous intéresser à ces querelles. Les deux comtes avoient des prétentions opposées sur le comté de Tours, situé à la conve-

---

(1) *Mascovii Comment.*, Lib. V, cap. 4, p. 273. — *Muller Geschichte der Schweiz*, Lib. I, cap. 12, p. 305.

nance de l'un et de l'autre. Foulques y avoit bâti le château de Montboël, qu'Eudes lui prit en 1025; tandis que de son côté il prit à Eudes le château de Montbazon, et qu'il surprit et brûla la ville de Saumur (1). Ils étoient depuis long-temps aux prises, quand Eudes jugea que le moment étoit favorable pour faire valoir ses prétentions sur le royaume d'Arles. S'il avoit réussi, en effet, à joindre la Provence, le Dauphiné, la Savoie, le Lyonnois et la Franche-Comté, à son ancien héritage en Champagne et sur la Loire, il auroit aisément dominé, et peut-être expulsé la race nouvelle des Capétiens. Foulques d'Anjou représenta ce danger à sa nièce Constance; il lui rappela le service qu'il lui avoit rendu en faisant tuer son ennemi, Hugues de Beauvais, et il lui demanda de l'assister en retour contre un rival non moins dangereux et pour elle et pour lui. Constance lui avoit juré qu'elle ne l'abandonneroit jamais; cependant lorsque les ennemis de Conrad, dans les évêchés de Toul et de Cambrai, vinrent de nouveau lui offrir la couronne de Lorraine, pour son mari et ses enfans, sous condition qu'elle seconderoit la puissante diversion que le comte Eudes feroit en même temps sur le

---

(1) *Gesta Ambasiens. Dominor.*, p. 240. — *Gesta Consul. Andegav.*, p. 257. — *Historia Monasterii Sancti-Florentii Salmuriens.*, p. 265.

royaume d'Arles, elle sacrifia la reconnoissance à l'ambition (1). Elle engagea Robert à abandonner le comte d'Anjou pour s'allier à celui de Champagne (2). Ce fut probablement pendant que cette pacification se traitoit, que Eudes II écrivit au roi Robert une lettre remarquable, et qui mérite d'être conservée comme donnant bien à connoître les rapports, à cette époque, des grands vassaux avec le roi. La voici :

« Je ne veux, seigneur, te dire que peu de
« choses, si tu daignes les entendre. Le comte
« Richard, duc de Normandie, ton fidèle, m'a
« averti de venir à justice ou à concorde, sur
« les plaintes que tu formois contre moi : en
« effet j'ai placé toute ma cause entre ses mains.
« Alors, avec ton consentement, il a indiqué
« des plaids où nous aurions pu la terminer ;
« mais comme l'époque fixée approchoit, et que
« j'étois prêt à m'y rendre, il m'a averti de ne
« point prendre cette peine, parce que tu étois
« résolu à n'admettre de ma part ni justifica-
« tion, ni accord, mais à me faire défendre de
« tenir aucun fief de toi, comme en étant in-
« digne. D'ailleurs il ne lui convenoit point,
« disoit-il, de m'admettre à un tel jugement,
« sans une assemblée de ses pairs. Telle est la

---

(1) *Vita Sancti Leonis papæ (Tullensis episcopi)*, cap. 8, p. 383. — *Balderici Chron. Cameracense*, p. 205.

(2) *Chron. Andegavense*, p. 176.

« raison pour laquelle je ne me suis pas rendu
« à tes plaids. Toutefois je m'émerveille forte-
« ment de toi, seigneur, qui me juges avec tant
« de précipitation indigne de tes fiefs, sans avoir
« discuté ma cause. Si tu regardes à ma condi-
« tion, Dieu m'a fait la grâce de la rendre hé-
« réditaire; si c'est à la qualité de mon fief, il
« est sûr qu'il n'est point de ton domaine, mais
« qu'il a, sauf ta grâce, appartenu à mes ancê-
« tres par droit de succession; si enfin tu consi-
« dères mes services, tu sais fort bien comment
« je t'ai servi dans ta maison, et à la guerre
« et en voyage, aussi long-temps que j'ai été en
« faveur auprès de toi; mais depuis que tu as
« détourné ta grâce de moi, et que tu t'es efforcé
« de m'arracher les honneurs que tu m'avois
« donnés, si j'ai fait des choses qui t'ont déplu,
« c'est poussé à bout par les injures, forcé par
« la nécessité, et dans la défense de ma per-
« sonne et de mon honneur. Comment pour-
« rois-je renoncer à défendre mon propre hon-
« neur? Dieu m'est témoin dans mon âme que
« j'aime mieux mourir avec honneur que de
« vivre déshonoré. Mais si tu renonces à ce qui
« pourroit l'entacher, il n'y a rien au monde
« que je désire plus que d'obtenir ta grâce ou
« de la mériter. Ma discorde avec toi, mon sei-
« gneur, est pour moi une chose très pénible;
« mais aussi elle t'ôte à toi-même, et la racine et

« les fruits de ton office, savoir la justice et la
« paix. Au nom de cette clémence qu'on trouve
« naturellement en toi, quand des conseils per-
« vers ne l'étouffent pas, je te supplie donc de
« cesser de me persécuter, et de permettre que
« je me réconcilie à toi, ou par tes domestiques,
« ou par l'entremise des princes. Salut. » (1)

La pacification de Robert avec le comte Eudes II fut suivie de près par celle du même
comte avec Foulques d'Anjou ; celui-ci obtint la
souveraineté de Saumur, et rasa le château de
Montboël qu'il avoit bâti près de Tours (2).
Eudes II se trouva libre de poursuivre ses projets sur le royaume d'Arles, mais il étoit trop
tard ; Conrad le Salique avoit affermi son autorité par ses talens et ses victoires : on ne pouvoit plus songer à lui disputer les couronnes de
Lorraine ou de Bourgogne ; l'Italie avoit de
même cédé à son ascendant. Il y étoit entré par
la Marche véronoise au commencement de l'été
de 1026 ; et le 26 mars 1027 il reçut à Rome la
couronne impériale des mains du pape Jean XIX,
ayant deux rois dans son cortége ; savoir, Canut-
le-Grand, qui après avoir joint la couronne d'Angleterre à celle de Danemarck, visitoit en pèle-

---

(1) *Variorum Epistolæ*, n° 20, p. 501. *Domino suo regi Roberto comes Odo.*

(2) *Ademari Cabannens.*, p. 161. — *Hist. Monast. Sancti-Florentii Salmur.*, p. 267.

rin, avec le zèle d'un néophyte, les tombeaux 1025—103 des saints apôtres; et Rodolphe III, qui saisissoit avec empressement toutes les occasions de sortir de son pays, où il se trouvoit mal à son aise. (1)

Les dernières années du règne du bon et foible Robert ne furent pas plus que les premières exemples de chagrins domestiques. Ils recommencèrent par la mort de son fils aîné Hugues, emporté le 17 septembre 1025, dans sa dix-huitième année, par une maladie. Hugues ne s'étoit encore distingué que par son affection pour les prêtres et les moines, et par la bienveillance avec laquelle il appuyoit les demandes de tous ceux qui désiroient obtenir quelque grâce de son père. Ce jeune prince fut cependant regretté par les courtisans qui seuls avoient pu le connoître (2). Il avoit trois frères qui lui survécurent, Eudes, Henri et Robert; et le roi croyoit de nouveau nécessaire d'en associer un à la couronne, pour assurer la succession dans sa famille. Mais Eudes, que quelques historiens se contentent de nommer, sans faire ensuite aucune mention de lui, est représenté par d'autres comme tellement imbécille, qu'il étoit incapable de régner (3).

(1) *Mascovii Comment.*, Lib. V. cap. 6, p. 276.
(2) *Rodulphus Glaber*, Lib. III, cap. 9, p. 39. — *Vita Sancti Willelmi abbatis Division.*, p. 371. — *Monitum ad diplomata Roberti regis*, p. 570.
(3) Glaber, après avoir dit que Robert avoit quatre fils, ne fait plus aucune mention d'Eudes, Liv. III, chap. 9, p. 38;

1025—1031. Puisque son état forçoit à s'écarter de la règle de primogéniture, Constance insistoit pour qu'on choisît entre les deux fils restans le plus propre au gouvernement. Elle disoit, et la plupart des évêques jugeoient avec elle que l'aîné, Henri, *étoit en même temps dissimulé, paresseux, efféminé, et que dans sa négligence des lois il ressembleroit à son père,* tandis qu'elle attribuoit à Robert, le cadet, des qualités contraires (1). D'autre part Fulbert, évêque de Chartres, maintenoit les droits de Henri : toutefois il s'abstenoit de paroître à la cour. Ses fonctions, écrivoit-il au roi, ne lui permettoient pas de s'y rendre en armes, et il y avoit trop peu de sûreté pour lui à s'y rendre désarmé (2). Le reste des grands paroissoit préférer de ne couronner ni l'un ni l'autre : Eudes, comte de Champagne, et son beau-frère Guillaume, comte de Poitiers, se refusèrent d'abord à se rendre à la cour, pour ne pas se trouver froissés entre le roi et la reine : toute-

mais la Chronique de Tours dit : *Odo erat major, sed quia stultus erat, non fuit rex.* — Breve Chron. Sancti-Martini Turon., p. 225 ; et plusieurs autres ne sont pas moins explicites, tels que Willelm. Malmesbur., L. II, p. 247. — Chron. Autissiodor., p. 275. — Hist. reg. Francor. ad annum 1214, perducta, p. 277. — Abrégé de l'Hist. de France, écrit sous Phil. Auguste, p. 280. — Chronic. Turonense, p. 283.

(1) *Epistola Odalrici episcopi Aurelian. ad Fulbertum Carnotens.*, p. 504.

(2) *Epistola Fulberti Carnot. ad Robertum regem*, p. 480. — *Ejusd. Epistola ad Goffredum episcop. Cabillon.*, p. 481.

fois ils se soumirent plus tard, et ils ne s'opposèrent point à ce qu'ils n'avoient pas voulu prendre sur eux de décider. L'élection d'un roi plus ou moins imbécille ne leur paroissoit pas assez importante pour compromettre à son occasion la paix publique. (1)

Les deux comtes de Champagne et de Poitiers arrivèrent enfin à Paris, lorsque Constance, avertie du danger d'une plus longue indécision, eut pour la première fois de sa vie cédé aux volontés de son mari. Ils accompagnèrent la cour à Reims, où le jour de Pentecôte, 14 mai 1027, la couronne fut mise en leur présence sur la tête de Henri. Ces deux comtes, avec l'archevêque de Reims, les évêques de Soissons, de Laon, de Châlons, d'Amiens, de Noyon, de Beauvais, de Langres, de Challons et de Troyes, et trois abbés, paroissent avoir été les seuls personnages de haut rang qui assistèrent à cette cérémonie. (2)

Les deux plus jeunes fils de Robert suivirent l'exemple que leur avoit donné leur aîné, et plus anciennement leur père lui-même. « Après « un peu de temps, dit Glaber, les deux frères « ayant confirmé leur amitié par une alliance, « principalement à cause de *l'insolence* de leur « mère, commencèrent à envahir les châteaux

(1) *Epistola Guillelmi Aquitaniæ Ducis ad Fulbertum Carnotens.*, p. 485.

(2) *Diploma Roberti regis in coronatione filii*, 42, p. 614.

« et les villages de leur père, et à piller ceux
« de ses biens qu'ils pouvoient atteindre. Henri
« lui enleva le château de Dreux; Robert, ceux
« de Beaune et d'Avallon en Bourgogne. Le roi,
« gravement troublé et affligé, rassembla son
« armée et entra en Bourgogne. C'étoit une
« guerre plus que civile.... Mais après un siège
« et quelques ravages dans l'une et l'autre pro-
« vince, ils firent la paix, et demeurèrent en
« repos pour un peu de temps. » (1)

Dans les provinces, les dernières années du roi Robert furent signalées par la mort de plusieurs des grands seigneurs qui avoient partagé avec lui le gouvernement de la France. Geoffroi, duc de Bretagne, fut tué d'un coup de pierre à la tête, par une vieille femme irritée de ce que le faucon du duc lui avoit enlevé une de ses poules. (2). Pendant la minorité de son fils Alain III, les paysans se révoltèrent, en 1024, contre leurs seigneurs, en tuèrent un grand nombre et mirent le feu à leurs châteaux. Les seigneurs ne tardèrent pas à s'en venger, en livrant les rebelles à d'affreux supplices. (3)

Richard II, duc des Normands, mourut ensuite vers l'an 1027. Il avoit été pendant son long règne l'allié fidèle de Robert, et ce fut

---

(1) *Glabri Rodulphi*, Lib. III, cap. 9, p. 40.
(2) Hist. de Bretagne, Liv. III, chap. 87, p. 47.
(3) *Vita sancti Gildæ abbatis*, p. 377.

à la protection accordée au roi par les belliqueux Normands, que la maison capétienne dut surtout son affermissement sur le trône. Ce Richard avoit donné une de ses filles en mariage à Renaud Ier, comte de Bourgogne, fils d'Otte Guillaume, auquel Renaud succéda le 21 septembre 1027 (1). Avant la mort de son père, Renaud fut fait prisonnier par Hugues, comte de Challons-sur-Saône, son ennemi privé. Le duc Richard fit prier Hugues de vouloir bien, pour l'amour de lui, remettre son gendre en liberté, moyennant rançon; mais le comte de Challons se crut assez éloigné du duc de Normandie pour pouvoir ne tenir aucun compte de sa prière, et il resserra toujours plus son prisonnier. Le fils aîné du duc de Normandie, qui, peu après, lui succéda sous le nom de Richard III, fit bientôt voir au comté de Challons qu'il n'étoit pas hors de l'atteinte des Normands. Après lui avoir pris et brûlé un château, il l'assiégea dans sa capitale même de Challons-sur-Saône, et il ne lui accorda la paix que lorsque Hugues se fut soumis à l'humiliation symbolique des temps chevaleresques, celle de venir, avec une selle sur le dos, s'offrir pour monture à son ennemi. (2)

(1) *Chron. sancti Benigni Divion.*, p. 175. — *Chronic. Alberici monachi Trium Fontium*, p. 288.

(2) *Willelmi Gemeticens. Hist. Normann.*, Lib. V, p. 189. — *Accessiones Roberti de Monte ad Sigebertum*, p. 270.

Richard II étoit parvenu à un âge avancé lorsqu'il mourut. Son fils aîné, Richard III, lui succéda au duché de Normandie, et le second, Robert, eut en partage le comté de Hiesme; mais la discorde ne tarda pas à éclater entre les deux frères. L'aîné vint assiéger le second à Falaise, en 1028. Après une courte guerre Robert se soumit à son frère, lui ouvrit les portes de sa ville, et le reçut à sa table avec les principaux chefs de son armée. Tous ceux qui avoient participé à ce festin ne furent pas plus-tôt de retour à Rouen qu'ils y moururent. Robert, surnommé *le Magnifique*, s'empressa aussi-tôt de s'emparer de la succession de son frère, et d'enfermer dans un couvent son neveu Nicolas, en le dépouillant de toute part à l'héritage paternel; mais on accusa ce prince de s'être ouvert l'accès du trône de Normandie par un empoisonnement. Pour s'affermir, Robert-le-Magnifique dut encore chasser de son siége son frère Mauger, archevêque de Rouen, qui le combattoit par des excommunications; et ce fut à cette époque de troubles domestiques et de soupçons, qu'une jeune fille de Falaise, sa maîtresse, lui donna pour fils ce Guillaume, illustré plus tard par la conquête de l'Angleterre. (1)

Le nouveau duc des Normands, Robert, ne

(1). *Willelmi Gemeticensis*, Lib. VI, p. 191. — *Chronic. Turonense*, p. 284.

réussit qu'avec beaucoup de peine à faire respecter son autorité. Soupçonné d'avoir fait périr son seigneur et son frère par un crime odieux, à son tour il trouvoit partout des rebelles. Son frère, l'archevêque Mauger, leur avoit donné l'exemple de la résistance, en se retirant en France, d'où il fulminoit ses excommunications contre le duc; il fut enfin forcé de se soumettre, et il accepta avec joie une place dans ses conseils. Guillaume de Bellesme, un des plus illustres parmi les gentilshommes Normands, prit à son tour les armes contre son seigneur. Il comptoit alors sur le courage de ses fils, tous quatre plus renommés pour leur vaillance que pour leur obéissance à l'Église; mais l'aîné fut, à ce qu'on assure, étranglé par le diable, en présence de tous ses compagnons; le second fut tué dans un combat contre le duc; le troisième grièvement blessé; on ne dit pas le sort du quatrième, et leur père mourut en apprenant ces désastres de sa famille (1). Un comte de Bayeux, qui avoit fortifié Ivry, et qui s'étoit aussi révolté, fut à son tour obligé de rendre au duc ce château, et de s'exiler de Normandie.

Ces victoires ayant illustré Robert le Normand, il devint l'arbitre de ses voisins. Bientôt, en effet, le comte de Flandre, Baudoin IV, à la Belle-Barbe, recourut à sa protection. Ce

(1) *Willelmi Gemeticensis*, Lib. VI, c. 4, p. 191.

dernier avoit recherché pour son fils, connu sous le nom de Baudoin de Lille, à cause du soin qu'il prit d'embellir cette ville, une fille du roi Robert, nommée Adèle, qui lui fut confiée dès son enfance, pour être élevée au milieu des Flamands. Lorsque les deux époux furent parvenus à l'adolescence, la première passion qui se développa dans Adèle fut la vanité. Elle remontra à son mari qu'étant fille de roi, elle devoit occuper le premier rang dans la maison d'un comte ; elle le poussa à la révolte, l'assurant que le roi son père ne manqueroit pas d'embrasser son parti. Le vieux Baudoin, réduit à s'enfuir devant son fils, vint chercher un refuge chez Robert le Normand, qui prit aussitôt sa défense. L'armée normande, conduite par son duc, ramena le vieux comte dans son pays. Le premier château qui voulut faire résistance fut pris et brûlé. Le jeune Baudoin, qui ne recevoit aucun secours de France, et qui se voyoit abandonné par tous les seigneurs normands, implora la miséricorde du duc et de son père. Robert ne prétendit retirer de ses victoires d'autres avantages que d'avoir réconcilié les deux Baudoin ; et il se retira dans son pays. (1)

Deux autres seigneurs terminèrent encore leur carrière vers la même époque ; l'un, Guillaume,

(1) *Willelmi Gemeticens.*, Lib. VI, cap. 8, p. 192. — *Balderici Chron. Cameracense*, p. 203.

comte d'Angoulême, s'étoit rendu remarquable 1025—1031
pour avoir le premier tenté de se frayer un chemin à la Terre-Sainte par la Bavière et la Hongrie, et avoir ainsi ouvert la route de terre que suivirent plus tard les croisés. Il étoit revenu depuis peu de mois de Jérusalem, lorsqu'il mourut en 1027 (1). L'autre, Guillaume III, comte de Poitiers et duc d'Aquitaine, étoit en même temps le plus puissant des seigneurs français, ses contemporains, et celui dont l'esprit étoit le plus éclairé. Nous pouvons juger de cette dernière qualité par ses lettres qui nous sont conservées. Il étoit parvenu à sa soixante-onzième année, lorsqu'il expira le 31 janvier 1030, au couvent de Maillezais, où il s'étoit retiré dans ses derniers jours. (2)

A son tour, le roi Robert, déjà sexagénaire, se sentit attaqué par la fièvre à Melun, comme il revenoit de visiter les principaux sanctuaires de France. Il ne doutoit point que sa maladie ne fût mortelle, mais il n'avoit pas été assez heureux durant sa vie pour regretter beaucoup de la perdre, et il parut contempler plutôt avec joie l'approche de sa dissolution. Il mourut en effet à Melun le 20 juillet 1031. Son corps fut

---

(1) *Chronic. Ademari Cabannens.*, p. 162.

(2) *Petri Malleacens. relatio.*, Lib. II, p. 185. — *Chronic. Sancti Maxentii*, p. 233.

rapporté à Paris, et il fut enseveli auprès de son père, devant l'autel de la Trinité, à Saint-Denis. (1)

(1) *Helgaldi Floriac. Epitome*, p. 116.

CHAPITRE V.

Commencemens du règne de Henri Ier. 1031—1042.

C'est un caractère très frappant de l'histoire des Français, après la révolution qui donna le trône à la maison Capétienne, que le progrès graduel, mais constant de la nation, et la décadence simultanée de la race royale. Au fondateur de la dynastie nouvelle succèdent dans un ordre régulier, son fils, son petit-fils, son arrière-petit-fils; chacun de leurs longs règnes embrasse toute une génération. Robert porte le sceptre près de trente-cinq ans, Henri trente ans, Philippe quarante-huit ans; tout un siècle se passe, et leur domination s'affermit; cependant ils n'ont fait, durant ce long temps, que sommeiller sur le trône : ils n'ont montré que foiblesse, amour du repos ou amour des plaisirs; ils ne se sont pas signalés par une seule grande action. La nation française, au contraire, qui marque ses fastes par les époques de leur règne, s'agrandit et s'ennoblit d'année en année, acquiert à chaque génération des vertus nouvelles, et devient à la fin de cette même période l'école d'héroïsme de tout l'occident, le modèle de cette perfection presque idéale qu'on désigna par le nom de chevalerie, et que les guerres des croisés, les chants des troubadours et des trouverres, et les romans même des nations voisines, rendirent propre à la France.

L'historien rencontre des difficultés de tout genre lorsqu'il veut démêler l'origine et les progrès de la chevalerie. Il se trouve placé sur les limites de la réalité et du pays des fictions : tantôt il est trompé par les poètes et les romanciers qui le transportent au milieu des féeries de leur imagination ; tantôt il est trompé en sens contraire par des chroniqueurs incapables, dans leur sécheresse, de concevoir les événemens qu'ils ont sous les yeux, lorsqu'ils tiennent à l'imagination ou au sentiment. S'il cherche les premières manifestations de cet esprit nouveau qui fit les chevaliers, il est trompé par les antiquaires de chaque siècle, qui loin de s'arrêter au commencement de chaque chose, ont toujours fait effort pour repousser à une plus grande distance l'origine de l'institution qui les occupe. S'il cherche à faire la part du romancier et celle de l'historien, il est trompé par l'adoption successive dans la vie réelle, de ce qui avoit d'abord appartenu à la fable. En effet, les romans de chevalerie en français et en latin, les fables de l'archevêque Turpin, les récits brillans de la cour de Charlemagne, insérés dans les grandes chroniques de Saint-Denis, dès le onzième siècle, étoient devenus la lecture habituelle de tous ceux qui s'occupoient d'armes et d'amours; c'étoit leur seule instruction, le seul exemple qu'ils voulussent suivre ; et le livre qui avoit été d'abord destiné aux passe-temps de leurs longues veilles, devenoit la règle de leur conduite. Enfin l'historien qui veut démêler la fiction d'avec la réalité, court risque d'être trompé par le sentiment poétique qu'il trouve tour à tour dans ses lecteurs et dans lui-même, par ce besoin d'émotions généreuses, de vertu, de noblesse d'âme, si peu satisfait par les hommes de l'histoire, et qui trouveroit seulement à se contenter en adoptant les hommes du monde romanesque.

La chevalerie, telle du moins qu'elle a existé, brilloit de tout son éclat au temps de la première croisade, c'est-à-dire durant le règne de Philippe Ier; elle avoit donc commencé au temps de son père ou de son aïeul; à l'époque où Robert mourut, où Henri monta sur le trône, où on doit regarder les mœurs et les opinions de la France comme déjà entièrement chevaleresques. Peut-être en effet le contraste que nous avons remarqué entre la foiblesse des rois et la force des guerriers étoit-il la circonstance la plus propre à faire naître la noble pensée de consacrer d'une manière solennelle et religieuse les armes des forts à protéger les foibles. Pendant le règne de Robert la noblesse châtelaine avoit continué à multiplier : l'art de la construction des châteaux avoit fait des progrès ; les murailles étoient plus épaisses, les tours plus élevées, les fossés plus profonds ; ces mêmes perfectionnemens de l'architecture qui s'étoient signalés vers l'an 1000, par l'édification de tant de temples et de sanctuaires, avoient aussi couvert la France de donjons presque imprenables. L'art de forger les armes défensives avoit de son côté fait des progrès ; le guerrier étoit tout entier revêtu de fer ou de bronze ; ses jointures en étoient couvertes, et son armure, en conservant aux muscles leur souplesse, ne laissoit plus d'entrée au fer ennemi. Le guerrier ne pouvoit presque plus concevoir de crainte pour lui-même ; mais plus il étoit hors d'atteinte, plus il devoit sentir de pitié pour ceux que la foiblesse de leur âge ou de leur sexe rendoit incapables de se défendre eux-mêmes ; car ces malheureux ne trouvoient aucune protection dans une société désorganisée, auprès d'un roi aussi timide que les femmes, et enfermé comme elles dans son palais. La consécration des armes de la noblesse, devenues la seule force publique à la défense des opprimés, semble avoir été l'idée fondamentale de la chevalerie. A une époque où le zèle religieux se ranimoit, où cependant la valeur sembloit être la plus digne de toutes les offrandes qu'on pût présenter à la Divinité, il n'est pas très étrange qu'on ait inventé une ordination militaire, à l'exemple de l'ordination sacerdotale, et que la chevalerie ait paru une seconde prêtrise, destinée d'une manière plus active au service divin. Il est probable aussi que le culte de la Vierge Marie, qui remplaçoit presque celui de la Divinité, et qui accoutumoit à tourner les regards de la piété vers l'image d'une jeune et belle femme, contribua à donner à la défense du sexe le plus foible, et à l'amour, ce caractère religieux qui distingue la galanterie du moyen âge, de celle des anciens temps héroïques.

L'ordre de chevalerie conféré aux guerriers étoit en effet un engagement religieux autant que militaire; c'étoit à Dieu et aux dames que le chevalier se dévouoit par des cérémonies mystiques : le saint ordre de chevalerie ne pouvoit être conféré aux infidèles (1). Le réci-

---

(1) Le monument le plus authentique sur les obligations des chevaliers, est peut-être *l'Ordene de chevalerie, par Hue de Tabarie*, poëme du treizième siècle, mais qu'on peut regarder comme la traduction d'un poëme plus ancien. Le sultan Saladin ayant fait prisonnier Hue de Tabarie, ou plutôt Hugues Chatelain de Saint-Omer, comte de Tibériade, lui demande l'ordre de chevalerie; celui-ci répond :

Sainte ordre de chevalerie
Seroit en vous mal emploie,
Car vous êtes de male loi,
Si n'avez baptême ne foi.

V. 85. Contes et Fabliaux, T. I, p. 62.

piendaire commençoit par prendre un bain, pour indiquer qu'il se présentoit à l'ordre net de péché; il se revêtoit d'une tunique blanche de lin, d'une robe vermeille et d'une saie noire, et on lui expliquoit que ces couleurs représentoient la pureté de sa vie future, le sang qu'il devoit répandre pour l'Église, et la mort qu'il devoit toujours avoir en mémoire; la ceinture étoit pour lui un nouvel engagement à mener désormais une vie chaste; les éperons dorés, à voler avec rapidité partout où son devoir l'appeloit; enfin en lui ceignant l'épée, celui qui l'armoit chevalier lui recommandoit la droiture et la loyauté, la défense des pauvres, pour que les riches ne les opprimassent point, et le soutien des foibles contre le mépris des forts (1). Pour qu'il gardât souvenance de ses promesses, il le frappoit en même temps d'une *colée*, d'un coup d'épée sur le cou, ou d'un soufflet, *colaphus*. C'étoit encore alors la manière d'assurer le témoignage; et lorsqu'un seigneur accordoit une charte, il donnoit un soufflet aux témoins, de quelque haut rang qu'ils fussent, pour qu'ils ne

---

(1) Ordene de chevalerie, v. 220, p. 67.

Ch'ades doit chevalier avoir
Droiture et léauté ensemble.
. . . .
Qu'il doit le povre gens garder
Que li riche, nel puist foler
Et le foible doit soutenir
Que li fort ne le puisse honnir.

pussent point oublier cette transaction (1). Celui qui armoit un chevalier lui recommandoit ensuite quatre choses, comme comprises dans son vœu de chevalerie : de s'écarter de tout lieu où il y auroit trahison ou faux jugement, s'il n'étoit pas assez fort pour l'empêcher ; d'aider de tout son pouvoir et d'honorer les dames et demoiselles ; de jeûner tous les vendredis, et de faire offrande chaque jour à la messe (2). On

(1) Dans une charte accordée au couvent de Pradelles, en Normandie, on voit que le donateur Humfred donna des soufflets à son fils, à Richard de Lillebonne, et à Hugues, fils du comte Waleran. Comme le second des trois demandoit, avec quelque colère, pourquoi on le frappoit si rudement : « C'est « parce que tu es le plus jeune, lui répondit Humfred ; que « peut-être tu vivras fort long-temps, et c'est afin que tu « puisses être témoin de cette transaction, si l'occasion l'exige. » On voit que le soufflet n'emportoit encore aucune idée de déshonneur : autrement on ne l'auroit pas prodigué ainsi à des gentilshommes. *Charta pro monasterio Pratellensi*, T. XI, p. 387. Et en effet, la colée n'étoit proprement qu'un soufflet, *colaphus*. Plus tard, quand la susceptibilité espagnole ou arabe se fut introduite en France, on donna un coup de l'épée sur le col ; plus tard, enfin, on confondit la *colée* avec l'*accolade* ou l'embrassade.

(2) Ordene de chevalerie, p. 70, v. 270.

> Qu'il ne soit à faux jugement
> N'en lieu où il ait traïson.
> Mais tost s'en parte à abandon
> Se le mal ne peut détourner.
> . . . .
> Dame ne doit ne damoiselle
> Pour nule rien fors conseiller
> Mais s'elles ont de lui mestier

voit que les prêtres ne s'étoient point oubliés eux-mêmes en communiquant en partie leurs institutions aux chevaliers.

L'ordre de chevalerie n'étoit accordé qu'aux hommes d'un sang noble. La barrière qui séparoit les serfs ou les vilains des gentilshommes, étoit si élevée, qu'on ne songeoit pas même que quelqu'un la pût franchir ; le courage et la vertu étoient considérés comme étant tout aussi-bien des prérogatives d'un sang illustre, que le pouvoir ou la jouissance de la liberté. Cette exclusion étoit si universellement établie, qu'on auroit peine, peut-être, à trouver les lois qui la sanctionnoient ; on ne faisoit plus, à la grande masse des hommes, l'honneur de la compter dans l'espèce humaine. Mais entre les gentilshommes, l'ordre de chevalerie n'étant accordé qu'au guerrier accompli, ne pouvoit être obtenu qu'après un temps de probation ou d'apprentissage ; et ce qu'il y a de remarquable, c'est que les mêmes

> Aider leur doit à son pouvoir
> Se il veut los et pris avoir
> Car femmes doit l'on honorer
> Et pour leurs droits grand faix porter.
> . . . .
> Qu'il doit jeuner au vendredi
> Toute sa vie en celui jour.
> . . . .
> Que chacun jour doit messe ouir
> S'il a de quoi, si doit offrir ;
> Car moult est bien l'offrande assise
> Qui à la table Dieu est mise.

hommes qui regardoient la servitude comme une tache indélébile, avoient cependant voulu que la domesticité fût la préparation requise pour arriver à ce qui passoit à leurs yeux pour l'honneur suprême : le jeune homme bien né, le *varlet*, le *damoiseau*, devoit servir en apprentissage sous les ordres d'un chevalier, avant de prétendre lui-même à la chevalerie. De même le diacre devoit servir le prêtre avant d'être ordonné, et, à l'imitation de l'un et de l'autre, le marchand et l'artisan exigèrent plus tard dans les communes que les apprentis servissent dans les magasins et les ateliers, avant d'y être reçus maîtres. Dans les trois états entre lesquels se partageoit la société, le service personnel d'un maître qui se chargeoit d'instruire son élève, fut toujours l'entrée dans la carrière. Comme le prêtre se faisoit revêtir et dépouiller de ses ornemens à l'autel par son diacre, le chevalier se fit revêtir de ses habits et de ses armes par son écuyer, et il fut établi dans l'opinion commune, que le service de la personne, que l'office de valet de chambre, loin de dégrader, appartenoit à un métier noble.

Grâce à cette opinion, tous les châteaux devinrent en quelque sorte des écoles de chevalerie. Les mêmes jeunes hommes qui suffisoient à presque tous les offices domestiques de la maison, qui devoient en partager la défense avec le seigneur châtelain, en cas d'attaque, étoient aussi les compagnons des jeux de son fils, et les rivaux avec lesquels il se formoit à tous les exercices du corps : de nouveau le soir ils étoient admis dans la société des dames de la maison; ils les servoient, mais ils cherchoient en même temps à leur plaire. Les jeux, la musique et la poésie commençoient à devenir les récréations élégantes de ces asemblées mêlées de maîtres et de serviteurs tous égaux d'origine, et la privauté de cette vie des châteaux, où la familiarité étoit toujours corrigée par un sentiment de subordination, où l'orgueil du commandement étoit tempéré par les égards que les maîtres sentoient devoir à des pages, à des valets, à des damoiseaux d'une naissance égale à la leur, fut peut-être la plus puissante cause de l'adoucissement des mœurs et des progrès rapides que fit la France vers l'élégance et la courtoisie. (1)

Quoique chaque seigneur châtelain qui avoit acquis quelque réputation dans les armes, tînt

---

(1) Deux poëmes d'Amadieu des Escas, sous le titre d'*Ensenhamen*, adressés, l'un à une jeune demoiselle, qu'il qualifie de marquise, l'autre à un jeune damoiseau, sur la manière dont ils doivent se conduire pendant ce noviciat, l'une au service d'une noble dame, l'autre d'un chevalier, font bien connoître ce mélange d'égalité et d'obéissance dans la vie des châteaux.

Voyez Raynouard, *Choix des Poésies des Troubadours*, II, page 263.

en quelque sorte école de chevalerie; que chaque noble dame rassemblât aussi dans son château les jeunes filles auxquelles elle pouvoit le mieux enseigner les belles manières, en retour des services qu'elle attendoit d'elles, la vanité des rangs se reproduisoit au milieu de cet échange de bons offices; le seigneur châtelain, après avoir procuré à son fils, pour camarades de jeux et d'études, des jeunes gens un peu inférieurs à lui en pouvoir et en richesses, désiroit à son tour le mêler à la société de ses supérieurs : la cour étoit originairement la place assignée dans chaque château à tous les exercices chevaleresques; bientôt son nom fut donné à l'école de toute chevalerie : les manières qu'on y apprenoit par excellence furent en conséquence appelées *courtoisie;* seulement ces manières étoient d'autant plus distinguées, que la cour où on les avoit apprises étoit plus relevée; le damoiseau, fils d'un baron ou d'un vicomte, avoit besoin, pour accomplir son éducation, de passer quelques années à la cour d'un comte ou d'un duc; ceux-ci, à leur tour, ne pouvoient que gagner à apprendre la subordination et l'obéissance; et comme dans l'échelle féodale les rois étoient au-dessus d'eux, la cour des rois fut regardée comme l'école suprême de courtoisie du royaume. Cette recherche d'un rang supérieur contribua à remettre en honneur le pouvoir royal, à rappeler aux grands vassaux qu'il existoit quelque espèce de subordination féodale, et à procurer au monarque la connoissance personnelle de ceux qui partageoient avec lui le pouvoir. Nous avons vu que Burchard, comte de Melun et de Corbeil, s'étoit formé ainsi à la cour de Hugues Capet : la lettre de Eudes II, comte de Chartres, que nous avons rapportée, donneroit lieu de croire que cet Eudes avoit servi, étant jeune, dans la maison du roi Robert. Les princes eux-mêmes ne dédaignoient pas cette éducation à recevoir dans la maison d'autrui. Nous en pourrons voir plus tard quelques exemples pour des hommes; le roi Robert nous en a donné un pour les princesses : il avoit destiné sa fille en mariage à l'héritier du comté de Flandre ; mais auparavant il l'avoit placée, dès sa première jeunesse, en éducation à la cour de Baudoin à la Belle-Barbe; et l'orgueil royal d'Adèle, qui se plioit mal aux devoirs de la domesticité, fit éclater la guerre civile dont nous avons rendu compte, entre le comte de Flandre et son fils.

La famille royale, en effet, n'étoit point encore entrée franchement dans la chevalerie ; elle se trouvoit à la tête de la féodalité ; mais elle ne savoit point en saisir l'esprit. Elle portoit plus haut ses prétentions en même temps qu'elle se rabaissoit en ne mettant pas à profit tout ce qu'elle y auroit pu trouver de puissance. Robert n'avoit pas compris, Henri et Philippe Ier ne comprirent pas davantage que la place du roi étoit désormais celle de premier chevalier de son royaume. Au lieu de s'attacher à briller par les vertus du siècle, ils regardèrent les exercices du corps, et par conséquent la valeur, comme au-dessous d'eux; ils se figurèrent qu'ils pourroient recouvrer leur grandeur par des cérémonies et des pompes publiques, en se montrant dans les églises et les processions, la couronne en tête et le sceptre à la main, tandis qu'ils n'auroient dû porter que le casque et la lance. Louis-le-Gros fut le premier à reconnoître quelle étoit sa vraie place, et à se proposer d'égaler ses grands vassaux en chevalerie : aussi, seulement à partir de Louis-le-Gros, la famille royale de France fut à la hauteur de son siècle. (1)

Il y avoit déjà assez de chevalerie dans les mœurs, pour que les chroniqueurs ne crussent point pouvoir se dispenser de célébrer dans le nouveau roi des Français la valeur, le talent militaire et l'activité que tant de guerriers, ses vas-

1031.

---

(1) Le jugement d'une Chronique contemporaine d'Anjou, sur les premiers Capétiens, est aussi juste qu'il est sévère. *Obiit Hugo dux et abbas Sancti Martini, filius Roberti pseudoregis, pater alterius Hugonis qui et ipse postea factus est rex, simul cum Roberto filio suo, quem vidimus ipsi inertissime regnantem, a cujus ignavia necque præsens Henricus Regulus, filius ejus degenerat. Chron. Andegavense.* Hist. de Fr., T. X, p. 176; *ex Labbei*, T. I, *Bibl. mss.*, p. 286.

saux, auroient rougi de ne pas trouver dans leur chef. Henri étoit probablement âgé de vingt ans lorsqu'il succéda au trône auquel son père l'avoit déjà associé depuis cinq ans ; il avoit partagé avec les jeunes seigneurs de sa cour l'éducation du siècle ; il n'y avoit aucune raison de supposer qu'il n'eut point cette vigueur physique, cette activité, ce besoin d'émotions qui appartiennent à son âge ; le premier plaisir des temps étoit la guerre, et l'on devoit croire qu'il aimeroit la guerre : aussi les plus anciens historiens, en l'introduisant sur la scène, nous disent-ils « qu'il étoit exercé dans les travaux « militaires, prompt de la main, prudent de « conseil, et surmontant par sa constance l'in- « constance de ses ennemis » (1). Mais jamais éloge ne fut mieux démenti par le récit de ceux même qui l'accordent. Dans la première année de son règne, Henri fut contraint à déployer quelque activité pour se mettre en possession d'un héritage qu'on lui disputoit. Il ne l'eut pas plus tôt obtenu qu'il tomba dans un assoupissement dont rien ne put plus le réveiller; en sorte que de tous les seigneurs ses contemporains, soit dans l'enceinte de la France, soit au dehors, il est le plus complétement oublié par l'histoire.

Henri, déjà couronné du vivant de son père,

(1) *Fragmentum Historiæ Francicæ*, T. X, p. 212.

n'avoit besoin d'aucune élection nouvelle, d'aucune marque du consentement du peuple ou de la consécration de l'Église, pour être reconnu par les grands vassaux, qui, dès la mort de son père, inscrivirent leurs actes en son nom. Mais il ne lui fut pas si facile de se faire reconnoître dans le duché de France, son héritage propre. Il étoit à Langres lorsqu'il reçut la nouvelle de la mort du roi, et il y apprit en même temps que Constance, sa mère, dont il avoit déjà eu occasion d'éprouver l'inimitié, sollicitoit les grands de l'état de déférer la couronne à son plus jeune frère Robert, duc de Bourgogne. Le comte Foulques d'Anjou étoit depuis long-temps dévoué à tous les intérêts de la reine Constance, sa nièce. Le comte Eudes II de Champagne avoit peu d'affection ou de respect pour les fils de Robert, et Constance, en lui offrant la cession de sa moitié de la ville de Sens, le mit aisément dans son parti. Les feudataires du duché de France qui avoient profité de la foiblesse de Robert pour se dispenser de presque toute obéissance envers la couronne, jugeoient qu'une guerre civile favoriseroit leur indépendance. Ils promirent donc à Constance de la seconder, et celle-ci se trouva bientôt maîtresse de Senlis, de Sens, et des châteaux de Béthisy, Dammartin, le Puiset, Melun, Poissy et Coucy (1). Henri,

(1) *Chronicon Hugonis Floriacensis*, T. XI, p. 158.

1031. au lieu de rassembler le peu de soldats qui reconnoissoient encore son autorité, ne vit point de meilleur parti à prendre que de se jeter entre les bras du plus puissant et du plus proche des grands vassaux, de celui en même temps dont la famille avoit toujours donné le plus de marques d'attachement à celle de son père; c'étoit Robert-le-Magnifique, duc de Normandie. Il partit à cheval avec douze de ces jeunes gens qui avoient été placés auprès de lui pour apprendre à sa cour la chevalerie, et il arriva à Fécamp, d'où il fit demander les secours du duc de Normandie. Celui-ci, en effet, donna aussitôt commission à son cousin Mauger, comte de Corbeil, de le replacer sur le trône; il le fournit en abondance d'armes et de chevaux; et tandis que l'armée royale, dirigée par Mauger, venoit mettre le siége devant Poissy, les Normands, sur toute l'étendue de leurs frontières, attaquèrent les partisans de la reine Constance, et désolèrent le duché de France par le pillage et l'incendie : Poissy fut pris en peu de temps; le Puiset se soumit ensuite (1). La reine Constance, pressée par son oncle le comte d'Anjou de se réconcilier avec son fils, demanda à traiter. Elle obtint de Henri, pour son fils chéri, Robert, la confirmation de la cession du duché de Bour-

(1) *Willelmi Gemeticensis Hist.*, Lib. VI, cap. 7, T. XI, p. 34.

gogne, et pour elle-même quelques autres avantages. A ces conditions elle ouvrit au jeune roi les places qui dépendoient encore d'elle, et celui-ci fut reconnu dans le duché de France. (1) Constance ne survécut que peu de mois à cette pacification. Elle mourut à Melun, au mois de juillet 1032, un an précisément après son mari, auprès duquel elle fut enterrée à Saint-Denis. (2)

Eudes II, comte de Champagne, étoit bien entré dans l'alliance que lui avoit proposée la reine contre son fils. Mais après s'être mis en possession de la moitié de la ville de Sens, qui étoit le prix de cette alliance, il avoit peu songé à donner des secours à Constance contre Henri. Il n'avoit, d'autre part, point été compris dans leur pacification, et l'archevêque de Sens, Leuthéric, étant mort sur ces entrefaites, tant le comte de Champagne que le roi, prétendirent, chacun de son côté, au droit de lui donner un successeur. Disposer des hautes dignités de l'Église étoit pour le roi la plus importante des prérogatives royales, et celle qui lui rapportoit le plus d'argent.

Aussi, quoique le clergé, le peuple et le comte Eudes désignassent le prêtre Mainard, trésorier de l'Église, comme le plus digne, Henri lui préféra Gelduin, qui offroit pour cette préla-

---

(1) *Chronicon Hugonis Floriacensis*, T. XI, p. 159.
(2) *Rodulphus Glaber*, Lib. III, cap. 9, T. X, p. 40.

ture un prix plus élevé, et qui, pour s'en dédommager, pilla les trésors de sa cathédrale quand il en fut mis en possession (1). Henri, qui s'étoit engagé à lui donner l'investiture de son archevêché, vint deux années de suite ravager les campagnes de Sens; mais il essaya vainement de se rendre maître de la ville : chaque fois il fut obligé de lever le siége (2). Après plusieurs petits combats, Eudes II, que de plus grands intérêts appeloient alors d'un autre côté, fit sa paix avec le roi en 1033 ou 1034. Il consentit à recevoir dans Sens l'archevêque Gelduin, et à mettre Henri en possession de la moitié de la seigneurie de cette ville. (3)

Avec cette pacification finit la carrière d'activité du roi Henri. Dès lors on n'est presque plus informé de son existence que par les chartes qu'il accorda de temps en temps aux monastères : aussi les nombreux historiens du temps, qui nous ont conservé assez de détails sur une foule d'autres personnages, nous laisseroient volontiers oublier qu'il étoit alors sur le trône. En récompense des secours qu'il avoit reçus du duc Robert, il lui céda en fief, comme il s'y

---

(1) *Chronicon Sancti-Petri vivi Senonnens.*, T. X, p. 225; T. XI, p. 196. — *Chronologia Sancti-Mariani Autissiodor.*, T. XI, p. 308.

(2) *Rodulphus Glaber*, Lib. III, cap. 9, p. 40.

(3) *Chronic. Sancti-Petri vivi Senonnens.*, p. 196.

étoit apparemment engagé d'avance, tout le Vexin, ou le pays situé entre l'Oise et l'Epte ; remettant au comte Drogon, qui en étoit seigneur, son hommage, et l'autorisant à le transporter au duc de Normandie (1). Il avoit ainsi rapproché les Normands jusqu'à six lieues de Paris, où il fixa sa résidence. Cette ville, la troisième année de son règne, ou en 1034, fut presque entièrement consumée par un incendie (2). La même année, Mathilde, fille de Conrad le Salique, qui lui avoit été promise en mariage, mourut à Worms avant d'avoir pu se rendre à sa cour. (3)

Le frère du roi Henri, Robert, fondateur de la première maison de Bourgogne, ne justifia point la prédilection de sa mère, ou l'attente qu'elle avoit voulu donner de lui. Il ne brilla pas plus sur ce trône ducal de Bourgogne, que son frère sur celui de France, et il est oublié comme lui par les historiens. On nous a conservé un assez grand nombre de chartes qu'il accordoit à des monastères ; dans toutes il promettoit de les garantir à l'avenir des exactions auxquelles il les avoit laissés exposés dans les temps passés. Ce foible prince s'apercevoit quel-

---

(1) *Orderici Vitalis*, Lib. VII, p. 247-248, T. XI. — Chronique de Normandie, p. 324.

(2) *Abbreviatio gestorum Franciæ regum*, T. XI, p. 213.

(3) *Wippo vita Conradi Salici*, T. XI, p. 5.

quefois que les courtisans dont il étoit entouré voloient les moines et les peuples au nom de l'autorité ducale : lorsque les plaintes des opprimés arrivoient jusqu'à lui, il en étoit ou touché ou effrayé, et il promettoit une réforme; mais il n'avoit ni la constance ni peut-être l'autorité de faire observer cette justice à laquelle il s'étoit engagé à tant de reprises. (1)

Cette même période, durant laquelle les chefs de la maison capétienne se perdent dans l'ombre, fut marquée pour les peuples par d'effrayantes calamités. Depuis l'année 1030 jusqu'à la moisson de 1033, la France avoit éprouvé une disette croissante, qui s'étoit enfin changée en une horrible famine. Des pluies opiniâtres, à l'époque des semailles et à celle des moissons, avoient forcé les laboureurs à laisser en friche la plus grande partie de leurs champs; elles avoient étouffé sous la mauvaise herbe le grain qu'ils avoient semé, et fait germer, ou pourrir dans l'épi, le blé qu'ils devoient récolter. Dans l'état où étoit alors le commerce, on n'auroit pu attendre que peu de ressources des pays étrangers ; mais ces ressources même furent ôtées à la France par l'universalité de cette calamité. D'après Glaber, elle avoit commencé dans les régions de l'Orient; on l'avoit ensuite

(1) Plancher, *Hist. de Bourgogne*, Liv. VI, chap. 1-14, p. 263-268, T. I.

éprouvée en Grèce, puis en Italie, dans les Gaules, et enfin en Angleterre. On ne doit pas peut-être accorder une entière confiance au tableau qu'il fait de la famine : ses prétentions à l'éloquence donnent des doutes sur sa véracité; mais l'exagération d'un contemporain nous fait encore connoître le siècle, lors même qu'elle nous tromperoit sur plusieurs détails. « Le « peuple tout entier, dit-il, éprouva la souf- « france du manque de nourriture; les grands, « et ceux d'une fortune médiocre, pâlissoient « de faim aussi-bien que les pauvres, et la mi- « sère universelle fit cesser les rapines des puis- « sans. Si quelque part on trouvoit des alimens « à vendre, il dépendoit de la fantaisie du ven- « deur d'en fixer le prix. Dans la plupart des « lieux, le muids de blé s'éleva jusqu'à soixante « sols d'or; on vit même quelquefois le setier « se vendre jusqu'à quinze sols. On vit les « hommes, après avoir dévoré les bêtes et les « oiseaux, se jeter sur les nourritures les plus « rebutantes et les plus funestes. Les uns, « pour éviter la mort, avoient recours aux « racines des forêts et aux herbes des fleuves; « mais en vain, car ce n'est que par un retour « sur soi-même qu'on peut éviter la colère de « Dieu; d'autres, et l'on a horreur de le dire, « se laissèrent réduire, par une faim féroce, à « dévorer des chairs humaines, ce dont on

« n'avoit vu que de bien rares exemples autre-
« fois. Sur les chemins, les plus forts saisis-
« soient les plus foibles, les divisoient par mor-
« ceaux, les mettoient sur le feu, et les man-
« geoient ; d'autres, qui fuyoient de lieu en
« lieu pour éviter cette famine, demandoient
« le soir l'hospitalité à la porte de quelque chau-
« mière ; mais ceux qui les avoient accueillis,
« les égorgeoient dans la nuit pour en faire leur
« nourriture. Souvent on séduisoit les enfans
« en leur montrant un œuf ou une pomme ;
« on les entraînoit dans des lieux écartés, et
« après les avoir assassinés on les dévoroit.
« Dans plusieurs endroits les corps des morts fu-
« rent arrachés à la terre pour être mangés ;....
« et comme si l'usage des chairs humaines étoit
« déjà devenu légal, on vit un homme porter
« sur le marché de Tonnerre de telles chairs cui-
« tes à vendre, qu'il prétendit être celles de quel-
« que animal. Il fut arrêté, et ne nia point son
« crime ; on le fit périr par le feu, et les chairs
« qu'il avoit offertes en vente, furent enterrées
« par ordre de la justice ; mais un autre homme
« alla les déterrer de nuit pour les manger, et
« fut aussi condamné au feu.

« Auprès de l'église de Saint-Jean de Casta-
« nedo, dans la forêt de Mâcon, un homme
« avoit bâti une petite chaumière, où il égor-
« geoit, la nuit, ceux auxquels il donnoit l'hos-

« pitalité, où qu'il trouvoit errans dans les
« bois. Sur des soupçons élevés contre lui, il
« prit la fuite; mais les huissiers qui ouvri-
« rent sa maison, y trouvèrent quarante-huit
« têtes, restes d'autant d'hommes, de femmes
« ou d'enfans qu'il avoit dévorés. Il fut enfin
« arrêté, et périt par le feu. Le tourment de
« la faim étoit si terrible, que plusieurs, arra-
« chant de la craie aux entrailles de la terre,
« la mêlèrent à la farine pour en faire du pain,
« comme s'il suffisoit de tromper l'œil par la
« ressemblance, pour satisfaire l'estomac. On ne
« pouvoit voir sans douleur ces visages maigris
« par le jeûne, ces corps languissans, couchés
« par terre, auxquels la force manquoit avec
« la nourriture. A peine les uns étoient morts,
« que d'autres, en s'efforçant de leur donner la
« sépulture, mouroient avec eux, et le plus
« grand nombre ne pouvoit être enseveli, parce
« qu'il ne restoit personne pour prendre soin de
« leurs corps. (1)

« Une autre calamité suivit celle-ci. Les loups,
« alléchés par le grand nombre de corps qu'ils
« trouvoient sur les routes, commencèrent à
« s'accoutumer à la chair humaine et à s'atta-
« quer aux hommes. Ceux qui craignoient Dieu
« ouvrirent alors des fosses, où le père entraî-
« noit son fils, le frère son frère, et la mère

(1) *Rodulphi Glabri Hist.*, Lib. IV. cap. 4, p. 47, T. X.

« son jeune enfant, lorsqu'ils les voyoient dé-
« faillir; et souvent, celui qui désespéroit de
« sa propre vie, y tomboit avec ceux à qui il
« rendoit ce dernier devoir. C'étoit un office
« de charité que de traîner dans ces fosses ceux
« qu'on voyoit expirer. Les ornemens et les
« trésors des églises furent alors distribués pour
« le soulagement des pauvres. Les évêques des
« cités des Gaules convoquèrent cependant un
« concile pour porter remède à tant de maux.
« Là, ils convinrent que puisque les alimens
« manquoient tellement, qu'ils ne pouvoient
« donner des secours à tous, du moins il seroit
« prudent de fournir une nourriture quoti-
« dienne à ceux qui paroîtroient les plus ro-
« bustes, afin qu'en sauvant ceux-là, la terre
« ne demeurât pas sans cultivateurs. » (1)

La récolte de l'année 1033, qui mit un terme
à ces calamités, fut, à ce qu'on assure, si abondante, qu'elle équivaloit à cinq récoltes ordinaires. (2)

Tandis que Henri Ier laissoit échapper de
ses mains jusqu'à l'autorité qu'il tenoit de ses
ancêtres, comme comte de Paris et d'Orléans,
d'autres seigneurs donnoient à leur administration une forme plus régulière, ou attiroient
sur eux les yeux de leurs concitoyens par des

---

(1) *Hugonis Floriacensis Chron. Virdunense*; T. X, p. 209.
(2) *Rodulphi Glabri*, Lib. IV, cap. 5, p. 49.

actions d'éclat. L'histoire de leurs grands fiefs commence à se lier à celle de toute l'Europe; et pour comprendre le développement des intérêts nationaux, nous devons suivre, avec un peu plus d'attention, pendant cette période les révolutions du royaume d'Arles, des comtés de Champagne et d'Anjou, et du duché de Normandie.

Rodolphe III, au nom duquel se gouvernoit toute cette vaste partie de la France, qui s'étend de la Saône et du Rhône jusqu'aux Alpes, au levant, et jusqu'à la mer au midi, n'obtenoit cependant guère d'obéissance des comtes de Bourgogne, des comtes de Maurienne, des comtes et des marquis de Provence, et des comtes ou dauphins d'Albon. Aussi, quoiqu'il portât le titre de roi d'Arles et de la Bourgogne transjurane, sortoit-il rarement des montagnes suisses. Il n'avoit point eu d'enfans, et le droit héréditaire à sa couronne sembloit appartenir à ses deux sœurs, Berthe et Gerberge. Berthe, la même qui avoit été mariée au roi Robert, puis divorcée pour faire place à Constance, étoit la mère d'Eudes II, comte de Champagne et de Blois, qu'elle avoit eu de son premier mari. Gerberge étoit la mère de Gisèle, femme de Conrad-le-Salique. On a lieu de croire qu'entre ces deux sœurs Berthe étoit l'aînée; toutefois les prétentions des enfans de l'une ou de l'autre avoient besoin d'être confirmées par une élection avant de devenir des droits. Rodolphe III avoit favorisé Gerberge, d'après le plan qu'il avoit formé de réunir la couronne d'Arles à celle de l'empire, en retour des secours d'hommes et d'argent qu'il avoit obtenus à plusieurs reprises de Henri II, puis de Conrad. Ses barons, au contraire, désirant conserver l'indépendance de leur patrie, préféroient les droits de Berthe, et promettoient d'avance leur couronne à Eudes II. Si celui-ci avoit pu réunir le royaume d'Arles à ses comtés de Champagne, de Blois, de Chartres et de Tours, la plus grande partie de la France lui auroit été soumise, et sa race auroit bientôt remplacé celle de Hugues Capet. Rodolphe III, qui pendant un règne de trente-neuf ans n'avoit mérité d'autres titres que ceux de lâche et de fainéant, mourut le 6 septembre 1032, après avoir envoyé à l'empereur Conrad-le-Salique, alors retenu sur la frontière slave, la lance de saint Maurice, qui étoit en même temps la relique la plus précieuse de son royaume, et l'enseigne de la royauté. Eudes II entra le premier dans les états dont il réclamoit l'héritage; les villes de Morat et de Neuchâtel reçurent ses garnisons; les habitans de Vienne sur le Rhône lui prêtèrent serment de fidélité, et l'archevêque d'Arles, primat du royaume, se déclara en sa faveur (1). Cependant Eudes II n'osa point prendre la couronne : ses incertitudes donnèrent lieu de dire qu'il prétendoit être maître des rois, plutôt que régner lui-même (2). Elles laissèrent à Conrad le temps d'arriver.

Conrad entra dans la Bourgogne transjurane par Soleure, au milieu de l'hiver 1033, et une assemblée des états, convoquée à Payerne pour le 2 février, jour de la Purification de la Vierge, l'y salua du nom de roi. Il entreprit ensuite le siége de Morat, où la garnison laissée par le comte Eudes se défendit obstinément. La rigueur excessive du froid le contraignit à lever ce siége, et à se retirer à Zurich ; il y trouva la reine douairière de Bourgogne (3). Plusieurs des seigneurs de Provence se rendirent dans la même ville par l'Italie, pour y prêter serment de fidélité à l'empereur. La route de France leur étoit fermée par le comte Eudes, qui occupoit par lui-même ou ses partisans, la Savoie, le comté de Vienne, et la Suisse romande. Lorsque l'été fut venu, Conrad jugea plus expéditif d'attaquer Eudes en Champagne ;

(1) *Hermanni Contracti Chron.*, T. XI, p. 18. — *Mascovii Comment.*, Lib. V, cap. 13, p. 288.

(2) *Wippo vita Conradi Salici*, T. XI, p. 4.

(3) *Wippo vita Conradi Salici*, p. 4. — *Hepidanni Annal. Sancti-Galli*, p. 8, T. XI.

il vint mettre le siége devant Saint-Michel, sur la Meuse; et quoiqu'on ne nous dise point qu'il s'en rendit maître, le nombre et la vaillance de son armée inspirèrent une telle terreur au comte de Champagne, que ce dernier renonça à toutes ses prétentions sur la Bourgogne transjurane, et qu'il reconnut les droits de Conrad-le-Salique à ce royaume. (1)

Il est vrai qu'après la retraite de l'armée allemande, Eudes II regretta le trône qu'il avoit abandonné; il renouvela ses intrigues dans la Bourgogne, et peut-être y fut-il rappelé par les seigneurs qui se voyoient avec regret soumis à l'empire. Conrad fut obligé de faire, en 1034, une nouvelle campagne en Bourgogne; ses sujets allemands qui y pénétrèrent par la Suisse, s'y rencontrèrent sur le Rhône avec ses sujets italiens, qui avoient traversé les Alpes sous la conduite de l'archevêque de Milan. Conrad tint sa cour à Genève. Burchard, qui s'étoit emparé de l'archevêché de Lyon, fut obligé de se soumettre au monarque, qui l'envoya en exil. Gérold et Humbert aux Blanches-Mains, ancêtres de la maison de Savoie, vinrent également faire leur cour à l'empereur; la plupart des seigneurs bourguignons se soumirent, et toute la partie

(1) *Hermanni Contracti*, T. XI, p. 18. — *Mascovii Comment.*, Lib. V, cap. 13, p. 290. — *Muller Geschichte der Schweiz*, B. I, cap. 13, p. 307.

orientale des Gaules, qui sans appartenir à la couronne de France, étoit cependant française par ses mœurs et par sa langue, passa ainsi sous la domination de l'empire. (1)

En réunissant le royaume de Bourgogne à celui de Lorraine qu'il possédoit déjà, Conrad, maître également de l'Allemagne et de l'Italie, acquéroit une influence prépondérante sur la France. Tous ces pays, il est vrai, étoient soumis au régime féodal aussi-bien que le royaume de Henri; les nobles et les prélats y étoient également indépendans, et les peuples peut-être plus belliqueux encore; mais la force de caractère de Conrad, son activité et ses talens contenoient son vaste empire dans l'obéissance, et faisoient respecter également son autorité en France, en Allemagne et en Italie. Toutefois, en 1037, il faillit perdre ce dernier pays. Offensé par la hauteur d'Héribert, archevêque de Milan, il le fit arrêter, quoiqu'il dût à ce prélat la couronne d'Italie. La ville riche et populeuse de Milan prit aussitôt la défense de son archevêque; elle leva l'étendard de la révolte, et soutint un siége contre les armées impériales. (1) Héribert ayant recouvré sa liberté,

---

(1) *Wippo vita Conradi Salici*, p. 4 et 5. — *Rodulphus Glaber*, Lib. V, cap. 6, p. 61. — *Muller Geschichte der Schweiz*, B. I, cap. 13, p. 306.

(2) *Arnulphus histor. Mediolan.*, Lib. II, cap. 12, p. 17.

chercha un appui du côté de la France. Le roi Henri étoit oublié, comme s'il n'existoit pas; mais Eudes II, comte de Champagne, sembloit être le rival et l'ennemi naturel de Conrad. La couronne de Lombardie lui fut offerte par des députés milanais.

Conrad pouvoit craindre d'être attaqué par Eudes, ou en Lombardie, ou dans ce royaume de Bourgogne, que le comte de Champagne lui avoit déjà disputé à plusieurs reprises. Sans doute pour tromper son attente, Eudes porta ses armées dans le royaume de Lorraine, et dévasta le diocèse de Toul; il prit ensuite le château de Bar, où il laissa cinq cents hommes de garnison; puis renvoyant les députés milanais, avec la promesse qu'il ne tarderoit pas à passer en Lombardie, il s'achemina vers la Champagne, pour y lever une armée plus nombreuse; mais comme il marchoit sans défiance, il fut surpris, à peu de distance de Bar-le-Duc, par Gothelon, duc de la Lorraine inférieure, et vassal de Conrad. La bataille fut sanglante et obstinée; enfin l'armée champenoise fut détruite ou mise en fuite, et Eudes II disparut, sans qu'aucun de ses guerriers ou de ses ennemis fût instruit de son sort. Le lendemain, deux prélats, l'évêque de Châlons, et l'abbé de Verdun, vinrent

Landulphus Senior Histor. Mediol., Lib. II, cap. 22, et suiv., p. 83, Muratori Script. Rer. ital., T. IV.

redemander au vainqueur, ou de fixer sa rançon s'il étoit en vie, ou de rendre à son corps les honneurs de la sépulture, s'il étoit mort. On leur répondit qu'aucun chevalier ne s'étoit vanté d'avoir triomphé de lui, et que s'il avoit succombé, comme les morts avoient déjà été dépouillés, on ne pourroit plus distinguer, par aucun ornement, son corps d'avec les autres. Les deux prélats, après avoir tristement promené leurs regards sur le champ de carnage, vinrent rapporter à Ermengarde d'Auvergne, sa femme, qu'ils n'avoient pu le découvrir. Cette courageuse princesse entreprit alors la recherche, dans laquelle aucun autre ne pouvoit réussir. Elle vint elle-même retourner les cadavres sur le champ de bataille, et elle reconnut enfin, à des marques secrètes, le comte de Champagne, dans un corps privé de tête, et horriblement défiguré. Eudes II, l'un des plus puissans seigneurs de France, étoit âgé de cinquante-cinq ans, lorsqu'il fut tué le 15 novembre 1037. Ses deux fils, Thibault et Étienne, se partagèrent sa succession : les comtés de Blois, de Chartres et de Tours, échurent au premier, ceux de Troyes et de Meaux au second. (1)

---

(1) *Glabri Rodulphi*, Lib. III, cap. 9, p. 41. — *Chronicon Virdunense Hugonis Floriac.*, T. XI, p. 143. — *Mascovii Comment.*, Lib. V, cap. 21, p. 299.

La mort d'Eudes II avoit débarrassé Conrad d'un rival redoutable; cependant il ne put réussir de si tôt à soumettre les Milanais. Il avoit été appelé dans le midi de l'Italie, par les scandales de la cour de Rome, où Benoît IX avoit été porté à l'âge de dix ans sur le trône pontifical, et ne pouvoit obtenir ni respect ni obéissance (1). Il perdit en 1038 son armée, par les maladies, dans les plaines de la Pouille, où il avoit attendu les chaleurs de l'été. Il n'étoit plus suivi que par un petit nombre de soldats, lorsqu'il regagna les montagnes de la Bourgogne transjurane : il tint les états de ce royaume à Soleure; pendant trois jours leur assemblée s'occupa de réformer les lois; et pour la première fois, dit Wippo, la Bourgogne goûta les avantages d'une administration légale (2). Il est probable que Conrad fit alors adopter au royaume d'Arles sa législation sur les fiefs, et que de cette manière elle passa de l'Italie ou de l'Allemagne en France. C'est à Conrad-le-Salique, en effet, que le système féodal dut sa régularité. Il assura par ses lois l'indépendance des vavasseurs dans les arrière-fiefs, à l'égal de

---

(1) *Glabri Rodulphi*, Lib. IV, cap. 5 et 8, p. 50 et 53. — *Baronii Annal. eccles.*, 1033, p. 110.

(2) *Wippo vitâ Conradi Salici*, T. XI, p. 5. — *Hermanni Contracti*, p. 19. — *Mascovii Comment.*, Lib. V, cap. 25, p. 303.

celle des vassaux; il régla les devoirs réciproques des seigneurs comme de leurs feudataires,
et il sanctionna l'hérédité de tous (1). Le quatrième jour les Bourguignons lui demandèrent
d'associer à sa couronne son fils Henri III, ou
Henri-le-Noir. Conrad accueillit avec joie leur
demande, et la cérémonie du couronnement
fut faite dans l'église de Saint-Étienne de Soleure, qu'on regardoit alors comme la chapelle
des rois de Bourgogne. (2)

Il étoit temps que Conrad assurât par cette
association la succession de son fils. L'année
suivante, comme il parcouroit ses provinces
des Pays-Bas, il mourut à Utrecht le 4 juin
1039, pendant les solennités de la Pentecôte.
Henri III, qui de bonne heure s'étoit rendu
cher aux peuples, fut reconnu sans difficulté
comme roi, dans les divers royaumes que son
père avoit gouvernés. Les grands de Bourgogne
vinrent lui faire hommage à Pâques l'année
suivante, dans les comices d'Ingelheim, et l'archevêque de Milan, Héribert, se réconcilia avec
lui. Dans la succession de Henri-le-Franconien,
étoient comprises la Haute et la Basse-Lorraine, l'Alsace, la Franche-Comté, le Lyonnais,

---

(1) *Libri Feudorum*, II, 34. — *Muratori antiq. ital.*, T. I,
p. 609.

(2) *Wippo vita Conradi*, p. 5. — *Mascovius*, Lib. V,
cap. 25, p. 305.

le Dauphiné et la Provence. Il s'en falloit de beaucoup que Henri-le-Capétien gouvernât une aussi grande portion de la France; il s'en falloit de bien plus encore qu'il fixât, comme l'empereur, l'attention publique. Lorsqu'il y avoit des hommes ou des faits, le siècle ne manquoit pas d'historiens. La vie d'un prince distingué acquiert toujours, aux yeux de ses contemporains, un intérêt national : aussi Conrad et son fils nous sont-ils assez bien connus, tandis qu'on n'a conservé aucun souvenir historique des quatre premiers rois de la race capétienne. Ce n'étoient pas les gens qui sussent écrire qui manquoient à la cour de France, mais les gens qui sussent agir. (1)

Pour cette cause même, le comte d'Anjou, Foulques Nerra, long-temps le rival d'Eudes II, comte de Champagne, nous est mieux connu que le roi. Sa domination étoit moins étendue que celle de Henri de France; ses titres étoient moins pompeux, mais ses actions étoient plus dignes de mémoire. « Il avoit, dit Guillaume
« de Malmesbury, gouverné son comté pendant
« de longues années, et jusqu'à sa vieillesse; il
« avoit fait beaucoup de choses avec habileté,
« beaucoup avec gloire, et on ne lui reprochoit

---

(1) *Wippo vita Conradi Salici*, p. 443, *in Jo. Pistorii sex veteres Scriptores Rerum Germanicarum.* — *Annalista Saxo*, T. XI, p. 215.

« qu'une seule action déloyale; c'étoit d'avoir
« attiré par une promesse le comte Héribert de
« Mans dans la ville de Saintes, de l'avoir fait
« saisir par les sergens au milieu d'une confé-
« rence, de l'avoir contraint enfin d'accepter les
« conditions qu'il avoit voulu lui imposer : en
« toute autre chose, il fut saint et intègre. Dans
« les dernières années de sa vie, il céda l'adminis-
« tration de sa principauté à son fils Geoffroi, sur-
« nommé Martel. On ne sauroit dire combien
« celui-ci fut dur envers les provinciaux, comme
« il fut superbe envers celui qui lui avoit accordé
« ces honneurs. Il alla jusqu'à prendre les ar-
« mes contre son père (en 1036), et lui ordon-
« ner de déposer les marques du pouvoir. Mais
« le vieillard, affoibli et glacé par l'âge, sentit
« son sang réchauffé par sa colère; et il eut
« l'habileté de confondre tellement en peu de
« jours tous les projets de son fils, qui l'avoit
« offensé avec l'arrogance de la jeunesse, qu'il
« le réduisit à faire plusieurs milles en rampant
« sur la terre, et portant une selle sur son dos,
« pour se rendre à ses pieds ». (Nous avons vu
que cette démonstration d'humiliation étoit
fréquemment usitée dans les siècles de chevalerie.) « Le vieux Foulques se levant à son ar-
« rivée, et tremblant encore de sa première
« agitation, le frappa du pied comme il étoit
« par terre, et répéta à trois ou quatre reprises :

« *Tu es vaincu enfin, tu es vaincu;* mais Geof-
« froi lui répondit aussitôt : *Oui, vaincu, mais
« par toi seul, parce que tu es mon père; pour
« tout autre je suis toujours invincible.* Cette ré-
« ponse calma la colère de Foulques; il consola
« son fils de cet affront, avec une pitié pater-
« nelle; il lui rendit sa principauté, et il l'avertit
« seulement de se conduire avec plus de matu-
« rité, et d'épargner le repos et la fortune de
« ses sujets, s'il vouloit conserver son honneur
« chez les étrangers, sa sûreté chez ses domes-
« tiques. La même année, ce vétéran déjà li-
« cencié de la milice du siècle, et ne songeant
« plus qu'au sort futur de son âme, se rendit à
« Jérusalem avec deux serviteurs qu'il avoit
« liés par serment à faire ce qu'il leur ordon-
« neroit; et là, aux yeux des Turcs et de tout le
« public, il se fit conduire à demi nu devant
« le sépulcre du Seigneur. L'un de ses servi-
« teurs plaça sur son cou un joug de bois, l'au-
« tre accabloit de coups ses épaules, tandis que
« le comte s'écrioit : *Reçois, Seigneur, ton mi-
« sérable Foulques, ton fugitif, ton parjure! ô
« Seigneur Jésus-Christ, daigne recevoir mon
« âme qui se confesse!* Il désiroit la grâce de
« mourir alors en Terre-Sainte; mais il ne l'obtint
« point, et il revint en santé dans sa patrie. » (1)

(1) *Willelmi Malmesburiens. de gestis Regum Anglorum.*, Lib. III; p. 180.

En effet, Foulques Nerra, comte d'Anjou, mourut seulement le 21 juin 1040, en passant à Metz, à son retour de son troisième pèlerinage à la Terre-Sainte. Il s'étoit brouillé avec son fils, parce qu'il désapprouvoit le mariage de celui-ci avec une de ses parentes, et leur guerre s'étoit renouvelée à plusieurs reprises : toutefois Geoffroi Martel lui succéda sans difficulté, et tel fut son bonheur ou sa vaillance, que dans trois guerres successives, contre le comte de Poitiers, le comte du Maine, et le comte de Blois, il fit ces trois seigneurs prisonniers en bataille rangée (1). Le premier, Guillaume-le-Gros, joignoit au comté de Poitiers le duché d'Aquitaine ; il fut fait prisonnier dans la bataille de Saint-Jouin, le 20 septembre 1034, après avoir combattu avec un extrême acharnement (2). Le second étoit Héribert Bacon, qui gouvernoit le comté du Maine, comme tuteur de son neveu, et qui finit par se faire moine (3). Le troisième étoit le comte Thibault, fils de Eudes II, comte de Champagne.

Les fils de ce puissant seigneur, si long-

---

(1) *Chronicon Andegavense*, p. 29. — *Hist. Andegavensis auctore Fulcone comite*, p. 137. — *Rodulphi Glabri Hister.*, Lib. IV, cap. 9, p. 54.

(2) *Fragment. Hist. Franciœ*, T. X, p. 212. — *Chronic. Sancti-Maxentii*, p. 233.

(3) *Fragm. Hist. Andegav. auctor. Fulcone comite*, p. 137.

temps rival du comte d'Anjou, n'avoient plus la prétention de disputer à Henri III l'héritage du royaume de Bourgogne. Ils désiroient seulement se maintenir en possession du patrimoine que leur père et leur aïeul, par tant d'intrigues et tant de guerres, avoient acquis entre la Marne et la Loire; cependant ils se brouillèrent, sans qu'on en sache le sujet, avec le pacifique Henri, roi de France; ils se proposèrent de le détrôner, et de mettre à sa place l'imbécille Eudes, qui étoit l'aîné des fils de Robert, et qu'ils prétendoient être à peu près aussi intelligent que son cadet. Henri implora l'assistance de Geoffroi Martel, comte d'Anjou; il lui offrit pour récompense la ville de Tours qui étoit tombée en partage à Thibault, et que Geoffroi assiégea pendant plus d'une année. Les deux frères conduisant avec eux Eudes de France, s'approchèrent de Tours, probablement en 1042, pour faire lever le siège. Geoffroi marcha contre eux, après avoir déployé la bannière de saint Martin. On prétend que les Champenois et les Blaisois furent frappés d'une terreur miraculeuse. Le comte Etienne de Champagne prit la fuite; le comte Thibault fut fait prisonnier, et ne recouvra sa liberté qu'en faisant ouvrir à Geoffroi Martel les portes de Tours; Eudes de France fut également fait prisonnier et livré à son frère, qui, l'enfermant dans la tour d'Orléans, put désormais sommeiller plus tranquillement à Paris sur le trône. (1)

Mais les événemens de la première partie du règne de Henri Ier, qui nous ont été racontés avec le plus de détail, et qui se lient le plus à l'histoire future de la France, sont ceux du duché de Normandie. Robert, qu'on surnomma le Magnifique, gouvernoit ce duché depuis l'année 1028; il commandoit à un peuple belliqueux, entreprenant, et accoutumé, malgré la fierté des Normands et leur indiscipline habituelle, à l'obéissance militaire. Robert sembloit mettre sa gloire à protéger les foibles, à réparer les torts, à relever les princes malheureux, plutôt qu'à faire des conquêtes ; c'étoit lui qui avoit ramené dans sa capitale le comte de Flandre, expulsé par un fils rebelle, qui plus tard avoit donné la couronne à Henri de France, lorsque sa mère conjuroit contre lui ; il voulut, vers l'année 1034, étendre cette même protection sur les princes d'Angleterre, et c'est ainsi que commencèrent les relations de la cour de Rouen avec ce royaume, que le fils de Robert devoit conquérir trente-deux ans plus tard.

Canut-le-Grand, roi des Danois, avoit suc-

---

(1) *Glabri Rodulphi*, Lib. V, cap. 1 et 2, p. 59 et 60. — *Hugonis Floriacens.*, p. 159. — *Fragment. Hist. Franciæ*, p. 160.

cédé, en 1015, à la couronne d'Angleterre que son père Suénon avoit conquise ; il avoit forcé Ethelred, le dernier des rois anglo-saxons, à chercher un refuge en Normandie ; c'étoit la patrie de sa femme Emma, qui étoit tante de Robert-le-Magnifique. Apres la mort d'Ethelred, Emma retourna en Angleterre, et épousa Canut-le-Grand, le spoliateur de son premier mari, laissant en Normandie ses deux fils Alfred et Édouard, qu'elle avoit eus du roi anglo-saxon. D'autre part, Robert avoit épousé une sœur de Canut-le-Grand ; et quoiqu'il ne vécût pas bien avec elle, il se crut avantageusement placé, comme allié des vainqueurs et des vaincus, pour recommander ses cousins à la générosité de son beau-frère. Il demanda à Canut-le-Grand de montrer quelque compassion à des princes qu'il avoit dépouillés, et d'accorder à Alfred et à Édouard quelque part dans l'héritage de leur père. Canut, déjà mécontent de la conduite du duc à l'égard de sa sœur, rejeta avec mépris cette demande chevaleresque. Robert, indigné, fit armer en 1033, à Fécamp, une flotte qu'il destinoit à replacer ses cousins sur le trône d'Angleterre. (1)

L'armement du duc des Normands étoit proportionné à une si haute entreprise ; mais l'An-

(1) *Willelmi Gemeticens. Hist.*, Lib. VI, cap. 10, p. 36. — *Apud* Duchesne *Script. Normann.*, p. 265.

gleterre fut protégée contre Robert par ces ouragans furieux auxquels elle a dû si souvent son salut. La flotte normande, chargée d'armes et de vaillans chevaliers, n'eut pas plus tôt mis à la voile, qu'elle fut assaillie par une violente tempête qui la chassa sur l'île de Jersey. Après une longue attente et une lutte dangereuse contre des vents contraires et de nouvelles tempêtes, Robert fut enfin obligé de ramener ses vaisseaux sur les côtes de Normandie ; il prit terre au mont Saint-Michel. Toutefois, pour que son armement ne demeurât pas entièrement inutile, il chargea un de ses lieutenans de descendre en Bretagne, et de ravager cette province. Avec le progrès des idées féodales, l'investiture que Charles-le-Simple avoit accordée à Rollon acquéroit plus d'autorité ; la mouvance de la Bretagne étoit mieux établie, et Robert sembloit mieux fondé à exiger d'Alain, duc des Bretons, l'hommage et les services féodaux que celui-ci avoit refusés. Bientôt Alain dut reconnoître la supériorité de forces des Normands ; il se réconcilia, par l'entremise de l'archevêque de Rouen, avec le duc Robert qui étoit son cousin ; il lui fit hommage de son duché de Bretagne, et une alliance intime succéda à leur inimitié. (1)

(1) *Willelmi Gemeticens. Hist.*, Lib. VI, cap. 11 et 12.

Robert-le-Magnifique ne reprit point l'année suivante son projet d'expédition contre l'Angleterre. Au milieu de ses actions glorieuses il se sentoit sans cesse poursuivi par le soupçon, peut-être par le remords d'avoir fait périr son frère. Il voulut chasser ce souvenir par une éclatante pénitence. La passion des pèlerinages s'étoit encore redoublée, depuis que la grande famine avoit menacé les occidentaux d'une destruction universelle. « On voyoit, dit Glaber, « une multitude si innombrable se diriger de « tout l'univers vers le sépulcre du Sauveur à « Jérusalem, que jamais auparavant on n'au- « roit pu espérer tant de zèle; ce furent d'abord « les gens d'un ordre inférieur dans le peuple « qui partirent ; ensuite les médiocres ; enfin « les plus grands, les rois, les comtes, les mar- « quis, les prélats : après ceux-là on vit, ce qui « n'étoit jamais arrivé encore, plusieurs dames « des plus nobles entreprendre à l'envi, avec « les plus pauvres, ce pèlerinage; et un grand « nombre de ceux qui partoient pour la Terre- « Sainte s'y acheminoient avec l'intention « d'y mourir plutôt que de revoir jamais leur « patrie. » (1)

Le duc de Normandie se prépara au pèleri-

p. 36. — *Orderici Vitalis*, Lib. V, p. 245. — Hist. de Bretagne, Liv. III, cap. 59-60, p. 90.

(1) *Rodulphi Glabri*, Lib. IV, cap. 6, p. 50.

nage de la Terre-Sainte, avec cette magnificence qui signaloit toutes ses actions. Il rassembla des présens d'une richesse infinie pour les déposer sur le saint sépulcre ; il engagea parmi ses vassaux un grand nombre de gentilshommes à l'accompagner, soit par dévotion, soit par goût pour les aventures. Comme il étoit sur le point de se mettre en route, il appela tous les seigneurs de Normandie à une cour plénière ; il leur annonça son prochain départ pour Jérusalem, et il leur présenta son fils unique Guillaume-le-Bâtard, qu'il avoit eu, en 1027, d'une maîtresse nommée Harlette de Falaise. Quoique ce fils fût à peine âgé de huit ans, il leur demanda de le reconnoître pour son successeur, et d'obéir aux tuteurs qu'il lui avoit donnés, parmi lesquels se trouvoit Alain, duc de Bretagne. Les seigneurs normands consentirent, en effet, à prêter au jeune bâtard serment de fidélité. Robert partit ensuite ; et après avoir accompli son vœu, il fut atteint d'une maladie, dont il mourut à Nice en Bithynie, le 1er juillet 1035. (1)

Lorsque la nouvelle de la mort de Robert-le-Magnifique fut portée en Normandie, il devint fort difficile d'engager les superbes seigneurs,

---

(1) *Append. ad Chron. Fontanellense*, p. 16. — *Willelmi Gemeticensis*, p. 36. *In* Duchesne *Scr. Normann.*, p. 267. — *Rodulphi Glabri*, Lib. IV, cap. 6, p. 50.

normands à reconnoître pour leur souverain le bâtard auquel ils avoient fait hommage. Ils avoient honte de la bourgeoise de Falaise, et de son fils qu'il falloit placer au-dessus d'eux. Ils racontoient que l'ambition des parens d'Harlette avoit causé le déshonneur de leur fille. Robert-le-Magnifique, dans une fête que lui avoit donné le châtelain qui commandoit pour lui à Falaise, avoit été frappé de la beauté de sa fille avec laquelle il avoit beaucoup dansé. En sortant du bal il avoit commandé à son père de la conduire la nuit même à son appartement; car dans ces temps célébrés pour leurs mœurs chevaleresques, un haut seigneur ne mettoit pas plus de délicatesse dans ses demandes à la vassale qu'il honoroit de son attention. Le châtelain de Falaise voulut toutefois sauver l'honneur de sa fille; il lui substitua cette Harlette, fille d'un corroyeur de la ville, qui consentit à l'échange; et la nouvelle maîtresse introduite de nuit, et par supercherie, auprès de son seigneur, s'empara si bien de son cœur, qu'elle ne craignit plus le grand jour : elle défia dès lors la rivalité de celle qu'elle avoit remplacée, tout comme de la sœur de Canut, femme légitime de Robert. (1)

Guido, comte de Mâcon, petit-fils d'Otte Guillaume, et d'une fille de Richard II, duc

(1) *Chronicon Alberici Trium-Fontium*, p. 350.

des Normands, revendiqua la Normandie comme son héritage. Les nobles profitant de la guerre civile qu'il excita, et se déclarant tour à tour pour les deux compétiteurs, fortifièrent leurs châteaux, vengèrent leurs injures à main armée, et troublèrent toute la province par le meurtre et le pillage. Un grand nombre des barons les plus distingués périrent par les coups les uns des autres, et les noms de plusieurs d'entre eux, tels que Hugues de Montfort, Robert de Grandmesnil, Gislebert de Brionne, sont dès lors devenus historiques; car, vers ce temps-là, les familles nobles adoptèrent presque universellement, pour distinguer leur race, le nom de leurs seigneuries héréditaires (1). Le roi Henri prit, à ce qu'on assure, la défense du jeune Guillaume, et lui envoya quelques secours; l'assistance d'Alain, duc de Bretagne, que Robert-le-Magnifique lui avoit donné pour tuteur, fut plus efficace; Alain avoit déjà vaincu plusieurs des chefs qui s'étoient révoltés contre Guillaume-le-Bâtard, lorsqu'il mourut tout à coup en Normandie le 1er octobre 1040, avec des symptômes qui firent juger qu'il avoit été empoisonné. Il ne laissa, pour lui succéder, qu'un

___

(1) *Orderici-Vitalis*, Lib. I, p. 221. — *Willelmi Gemeticensis*, Lib. VII, p. 37. = *Apud* Duchesne, p. 267, seq. *Appendix ad Chron. Fontanellens.*, p. 17.

fils nommé Conan, âgé de trois ans (1). Vers le même temps, Hardi Canut, second fils de Canut-le-Grand, ayant succédé à son frère Harold sur le trône d'Angleterre, rappela dans sa patrie son autre frère, Edouard, fils d'Ethelred et d'Emma de Normandie, leur mère commune. Deux ans plus tard, ce dernier prince, cousin-germain de Robert-le-Magnifique, fut reconnu pour roi d'Angleterre, sous le nom d'Edouard III, ou le Confesseur. (2)

Nous n'avons pu indiquer, parmi les guerres privées, que celles des seigneurs les plus puissans, de ceux qui étoient en pleine jouissance de la souveraineté; cependant celles des moindres barons et des seigneurs châtelains causoient plus de souffrances encore au peuple, parce que leurs états, tout en frontières, étoient de partout exposés aux incursions de leurs ennemis. Ces guerres qui se faisoient dans toutes les provinces à la fois, et les violences, les incendies, les pillages, les sacriléges, qui en étoient la conséquence nécessaire, parurent, dans un moment

---

(1) *Chron. Sancti-Michaelis in periculo maris*, p. 29. — *Chronicon Kemperlegiense*, p. 371. — Hist. de Bretagne, T. I, Liv. III, chap. 69, 70, p. 92.

(2) *Willelmi Gemeti* ″ist., Lib. VII, cap. 9, p. 40. — *Apud* Duchesne Scri ormann., p. 271. — *Simeonis Dunelmensis Hist. regu Anglorum*, p. 180-181, *apud Script. X, Hist. Anglic.*

où le zèle religieux avoit été ranimé par les souf- 1031-1042. frances et la misère de la dernière famine, une violation manifeste des lois du christianisme. En raison de ce sentiment, un évêque annonça, vers l'an 1035, qu'il avoit reçu du ciel, d'une manière miraculeuse, l'ordre de prêcher la paix à la terre. « Bientôt, dit Glaber, les évêques
« commencèrent, d'abord en Aquitaine, puis
« dans la province d'Arles et la Lyonnaise, en-
« suite dans le reste de la Bourgogne, et enfin
« dans toute la France, à célébrer des conciles,
« où assistoient avec eux les abbés et les autres
« hommes consacrés à la religion, et tout le
« peuple. Comme on avoit annoncé que ces con-
« ciles avoient pour but de réformer la paix et
« les institutions sacrées de la foi, tout le peu-
« ple s'y porta avec joie, prêt à obéir aux ordres
« des pasteurs de l'Église, non moins que si une
« voix du ciel s'étoit adressée aux hommes de
« la terre. Chacun, en effet, étoit troublé par
« les fléaux qu'on venoit d'éprouver, et dou-
« toit qu'il lui fût permis de jouir de l'abon-
« dance qui s'annonçoit. On fit donc, dans ces
« conciles, une description distribuée par cha-
« pitres, qui contenoit l'énumération, d'une
« part, de tout ce qui étoit défendu; de l'autre,
« de tout ce que les signataires s'engageoient à
« ne point faire, en faisant offrande à la Divi-
« nité de leur promesse dévote. Le plus im-

« portant de leurs engagemens étoit celui de
« conserver une paix inviolable ; en sorte que
« les hommes de toute condition, à quelques pré-
« tentions qu'ils fussent exposés auparavant,
« pussent désormais marcher sans armes et sans
« crainte : tout brigand, et quiconque envahi-
« roit le bien d'autrui, étoit soumis, par cette
« loi, à la perte de ses biens, ou à des peines
« corporelles. Plus d'honneur et de respect de-
« voit encore être rendu aux lieux sacrés et aux
« églises, et quiconque y cherchoit un refuge,
« de quelque faute qu'il fût coupable, devoit
« y demeurer en sûreté, excepté seulement celui
« qui auroit violé l'engagement de cette paix.
« Quant à ce dernier, on pouvoit l'arrêter,
« même sur l'autel, pour lui faire subir la peine
« qu'il avoit encourue. Enfin tous les clercs, les
« moines et les moinesses devoient couvrir de
« leur garantie ceux qui voyageoient avec eux,
« de sorte qu'ils ne fussent exposés à aucune in-
« jure. Il seroit trop long de rapporter tout ce
« qui fut arrêté dans ces conciles ; mais ceci, du
« moins, est digne de remarque, qu'il fut or-
« donné par une sanction perpétuelle que tout
« fidèle s'abstiendroit le vendredi de chaque se-
« maine de l'usage du vin, et le samedi de celui
« de la viande, à moins qu'une grave infirmité
« ne l'en empêchât, ou que ce ne fût le jour
« d'une fête solennelle. Celui qui s'en dispen-

« seroit pour une autre cause, devroit en retour
« nourrir trois pauvres. » (1)

Lorsque, dans chaque province, un concile provincial avoit établi ce qu'on nommoit la Paix de Dieu, un diacre en donnoit communication au peuple. Après avoir lu l'Évangile, il montoit en chaire, et dénonçoit contre les infracteurs de la paix, la malédiction suivante : « Nous
« excommunions tous les chevaliers de cet évê-
« ché qui ne voudront point s'engager à la paix
« et à la justice, comme leur évêque l'exige d'eux.
« Qu'ils soient maudits, eux et ceux qui les aident
« à faire le mal; que leurs armes soient maudites,
« ainsi que leurs chevaux, qu'ils soient relégués
« avec Caïn le fratricide, avec le traître Judas,
« avec Dathan et Abiron, qui entrèrent tout vi-
« vans dans l'enfer. Et de même que ces flambeaux
« s'éteignent à vos yeux, que leur joie s'éteigne
« à l'aspect des saints anges; à moins qu'ils ne
« fassent satisfaction avant leur mort, et qu'ils
« ne se soumettent à une juste pénitence, selon
« le jugement de leurs évêques. » A ces mots, tous les évêques et les prêtres qui tenoient à leurs mains des cierges allumés, les tournoient contre terre et les éteignoient, tandis que le peuple, saisi d'effroi, répétoit tout d'une voix : *Que Dieu éteigne ainsi la joie de ceux qui ne veulent pas accepter la paix et la justice.* (2)

(1) *Rodulphi Glabri*, Lib. IV, cap. 5, p. 49.
(2) *Concilium Lemovicense secundum in Labbei Concilia.*

Malgré le zèle avec lequel la paix de Dieu avoit, en 1035, été prêchée par le clergé et accueillie par le peuple; malgré les terreurs superstitieuses qui avoient été excitées, pour seconder ce premier cri de l'humanité, la violence qu'il s'agissoit de faire aux mœurs nationales étoit trop grande pour que de tels règlemens fussent long-temps observés. La guerre privée, soit qu'on se défendît, ou qu'on voulût se venger, étoit une sorte d'administration barbare de la justice, dont on ne pouvoit se passer, lors même qu'on en déploroit les conséquences. Comme personne ne vous faisoit droit, il falloit bien se faire droit à soi-même; comme le pouvoir législatif étoit anéanti, et qu'aucun pouvoir exécutif n'étendoit sa protection sur les provinces, il falloit bien que celui qui éprouvoit une injustice, en cherchât par ses propres forces le redressement. Aussi, ce que l'évêque Girard de Cambrai avoit annoncé, étoit-il arrivé; c'est que les premiers conciles pour la paix de Dieu n'avoient pas tant fait cesser les rapines que multiplié les parjures.

Cependant ceux qui avoient juré la paix étoient convenus qu'ils se rassembleroient au bout de cinq ans, pour aviser aux moyens de la rendre plus stable. Ce fut dans ce but, qu'en 1041 plusieurs conciles provinciaux furent con-

generalia, T. IX. p. 891. — *Baronius Annal. eccles. ad ann. 1034, p. 116.*

voqués en Aquitaine, et bientôt tout le reste des Gaules suivit l'exemple de cette province. Par une innovation heureuse, on y substitua la *trève de Dieu* à la *paix de Dieu*; c'est-à-dire, qu'au lieu de s'efforcer plus long-temps d'arrêter l'essor de toutes les passions humaines, et en même temps l'accomplissement de la justice, on prit à tâche de régulariser ces passions, de soumettre la guerre aux lois de l'honneur, de l'humanité et de la compassion, de laisser à ceux qui n'avoient point de supérieurs, l'appel à la force, puisqu'il étoit impossible de leur donner aucun autre garant, mais de les empêcher de faire jamais de cette force un usage destructif de la société, ou de la tourner contre ceux de qui ils n'avoient point reçu d'injures, et de qui ils ne pouvoient point attendre de redressement.

Nous avons les actes des conciles de Tuluges, dans le Roussillon, d'Ausonne, de Saint-Giles et quelques autres, pour l'établissement de la trève de Dieu. Ces actes ne sont pas parfaitement uniformes ; chaque assemblée d'évêques apportoit quelque modification aux lois de la trève, mais leur principe commun étoit toujours de limiter le droit de la guerre, et d'interdire, sous les peines ecclésiastiques les plus sévères, même au moment où les hostilités semblent abolir toutes les lois, les actions contraires au droit des gens et à l'humanité. Malgré la diversité de ces actes des conciles, une législation générale finit par être adoptée dans toute l'Europe, sur la guerre et la trêve de Dieu. Les hostilités, même entre soldats, furent limitées à un certain nombre de jours par semaine; certaines classes de personnes furent protégées contre ces hostilités, et certains lieux furent placés sous la garantie d'une neutralité perpétuelle. Cette législation elle-même fut souvent violée, et au bout d'une période assez longue, elle tomba complétement en désuétude. Cependant on doit encore la considérer comme la plus glorieuse des entreprises du clergé, celle qui contribua le plus à adoucir les mœurs, à développer les sentimens de commisération entre les hommes, sans nuire à ceux de bravoure, à donner une base raisonnable au point d'honneur, à faire jouir les peuples d'autant de paix et de bonheur qu'en pouvoit admettre alors l'état de la société; à multiplier enfin la population de manière à pouvoir bientôt fournir aux prodigieuses émigrations des croisades.

Tout acte militaire, toute attaque, toute spoliation, toute effusion de sang fut interdite, depuis le coucher du soleil le mercredi soir, jusqu'à son lever le lundi matin; en sorte que trois jours et deux nuits par semaine furent seuls abandonnés aux violences des guerres et des vengeances. De plus, les jours des grandes solennités religieuses, les saisons de jeûne de l'Avent et du Carême, et les fêtes des patrons, qui varioient avec la dévotion particulière de chaque province, furent également compris dans la trève de Dieu. Il fut encore convenu que, pendant l'Avent et le Carême, ces longues saisons de jeûne et de paix, personne ne pourroit élever des fortifications nouvelles, ni travailler aux anciennes, à moins qu'il n'eût commencé ce travail quinze jours avant l'ouverture du jeûne. On ne vouloit pas que l'un des partis profitât d'une garantie commune, pour changer la proportion de ses forces, et l'on jugeoit avec raison, qu'en permettant aux plus foibles de travailler à se mettre en défense, on exciteroit les plus forts à violer la trève.

Les lieux mis sous la sauve-garde perpétuelle de la trève de Dieu furent les églises et les cimetières, avec un pourtour de trente pas ecclésiastiques, mais seulement autant que ces églises ne seroient pas fortifiées, et qu'elles ne serviroient pas de refuge à des malfaiteurs qui en sortiroient pour piller. Les personnes auxquelles s'étendit la même sauve-garde furent les clercs, autant qu'ils ne porteroient pas d'armes, les moines et les moinesses. Enfin, le droit de la guerre fut limité par la protection accordée à l'agriculture. Il ne fut plus permis de tuer, de blesser ou de débiliter les paysans de l'un et de l'autre sexe, ni de les arrêter, si ce n'est pour leurs fautes personnelles, et selon le droit. Les outils du labourage, les paillers, le bétail, les plantations plus précieuses, furent mis sous la protection de la trêve de Dieu. Parmi ces objets, plusieurs ne pouvoient être enlevés comme butin ; d'autres devoient subir le sort de la guerre : mais, quoiqu'il fût permis de les prendre pour son usage, il étoit interdit de les brûler ou de les détruire à plaisir. (1)

Des peines ecclésiastiques furent établies contre les infracteurs de la trêve ; de fréquentes assemblées d'évêques furent chargées de tenir la main à ces réglemens, et dans quelques provinces, des officiers de paix, une milice armée et entretenue par une contribution qu'on nomma *paçata* ou *pezade*, dut réprimer les contrevenans. Dans la Neustrie cependant, ou plutôt dans les pays immédiatement soumis à Henri, la trêve de Dieu ne fut point admise. Ce foible monarque, incapable de protéger ou ses sujets ou lui-même, ne s'en opposa pas moins, comme à une usurpation de ses droits, à ce que ses vassaux fussent mis sous toute autre protec-

(1) *Concilium Tulugiense*, T. XI, p. 510 et suiv ; *cum animadversionibus*. — Hist. gén. du Languedoc, Liv. XIV, ch. 9, p. 182, et Preuves, p. 206. — *Muller Geschichte der Schweiz*, B. I, ch. XIII, p. 309.

tion que la sienne. Dans le reste de la France, plusieurs saints prêchèrent la trêve de Dieu ; et parmi eux, saint Odilon, abbé de Clugni, paroît avoir travaillé avec le plus de zèle à la faire reconnoître. Enfin, pour qu'il ne lui manquât pas une sanction surnaturelle, on prétendit qu'une maladie nouvelle, qu'on nomma *le feu sacré*, s'étoit attachée aux réfractaires. (1)

(1) *Chronicon Virdunense*, p. 145. — *Rodulphus Glaber*, Lib. V, cap. 1, p. 59.

CHAPITRE VI.

Fin du règne de Henri Ier. 1042 — 1060.

La seconde partie du règne de Henri Ier, depuis l'établissement de la paix de Dieu jusqu'à la mort de ce roi, n'est pas plus fertile en événemens que la première. Dans ces dix-huit années on ne sauroit, de même, ni trouver une action glorieuse pour le monarque, ni suivre une entreprise à laquelle la nation s'associât fortement. Les yeux de l'historien ne réussissent à démêler un grand caractère ni à la cour ni dans les rangs du peuple, et la série des événemens semble même interrompue pour une grande partie de la France. Tous les travaux des érudits n'ont pu, à son égard, découvrir autre chose que les donations, les testamens et la mort des grands personnages qui la gouvernoient, tandis qu'il ne leur a pas été possible de nous donner quelque idée de leurs actions ou de leur caractère. Cependant ce long espace de temps, si dépourvu d'événemens, étoit fertile en résultats. En effet, on ne sauroit guère dire ce qu'ont fait les Français sous Henri Ier; mais on les retrouve, à la fin de son règne, tout autres qu'ils n'étoient à son commencement.

Entre les changemens qui signalent cette période, la fixation de la langue n'est pas le moindre. Nous avons vu comment un dialecte corrompu remplaçoit le latin pour les gens de la campagne, et comment, dès les temps des petits-fils de Charlemagne, les seigneurs francs ou teutoniques étoient obligés de l'apprendre et de l'employer quelquefois, pour se faire entendre des bourgeois et des paysans. C'étoit encore néanmoins une langue exclue de la bonne compagnie, un patois qui portoit le cachet de l'ignorance, et dont on ne faisoit usage qu'en rougissant. Nous sommes arrivés au temps où ce patois devint au contraire une langue élégante, essentiellement destinée à la chevalerie, à la poésie et à l'amour; une langue que l'on se glorifia de parler, que l'on importa dans les cours étrangères, et qui servit de lien entre tous les Français. A l'ouïe de cette langue, ces hommes partagés entre plusieurs rois, et un très grand nombre de princes, sentirent de nouveau qu'ils ne formoient qu'une nation, et qu'ils n'avoient qu'une patrie.

Ce fut, au plus tard, sous le règne de Henri Ier que la langue des Français acquit cette culture, et cette prééminence sur les autres dialectes de l'Europe, car en 1043, un prince anglo-saxon, mais élevé en Normandie, Édouard-le-Confesseur, en montant sur le trône d'Angleterre, fit du français la langue de sa cour (1); il prépara ainsi les voies à Guillaume-le-Conquérant, qui en 1066 en fit la langue légale de l'Angleterre. Dans le même temps, au midi, les chevaliers français, par leurs conquêtes sur les Musulmans, portoient leur langue jusqu'à l'Èbre.

Il est vrai qu'à la même époque, on vit se prononcer plus fortement la division de la langue française ou romane, que l'on parloit dans les Gaules, en deux grands dialectes, le roman provençal et le roman wallon. Le nom de Roman avoit été donné originairement à la langue vulgaire de tous les sujets de l'empire d'Occident. Un même langage avoit, en effet, été parlé pendant un temps dans tous les pays situés au midi du Rhin et du Danube. Les invasions des septentrionaux l'avoient cependant refoulé vers le midi; en même temps elles avoient introduit, au milieu des Romains, les dialectes du nord, et elles avoient forcément mêlé les deux vocabulaires et les deux grammaires. Pendant la grande oppression de l'Occident, ou la première moitié du moyen âge, la langue teutonique étoit propre aux maîtres, la langue romane aux esclaves : et ces derniers, accablés d'exactions, méprisés, abrutis, ne pouvant obtenir ni repos ni sécurité, ne pouvant voyager sans être soup-

---

(1) *Ingulfus Croyland Historia*, p. 895, et *Scr. fr.*, T. XI, p. 153.

çonnés de désertion, ni s'assembler sans être accusés de révolte, ne communiquant les uns avec les autres qu'en tremblant, ne connaissant ni la lecture ni l'écriture, et n'étant ainsi pas moins séparés de leurs ancêtres que de leurs contemporains, oublioient jusqu'à la langue qu'ils avoient apprise de leur mère, et conservoient trop peu d'idées pour avoir gardé beaucoup de mots. Durant cette période, du cinquième au dixième siècle, le latin corrompu, ou le roman, existoit bien parmi les villageois; mais il varioit de village en village, il n'avoit ni règles, ni monumens qui le conservassent. L'héritage de la langue latine s'étoit inégalement réparti entre les provinces : comme des milliers de mots étoient offerts à ceux qui n'en pouvoient employer que des centaines, la même langue s'étoit divisée en une infinité de lots divers. Chaque province n'avoit conservé l'usage que de l'un des synonymes; de même les mots latins s'étant présentés avec une variété de désinences selon les cas, l'ignorance n'en avoit choisi qu'une seule : en France, le nominatif ou plus souvent l'ablatif singulier; en Italie, le nominatif pluriel; en Espagne, l'accusatif pluriel. De ce choix fait au hasard entre des élémens communs il étoit résulté une langue informe, qui changeoit à chaque lieue, et qui, à peu de distance, n'étoit plus entendue, quoiqu'elle conservât toujours un air de famille.

L'isolement et l'oppression des villageois avoient rendu le roman barbare; la vie sociale des villes, les besoins du langage, croissant avec l'accroissement de la richesse et de la population, et l'augmentation de dignité et d'importance de ceux qui parloient ce dialecte, depuis qu'ils pouvoient se défendre, lui rendirent de la souplesse et de la régularité. Les villes avoient toujours été le refuge de la population romane, et par conséquent le berceau de la langue. Mais pendant l'oppression carlovingienne, elles avoient perdu successivement leurs manufactures, leur commerce, leur population; elles ne contenoient plus que des artisans craintifs et ignorans, qui se confondoient avec les esclaves, tandis qu'un seigneur avoit usurpé la citadelle, et en avoit fait son château; et dans cet abaissement, elles n'avoient sur les mœurs nationales guère plus d'influence que les campagnes. Au contraire, depuis que la grande multiplication des châteaux, et le luxe croissant de ceux qui les habitoient eurent créé de nouveaux besoins, les villes appelées à les satisfaire virent renaître leur industrie. Toutes les brillantes armures des chevaliers se forgeoient dans les villes; toutes les parures des nobles dames y étoient tissues, il en étoit de même de tous les ornemens des châteaux et des églises, et de tout ce qui servoit à la pompe des tournois. Ces manufactures nouvelles avoient répandu une aisance inconnue au siècle précédent. Les bourgeois avoient commencé à joindre au présent la pensée de l'avenir. Dès qu'ils avoient eu quelque chose à perdre, ils avoient désiré une garantie. Pour défendre leurs métiers et leurs magasins, ils s'étoient accoutumés à manier eux-mêmes ces armes qu'ils forgeoient pour la noblesse. Ils s'étoient juré réciproquement de se défendre, et ils avoient nommé des chefs, des magistrats, pour diriger leurs efforts réunis; mais tout ce qui se fait en commun, se fait par le langage; les compagnies de milice et les conseils de communauté avoient besoin d'un vocabulaire plus riche, que les serfs qui apprenoient seulement à obéir au fouet ou au bâton : le commerce qui étendoit ses communications sur toute une province, avoit besoin que ce vocabulaire fût compris plus au loin. La langue fut donc en même temps enrichie et répandue ou régularisée par lui.

Le latin avoit fourni au roman ses premiers élémens; le latin lui donna de nouveau des règles et de l'uniformité; le latin étoit demeuré la langue de l'Église et de la loi. Le culte public avoit forcé les peuples tudesques à faire, pour le latin, l'effort qu'ils n'avoient point fait pour la langue de leurs esclaves : le latin étoit seul employé pour la prière, dans toutes les villes, dans toutes les cours, dans tous les châteaux; un membre tout au moins de chaque famille puissante entendoit le latin, et c'étoit un commencement d'uniformité, entre toutes les provinces qui avoient appartenu autrefois à l'empire romain. Sur ce fondement latin les patois des villages se régularisèrent; les parties disséminées de la langue retrouvèrent leur place dans ce grand cadre; les mots correspondans, au lieu de s'exclure réciproquement, devinrent synonymes, et le souvenir de la grammaire latine créa la grammaire romane.

Les villageois avoient conservé les élémens de la langue romane; les bourgeois des villes l'avoient enrichie et répandue, les prêtres lui avoient donné de l'uniformité, les seigneurs des châteaux, à leur tour, lui donnèrent du poli et de l'élégance; leur isolement à de grandes distances les uns des autres les avoit forcés à abandonner l'usage des langues teutoniques. Il est difficile toutefois de fixer l'époque de ce changement, puisqu'elle varie selon les provinces. Ne voyant que leurs vassaux, ils furent réduits à parler comme eux; mais dès qu'ils eurent changé leurs châteaux en écoles de belles manières, pour les pages et les dames d'honneur, dont ils faisoient en même temps leurs valets et leurs élèves, le beau langage devint une partie essentielle de la *courtoisie* qu'ils leur enseignèrent. Ce fut à la manière de parler, non le latin, réservé pour les *clercs*, mais le roman ou le français, langue des chevaliers, qu'on dut reconnoître un *gentil damoiseau*; ce fut aussi dans les châteaux, dans les rapports journaliers des nobles serviteurs avec les nobles dames, que la langue acquit ces formes obséquieuses, ce pluriel employé au lieu du singulier, qui indique dans chaque phrase le respect pour la personne à qui l'on parle. Le patois du vilain fut distingué de la langue de cour, de la *lingua cortigiana*, ainsi que l'appelle le Dante; mais comme les cours romanes étoient en grand nombre, on reconnut, avec le progrès du temps, quatre langues de cour romanes : deux d'entr'elles, la castillane et la sicilienne, furent étrangères à la France, et devinrent le modèle sur lequel se formèrent les autres dialectes de l'Espagne et de l'Italie. Les deux autres se partagèrent la France, sous le nom de roman provençal et de roman wallon.

Le nom de Wallons ou Welches n'est probablement autre que celui des Belges, avec la prononciation plus dure des Allemands. Ceux-ci comprirent sous la dénomination de Welchenland, la Gaule celtique et la Gaule belgique; et les Francs qui commandoient dans ces deux provinces, nommèrent *roman belge* ou wallon la langue parlée par leurs sujets; le nom de *roman provençal* demeura au dialecte des deux autres grandes *provinces romaines*, la Narbonnaise et l'Aquitaine. Le premier reçut ensuite son poli dans les cours du roi français à Paris, du duc des Normands à Rouen, du duc de Bourgogne à Dijon, du comte de Champagne à Blois ou à Troyes, et du comte de Flandre à Lille; le second fut le langage de la cour de Provence, aussi long-temps qu'elle fit sa demeure à Arles: il fut ensuite cultivé, soit dans les comtés formés des débris de cette monarchie, en Provence, en Dauphiné, en Savoie, en Franche-Comté, et dans la Suisse romande; soit dans ceux qui relevoient de la couronne de France, à Toulouse, à Bordeaux, à Poitiers, à Limoge, à Clermont, et dans tous les états moins puissans situés au midi de la Loire, non-seulement jusqu'aux Pyrénées, mais jusqu'à l'embouchure de l'Èbre.

Dans le Nord, les Français, d'après les principes mêmes de leur subordination féodale, reconnurent la langue de la cour de France comme supérieure en élégance à celles de toutes les cours des comtes et des ducs qui relevoient d'elle, et qui s'honoroient d'adopter ses modes : aussi le roman wallon se fixa-t-il d'une manière plus précise, et est-il toujours resté plus uniforme, plus discipliné, plus soumis aux règles. Dans le Midi, la cour souveraine des rois de Provence cessa de servir de modèle, dès le temps où le royaume d'Arles fut réuni à celui de la Bourgogne transjurane. La langue propre des Rodolphe et des Conrad étoit l'allemand, et leur principale résidence, jusqu'au temps où ils transmirent leur couronne aux empereurs de Germanie, fut la Suisse allemande. Plus de la moitié de la France cependant parloit provençal, et cette moitié comprenoit les villes les plus riches, les plus commerçantes et les plus populeuses, les cours les plus élégantes et les plus indépendantes, soit qu'elles relevassent des rois de France ou des empereurs. Leur langue, qui avoit suivi les progrès de la richesse, s'étoit formée la première, s'étoit raffinée avant le roman wallon, et avoit été écrite ou chantée avant qu'on employât ce dernier à la littérature. Les comtes de Provence, de Toulouse et de Poitou, et tous les autres puissans seigneurs du Midi, étoient fort loin de vouloir abandonner leur langage pour celui de la cour de Paris, qu'ils respectoient peu, et avec laquelle ils entretenoient peu de rapports. Ils s'y affectionnèrent au contraire, comme à une marque distinctive et honorable de leur indépendance, ils le cultivèrent avec soin et avec émulation. Ils attachèrent en partie leur gloire à la poésie nouvelle qui servoit à le répandre. Ils cherchèrent à donner au premier quelque uniformité au moyen de cette poésie même, qui devenoit commune à tout le pays provençal : toutefois leur *roman* se ressentit de leur indépendance réciproque et de leur émulation : il fut plus varié, plus flexible, plus affranchi du despotisme de la mode : il remplaça moins complétement, dans l'usage commun, les patois provinciaux ; aussi, lorsque la langue de cour fut abandonnée, ceux-ci demeurèrent ; dès lors ils ont paru diverger toujours plus, en sorte qu'on a peine à s'apercevoir aujourd'hui que le provençal, le languedocien, le gascon, le catalan, le limousin, le franc-comtois et le savoyard, ne sont que des dialectes d'une même langue.

Toutes les voyelles pouvoient en provençal, comme en espagnol ou en italien, être ou accentuées ou dépourvues d'accent ; tandis que dans le roman wallon la seule voyelle non accentuée est l'*e* muet. C'est à mon avis le caractère qui distingue le plus les deux langues. Il donne au provençal beaucoup plus de douceur, de variété et d'harmonie. On pourroit s'y tromper en voyant les poésies provençales écrites : les finales sont embarrassées d'une quantité de consonnes qui ne se prononcent presque pas : on s'étonne de l'espèce de pédanterie qui les a introduites dans l'écriture, pour servir à l'étymologie, et non pour peindre les sons. Au reste, on dit qu'il en est de même dans la langue celtique ou gaëlique, également riche de poésies composées dans un temps où l'on ne l'écrivoit pas encore, et dont il est difficile de reconnoître la douceur, sous l'amas de lettres inutiles dont elle est embarrassée.

Peut-être devrions-nous rapporter au règne de Henri Ier la composition de quelques unes des pièces de vers plus anciennes, écrites en roman provençal, que M. Raynouard a récemment publiées (1); cependant comme elles ne portent aucun caractère qui marque avec précision leur date, nous attendrons, pour nous occuper des progrès de la poésie, qu'ils se lient plus intimement à l'histoire. Toute cette période, qui ne fut point malheureuse, puisque c'est durant son cours que s'accomplirent de grands progrès dans la civilisation, est absolument stérile en événemens pour le midi de la France. A peine trouveroit-on, pendant toute la seconde moitié du règne de Henri Ier, un fait politique de quelque importance qui appartînt aux pays de la langue provençale. Nous en trouverons peut-être un peu plus dans ceux de la langue française, et nous allons tâcher de les exposer. Ceux cependant qui se rapportent uniquement au roi et à son gouvernement, par lesquels nous commencerons, sont en bien petit nombre. Nous cher-

(1) Choix des Poésies originales des Troubadours, T. II, p. 134 et suiv.

cherons ensuite à rassembler ceux par lesquels deux grands hommes, Henri III, empereur de Germanie, et Guillaume-le-Bâtard, duc des Normands, influèrent sur la France. Enfin nous suivrons les progrès de l'esprit religieux, et nous exposerons la révolution qui s'opéroit dans la discipline de l'Église.

Souvent, dans les monarchies, les historiens s'occupent beaucoup plus de l'histoire domestique des rois, de leurs mariages, de leurs enfans, que des événemens qui intéressent le peuple. Henri Ier n'a point eu cet avantage; son histoire domestique est demeurée complétement obscure, et cependant elle présente quelques singularités dignes de remarque. Nous avons vu que Henri avoit été fiancé à Mathilde, fille de l'empereur Conrad-le-Salique, et que celle-ci mourut en 1034 à Worms, où elle est ensevelie, sans avoir jamais vu la France ni son époux (1). Nous croyons qu'après cette princesse Henri en épousa une autre, de même nom, parente de la précédente, et nièce de l'empereur Henri III, que les historiens modernes ont pris pour la même personne. Il vécut probablement au moins huit ou neuf ans avec elle, et il en eut une fille, qui mourut avant d'avoir atteint sa cinquième année. Cette seconde Mathilde mourut peu après

(1) *Wippo vita Chonradi Salici.*

sa fille en 1044, et fut ensevelie en France (1). On ne permet guère aux rois de prolonger leur veuvage; on se hâte toujours de leur représenter qu'ils doivent un successeur à leur peuple, et à eux-mêmes une consolation, et l'on engagea Henri, très peu de temps après les obsèques de Mathilde, à faire partir l'évêque de Meaux pour aller lui chercher une femme en Russie, presque aux extrémités du monde connu. (2)

Jeroslaus, tzar des Russes, père de la princesse Anne, dont on fit choix pour Henri Ier, fut un des plus grands monarques de sa nation; il s'étoit distingué dans les guerres civiles de la Russie, et dans celles contre les Polonais. Son aïeul Wlodimir avoit, en 988, épousé Anne, fille de Romanus II, empereur de Constantinople. Jeroslaus descendoit ainsi, par les femmes, de l'illustre maison de Macédoine (3). Il paroît qu'il désiroit s'allier aussi aux maisons chrétiennes de l'Europe occidentale, et qu'il fit offrir sa fille

(1) *Histor. Franciæ fragm.*, ann. 1108 *scriptum*, p. 161. — *Excerptum Historicum*, p. 157.

(2) *Excerptum ex collectione Fréheri*, p. 515. — *Script. franc.*, T. XI, p. 157.

(3) Basile-le-Macédonien, qui fut élevé à l'empire le 24 septembre 867, avoit vécu auparavant dans la condition la plus obscure. Il prétendoit cependant, non-seulement être issu des Arsacides, mais même pouvoir établir sa descendance, par les femmes, des anciens rois de Macédoine. Il est assez remarquable que le nom de Philippe, encore usité dans la maison royale de France, y ait été introduit d'abord comme un sou-

à l'empereur Henri III (1). Celui-ci lui préféra Agnès de Poitiers, fille de Guillaume IV, duc d'Aquitaine, qu'il épousa en 1043, à Besançon, en présence de vingt-huit évêques. (2) Cette négociation révéla cependant à la France l'existence, non-seulement de la princesse Anne, mais même des Russes, dont il est probable que la cour de Henri Ier n'avoit encore jamais entendu parler. Ce roi, découragé par la perte des deux premières princesses, qui ne lui avoient point donné de fils, sentant qu'il avançoit en âge, et attribuant leur mort prématurée à un jugement du ciel, parce que, sans s'en douter, il s'étoit trouvé peut-être apparenté avec elles dans quelqu'un des degrés prohibés par les lois canoniques, résolut de chercher une femme si loin de lui, qu'il fût bien sûr de n'avoir avec elle aucune sorte de parenté. Gautier, évêque de Meaux, et Wascelin de Chaulny, avec une suite nombreuse, se rendirent de sa part à Kiovie, résidence du tzar des Russes, et en ramenèrent la princesse Anne, avec des présens considérables. La longueur du voyage, la différence infinie dans les mœurs, le langage, les opinions, entre les Français du onzième siècle et les Russes, rendoient cette al-

---

venir de parenté avec le père d'Alexandre-le-Grand. *Constantinus Porphyrogenitus in vita Basilii Macedonis*, cap. 1, 2 et 3. *Byz. Ven.*, T. XVI, p. 98. — Edit. du Louvre, p. 133.

(1) *Lamberti Schafnaburg.* p. 59.

(2) *Chron. Virdunense*, p. 145. — *Rodulphi Glabri*, Lib. V, cap. 1, p. 60.

liance fort extraordinaire, et ne sembloient pas lui promettre beaucoup de félicité. Aussi la reine Anne, épousée dans une cour plénière des seigneurs du royaume, fut, à ce qu'on assure, toute dévote à Dieu, et pensa bien plus à l'éternité qu'aux choses présentes. (1)

Si l'époque du mariage de Henri Ier est fort incertaine, celle de la naissance de ses enfans l'est moins : Anne de Russie lui donna trois fils. Philippe, qui devoit lui succéder, naquit seulement en 1053, dans la vingt-deuxième année du règne de son père. Robert mourut en bas âge, et Hugues fut ensuite comte de Vermandois (2). Cette naissance si tardive de ses enfans détermina Henri, dont la puissance avoit toujours été chancelante, à faire sacrer de bonne heure son fils aîné, pour tâcher de la raffermir, et fixer ainsi l'ordre de la succession. Philippe avoit seulement entre six et sept ans, lorsqu'une assemblée des prélats et des grands du royaume fut con-

1059.

---

(1) La date elle-même de cette alliance est fort incertaine. Le *Fragm. Hist. Franciæ*, p. 161, indique l'année 1044; un autre, p. 319, indique l'année 1032; un troisième, *Chronicon Vezeliacense*, p. 384, l'année 1036. Le *Chronicon Floriacense*, p. 159, la place après le secours donné aux Normands en 1047; le *Chronicon Andegavense*, p. 29, à l'année 1051; c'est aussi celle que fixe *vita Sancti-Liberti Cameracensis*, p. 481.

(2) *Chron. Santi-Petri Catalaun*, ann. 1053, p. 344. — *Miracula Sancti-Benedicti Abbatis*, p. 486. — *Chron. Alberici Trium Fontium*, ann. 1052, p. 355.

voquée pour le 23 mai 1059, jour de la Pentecôte, dans l'église de Reims. L'archevêque de Reims, Gervais, devoit y jouer le principal rôle, secondé par les deux archevêques de Sens et de Tours, et par deux légats du pape, que le hasard avoit alors amenés en France. Vingt évêques de France et d'Aquitaine, et vingt-neuf abbés des plus riches monastères, tenoient le premier rang dans l'assemblée. On avoit placé ensuite Gui Geoffroi, duc d'Aquitaine, le seul des grands seigneurs regardés comme pairs du roi qui se trouvât à la cour, avec Hugues, fils et député du duc de Bourgogne, et les ambassadeurs du comte Baudoin de Flandre et du comte Geoffroi d'Anjou. Le duc de Normandie, les comtes de Champagne et de Toulouse n'y parurent ni par eux-mêmes ni par leurs députés. Rien n'indiqua dans l'assemblée qu'on reconnût six pairs laïques du royaume comme supérieurs au reste des grands. Des vassaux d'un moindre rang, les comtes de Valois, de Vermandois, de Ponthieu, de Soissons, d'Auvergne, d'Angoulême, de Limoges, et cinq autres dont les seigneuries ne nous sont pas connues, y siégeoient avec les puissans comtes que nous avons déjà nommés; les chevaliers et le peuple joignirent leurs acclamations à celles des grands. On ne vit dans cette circonstance aucun autre indice d'une élection nationale, ou de l'exercice d'un droit po-

pulaire : le sacre de Philippe fut plutôt une cérémonie ecclésiastique, dans laquelle l'archevêque Gervais eut soin d'établir les droits exclusifs de ses prédécesseurs, les archevêques de Reims, *à l'élection et à la consécration* des rois français, droits fondés sur la concession de saint Remi et du pape Hormisdas ; il exigea ensuite du jeune prince qu'il couronna, un serment qui pouvoit servir de garantie au clergé, et nullement à la France. « Moi Philippe, dit cet enfant,
« qui avec la grâce de Dieu serai bientôt roi des
« Français, je promets devant Dieu et ses saints,
« le jour de mon ordination, que je conserverai
« à chacun de vous ses priviléges canoniques,
« la loi qui leur est due, et la justice ; qu'avec
« l'aide de Dieu je vous défendrai autant que je
« le pourrai, ainsi qu'un roi doit défendre tout
« évêque dans son royaume, et toute église qui
« lui est commise ; je promets aussi que j'accor-
« derai au peuple qui m'est confié une dispen-
« sation des lois consistante avec le droit. »
Après avoir lu à haute voix et signé cette déclaration, Philippe la remit entre les mains de l'archevêque, qui en retour déclara qu'avec le consentement de son père Henri, il l'élisoit pour roi : les prélats, les grands, les chevaliers et le peuple répétèrent ensuite à trois reprises *Laudamus, volumus, fiat*. Nous le louons, nous le voulons, qu'il en soit ainsi. (1)

(1) *Coronatio Philippi I*, p. 32. — On croit que cette rela-

Durant les dix-huit dernières années du règne de Henri Ier, aucun événement ne causa plus d'agitation à la cour de France et dans la ville de Paris, que la controverse excitée en 1052, sur la réalité des reliques que l'on offroit, dans l'abbaye de Saint-Denis, à l'adoration du peuple. Les Français ne doutoient point que le corps de saint Denis l'Aréopagite, patron de la France, n'y fût conservé, avec ceux de saint Rustique et saint Eleuthère. Tout à coup ils apprirent que des prêtres allemands venoient d'exposer ce même corps à la vénération du pape Léon IX, qui se trouvoit alors en Allemagne. Le clergé de Ratisbonne prétendoit que ce corps lui avoit été remis par l'empereur Arnolphe, qui, n'étant jamais entré en France, n'avoit pu l'enlever à Paris; qu'il s'étoit trouvé bien entier, à la réserve d'une petite particule enlevée à la main droite; qu'il étoit parfaitement reconnoissable; que de nombreux miracles avoient prouvé son identité, et que le pape Léon IX, qui joignoit à l'infaillibilité d'un chef de l'Église celle d'un saint, l'avoit si bien reconnu, qu'il venoit d'écrire au chapitre de Saint-Denis, pour consoler ces bons religieux de leur perte. (1)

Le roi Henri et l'abbé Hugues, de Saint-De-

tion fut écrite et déposée dans les Archives de Reims, par l'archevêque Gervais lui-même.

(1) *Diploma Leonis IX*, in Baron. Annal. eccles., 1052, p. 192.

nis, se hâtèrent d'aller reconnoître les cachets apposés sur les tombeaux des saints; ils les trouvèrent bien entiers; les reliques enfermées dans ces tombeaux étoient garanties par trois serrures qu'y avoit fait mettre le roi Dagobert; d'ailleurs des miracles journaliers, opérés au pied de ces châsses, attestoient qu'elles contenoient toujours les mêmes ossemens sacrés. Pour détromper cependant le pape, et tranquilliser et la cour et la France, Henri résolut de faire ouvrir les tombeaux de Saint-Denis : il se regardoit lui-même comme un trop grand pécheur pour assister à cette cérémonie; mais il députa à cet effet son frère Eudes, celui que son imbécillité avoit fait écarter du trône, et auquel, pour la même cause, il avoit pardonné sa révolte, en le retirant de la prison d'Orléans; en même temps il convoqua comme témoins un grand nombre de prélats, de comtes et de chevaliers. Devant cette assemblée imposante, les châsses des martyrs furent ouvertes le 9 juin 1053; et à l'instant le corps de saint Denis l'Aréopagite fut reconnu ; car, dit la chronique de Saint-Denis, « tous furent maintenant « remplis de si très grande odeur, qu'ils di« soient que nulle épice, ni nulle odeur aro« matique ne pouvoit si suave fleurer. » Dès lors il demeura hors de doute que le corps de saint Denis reposoit toujours en France, dans la chapelle de son nom ; sans rien préjuger sur le même corps qui peut reposer aussi en même temps dans la chapelle de Ratisbonne. (1)

En attachant plus long-temps nos regards sur Henri Ier, nous n'en apprendrions pas davantage ou sur sa cour, ou sur son règne. Il reparoîtra quelquefois incidemment dans le compte que nous allons rendre des révolutions de la Lorraine, de la Flandre et de la Normandie, ou dans celui des affaires de l'Eglise auxquelles il prit part ; mais il n'est nulle part un agent principal, et ses actions sont trop brièvement racontées pour nous faire comprendre ou son caractère ou sa politique.

1046. Henri III, empereur d'Allemagne, qui étoit reconnu pour souverain par une partie considérable de la France, et qui y avoit augmenté son influence en 1043, par son mariage avec la fille du duc d'Aquitaine, n'étoit pas en tranquille possession de l'ancien royaume de Lorraine, qui comprenoit la moitié de ses états français. Godefroi-le-Hardi, fils et frère des derniers ducs de Basse-Lorraine et de Brabant, et prétendant lui-même à ce duché, que l'empereur vouloit lui ôter, s'étoit ligué avec Bau-

---

(1) Grandes Chroniques de Saint-Denys, ch. 6 et 7, p. 405, 409. — *Epistola Haymonis de Detectione corporum*, p. 471. — *Baronii*, ann. 1052, p. 192, 194. — *Pagi critica in eund.*, p. 192.

doin V de Lille, comte de Flandre, et Thierri IV, comte de Hollande. Tandis que Henri III étoit engagé dans son expédition d'Italie, où il reçut à Rome la couronne impériale, le jour de Noël de l'année 1046, ces trois seigneurs prirent les armes contre lui dans les Pays-Bas : ils s'adressèrent en même temps à Henri de France, pour l'engager à profiter de cette circonstance, et à réclamer le royaume de Lorraine, qui, aussi-bien que le palais de Charlemagne à Aix-la-Chapelle, avoit appartenu à ses prédécesseurs. Les évêques et les seigneurs qui se trouvèrent à la cour, sollicitoient le roi d'accepter ces offres, de les conduire à une guerre nationale, et de profiter de l'ardeur belliqueuse que la chevalerie avoit réveillée parmi les Français, pour augmenter son héritage ; mais tandis que Henri délibéroit, il reçut une lettre de Waso, évêque de Liége, sujet de Henri III, qui lui représentoit qu'un roi, aussi-bien qu'un particulier, se rendoit coupable de vol, lorsqu'il enlevoit la propriété d'autrui ; que lorsqu'il le faisoit à l'aide d'une armée nombreuse, il se rendoit encore responsable de tous les meurtres, de tous les incendies et de tous les pillages, qui étoient la conséquence nécessaire de la guerre. Le roi de France n'avoit entretenu qu'à regret des projets qui troubloient son repos ; il se hâta de rassembler les évêques de son conseil, et leur fit lire

la lettre de Waso. « Voilà un vrai prêtre, leur
« dit-il, voilà un vrai évêque ; étranger, il a
« donné à un étranger un conseil plus sage que
« mes vassaux ne m'avoient donné à moi, leur
« seigneur, auquel ils étoient liés par leur ser-
« ment de fidélité. » (1)

Le roi ayant, d'après ces conseils, refusé tout
secours aux seigneurs Lorrains, l'empereur vint
les attaquer dans l'année 1048. Il étoit résolu
d'enlever l'une et l'autre Lorraine à Godefroi-
le-Hardi ; il investit de la Lorraine supérieure,
Gérard d'Alsace, ancêtre de ces ducs de Lorraine, qui, dans le siècle dernier, sont montés
sur le trône d'Autriche ; en même temps il eut
dans l'automne une entrevue à Ivoy, au pays
Messin, avec le roi de France, pour l'affermir
dans ses vues pacifiques (2). Godefroi, frappé
d'excommunication par le pape Léon IX, vint
enfin, en 1050, faire sa soumission à l'empereur, à Mayence (3). Baudoin de Flandre, qui
avoit résisté plus long-temps, fut à son tour
obligé de se rendre à Aix-la-Chapelle, de donner
des otages, et de se soumettre à l'empereur. En
sorte que cette guerre, qui avoit commencé

(1) *Gesta episcoporum Leodiensium*, T. XI, p. 10.
(2) *Hermanni Contracti Chron.*, p. 20, ann. 1048. — *Hist. Andagini Monasterii*, p. 149. — *Chron. Lobiense*, p. 415.
(3) *Lamberti Schafnaburg*, p. 60. — *Chron. Saxonicum*, p. 215.

avec quelque apparence d'augmenter le pouvoir de la France, se termina au contraire en mettant le premier des comtes français dans une dépendance de l'empereur, où n'avoient jamais été ses ancêtres. (1)

Henri III, mécontent de ce que le comte de Flandre avait fait épouser à son fils l'héritière du comté de Hainault, attaqua de nouveau Baudoin en 1054, et ravagea encore une fois les Pays-Bas. Il eut aussi, à l'occasion de cette guerre, une nouvelle entrevue avec le roi de France à Ivoy, et il semble que ce dernier, se réveillant cette fois de son assoupissement, témoigna avec vivacité son mécontentement de ce que les Allemands dévastoient ainsi les terres d'un des premiers seigneurs du royaume de France; qu'il reprocha même à Henri III, d'une manière offensante, de l'avoir trompé, et qu'il réclama, comme étant à lui, la couronne de Lorraine; mais dans la nuit qui suivit cette entrevue, Henri Ier, effrayé de sa propre audace, quitta furtivement Ivoy, et ne donna aucune suite à ses réclamations (2). Baudoin de Lille, et Godefroi de Lorraine, quoique abandonnés

(1) *Hermannus Contractus ad an.* 1049, p. 20. — *Mascovius Commentarii*, Lib. V, cap. 43, p. 333.

(2) *Lamberti Schafnaburg*, T, XI, p. 61. — *Vita Sancti-Lietberti episcopi Cameracensis*, p. 481. — *Balderici Chron. Cameracense*, cap. 67, p. 125. — *Sigeberti Gemblacens. Chr.* p. 164. — *Mascovii Comment.*, Lib. V, cap. 54, p. 349.

par le roi des Français, ne perdirent point courage : leur résistance dura autant que le règne de Henri III ; lorsque, par l'entremise du pape, ils se pacifièrent, en 1057, avec son successeur, le jeune Henri IV, à une diète générale assemblée à Cologne, ils le firent de même sans l'assistance du roi des Français. Baudoin acquit dans cette occasion le pays situé entre la Dendre et l'Escaut, le comté d'Alost et le château de Gand, dont il fit hommage à l'empereur (1). Godefroi, au contraire, renonça à ses prétentions sur la Lorraine ; mais il fut confirmé dans la jouissance de la Toscane, et des autres états d'Italie qu'il tenoit de sa femme, la puissante Béatrix, mère de la comtesse Mathilde. Béatrix, qui étoit prisonnière de l'empereur, fut rendue à son mari, et avec elle il alla s'établir à Lucques. (2)

Tandis que le roi des Français abandonnoit peu à peu tous les droits de sa couronne, et que sa mollesse le rendoit d'autant plus méprisable aux yeux de ses sujets, qu'elle contrastoit plus avec l'esprit chevaleresque et l'activité de son siècle, un jeune prince bâtard, qui devoit bientôt fonder une monarchie rivale de la France,

(1) *Sigeberti Gemblacens.*, p. 164. — *Vita Sancti-Lietberti*, p. 481. — *Alberici Trium Fontium Chronicon*, p. 356. — Oudegherst, *Ann. et Chr. de Flandre*, ch. 39, 4° f. 77, 78.

(2) *Alberici Chron.*, p. 356.

développoit en Normandie, au milieu des guerres civiles, l'audace, la constance, la ruse et la cruauté qui facilitèrent plus tard ses conquêtes. De sa huitième à sa vingtième année, Guillaume s'étoit maintenu au milieu des turbulens barons normands, plutôt par leur jalousie les uns des autres que par leur respect pour lui, ou par ses propres forces. Trop jeune et trop foible pour leur résister, il cédoit à leur violence, et si les seigneurs normands ne respectoient pas son autorité, ils n'en préféroient pas moins son règne nominal à celui d'un maître plus redoutable. Mais en 1047 Guillaume-le-Bâtard parvint à sa vingtième année, et dès qu'il déploya sa valeur, son adresse, son activité pour faire valoir ses droits comme duc des Normands, il excita aussi plus de jalousie, et donna lieu à des projets plus formels de le dépouiller. Renaud, fils d'Otte Guillaume, comte de Bourgogne ou Franche-Comté, avoit épousé une fille de Richard II, duc de Normandie, et prétendoit devoir succéder à ce grand fief de préférence à un bâtard. Son second fils, Guido, qui avoit reçu de Robert-le-Magnifique des fiefs considérables en Normandie, se mit à la tête d'un soulèvement presque universel de la noblesse contre Guillaume. On prétend que l'armée des insurgés étoit forte de trente mille hommes. Guillaume, de son côté, trouva dans cette province

1047.

1047. belliqueuse des soldats dévoués. Cependant, avant de les mener au combat, il vint à Poissy, pour avoir, avec le roi de France, une conférence; il lui rappela les services que ses ancêtres n'avoient cessé de rendre aux Capétiens, et il en obtint un renfort de trois mille hommes, qu'il paroît que Henri lui amena lui-même. Guillaume rencontra le comte Guido au Val des Dunes, et obtint sur les rebelles une victoire complète. Son adversaire, après s'être réfugié dans la forteresse de Roquedrille au comté de Brionne, fut obligé, faute de vivres, de la rendre par capitulation, et de se retirer en Bourgogne. (1)

1048. Guillaume de Normandie avoit à peine soumis ses ennemis domestiques, lorsqu'il fut attaqué, en 1048, par Geoffroi Martel, comte d'Anjou, qui lui enleva le château de Domfront. Cependant la rapidité de Guillaume laissoit rarement à ses adversaires le temps de profiter de leurs avantages. Il vint assiéger les Angevins

(1) *Archidiac. Huntindon. Hist.*, p. 207. — *Orderici Vitalis*, Lib. II, p. 227; Lib. VII, p. 247. — *Gesta Guillelmi Ducis Normann.*, p. 76. — *Willelmi Gemeticensis*, Lib. VII, c. 17, p. 43. — *Roberti de Monte accessio ad Sigebertum*, p. 166. — Quelques abbréviateurs font une part plus brillante à Henri, auquel ils attribuent tout l'honneur du combat. *Chron. veter. excerptum*, p. 159. — *Fragm. Hist. Franc.*, p. 161. — *Chron. Sancti-Petri vivi Senon.*, p. 196. — *Chron. Senon. Sanctæ Columbæ*, p. 292.

qui tenoient garnison dans Domfront. Le château, reposant sur des rochers escarpés, étoit trop fort pour qu'il pût l'attaquer avec des machines de guerre : il se contenta donc de le bloquer ; mais averti par ses espions que le château d'Alençon étoit mal gardé, il partit de nuit de son camp, surprit Alençon, et tira une cruelle vengeance des soldats qui lui avoient donné le surnom de Corroyeur, à cause du métier qu'avoient fait les parens de sa mère ; il en fit saisir trente-six, auxquels il fit couper les deux pieds et les deux mains, et qu'il laissa périr ainsi misérablement ; puis, revenant en toute hâte devant Domfront, il inspira aux assiégés une telle terreur, qu'ils capitulèrent aussitôt. (1)

En 1051, Guillaume alla faire visite à son cousin Édouard III en Angleterre. Déjà l'ambition des Normands se dirigeoit vers cette belle île ; Édouard III, élevé au milieu d'eux, et ayant adopté leur langue et leurs mœurs, ne s'entouroit que de favoris normands. Il avoit donné à des ecclésiastiques normands l'évêché de Londres et l'archevêché de Cantorbéry ; il en appeloit d'autres à la défense de sa personne ; il comptoit sur eux pour le protéger contre le comte Goodwin, le plus puissant des barons

---

(1) *Willelmi Gemeticensis Hist.*, Lib. VII, cap. 18, p. 44, et apud Duchesne, *Script. Norm.*, p. 276.

anglo-saxons, qu'il sentoit plus maître que lui dans son royaume. Il avoit épousé la fille de ce seigneur, et il s'étoit ensuite éloigné d'elle par un imprudent vœu de chasteté. Ce fut en se refusant à avoir des enfans de la fille de Goodwin, qu'Édouard-le-Confesseur fit naître, pour la première fois, dans le cœur de Guillaume, l'espoir de lui succéder. Toutefois sa partialité pour les Normands les exposa à toute la jalousie des Anglais, et elle détermina le comte Goodwin à exiger, en 1052, que tous les natifs de Normandie fussent expulsés d'Angleterre. (1)

Lorsque Guillaume songea à se marier, il rechercha une femme qui lui assurât une puissante alliance; il demanda Mathilde, fille de Baudoin de Lille, comte de Flandre. Celui-ci étoit alors en guerre avec l'empereur, et le pape, tout dévoué à Henri III, interdit aux deux seigneurs de contracter cette alliance. Les sujets de Guillaume étoient les plus belliqueux de tout l'Occident; ceux de Baudoin, les plus industrieux et les plus riches; leur union paroissoit redoutable à l'empereur : mais Guillaume ne tint aucun compte de ses menaces ou de celles du pape : il se rendit à Bruges en 1053. Averti que Mathilde avoit déclaré qu'elle n'épouseroit

(1) *Ingulfi abbatis Croylandensis Hist. monast. sii*, p. 153. — *Rogerii de Hoveden Annales Anglici*, p. 311.

jamais un bâtard, il l'attendit à la sortie de l'église, la supplia, l'effraya, et, s'il en faut croire la Chronique de Tours, la battit, jusqu'à ce qu'il eût obtenu son consentement. Par ce mariage, Guillaume se trouva neveu du roi de France; car Mathilde étoit fille d'Adèle de France, sœur de Henri. (1)

1053.

Loin cependant de resserrer en se mariant sa précédente alliance avec le roi de France, Guillaume fut presque aussitôt après appelé à le combattre. Un frère naturel de son père, Guillaume, comte d'Arques, s'étoit, depuis le commencement de son règne, signalé parmi les plus actifs de ses ennemis. Le duc lui avoit enfin enlevé son château, et l'avoit exilé de Normandie; mais le comte d'Arques ayant cherché un refuge chez les seigneurs français du voisinage, étoit parvenu à leur inspirer ses passions. Les Normands leur étoient odieux, les Français étoient jaloux de leur réputation de bravoure; ils désiroient avoir occasion de se mesurer avec eux, et ils engagèrent le foible Henri à fournir de l'argent au comte d'Arques, et à lui promettre des secours. Celui-ci ayant gagné les gardiens du château dont son neveu l'avoit dépouillé, s'en fit livrer les portes, et vint s'y

1054.

(1) *Chronic. Turonense*, p. 348. — *Willelmi Gemeticensis, Monachi Hist. Normannorum*, Lib. VII, cap. 277, *apud Duchesne*.

établir avec environ trois cents aventuriers, auxquels il promit, au lieu de solde, le pillage des campagnes voisines. Guillaume ne voulut pas leur donner le temps de s'enrichir par ces brigandages; et avant même d'avoir rassemblé une armée suffisante, il se présenta devant Arques pour l'assiéger. Mais tandis que ses hommes d'armes venoient successivement le rejoindre, il apprit que Isembert, comte de Ponthieu, et Hugues Bardolphe, marchoient au secours des assiégés avec une armée française, et que le roi lui-même faisoit mine de s'approcher aussi. Le duc Guillaume vouloit, aussi long-temps qu'il dépendroit de lui, éviter de combattre son suzerain. Il resta donc au siége d'Arques; seulement il détacha de son armée quelques-uns de ses barons normands, qui dressèrent aux Français une embuscade, où le comte de Ponthieu fut tué, et Hugues Bardolphe fait prisonnier. A cette nouvelle, le roi se retira sans avoir vu les Normands, et Guido, frère du comte de Ponthieu, qui avoit surpris le château des Moulins, se hâta de l'évacuer. (1)

Avant la fin de l'année Henri voulut laver l'affront qu'il lui sembloit avoir reçu en Normandie. Il appela tous ses vassaux au service militaire, et il en forma deux armées, l'une au nord, l'autre au midi de la Seine : il se trouva

(1) *Willelmi Malmesbur.*, Lib. III, p. 179.

lui-même à la seconde, dont il abandonna la direction à Geoffroi Martel, comte d'Anjou, le plus renommé pour sa bravoure et son bonheur, entre les grands seigneurs de France. Le frère du roi Eudes de France, qu'il avoit mis sous la tutelle de Raoul ou Rodolphe, le grand-chambellan, commandoit l'armée au nord de la Seine.

Guillaume étoit un zélé partisan du système féodal, sur lequel reposoit sa propre puissance; il vouloit, autant que possible, éviter de montrer à ses vassaux un sujet combattant contre son souverain. Il se chargea donc d'observer l'armée royale, de l'empêcher de s'étendre, et de la tenir en respect sans l'attaquer; tandis qu'il donna commission au comte d'Eu, à Hugues de Montfort, Hugues de Gournay, et Guillaume de Crespigny, de traiter l'armée de Eudes avec moins de ménagemens. Celui-ci étoit entré par le Beauvaisis en Normandie, et il avoit pénétré jusqu'au pays de Caux, ravageant tout autour de lui, lorsque les quatre barons trouvèrent à Mortemer l'armée française dans le désordre qui suit un pillage. Quelques uns des soldats étoient ivres, d'autres entourés des femmes qu'ils avoient enlevées aux villageois; aucun ne sembloit s'attendre à un combat; Eudes ne le refusa point cependant; mais bientôt, effrayé de la vivacité de l'attaque des Normands, il donna le premier l'exemple de la fuite. Pendant qu'il s'éloignoit de toute la vitesse de son cheval, sa noblesse continua à se défendre jusqu'à trois heures après midi; aussi la plus grande partie périt-elle dans le combat, et les autres furent presque tous faits prisonniers. Ce fut le sort, entre autres, de Guido qui avoit succédé à son frère dans le comté de Ponthieu, et qui avoit espéré de le venger. Il faisoit nuit lorsque le duc Guillaume reçut la nouvelle de la victoire de ses troupes, et il étoit avec son autre armée, à peu de distance de celle du roi. Il ordonna aussitôt à son héraut d'armes de s'approcher du camp de Henri, et d'appeler les gardes d'une voix de stentor : « Dites à votre « roi, cria celui-ci, que mon nom est Robert de « Toënes, et que je lui porte une lugubre nou- « velle. Conduisez vos chars à Mortemer, pour « y charger les cadavres de ceux qui vous sont « chers; car les Français sont venus contre « nous éprouver l'art militaire des Normands, « et ils l'ont trouvé bien meilleur qu'ils ne l'au- « roient voulu. Eudes, leur chef, a pris hon- « teusement la fuite, le comte de Ponthieu est « prisonnier, presque tout le reste est tué ou « captif; il y en a bien peu que la rapidité de « leurs chevaux aient pu mettre en sûreté. C'est « le duc des Normands qui fait donner cet avis « au roi des Français. » Henri, frappé du désastre, et effrayé de la manière dont il lui étoit

annoncé, ordonna aussitôt la retraite, et ramena
son armée en France sans avoir combattu. (1)

Après quatre ans de repos, Henri fit encore
en 1058 une irruption en Normandie, à l'instigation du comte d'Anjou : il y assiégea le château de Tillières ; mais à son retour il perdit la
moitié de son armée, dans une embuscade qui
l'attendoit à la chaussée de Varville (2). L'année
suivante, lorsqu'il se disposoit à faire sacrer son
fils Philippe, il voulut auparavant se réconcilier avec les Normands, qui, étant ses plus proches voisins, pouvoient être aussi ses plus dangereux ennemis. Il envoya les évêques Letzelin
de Paris, et Foulques d'Amiens, à Rouen, pour
traiter avec Guillaume, qui, de son côté, désiroit la paix. Nous savons qu'elle se fit sans difficulté, mais nous n'en connoissons point les
conditions. Cependant les brigandages et les
incendies qui avoient ruiné l'une et l'autre frontière se trouvèrent dès lors interrompus pour
un peu de temps. (3)

Si les événemens politiques eurent peu d'importance durant les dix-huit dernières années

---

(1) *Willelmi Gemeticensis Hist.*, p. 47 ; apud *Duchesne*,
L VII, c. 24, p. 281. — *Willelmi Malmesbur.*, L. III, p. 179.

(2) Hist. d'aucuns des ducs de Normandie, p. 317. — *Diploma Henrici I Monasterio Sancti-Germani*, p. 598.

(3) *Chronic. Fiscamnense*, p. 394. — *Mabillonius Annal. Bened.*, T. IV, p. 592. — *Willelmus Gemeticensis*, Lib. VII, cap. 28, p. 283.

du règne de Henri Ier, l'histoire religieuse de la même période mérite de notre part une plus grande attention. Elle nous montre cette fermentation des esprits, caractère du moyen âge, qui se portoit tour à tour sur tous les objets, et à laquelle l'Europe dut les progrès en tout genre qu'elle n'a cessé de faire depuis l'an mille : elle nous montre encore la religion catholique, malgré ses prétentions à l'unité de croyance, se partageant successivement sur toutes les questions qu'elle examinoit, expliquant de mille manières chacun des articles de sa confession de foi, et ne conservant cette unité orthodoxe à laquelle elle attache du prix, que parce que, à chaque dissentiment, la majorité écrasoit la minorité, ou que, dans le langage ecclésiastique, l'orthodoxie extirpoit l'hérésie par le fer et le feu. Elle nous montre enfin l'Église réformant sa discipline, et recevant du pouvoir séculier une organisation plus forte qu'elle tourna bientôt contre lui.

Le réveil de l'esprit avoit fait pulluler dans tout l'Occident de hardis et ingénieux réformateurs, qui cherchoient un remède aux maux qu'éprouvoit alors l'espèce humaine. Ils dirigèrent d'abord leurs regards vers l'enseignement religieux, parce qu'il étoit en même temps et le premier des intérêts spirituels et le plus efficace des moyens de gouvernement. Ils avoient vu de toutes parts des abus effrayans, et dans la doctrine de l'Église presque entièrement pervertie, et dans les mœurs du clergé qui s'abandonnoit à tous les désordres des gens de guerre, et dans la pratique commune des fidèles qui, mettant les observances à la place des vertus, et la pénitence au lieu de la soumission au devoir, s'étoient entachés de tous les vices, et s'étoient débarrassés de tous les remords. Ils essayèrent de toute leur puissance de changer ces désordres universels. L'enseignement d'une doctrine, autre que celle que professoit l'Église, étoit dangereux, puisqu'il auroit été immédiatement puni comme une hérésie. Cependant cette doctrine existoit en secret, pour les adeptes, que leurs ennemis flétrissoient du nom de nouveaux manichéens. Ils entreprirent avec plus de courage de prêcher la réforme des mœurs par leur exemple ; et comme ils accusoient le commun des chrétiens d'être tombé dans la dissolution, ils essayèrent au contraire de se signaler par leur austérité : ils s'abstinrent, dans leur nourriture, de l'usage de tout ce qui avoit eu vie ; ce régime sévère qui se manifestoit par la pâleur de leurs visages, au lieu d'inspirer du respect, ou tout au moins de la compassion, les exposa bientôt au danger auquel ils avoient cru échapper en ne dogmatisant point.

L'évêque de Châlons-sur-Marne, soupçonnant qu'un grand nombre de ces hérétiques existoient dans son diocèse, s'adressa au même Waso, évêque de Liége, qui avoit détourné Henri Ier de la guerre, et que sa réputation de sainteté rendoit l'oracle des autres prélats, pour lui demander s'il ne convenoit pas de faire périr les Manichéens par le glaive. Waso, en qui la sainteté s'allioit à une douceur de caractère et à une sagesse bien rares parmi ses confrères, lui écrivit « d'imiter plutôt
« le Sauveur, et de tolérer ceux qui s'écartoient
« de la religion chrétienne. Que ce qui n'est que
« poudre cesse de juger, après avoir entendu le
« jugement de celui qui la condamne. Ne cher-
« chons point à leur ôter la vie par le glaive de
« la puissance séculière, et n'oublions pas que
« nous, qui nous appelons évêques, n'avons pas
« reçu dans notre ordination le glaive des sé-
« culiers.

« Cet homme de Dieu, ajoute l'écrivain, ami
« de Waso, s'efforçoit d'autant plus d'inculquer
« cette doctrine, à l'exemple de saint Martin,
« qu'il vouloit mettre un frein à la cruauté pré-
« cipitée des Français, toujours avides de car-
« nage ; car il avoit appris qu'ils prétendoient
« distinguer les hérétiques à leur seule pâleur,
« affirmant que quiconque pâlissoit, s'abstenoit
« de viande, et étoit certainement hérétique.

« Par ce mélange d'erreur et de fureur, un grand
« nombre de vrais catholiques avoient été en-
« voyés à la mort. » (1)

1046.

Au reste, il étoit injuste d'accuser les seuls
Français d'un esprit de persécution qui appartenoit alors à toute l'Église, et qui se retrouvoit
chez toutes les nations. « Six ans plus tard,
« en 1052, dit Hermann Contract, l'empereur
« Henri III vint célébrer les fêtes de Noël à Gotz-
« lar; là, on découvrit quelques hérétiques qui
« avoient en horreur toute nourriture animale;
« c'étoit une des erreurs de la secte manichéenne.
« De peur que cette contagion hérétique, qui
« déjà serpentoit au loin, ne souillât de nou-
« veaux prosélytes, Henri, du consentement
« de tous, ordonna qu'ils fussent pendus (2). »
Le biographe du tolérant Waso, qui avoit adopté
les sentimens de son ami, ajoute que s'étant
informé avec soin des circonstances de leur
procès, il s'étoit assuré que la seule marque à laquelle on avoit reconnu leur hérésie, c'est qu'ils
avoient refusé de tuer un poulet, selon l'ordre
que leur en avoient donné les évêques d'Allemagne. (3)

1052.

(1) *Gesta episcopor. Leodiensium auctore Anselmo canon. Leod.*, apud Martenium, T. IV, *Amphissimæ collectionis*, p. 900. — *Scr. fr.*, T. XI, p. 10.

(2) *Hermanni Contracti Chron.*, ann. 1052, p. 20.

(3) *Anselmi Mon. de Gestis episc. Leod.*, p. 11.

1050.

Dans le même temps, l'Église des Gaules étoit occupée d'une autre controverse, qui fut d'abord traitée avec des ménagemens inaccoutumés. Nous avons dit que Fulbert, évêque de Chartres, qui avoit eu beaucoup de part à l'éducation de la jeunesse studieuse de France, avoit attaché une grande importance à faire regarder comme un dogme fondamental dans la foi catholique, la présence réelle du corps et du sang de Jésus-Christ dans l'eucharistie. Un archidiacre d'Angers, nommé Bérenger, qui avoit suivi lui-même les leçons de Fulbert, et qui avoit acquis une grande considération par son savoir et par ses mœurs, commença au contraire, vers cette époque, à enseigner que ce dogme de la transsubstantiation devoit être regardé comme une innovation dans la foi, et qu'il étoit contraire à l'ancienne doctrine de l'Église, tout autant qu'au témoignage des sens et aux lois de la nature. Il en appeloit à l'autorité du livre d'un savant Écossais, Jean Scot, surnommé Érigène, qui, par ordre de Charles-le-Chauve, avoit écrit sur l'eucharistie, et qui n'avoit vu dans le pain et le vin que la représentation symbolique du corps et du sang de Jésus-Christ; il prétendoit de plus que Paschasius Ratbertus, également contemporain de Charles-le-Chauve, étoit le premier inventeur du dogme nouveau de la transsubstantiation. Les opinions de Bérenger, communiquées seulement aux prélats et aux érudits, furent adoptées par plusieurs d'entre eux, et entre autres par Bruno, son propre évêque, à Angers. (1)

Le successeur du sage et tolérant Waso, Déodoin, évêque de Liége, lorsqu'il fut informé des doutes élevés par Bérenger et ses disciples, écrivit à Henri Ier pour exprimer sa douleur de ce qu'on ne pouvoit pas envoyer immédiatement au supplice ces hommes pervers; en effet, l'un d'eux étoit évêque, et il n'étoit point permis de condamner les évêques sans l'autorité du saint-siége. « Du moins, ajoutoit-il, nous supplions ta ma-
« jesté de te garder d'entendre leur coupable,
« impie, sacrilége assertion, jusqu'à ce que tu aies
« reçu une autorisation du saint-siége, pour les
« condamner immédiatement après l'audience.
« Quoique après tout, il ne soit point nécessaire
« d'entendre des hommes de cette espèce; ce
« n'est pas pour les entendre qu'il faut assem-
« bler un concile; c'est pour rechercher pour
« eux un supplice suffisant; c'est seulement lors-
« que de telles questions, ou d'autres sembla-
« bles, n'ont pas encore été décidées, qu'on peut
« entendre les hérétiques dans leur défense,
« pour savoir de quel côté est la vérité..... Au-

---

(1) *Epistolæ Berengarii ad Lanfrancum et Ascelinum. Conciliar*. T. IX, p. 1054, 1056.

« jourd'hui, nous regardons Bérenger et Bruno
« comme déjà frappés de l'anathème. » (1)

Mais le zèle de l'évêque de Liége ne fut point, dans cette occasion, secondé par le corps entier de l'Église. Bérenger, sans chercher à faire une secte, avoit seulement présenté des doutes à la discussion; il les avoit soumis à l'autorité de l'Église, et il s'étoit déclaré prêt à abjurer toute opinion qui seroit réprouvée par elle. Il faut croire que, sur cette question, qui n'avoit point encore été débattue, la croyance n'étoit pas bien fixée. On l'examinoit de bonne foi, plutôt que de chercher à faire périr celui qui l'avoit élevée; on ne la regardoit pas comme très dangereuse: la doctrine de Bérenger étoit trop conforme au témoignage des sens et de la raison, pour avoir beaucoup de faveur auprès du peuple. Le plus grand homme de l'Église, à cette époque, le moine Hildebrand, témoignoit lui-même beaucoup de considération au grand hérésiarque. Six conciles successifs à Rome, et autant dans les provinces, furent appelés à se prononcer en faveur de la transsubstantiation; quatre confessions différentes furent proposées à Bérenger, et il paroît qu'il les accepta; enfin il se retira dans un couvent de l'île de Saint-Côme, près

(1) *Epistola Deoduini episcopi*, Scr. fr., T. XI, p. 497.

de Tours, et il y mourut en paix, seulement en 1079. (1)

Au commencement de la période que nous parcourons, l'Église romaine étoit tombée dans un tel excès de désordre, qu'on devoit lui supposer peu de vigueur pour se défendre contre les novateurs, ou pour influer sur les conseils des monarques; mais ce fut l'époque où elle fit l'effort le plus vigoureux pour réformer sa discipline, et presque aussitôt, de servante des rois, elle devint leur maîtresse.

La richesse et le pouvoir attachés aux prélatures avoient tenté l'ambition des grands seigneurs, et toutes les dignités de l'Église étoient devenues la proie des fils de famille noble : un évêché, une abbaye étoient d'excellens établissemens pour les cadets; souvent même les aînés les trouvoient trop avantageux pour vouloir s'en dessaisir. Ils pouvoient d'autant plus aisément les réunir au reste de leurs biens, que l'usage de se marier devenoit, parmi ces prélats, tous les jours plus fréquent. Déjà les évêchés et les abbayes commençoient à être ouvertement comptés dans l'héritage de chaque duc, comte ou vicomte, et lorsqu'ils ne pouvoient ou ne vouloient pas en profiter pour eux-mêmes

---

(1) *Observationes in Concilia*, *Scr. fr.*, T. XI, p. 527. — *Concilia Generalia*, T. IX, p. 1050, et seq. — *Baronii Annal.* ad ann. 1050, p. 182. — *Pagi Critica*, p. 182.

ou pour leurs enfans, ils ne se faisoient aucun scrupule de les vendre. Ce commerce des dignités de l'Église, qu'on nommoit simoniaque, parce qu'on prétendoit que c'étoit, comme Simon, vouloir acheter ou vendre les dons du Saint-Esprit, étoit devenu cependant si habituel et si public, que les traces s'en retrouvent dans presque toutes les chartes de partage et les testamens de cette époque. Il existoit également en France, en Allemagne et en Italie, mais il choquoit davantage dans ce dernier pays, où l'on voyoit la tiare elle-même mise à l'enchère, tandis que c'étoit de là que la chrétienté attendoit la lumière, et une inspection générale sur sa doctrine.

Rome se trouvoit, au onzième siècle, sous l'influence, et presque sous la domination des comtes de Tusculum, seigneurs peu puissans, mais dont le fief s'étendoit jusqu'aux portes de la capitale de la chrétienté. Ces comtes en avoient profité depuis plusieurs générations pour vendre le souverain pontificat, ou se l'attribuer à eux-mêmes. Benoît VIII, qui étoit de leur famille, s'étoit fait pape en 1012; son frère, Jean XIX, lui avoit succédé en 1024, et Benoît IX, neveu de l'un et de l'autre, et fils d'Albéric, avoit succédé en 1033 à Jean XIX, quoiqu'il fût alors un enfant de dix ans. Lorsqu'il parvint à l'âge des passions, au lieu d'apprendre à se conduire en pasteur des chrétiens, il se montra tel qu'un tyran effréné, prodigue de sang et de meurtres, et avide de débauches de tous genres. On voulut en vain réprimer ses excès par des révoltes à main armée; ces tentatives n'amenèrent que des accords scandaleux, par lesquels les revenus et les palais des souverains pontifes furent partagés entre trois rivaux, Benoît IX, Grégoire VI et Sylvestre III, qui tous trois régnèrent à Rome, depuis l'an 1044, et que l'Église a tous trois reconnus. (1)

Les désordres de la cour de Rome ne nuisirent point autant au zèle de la religion et au respect pour l'Église qu'on auroit pu s'y attendre; mais ils furent singulièrement avantageux à la puissance séculière, qui sortit de la tutelle où le clergé l'avoit tenue, et ramena au contraire l'ordre ecclésiastique dans une sorte de dépendance de l'ordre civil. Il auroit été désirable pour les rois et pour les grands seigneurs, que le pape et les prélats continuassent à poursuivre ces plaisirs ou cette réputation guerrière qui les désarmoit comme prêtres. Ils avoient déjà eu le temps d'apprendre que le clergé acquiert des forces par la privation, de l'empire par la pau-

(1) *Baronii Annal. eccles.*, ann. 1044, p. 142, seq. — *Pagi Critica*, p. 165. — *Muratori Annali d'Italia*, ad ann. 1044. — *Vita Romanorum pontificum in Muratorii, Scr. ital.*, T. III, P. II, p 339 seq.

vreté, et qu'il n'est jamais plus redoutable que lorsque, réduit à vivre d'aumônes, il exploite le fanatisme, et fait sa cour à l'ignorance. Mais les souverains jugeoient le clergé d'après leur foi, non d'après leur politique, et ils désiroient le voir soumis à une réforme, quand même elle lui donneroit plus de force contre eux.

Lorsque des ecclésiastiques sévères commencèrent à tonner dans toutes les chaires contre la simonie, les souverains furent parmi les premiers convertis; ils se montrèrent plus scandalisés que personne des élections honteuses qu'une influence séculière avoit fait faire. L'empereur Henri III, le plus puissant des monarques de l'Europe, et le plus distingué par son caractère, se hâta de témoigner son repentir, et d'offrir des compensations pour quelques élections d'évêques qu'il avoit faites à prix d'argent (1). Ce fut surtout cependant la triple élection des papes, et le schisme qu'elle causoit dans l'Église, qu'il prit à tâche de corriger; il les fit déposer tous les trois, en 1046, par un concile assemblé à Sutri, et il fit élever à leur place, sur le trône pontifical, un Allemand, évêque de Bamberg, qui prit le nom de Clément II, et de qui il reçut lui-même la couronne impériale. Il assembla ensuite un second concile à Rome, qui prononça des peines sévères contre la simonie. En même

---

(1) *Baronii Annal. eccles.*, 1047, p. 153.

temps, pour soustraire absolument l'Église romaine à la domination des comtes de Tusculum, il exigea des Romains le serment qu'ils ne procéderoient plus sans son aveu à l'élection d'un pape. (1)

On ne tarda pas long-temps à recueillir les fruits du zèle de l'empereur pour rendre l'Église indépendante, et pour affranchir les prélats du joug des moindres seigneurs. Une fermentation très vive fut bientôt excitée dans toute la chrétienté, contre toute institution simoniaque; c'étoit désormais la direction de toutes les controverses religieuses; des hommes d'un caractère audacieux s'étoient déjà engagés dans les ordres, avec la détermination de combattre pour l'indépendance de l'Église, comme les républicains combattent pour celle de leur patrie. Le moine Hildebrand, le plus superbe entre eux tous, le plus intrépide, le plus convaincu de son droit, commençoit à acquérir, par ses talens et sa force d'âme, une influence remarquable sur tout le clergé. Né dans la bourgade de Soane de l'état de Sienne, il étoit récemment venu en France, pour s'instruire au couvent de Clugny dans la discipline la plus rigoureuse de l'Église, et pour converser avec le vénérable Odilon, chef de l'ordre des bénédic-

(1) *Labbei Concilia Gener.*, T. IX, p. 943 seq. — *Mascovii Comment.*, Lib. V, cap. 38, p. 122.

tins, qui mourut dans ce couvent le 1ᵉʳ janvier 1049. Hildebrand approuvoit les efforts de l'empereur pour soustraire les princes de l'Église à toute dépendance des princes séculiers; mais il vouloit qu'ils ne fussent pas moins indépendans de l'empereur lui-même. Déjà Henri III avoit fait élire successivement, comme papes, Clément II, puis Damas II, qui tous deux étoient morts, l'un après deux ans, l'autre après un an de règne; et Benoît IX, qui vivoit toujours, s'efforçoit, à chaque vacance, d'occuper de nouveau le saint-siége. Henri III désigna, dans les comices de Worms, un troisième pape pour succéder à Damas. Ce fut son parent Bruno, évêque de Toul, qui prit le nom de Léon IX, et que l'Église vénère comme saint. Mais Hildebrand persuada à Bruno de ne point accepter de l'empereur une élection qui n'appartenoit pas au pouvoir séculier, de se rendre à Rome avec lui, vêtu en pèlerin, et d'y solliciter du clergé et du peuple une nomination nouvelle, qui seule seroit sans tache; il n'eut pas de peine à l'obtenir. (1)

Sans scrupule désormais sur sa propre élection, Léon IX entreprit avec zèle d'affranchir l'Église, et d'extirper l'hérésie qu'il nommoit

---

(1) *Baronius Annal. eccl.*, 1049, p. 160. — *Vita Leonis IX a cardinali Aragonio, in Murat., Scr. ital.*, T. III, p. 277. — *Wiberti vita Leonis IX, ib.*, Lib. II, cap. 2, p. 292.

simoniaque. Il fut surtout secondé par la ferveur et l'audace de deux moines italiens, Hildebrand et Pierre Damiani de Ravenne, dont le premier occupa depuis un rang distingué parmi les papes, et le second parmi les saints. Léon IX présida à plusieurs conciles assemblés pour cet objet. L'un des plus remarquables fut celui de Reims, convoqué en 1049, avec l'assentiment du roi Henri Ier. Lorsque ce roi cependant sut que le pape se mettoit en route pour venir en France, il fut ébranlé par les instances des prélats simoniaques, et des seigneurs qui les avoient institués; il voulut détourner l'attaque dont ils étoient menacés, et il pria Léon IX de différer son voyage jusqu'à ce que la contrée fût plus tranquille; mais le chef de l'Église ne tint aucun compte de cette demande; il arriva à Reims le 29 septembre 1049, et il y fut accueilli en grande pompe par le peuple, qui accouroit de toutes les parties des Gaules pour lui rendre hommage. Vingt archevêques ou évêques assistèrent à l'ouverture du concile. Plusieurs autres de ceux qui y avoient été convoqués, craignant l'examen de leur conduite, ne s'y rendirent pas. (1)

En effet, l'épreuve devoit être sévère; chaque prélat fut appelé à son tour à prêter serment

---

(1) *Acta Conciliorum Romani Primi, Ticinensis, Remensis, et Moguntini contra simonacos*, ann. 1049; *Concilia Labbei*, T. IX, p. 1027 seq. — *Baronii Annal.*, 1049, p. 164.

qu'il n'avoit point donné d'argent pour obtenir son élection. Des quatre archevêques présens, ceux de Trèves, de Lyon et de Besançon ne firent point de difficulté de prêter le serment qui leur étoit demandé; mais celui de Reims pria, le premier jour, le pape de lui accorder du temps pour réfléchir; le second, il voulut avoir des évêques pour conférer avec eux. Après cette consultation, l'évêque de Senlis protesta, pour lui, qu'il n'étoit pas coupable de simonie; toutefois, lorsqu'il fallut confirmer par serment cette déclaration, l'archevêque de Reims demanda de nouveau un délai, qui lui fut accordé jusqu'au prochain concile romain. (1)

Parmi les seize évêques présens, celui de Nevers confessa qu'il avoit acheté son siége, et donna volontairement sa résignation; ceux de Coutance et de Nantes avouèrent que leurs parens avoient acheté leurs évêchés; mais sans qu'eux-mêmes y eussent donné leur consentement; celui de Langres, accusé non-seulement de simonie, mais encore d'avoir arraché de l'argent à ses prêtres, par d'effroyables tortures, demanda du temps pour réfléchir; il profita du délai accordé pour s'échapper de la ville, et il fut déposé. L'archevêque de Sens, et les évêques de Beauvais et d'Amiens, se sentant plus coupables encore, n'avoient pas osé assister au

(1) *Baronii Annal.*, p. 171.

concile, quoiqu'ils y fussent convoqués. L'abbé de Saint-Médard de Soissons s'étoit évadé après la première session; tous quatre furent déposés. Enfin le concile, tournant aussi les yeux sur les séculiers, frappa d'excommunication plusieurs comtes et plusieurs chevaliers, en punition des désordres de leurs mœurs et de leurs mariages. (1)

Les efforts du pape Léon IX, pour détruire la simonie, ne trouvoient en France ni opposition ni appui dans Henri Ier, trop indolent ou trop borné pour mettre un intérêt durable à aucune question générale, et trop foible pour que son alliance valût la peine d'être recherchée; en Allemagne et en Italie, Léon IX pouvoit toujours compter sur l'appui de l'empereur Henri III, malgré l'effort qu'il avoit fait pour soustraire sa propre élection à l'influence impériale. Il s'étoit, dans d'autres occasions, montré parent dévoué ou sujet fidèle; il avoit frappé des foudres ecclésiastiques les ennemis du monarque : en Lorraine, le duc Godefroi et Baudoin de Flandre; en Italie, ces aventuriers normands, alors conduits par Drogon et Unfroi, qui, secondés chaque année par de nouvelles troupes de pèlerins armés, fondoient dans la

---

(1) *Baronii Annal.*, p. 173. — *Concilia Generalia*, T. IX, p. 1040. — *Wibertus vita Leonis*, T. IX, Lib. II, cap. 4, p. 294.

1050. Pouille, une principauté nouvelle. Ce seroit abandonner tout-à-fait l'histoire de France, que de suivre les aventures de ces douze fils de Tancrède de Haute-Ville, qui, passant successivement de la Normandie dans l'Italie méridionale, y inspiroient tour à tour l'horreur et l'effroi par leurs brigandages, leur rapacité, leur cruauté et leur manque de foi; l'admiration, par leur bravoure chevaleresque. La conquête du Pérou, par les frères Pizarre, a seule reproduit un tel mélange de crimes, d'avarice et d'audace. Il convient pourtant de noter l'événement qui, durant le règne de Henri Ier, donna à ces Français

1053. un établissement légal en Italie. Léon IX, en 1053, arma contre eux les deux empires; il reçut en même temps des secours des Grecs et des Allemands : il appela à prendre les armes tous les Italiens à qui leur sûreté et leur religion étoient chères, et il annonça aux Normands qu'il ne leur accorderoit la paix que sous condition qu'ils évacueroient l'Italie. Mais le succès ne répondit pas à sa hardiesse; son armée fut dissipée le 18 juin 1053, près de Civitella dans la Capitanate; abandonné par les fuyards, il tomba entre les mains d'Unfroi et de son frère Robert Guiscard, qui commandoient les Normands. Ceux-ci s'empressèrent de lui témoigner un respect qui alloit presque jusqu'à l'adoration; mais en même temps ils le retinrent prisonnier, et ne lui rendirent la liberté que lorsque Léon IX eut sanctionné toutes leurs usurpations. Le pape vaincu ne se fit point scrupule d'abandonner les Grecs ses alliés, à ces ennemis rapaces auxquels il se réconcilioit. Il s'attribua tout à coup, sur les provinces de l'empire grec, une suzeraineté à laquelle aucun de ses prédécesseurs n'avoit prétendu. A ce titre il donna à Robert Guiscard l'investiture du duché de Pouille qu'il avoit en partie conquis, ainsi que celle du duché de Calabre et de la Sicile, qu'il pouvoit conquérir encore; et Léon IX, prisonnier, ordonna que les Normands tiendroient ces provinces en fief du saint-siége. (1)

Léon IX ne survécut pas long-temps à l'humiliation que les Normands lui avoient fait éprouver; il mourut à Rome le 19 avril 1054; et une chronique écrite par un contemporain, qui lui-même fut pape avant la fin du siècle, nous apprend que « les Romains envoyèrent « Hildebrand, alors sous-diacre de l'Église « romaine, à Henri III, pour qu'il amenât « lui-même de ces régions lointaines un pape « que l'empereur choisiroit au nom du clergé « et du peuple romain ; car on n'avoit trouvé « à Rome personne de propre à un si haut

---

(1) *Hermanni Contracti Chron.*, p. 21. — *Gaufredi Malaterræ*, Lib. I, cap. 14, p. 553, *in Muratori, Script. rer. ital.*, T. IV.

1053. « office (1). » Il est curieux de voir Hildebrand, cet arrogant champion de la liberté de l'Église, remplir une mission qui sembloit la détruire. Au reste, il y apporta son caractère inflexible, et ayant fait choix de l'évêque d'Aichstedt, il força en quelque sorte l'empereur de le lui accorder pour pape. Ce nouveau pontife allemand prit le nom de Victor II, et fut ordonné à Rome le 13 avril 1055. (2)

1056. Bientôt après ce nouveau pontife fut rappelé par l'empereur en Germanie, pour concerter avec lui la suite des mesures à prendre sur la réforme de l'Église. Il étoit à Gotzlar lorsque Henri III, âgé seulement de trente-neuf ans, mourut à Bothfeld, sur les confins de la Thuringe et de la Saxe, le 7 octobre 1056. Ce monarque, en expirant, recommanda à Victor II son fils Henri IV, âgé seulement de cinq ans, qu'il laissoit sous la tutelle de l'impératrice Agnès. La mort inattendue de l'empereur changea tout à coup la nature de l'attaque qu'il avoit dirigée contre la simonie. La pureté de ses mœurs, son zèle pour la religion, sa justesse d'esprit, sa force de caractère, son activité et son courage, l'avoient toujours maintenu à la tête du clergé : son éloquence, formée par des

---

(1) *Chron. Montis Cassinensis*, Lib. II, cap. 89, p. 403, T. IV. *Rer. ital.*

(2) *Baronii Ann. eccles.*, 1054, p. 223.

études libérales, avoit obtenu une grande influence sur les conciles et les diètes. En soustrayant les prélats au joug des seigneurs, il n'avoit fait que les attacher plus fortement à l'empire, et tout en rendant son clergé plus moral et plus respecté, il croyoit l'avoir rendu aussi plus obéissant. Dès qu'il fut mort, cette force du clergé, qu'il avoit recréée, se tourna contre ses successeurs, et Henri IV n'eut que trop lieu d'apprendre que les évêques étoient d'autant plus redoutables pour lui, que leur élection étoit plus canonique, et leur vie plus exemplaire. (1)

1056.

Victor II mourut le 28 juin 1057 : son frère Étienne IX, qui lui succéda, toujours d'après la désignation de la cour impériale, mourut le 29 mars suivant. Les comtes de Tusculum essayèrent alors, de nouveau, de s'emparer de l'élection des papes; mais leur protégé Benoît X fut déposé, et le Bourguignon Gérard, évêque de Florence, le remplaça sur le trône, pendant les années 1059 et 1060, sous le nom de Nicolas II. Cette succession de papes éphémères avoit à peine retardé les progrès du pouvoir pontifical : chaque élection donnoit à l'Église un chef plus austère, et l'ambition du pontife, comme la soumission du peuple, se proportionnoient tou-

1059—1060.

---

(1) *Lamberti Schafnaburg*, ann. 1056, p. 61. — *Mascovius Comment.*, Lib. V, cap. 59, 60, p. 357.

jours à ses vertus monacales. Nicolas II acheva de soustraire l'élection des papes à l'influence de la cour impériale, en fondant dans l'Église le collége électoral, auquel il confia pour l'avenir le droit de lui donner un chef. Par sa constitution du mois d'avril 1059, approuvée dans un concile romain, il ordonna qu'à la mort d'un pape les cardinaux évêques se rassembleroient pour traiter ensemble de l'élection; qu'ils seroient secondés par les cardinaux clercs, et que leur choix seroit sanctionné par le consentement du reste du clergé et du peuple (1). Par ce décret, l'aristocratie nouvelle de l'Église fut constituée; son esprit de corps, sa prudence, sa constance, secondèrent désormais l'énergie du prêtre roi, ou suppléèrent à ses infirmités. La monarchie constitutionnelle du clergé reçut une organisation forte et habile, à laquelle elle dut en grande partie ses avantages dans la lutte contre le pouvoir séculier.

En même temps que Nicolas II réforma le conseil suprême de l'Église, il réforma aussi sa milice, en proscrivant absolument les mariages des prêtres. On peut trouver des exemples de ces mariages dans chaque siècle de l'Église; cependant leur pratique avoit toujours paru contraire à l'esprit du clergé et à l'obéissance régulière de ses membres. Dans le dixième et la pre-

(1) *Baronii Annal. eccles.*, 1059, p. 260.

mière moitié du onzième siècle; les mariages s'étoient multipliés parmi les prêtres et les évêques en raison même de la diminution de leur esprit de corps. Il y avoit des diocèses, soit en France, soit en Italie, où l'on ne trouvoit pas un prêtre qui n'eût une femme ou une concubine. Les uns prétendoient ne rien faire en cela de contraire aux lois générales de l'Église; d'autres affirmoient que leur province étoit expressément dispensée de la règle de discipline qui imposoit aux autres le célibat. Nicolas II déclara cette prétention hérétique; il dénonça le clergé marié comme une secte nouvelle, à laquelle on donna, peut-être par antiphrase, le nom de *nicolaïte*. Les deux saints qui dirigeoient alors l'Église, Hildebrand et Pierre Damiani, attaquèrent avec une grande vigueur ces hérétiques nicolaïtes: le livre de saint Pierre Damiani, intitulé *Gomorrhœus*, les combattit avec une naïveté de langage qui nous paroîtroit aujourd'hui peu d'accord avec la sainteté (1). Enfin, une constitution de Nicolas II condamna les prêtres concubinaires : leur résistance fut vive, elle fut longue; mais quand ils se sou-

(1) Voici le commencement de la dédicace au pape Nicolas : *Nuper habens cum non nullis episcopis, ex vestræ majestatis auctoritate, colloquium, sanctis eorum femoribus volui seras apponere, tentavi genitalibus sacerdotum, ut ita loquar, continentiæ fibulas adhibere.* Apud Baronium Annal., 1059, p. 263.

mirent, l'armée de l'Église en devint bien plus disciplinée et plus redoutable.

Le monarque français avoit été le témoin passif de tous ces grands changemens; il avoit vu l'influence de l'empire s'affermir dans l'intérieur des Gaules, en Lorraine et en Flandre; le duché de Normandie assurer son indépendance, et prendre une attitude menaçante; les hérésies pulluler, puis être réprimées par des supplices; l'Église enfin s'organiser en dehors de l'état, et s'armer contre l'autorité temporelle. Quoiqu'il n'eût pas été constamment inactif, il n'avoit rien aidé et rien empêché. Son domaine, dans les dernières années, avoit reçu une accession importante; mais il la devoit au système féodal, alors universellement établi, et non à sa politique ou à sa bravoure. Le comte Rainard de Sens, le même qu'on avoit dérisoirement nommé le roi des Juifs, mourut en 1055, sans laisser d'héritiers naturels, après avoir gouverné ce comté depuis l'an 1002, qu'il avoit succédé à Fromond son père. Son fief fit échute à la couronne, sans qu'aucun des grands vassaux de Henri essayât de lui disputer cette acquisition. (1)

Pendant l'été de 1060, Henri étoit indisposé. Un jour, son médecin, maître Jean, qu'on di-

(1) *Chronicon Sancti-Petri vivi Senon.*, p. 197. — *Chron. Senonens. Sanctæ-Columbæ*, p. 293.

soit fort habile, lui donna un remède, durant l'opération duquel il lui recommanda instamment de ne pas boire. Mais Henri, tourmenté de la soif, méprisa son ordonnance. Pendant l'absence de maître Jean, il se fit servir à boire par son valet de chambre; il empira aussitôt d'une manière effrayante, et le même jour 4 août 1060, il mourut après avoir reçu l'eucharistie. Les écrivains contemporains ne refusent guère un tribut d'éloges à un monarque, au moment où il quitte la scène de ce monde, lors même qu'ils n'ont eu auparavant aucune occasion de dire du bien de lui. « Ce roi, dit Guillaume de « Jumiéges, fut très-militaire, d'une grande « valeur et d'une grande piété. » D'autres chroniqueurs lui ont rendu à peu près le même témoignage. Il est cependant impossible de donner un grand poids à cette déclaration générale, quand on l'oppose à l'évidence de leurs propres chroniques, qui, tout en conservant la mémoire de tant de petits événemens, ne trouvent jamais l'occasion de faire paroître Henri Ier à son avantage. (1)

(1) *Willelmi Gemeticens. Hist.*, Lib. VII, cap. 28, p. 48; apud Duchesne, p. 283. — *Orderici Vitalis*, Lib. III, p. 229. — *Willelmi Malmesbur.*, Lib. II, p. 175. — *Chron. Alberici Trium Fontium*, p. 357.

CHAPITRE VII.

Minorité de Philippe Ier. — Conquête de l'Angleterre. 1060—1067.

Lorsque Henri Ier mourut, la famille capétienne étoit déjà, depuis soixante-quatorze ans, en possession d'un trône qu'elle avoit occupé pendant trois générations successives. La race carlovingienne subsistoit toujours en Allemagne dans la postérité de Louis, fils de Charles de Lorraine : mais elle étoit devenue étrangère à la France, où on l'avoit complétement oubliée. Si le souvenir des règnes des derniers Carlovingiens se conservoit chez quelques Français, il n'étoit certainement pas fait pour exciter des regrets. Pendant cent cinquante ans, cette maison n'avoit montré que foiblesse, nonchalance et incapacité. Il est vrai que la maison capétienne, qui lui avoit succédé, n'avoit à cet égard aucun avantage sur celle dont elle occupoit la place. Jamais usurpation n'avoit peut-être été justifiée par moins de talens et moins de vertus. Il n'étoit pas resté dans la nation un seul souvenir glorieux de Hugues, de Robert ou de Henri : les autres membres de la famille étoient peu faits pour concilier la considération ou l'amour. Eudes, frère de Henri, celui qui avoit été écarté du trône comme incapable de régner, n'étoit pourtant pas réduit à un état d'imbécillité complète, mais il ne connoissoit d'autre plaisir que la crapule et l'ivrognerie; et comme il n'avoit ni rang dans l'état, ni apanage, il pourvoyoit à ses vices en pillant à main armée ou les paysans de la couronne, ou les monastères. Les moines de Fleury prétendent qu'il périt, en punition des rapines qu'il avoit exercées sur les biens de leur couvent, mais ils ne disent point en quelle année (1). Robert, duc de Bourgogne, le troisième frère, vivoit dans son duché complétement ignoré, et ne laissant pas une trace de son existence. Adèle, leur sœur, femme de Baudoin V, comte de Flandre, ne mourut qu'en 1079 ; mais elle n'avoit attiré l'attention sur elle qu'en faisant révolter son mari contre son beau-père. La veuve du roi, Anne de Russie, dépourvue de tout appui dans le royaume, n'en connaissant qu'à peine ou la langue ou les mœurs, s'y croyoit dans une terre d'exil, et regrettoit sa patrie. Deux enfans, l'un âgé de sept ans, l'autre de moins de cinq, restoient seuls de la race royale; et c'est dans cet état que la maison capétienne devoit courir les chances d'une minorité.

(1) *Miracula Sancti Benedicti abbatis*, p. 483.

Dans le système des monarchies absolues et héréditaires, où le repos et la transmission régulière du pouvoir ont été préférés à toutes les garanties, les minorités sont en même temps, et un inconvénient inévitable, et une anomalie qui s'écarte entièrement des bases même du gouvernement. Il y a peu de gens qui méprisent assez l'espèce humaine pour donner la préférence à la royauté, en raison des seuls avantages de ceux qui règnent. Tous ceux qui se donnent la peine de raisonner, expliquent leur affection pour cette forme de gouvernement, d'après les avantages qu'elle leur paroît garantir à ceux qui sont gouvernés. Ils disent qu'en assurant à une famille la perpétuité de la souveraineté, on identifie son intérêt avec celui de l'état, on la rend gardienne de l'avenir, qu'un gouvernement éphémère sacrifieroit volontiers au présent; on fait en sorte, enfin, qu'elle ne puisse faire le mal qu'autant qu'elle se trompe, car son plus grand bien et son bien le plus durable seroit celui de ses sujets. Ils disent que les délibérations des corps nuisent au secret et à la rapidité de l'action; qu'un état qui a plusieurs maîtres doit suffire aux passions et à la rapacité de plusieurs tyrans; que le sujet d'un roi, ne rencontrant presque jamais l'être unique qui a tout pouvoir sur lui, est peu exposé à exciter sa haine ou son courroux; mais que le sujet d'un conseil peut à toute heure se trouver, sans s'en douter, à côté d'un de ses oppresseurs, provoquer son ressentiment, ou allumer sa jalousie ; que dans les affaires publiques comme dans les affaires privées, une mauvaise décision vaut mieux que l'irrésolution ; qu'il faut donc se donner, avant tout, la volonté qui décidera ; et que si l'on organise au contraire un équilibre et des résistances, on prépare la discorde, à laquelle l'état succombera ; que lorsque plusieurs pouvoirs sont constitués, le sujet ne sait plus à qui il doit obéir, et qu'un mois d'anarchie est plus redoutable que des années de mauvais gouvernement.

Il y a un fond de vérité dans tous ces raisonnemens ; la suprême puissance d'un seul est une idée simple qui peut être comprise par les peuples les plus grossiers ; l'organisation d'un gouvernement libre demande des têtes plus fortes pour le concevoir, des cœurs plus nobles pour l'exécuter. Les Orientaux, pour qui le pouvoir a toujours été tyrannique, qui ont toujours vu le sultan comme un être malfaisant, mais moins redoutable encore qu'une populace forcenée, ont eu quelque raison de vouloir le moins possible de ces chefs qui ne leur ont fait jamais que du mal, et de trembler à l'idée qu'on veut multiplier chez eux les personnages qui ont droit d'abattre des têtes par pur caprice. Ce n'est pas toutefois que les partisans les plus inébranlables de la monarchie absolue hésitent à convenir que les familles régnantes n'ont point reçu de la Divinité une supériorité ou de prudence, ou de vertus sur leurs sujets ; que chaque chef, à son tour, pourra être livré aux passions, aux erreurs et aux vices ; et lorsqu'on les presse, ils conviennent même que le pouvoir souverain a quelque chose de corrupteur dans sa nature, que le monarque est exposé à de plus fortes tentations qu'aucun de ses sujets, et est retenu contre elles par de moindres barrières ; enfin que l'éducation des princes est nécessairement mauvaise, et que ceux qui les entourent ont eu presque toujours intérêt à les corrompre plutôt qu'à les rendre vertueux. C'est en dépit de tous ces inconvéniens qu'ils soutiennent que, pour l'avantage du peuple, il convient que tant que le prince vit, il n'y ait jamais de doute ou d'hésitation sur l'obéissance qui lui est due ; qu'à l'instant de sa mort il n'y en ait pas davantage sur la personne qui recueillera son pouvoir ; qu'il soit toujours interdit d'examiner celui qui en seroit plus digne, pour ne voir que celui qu'une loi invariable y a appelé.

Malheureusement une loi de la nature vient souvent contrarier cette loi fondamentale de la royauté. On a bien pu, par une convention

primitive et irrévocable, fixer l'ordre légitime
de la succession de mâle en mâle, selon la primogéniture et le droit de représentation; on a
pu, jusqu'à un certain point, exclure la chance
des successions contestées, et c'est bien plus au
manque de bonne foi des souverains qu'à la
confusion des titres, qu'on doit attribuer ces
guerres de succession si longues et si acharnées
qui ont ensanglanté l'Europe. Mais aucune loi
ne sauroit empêcher que l'héritier légitime du
trône ne soit imbécille, comme Eudes, frère
de Henri, ou qu'il ne soit mineur, comme Philippe son fils.

Les nations peuvent se résigner à ce que la
volonté à laquelle elles s'engagent d'obéir ne soit
ni la plus éclairée, ni la plus convenable à leurs
intérêts; mais quand un mineur est sur le trône,
il n'a point de volonté : il n'y a plus identité
entre l'intérêt durable du maître et celui de
l'état, parce que celui qui se charge de vouloir
pour le mineur n'exerce le pouvoir que de passage, et prévoit déjà le temps où il sera sujet,
peut-être ennemi de celui au nom duquel il
commande; il n'y a plus certitude d'obéissance,
parce que l'ordre héréditaire ne sauroit fixer
suffisamment la tutelle, et résoudre tous les
doutes sur celui à qui elle appartient; il n'y a
plus foi implicite dans le commandement, parce
que la loyauté des sujets se partage entre le

tuteur et le pupile, et qu'on ne doit obéir au premier que jusqu'au moment où celui-ci seroit soupçonné de conjurer contre les droits du second. De cette défiance même résulte la nécessité de limiter dans le tuteur la volonté toute puissante du monarque, d'élever des barrières contre lui, de lui donner des conseils, de le soumettre à une surveillance. La monarchie absolue change de nature dans une minorité; elle devient constitutionnelle, ou plutôt encore elle se transforme en république; car le pouvoir s'y trouve confié à un chef élu pour un temps limité, avec la concurrence des conseils de tutelle, ou d'autres corps constitués, et sous la surveillance du peuple.

Cependant cette république temporaire, créée dans les monarchies, durant les minorités, est la plus mauvaise des républiques. L'esprit n'y est point préparé, les mœurs n'y sont point conformés, l'amour de la patrie n'y a point été excité; la liberté, qu'on y a toujours considérée en ennemie, n'y a point de garantie; les dépositaires du pouvoir n'y sont ni les représentans héréditaires de la nation, ni ceux qu'elle a volontairement choisis pour être ses organes. Quelquefois c'est une femme, une reine-mère, qui, si elle avoit appartenu à la nation et à la famille de ses rois, auroit été exclue par son sexe de toute part au gouvernement, et qui justement

comme étrangère, comme fille de rois rivaux
ou ennemis, comme ignorante des lois et des
mœurs, insensible à l'orgueil national et au
nom de patrie, souvent nourrie de préjugés hos-
tiles, est appelée à gouverner ceux qui n'ont
avec elle aucune affinité. Quelquefois c'est un
prince du sang, qui, ne perdant point de vue
l'avenir qui l'attend, sacrifie et la royauté et la
nation à sa grandeur particulière, ou à l'aristocratie étroite que ses pareils forment dans l'état.
Quelquefois ce sont des courtisans que l'intrigue
a élevés, et que leurs vices et leur bassesse ont
rapprochés du pouvoir. Jamais la vertu ou la
gloire n'ont eu leur part républicaine dans la
formation de la régence; jamais l'opinion publique n'a exercé sur elle une utile surveillance;
jamais enfin l'honneur n'a été éveillé par le
sentiment de la durée; chacun s'efforce de tirer
parti, pour son seul avantage présent, d'un
gouvernement qui va finir.

Quoique la monarchie française eût déjà six
siècles de durée au moment de la mort de
Henri Ier, ses lois fondamentales pouvoient à
peine être regardées comme fixées; la mémoire
des temps passés étoit confuse et incertaine; les
Français ne ressembloient plus aux Francs teutoniques, et la révolution qui avoit mis les Capétiens sur le trône avoit achevé de changer les
habitudes nationales : aussi c'étoit moins dans

1060. les exemples des règnes précédens que dans le système féodal qu'on cherchoit les principes du droit public. L'hérédité du pouvoir étoit devenue tellement l'essence de ce système, que celle de la couronne s'en trouvoit raffermie. Quoique les Carlovingiens pussent être considérés comme des rois électifs, et que Hugues Capet dût à une élection la substitution de sa famille à la leur, personne ne songea à contester la succession de son arrière-petit-fils, personne ne demanda si un enfant de huit ans étoit le roi qui convenoit le mieux aux Français : le révoquer en doute auroit été, pour chacun des vassaux de la couronne, soumettre son propre droit ou celui de ses enfans aux mêmes contestations. Mais le système féodal, en consacrant l'hérédité, avoit aussi pourvu au cas des minorités, qui en est la conséquence nécessaire. Il l'avoit fait, non dans l'intérêt des sujets, que ce système ne considéroit jamais, non dans celui du feudataire, qui étoit subordonné à l'ensemble, mais dans celui de la conservation des droits du seigneur du fief, et de la défense nationale. La garde noble du fief, et la tutelle du feudataire, appartenoient de droit et invariablement au seigneur, qui, aussi long-temps qu'elle duroit, jouissoit de tous les revenus et disposoit de toute la puissance du fief, sans rendre et sans devoir de compte à son pupille.

Cette règle n'étoit pas applicable à la couronne de France; le jeune roi ne reconnoissant point de supérieur, n'avoit point de tuteur légitime dans l'ordre féodal. Toutefois l'analogie étoit inquiétante : il étoit établi par la pratique universelle que le tuteur administroit pour son compte les biens de son pupille; qu'au lieu de protéger l'orphelin, il étoit autorisé à le dépouiller : il n'étoit pas facile de mettre à l'abri ou le roi, ou le peuple, d'une telle spoliation. Il ne paroît point que l'on eût encore songé à abréger par les lois la durée de la minorité, et à déclarer que les rois de France seroient majeurs à quatorze ans commencés, comme s'il dépendoit d'une ordonnance de leur donner à cet âge ou de la raison ou une volonté. Henri, avant de mourir, se crut autorisé à disposer par testament de la tutelle de son fils, et sa dernière volonté fut respectée. Il n'appela point sa femme, Anne de Russie, à être ou tutrice ou régente, quoiqu'elle fût à la fleur de l'âge, qu'on lui eût fait une réputation de sainteté qui devoit inspirer de la confiance, et que l'immense distance où elle étoit de son pays la mît à l'abri de toute influence anti-française; il passa également sous silence ses deux frères : l'aîné, Eudes, étoit peut-être déjà mort. D'ailleurs, si son imbécillité l'avoit écarté du trône comme incapable d'être roi, elle ne devoit pas moins l'écarter de la régence. Le second, Robert, continua à gouverner la Bourgogne jusqu'à l'année 1075, et l'on ne dit pas qu'il ait essayé d'exercer la plus légère autorité sur les conseils de son neveu.

Au lieu de ses parens plus proches, Henri désigna comme tuteur de ses fils, son beau-frère Baudoin V, de Lille, ou le Débonnaire, comte de Flandre, avec l'intention manifeste de faire passer la couronne aux enfans que Baudoin avoit eus d'Adèle, sa sœur, si les siens venoient à périr en bas âge. Le droit royal n'étoit encore rien moins que fixé en France, et l'exclusion perpétuelle des femmes ne s'étoit point encore identifiée avec tous les usages et les opinions de la monarchie. « Il recommanda, dit Orderic Vi-
« talis, l'enfant et le royaume à Baudoin de
« Flandre, pour les protéger. Et cette tutelle
« convenoit bien à un tel chef; car il avoit pour
« femme Adèle, fille de Robert roi des Fran-
« çais (1). » Un auteur plus moderne dit plus expressément: « Baudoin fut constitué bail, tuteur,
« et mainbourg, de la personne et biens de Phi-
« lippe; et en la susdite qualité, les princes et
« barons de France firent hommage audit Bau-

(1) *Orderici Vitalis Hist. eccles.*, Lib. III, p. 480. *In Duchesne, Script. normann., et Script. fr.*, T. XI, p. 229. — *Willelmi Gemeticensis*, p. 48. — *Chron. Hugonis Floriacens.*, p. 159. — *Chronic. Alberici mon. Trium Fontium*, p. 357. — *Chron. Centulense Sancti-Richarii*, p. 132. — *Chron. Sancti-Petri vivi Senonnens.*, p. 197.

« doin, consentant et promettant que si ledit
« Philippe mouroit sans hoirs de son corps, ils
« tiendroient ledit Baudoin pour roi de France,
« sans aucune ultérieure solennité (1). » Un tel
serment, qui n'a été mentionné que par un auteur du seizième siècle, est plus que suspect;
mais Baudoin sembloit appelé à la tutelle pour
le mettre à portée de saisir lui-même ce que
l'historien de Flandre suppose qui lui fut promis; car dans les habitudes du siècle, le tuteur
entroit en jouissance du fief, comme si la propriété lui en appartenoit.

Si le système féodal n'avoit point pourvu à la
tutelle du royaume, il empêcha du moins que
la manière dont elle étoit exercée ne changeât la
constitution de l'état. Tous les pouvoirs étoient
héréditaires, autour et au-dessous du roi enfant.
Il n'y avoit pas une ville, un village, ou un château qui n'eût son comte, son baron, son châtelain, lequel suffisoit pleinement au gouvernement, sans avoir jamais recours à l'autorité
royale; la machine politique n'étoit point arrêtée par l'incapacité du roi; son tuteur soignoit
ses biens, mais avoit peu besoin de songer à ses
prérogatives, et moins encore à ses devoirs.
Philippe, dont le nom grec indiquoit l'alliance
de la maison de France, par sa mère, avec la

(1) Oudegherst, *Chron. et Annal. de Flandres*, ch. 41,
fol. 80.

maison de l'empereur Basile, lequel se prétendoit issu de Philippe de Macédoine, passa les sept années de son enfance, du 4 août 1060, époque de la mort de son père, au 1er septembre 1067, époque de la mort de son tuteur, à Paris, ou dans les châteaux royaux. Il y vécut en paix, sans que son histoire eût rien de plus remarquable que celle d'aucun autre enfant de son âge, et sans que lui-même, ou son tuteur, ou personne en son nom, exerçât aucune influence sur les événemens dont la France fut le théâtre à cette époque. Baudoin venoit de temps en temps le voir, et c'est alors qu'il signoit les diplômes qui nous restent de lui. Il ne prit point une part plus active au gouvernement; s'il l'avoit fait, nous en trouverions les traces, tandis qu'il ne nous reste sur son administration, que cet éloge vague d'une chronique, qui ne refuse jamais une louange à chaque prince à son tour : « Comme ce Phi-
« lippe n'étoit encore qu'un enfant, il avoit
« reçu des mains de son père, pour tuteur et
« pour nourricier, Baudoin, comte de Flandre,
« homme probe et attaché à la justice. Celui-ci
« le protégea avec bénignité jusqu'à l'âge de
« l'intelligence; il administra le royaume avec
« vigueur, il corrigea les rebelles et les esprits
« inquiets avec la verge du pouvoir, et enfin il
« rendit au prince adolescent son royaume tout
« entier. Peu de temps après il mourut, laissant

« un fils de même nom que lui, qui mourut à
« son tour au bout de peu d'années. » (1)

[en marge: 1060—1067]

A peine se présente-t-il, durant ces sept années de minorité, deux occasions où il soit question de Philippe dans les historiens français : la première est en 1062. Anne, mère du jeune roi, n'ayant point été appelée à la régence, et se trouvant dans un royaume aussi éloigné de sa patrie, dépourvue de tout appui et de toute alliance, prêta l'oreille aux propositions de Raoul, comte de Crespy et de Valois, qui, pour pouvoir l'épouser, répudia une première femme. Ce mariage affligea le jeune Philippe, qu'il séparoit de sa mère; mais il fut plutôt agréable à son tuteur Baudoin, de Lille, qui voyoit ainsi écarter une personne dont il pouvoit craindre la rivalité. Toutefois il semble que d'autres seigneurs français en conçurent de la jalousie; on chercha et on trouva un lien de parenté entre le comte de Crespy et le roi Henri, premier mari d'Anne, d'où l'on passa à considérer ces noces comme incestueuses. L'archevêque de Reims, en écrivant au pape, en parloit comme si elles devoient exciter des troubles dans le royaume. Il semble que le comte de Crespy fut excommunié; il mourut en 1066, et Anne se retira alors en Russie. Les guerres civiles entre

(1) *Fragm. Franciæ Hist.*, T. XI, p. 161. — *Miracula Sancti-Bened. abbat.*, p. 486.

ses quatre frères, ou d'autres causes qui nous sont inconnues, la ramenèrent ensuite en France, où elle finit ses jours. On trouve son nom au bas de diverses chartes données par son fils, et on croit avoir découvert son tombeau à la Ferté-Allais. (1)

De nouveau, il est question de Philippe à l'occasion d'une première signature de ce prince apposée à une charte en 1065. Baudoin, comte de Flandre, et son fils, Baudoin de Mons, avoient accordé de grands biens au couvent de Hasnon, dans le diocèse d'Arras; ils demandèrent au jeune prince, alors âgé de douze ans, de confirmer leur donation dans une cour plénière, qu'il tenoit à Corbie, et qu'on a représentée, sans motifs suffisans, comme une assemblée d'états généraux. Un archevêque, trois évêques, quatre officiers de la maison du roi, et un assez grand nombre de comtes et de chevaliers signèrent le diplôme avec Henri; c'étoit tout ensemble un honneur que leur conféroit le monarque, et une garantie de plus qu'il donnoit au couvent de Hasnon. Mais aucun des grands vassaux, à la réserve de Baudoin, ne se trouve parmi les signataires : l'assemblée, par conséquent, étoit sans pouvoir législatif, sans autorité

(1) *Gervasii Remor. episcop. Epist.*, p. 499. — *Chr. Sancti Petri vivi Senonnensis*, p. 197. — *Journal des Savans*, de juin 1682, p. 193.

reconnue dans le royaume ; elle ne ressembloit point aux diètes de Germanie, aux Wittenagemotes d'Angleterre, qui s'assembloient fréquemment à la même époque, et qui délibéroient sur les intérêts généraux de la monarchie. L'affoiblissement du pouvoir royal avoit amené en France l'abandon des assemblées nationales. Comme le roi n'étoit plus en état d'exécuter rien au nom de la nation, les grands et les soldats avoient cessé de s'assembler pour rien ordonner. (1)

La France royale n'étoit pas seule, durant cette période, soumise à une minorité ; la France impériale, ou les trois royaumes de Lorraine, de Bourgogne et de Provence, réunis à la couronne de Germanie, étoient également régis par un prince enfant. Henri IV, né le 11 novembre 1050, étoit de près de trois ans plus âgé que Philippe ; sa mère Agnès, fille de Guillaume, duc d'Aquitaine, avoit été chargée de sa tutelle, et elle la partageoit avec Henri, évêque d'Augsbourg, auquel elle accordoit une grande confiance. Mais comme le pouvoir impérial étoit alors bien plus étendu que celui du roi de France, les fonctions de tutrice excitoient dans cette cour bien plus de jalousie, et donnèrent lieu à bien plus d'intrigues et de révolutions.

(1) *Appendix ad Historiam Hasnonens. Monasterii*, T. XI, p. 111.

1060—1062. Agnès prétendoit, entre autres prérogatives, exercer toujours le droit dont son mari avoit été en jouissance, de régler la nomination des papes. Nicolas II étant mort à Florence le 22 juillet 1061, une légation fut envoyée de Rome à la cour impériale, pour demander la nomination ou l'indication de son successeur. Cependant le parti de l'indépendance de l'Église avoit fait déjà de grands progrès, et parmi les prélats et parmi le peuple; aussi, tandis que le député, qui se rendoit en Germanie, avoit reçu du clergé romain l'ordre de saisir la première occasion pour secouer un joug que tous détestoient, d'autres membres de ce même clergé avoient proposé de procéder immédiatement à une nouvelle élection. L'impératrice Agnès négligea pendant sept jours de donner audience au cardinal Étienne, qui lui avoit été envoyé. Ce prélat, perdant patience, repartit pour l'Italie. Hildebrand, cardinal-archidiacre, partagea son ressentiment, et le communiqua aux cardinaux présens à Rome, qui réunirent leurs suffrages en faveur d'Anselme de Badaggio, évêque de Luques, et qui, sans attendre le consentement de la cour de Germanie, le couronnèrent sous le nom d'Alexandre II. Dès que l'impératrice Agnès en reçut la nouvelle, loin de vouloir le reconnoître, elle élut, et fit consacrer par les prélats de sa cour, sous le nom d'Honorius II, Cadalous, évêque de

Parme, de la maison Pallavicini. Ainsi commença le schisme, et cette lutte acharnée de Henri IV avec la cour de Rome, qui se renouvela à plusieurs reprises, et qui dura autant que sa vie; il s'y trouva engagé avant d'être parvenu à l'âge de raison. Les églises des royaumes d'Arles, de Bourgogne et de Lorraine se partagèrent entre les deux pontifes; et les prédications des orthodoxes contre les schismatiques, contribuèrent à redoubler la ferveur religieuse, que tout excitoit dans le onzième siècle. (1)

Agnès, qui avoit commencé le schisme, ne garda pas long-temps la direction du parti impérial. Les prélats et les grands d'Allemagne conçurent de la jalousie de l'évêque d'Augsbourg, qu'elle consultoit uniquement. Les uns prétendirent que la familiarité de l'impératrice et de l'évêque étoit la suite d'une galanterie, honteuse pour tous les deux; d'autres accusoient seulement Agnès d'ineptie, et la déclaroient incapable de bien élever son fils. Ils résolurent, dans l'été de 1062, de le lui enlever; et ils profitèrent pour cela d'un grand repas offert à la mère et au fils, à Kaiserwerth, sur le Rhin. Comme l'archevêque Hanno de Cologne se promenoit dans

---

(1) *Cardinalis Aragonii vita Alexandri II papæ, Scr. ital.* T. III, p. 302. — *Leo Ostiensis*, Lib. III, cap. 21, *Scr. ital.*, T. IV, p. 431. — *Baronii Annal.*, 1061, p. 279.

1062. le jardin au bord de la rivière, avec le jeune roi, âgé de douze ans, ils remarquèrent un joli bateau neuf qui s'approchoit du rivage, et qui attira la curiosité de Henri. Hanno lui proposa d'y monter avec lui, pour le mieux examiner; mais ils n'y furent pas plus tôt entrés, que les bateliers, à force de rames, se dirigèrent vers l'autre rive. Henri ne pouvant les arrêter, se jeta à l'eau pour regagner le rivage à la nage; il alloit se noyer, lorsque le comte de Brunswic, qui s'étoit élancé après lui dans le Rhin, le retira et le ramena au bateau. Les conjurés entourèrent ensuite le jeune prince; ils cherchèrent à le calmer par leurs caresses, et à noircir sa mère dans son esprit. Ils l'emmenèrent à Cologne, et ils convinrent que l'évêque dans le diocèse duquel il résideroit, seroit pendant ce temps-là chef de ses conseils et directeur de la république. Cette singulière régence ecclésiastique abandonna le parti de l'anti-pape Cadalous, mais sans pouvoir ainsi faire cesser le schisme qui servoit de protection aux prêtres mariés. Agnès, ne voyant aucune espérance de recouvrer la garde de son fils, s'éloigna de la Germanie et de l'évêque d'Augsbourg, pour détruire du moins les bruits injurieux qu'on avoit semés contre elle. Elle se retira d'abord en France, chez son frère Guillaume VI, comte de Poitiers et duc d'Aquitaine; ensuite elle passa à Rome, où elle 1062—1063. finit ses jours dans la pénitence. (1)

Le schisme entre Alexandre II, et Honorius II ou Cadalous, ne fut terminé que par le concile de Mantoue, en 1067 (2). Mais, malgré cette discorde dans l'Église, le zèle religieux s'enflammoit tous les jours davantage; il se communiquoit à toute la population, et s'unissant à la chevalerie, il prenoit ce caractère belliqueux qui devoit bientôt se manifester par les croisades. Déjà l'on commençoit à prêcher qu'aucune offrande n'étoit plus agréable à la Divinité que le sang des infidèles. Les Musulmans occupoient l'Espagne et les îles de la Méditerranée; mais ils avoient perdu, dans ces contrées, ce caractère belliqueux qui leur avoit valu de si brillantes conquêtes. Cultivant avec passion les arts, les sciences, la musique, la poésie; s'adonnant au commerce, enrichissant les villes de l'Espagne par de nombreuses manufactures, et les campagnes par des travaux intelligens pour l'irrigation, et par les soins d'une agriculture savante; ils n'avoient négligé que l'art de défendre l'opulence qu'ils avoient acquise. L'empire des califes ommiades avoit fini en 1038;

---

(1) *Lamberti Schafnaburgens.*, ad ann. 1062; apud *Pistorium Histor. Germ.*, T. II.

(2) *Baronii Annal. eccles.*, ann. 1064, p. 355. — *Pagi critica*, p. 223. Ce dernier rectifie la date du Concile.

aucun lien ne réunissoit, pour une résistance commune, les Espagnols qui professoient l'islamisme; chaque ville avoit son cheik, auquel les Latins donnoient le nom de rois, et tous ces foibles princes étoient jaloux les uns des autres. Leurs marchands parcouroient les provinces de la langue provençale : ils approvisionnoient les châteaux des riches étoffes de Valence, des armes de Damas, et des épices de l'Inde. Souvent, il est vrai, la bourse des chevaliers ne répondoit pas à leurs désirs, et ils étoient obligés de laisser le marchand remporter les richesses qu'ils avoient convoitées. Dans cette disposition, ils accueillirent avec enthousiasme les prédications de leurs prêtres, qui leur annoncèrent que c'étoit servir Dieu que de prendre sans payer ces mêmes biens aux lieux où ils étoient produits, en égorgeant leurs propriétaires. Gui Geoffroi, qui, en devenant duc d'Aquitaine et comte de Poitou, s'étoit fait appeler Guillaume VI, invita tous les gentilshommes et les aventuriers des provinces du midi à joindre leurs armes aux siennes, et à courir sus aux Maures d'Espagne, pour l'amour de Dieu. Il rassembla ainsi, en 1062 ou 1063, une armée avec laquelle il passa les Pyrénées; il attaqua la ville de Balbastro, sur les frontières de l'Aragon et de la Catalogne; il la prit, la pilla, et en massacra tous les habitans; lorsqu'il essaya ensuite de pousser plus loin ses conquêtes, il fut arrêté par le manque de vivres, dans un pays pauvre et montueux; et après avoir perdu la plus grande partie de ses soldats, il abandonna Balbastro, et rentra en France. (1)

Cette expédition fut suivie de fort près par une autre, qui avoit plus encore le caractère des croisades. Au commencement de l'année 1064, on publia dans tout l'Occident que plusieurs des premiers prélats de Germanie, savoir, l'archevêque de Mayence, les évêques de Bamberg, de Ratisbonne et d'Utrecht, se préparoient à se rendre en pèlerinage à la Terre-Sainte, et qu'ils recevroient volontiers dans leur cortége tous les chevaliers qui seroient prêts, au besoin, à verser leur sang pour Jésus-Christ. En effet, de toutes les parties de la France, comme de l'Allemagne, des pèlerins commencèrent à se réunir. Trente chevaliers ou prêtres partirent de la cour du duc de Normandie; et l'un d'eux a laissé une relation curieuse de son voyage. Après s'être réunis, ils se trouvèrent en tout sept mille combattans, et leur troupe

---

(1) *Chron. Sancti-Maxentii ad ann.* 1062, T. XI, p. 220. — *De Gestis Comit. Barcinon.*, ann. 1065, p. 290. — *Chr. Alberici Monaci Trium-Fontium*, ann. 1063, p. 358. — *Sigeberti Chronic.*, ann. 1063, p. 432. — *Chronic. Turonense*, ann. 1062, T. XII, p. 461. — *Pagi critica*, ann. 1062, p. 220.

attiroit d'autant plus l'attention, que les grands-seigneurs, et même les simples chevaliers, déployèrent dans cette expédition tout le luxe que leur permettoit leur fortune. Ils traversèrent sans difficulté la route que les croisés devoient bientôt suivre, par l'Autriche, la Hongrie et toute la vallée du Danube. Ils furent accueillis avec hospitalité à Constantinople par l'empereur Constantin Ducas. Mais déjà dans la Lycie ils commencèrent à éprouver les dangers auxquels les exposoient ces richesses qu'ils avoient imprudemment étalées. Chaque journée les appeloit à de nouveaux combats; et lorsque enfin ils entrèrent dans la Palestine, peu s'en fallut qu'ils ne périssent tous par les mains des Bédouins, qui les assiégèrent pendant trois jours dans une forteresse ruinée, où ils étoient privés de toute nourriture. Un émir du voisinage, qui commandoit aux Arabes cultivateurs, en guerre avec ceux du désert, s'étoit engagé à les protéger; il les délivra et les conduisit à Jérusalem. Après avoir accompli leur pèlerinage, ils s'embarquèrent sur des galères de Gênes; car cette puissante république avoit déjà commencé à sillonner la mer de ses vaisseaux, et ils se firent transporter à Brindes en Italie. Mais de sept mille hommes qui étoient partis à cheval, tout brillans d'or, et se confiant dans leur valeur, leur jeunesse et leur santé, à peine deux mille purent revoir leur patrie, à pied, épuisés, défaits et couverts de haillons. (1)

Pendant cette même période de la minorité de Philippe Ier, qui ne contient presque aucun événement appartenant à l'histoire générale de la France, et qui, même dans son histoire religieuse ou dans celle de l'Europe, peut tout au plus être signalée par le progrès des opinions, non par aucun grand changement, les entreprises d'un vassal de la couronne de France causèrent en Europe une révolution importante, et dont nous sentons les conséquences jusqu'à ce jour. Guillaume-le-Bâtard, duc de Normandie, conquit l'Angleterre ; un feudataire de la France devint roi d'une puissante monarchie. Les intérêts des deux nations se mêlèrent ; leurs droits se compliquèrent par les rapports incertains de la féodalité. Les guerres entre les deux couronnes ne tardèrent pas à commencer, et des siècles de combats inspirèrent aux deux peuples une animosité, que leur intérêt, celui de la civilisation, celui de la liberté, et la gloire qu'ils pourroient

---

(1) *Lambertus Schafnaburgensis, et Ingulfus Croylandensis abbas adnn.*, 1064. Cette relation ne se trouve point dans les extraits de ces deux écrivains, au T. XI des historiens de France. Dans ces extraits, il arrive fréquemment que la partie la plus importante et la plus caractéristique est retranchée. — *Baronii Annal. eccles.*, 1064, p. 357.

attendre de la réunion de leurs efforts, n'ont point encore suffi pour éteindre.

Guillaume de Normandie étoit l'un des premiers vassaux de la couronne de France; il n'étoit pas toutefois le premier. Le comte de Flandre l'emportoit incontestablement sur lui en richesses : déjà son pays étoit couvert de villes populeuses et florissantes, où de nombreuses manufactures faisoient vivre dans l'aisance des milliers d'ouvriers, où le commerce avoit développé l'intelligence de la classe industrieuse, et où de sages lois municipales protégeoient la liberté. Le comte de Poitiers, duc d'Aquitaine, étoit reconnu pour souverain par une beaucoup plus grande étendue de pays; le comte de Toulouse avoit, en même temps, et plus de sujets, et des sujets plus industrieux. Si les Normands auxquels commandoit Guillaume l'emportoient sur les habitans des autres provinces, et par leur vaillance, et par leur esprit inquiet et aventureux, ils étoient, d'autre part, les moins disposés de tous à une obéissance rigoureuse; mais Guillaume, inébranlable dans ses projets, et maître de ses passions, savoit toujours choisir le moment le plus favorable pour arriver à ses fins; il ne se laissoit entraîner ni par la colère ni par la pitié; il abattoit successivement et sans bruit tous ceux qui lui résistoient, et il accoutumoit les autres à voir dans le régime féodal qu'il maintenoit à la rigueur, une règle immuable de discipline.

Le duché de Normandie confinoit avec les domaines immédiats de la couronne dans l'île de France, avec ceux du comte d'Anjou qui dominoit alors sur le Maine, et avec ceux du comte ou duc de Bretagne. Sur aucune de ces frontières, Guillaume n'avoit lieu de concevoir de l'inquiétude. La minorité de Philippe, et l'affoiblissement de l'autorité royale, mettoient la Normandie à l'abri de toute attaque du côté de Paris. Geoffroi Martel, comte d'Anjou, étoit mort en 1060, et ses états étoient disputés entre ses deux neveux, fils du comte de Gatinois. L'un de ceux-ci nous a laissé des mémoires sur son temps, où il raconte en ces termes la mort de son oncle, et sa propre discorde avec son frère. « Après ces choses, Geoffroi Martel eut « une guerre avec Guillaume, comte des Nor- « mands, qui plus tard acquit le royaume des « Anglais, et fut un roi magnifique. Il en « eut une avec les Français et les habitans « de Bourges, une avec Guillaume, comte « de Poitiers; une avec Emery, vicomte de « Thouars; une avec Hoel, comte de Nantes, « et les autres comtes bretons qui tenoient la « ville de Rennes; une enfin avec Hugues, « comte du Mans, qui avoit manqué à la fidé-

« lité qu'il lui devoit. C'est à cause de toutes
« ces guerres et de la magnanimité qu'il y mon-
« tra, qu'il fut à bon droit appelé Martel,
« comme celui qui marteloit ses ennemis.

« Dans la dernière année de sa vie il me fit
« chevalier, moi son neveu, dans la ville d'An-
« gers, le jour de la Pentecôte, et l'an de l'In-
« carnation 1060. Il me confia aussi la Sain-
« tonge avec la ville de Saintes, à l'occasion
« de quelque guerre qu'il avoit avec Pierre de
« Didone : je n'avois alors que dix-sept ans. Le
« troisième jour après la fête de saint Martin,
« mon oncle Geoffroi s'endormit dans une bonne
« mort. Dans la nuit qui précéda le jour de sa
« fin, déposant tout soin de la milice et des
« choses du siècle, il se fit moine dans le cou-
« vent de Saint-Nicolas, que son père et lui
« avoient fondé et enrichi de leurs biens. Ses
« fiefs qu'il avoit tenus dans la sécurité et
« l'opulence, les défendant contre les nations
« étrangères, furent exposés après sa mort à
« plusieurs tribulations, à cause de la dissen-
« sion qui éclata entre moi et mon frère pour
« leur partage. Ces troubles durèrent huit ans,
« durant lesquels nous fîmes habituellement la
« guerre, mais en la suspendant quelquefois
« par des trèves (1) ». Ce frère, Geoffroi-le-
Barbu, eut en partage la Touraine avec le châ-

(1) *Fulconis Comitis Andegav. Historia*, p. 138.

teau de Loudun, tandis que Foulques-le-Réchin, l'auteur des mémoires, obtint l'Anjou avec la Saintonge (1). Mais deux fois vainqueur de son frère, et l'ayant deux fois fait captif, il finit par l'enfermer au château de Chinon, où Geoffroi-le-Barbu mourut, après avoir langui trente années dans les fers. (2)

1060.

La Bretagne enfin étoit partagée entre plusieurs seigneurs : Conan II portoit le titre de duc ; Hoel II, celui de comte de Nantes et de Cornouailles ; Geoffroi, celui de comte de Rennes, et Alain celui de comte de Penthièvre ; Guillaume-le-Bâtard excitoit leurs dissensions dans l'espérance d'en profiter un jour. (3)

Ainsi le duc des Normands se trouvoit entouré de tous côtés de voisins affoiblis ou distraits par des dissensions civiles : on pouvoit prévoir que le premier qu'il attaqueroit deviendroit presque infailliblement sa proie ; mais dévoré d'ambition comme il étoit, il hésitoit lui-même à décider de quel côté il tourneroit ses armes. Pour se maintenir sur le trône ducal, il avoit soin d'occuper l'activité de ses Normands, qui,

1061.

---

(1) *Chr. Sancti-Maxentii*, p. 220. — *Gesta Consul. Andeg.*, p. 270. — *Chron. Turonense*, p. 348.
(2) *Orderici Vitalis*, p. 231.
(3) *Chron. Britannicum*, p. 412. — *Hist. de Bretagne des R. P. Bénéd.*, Liv. III, ch. 80, p. 96.

tout en reconnoissant ses talens, redoutoient la dureté et la fausseté de son caractère, et qui le croyoient capable de tous les crimes. En 1061, le mécontentement d'une partie des seigneurs de ses états éclata contre lui. Rodolphe de Toësne, Hugues de Grandmesnil, Arnaud d'Eschauffou, et plusieurs autres chevaliers, jaloux du crédit dont Roger de Montgommery et Mabille sa femme, jouissoient auprès du duc, abjurèrent leur fidélité, renoncèrent à leurs fiefs qui furent mis sous le séquestre, et lui déclarèrent la guerre. Arnaud, qui lui avoit rendu volontairement son château d'Eschauffou, y rentra, lui cinquième, au milieu de la nuit. Il n'auroit pas été assez fort pour se rendre maître de la garnison, qui étoit de plus de soixante hommes; mais pendant qu'elle dormoit dans une profonde sécurité, il se prit à crier avec ses quatre compagnons d'une manière si effroyable, que les soldats, remplis de terreur, se laissèrent dévaler en bas des murs, et s'enfuirent jusqu'au dernier. Arnaud, maître de la place et des richesses qu'elle contenoit, reconnut cependant qu'il ne pourroit s'y maintenir, et fut réduit à la brûler. Il continua trois ans sa petite guerre contre le duc; mais comme la révolte de chaque vassal étoit suivie de la confiscation de ses fiefs, tous les efforts des seigneurs normands contre leur duc tournèrent à l'avantage de la puissance de Guillaume. (1) 1061.

Cette guerre n'étoit pas terminée lorsque le duc des Normands profita de la dissension entre Foulques-le-Réchin et Geoffroi-le-Barbu, pour soustraire le comté du Maine à la domination des comtes d'Anjou, et se l'attribuer. Héribert l'ancien, qu'on avoit surnommé *Éveille-Chiens*, parce que, hors d'état de défendre par ses seules forces le comté du Maine, il appeloit sans cesse ses voisins à son aide, avoit fini par faire hommage de cette seigneurie à Geoffroi Martel, comte d'Anjou. Héribert le jeune, son petit-fils, à la mort de Geoffroi Martel, fit au contraire hommage au duc Guillaume, à la protection duquel il se recommanda. Il maria sa sœur à Robert, fils de Guillaume, et il s'engagea à lui laisser son héritage, s'il mouroit lui-même sans enfans, au préjudice de Gaulthier, comte de Pontoise, et de sa femme Biote, sœur aînée de la femme de Robert. Héribert le jeune mourut en effet sans enfans, en 1063 ou 1064, et Guillaume entra immédiatement dans le Maine pour s'en emparer. Mais les habitans craignoient la domination normande; ils se déclarèrent presque tous pour le comte de Pon- 1063.

---

(1) *Orderici Vitalis eccles. Hist.*, Lib. III, p. 481. *Normann. script.* — T. XI, p. 229; *Script. franc.*

toise, et dans les premiers combats les Normands éprouvèrent quelques revers. Guillaume, indifférent entre les moyens de succès, et inaccessible aux remords, eut alors recours à cette effroyable science des poisons qui a précédé toutes les autres sciences chimiques en Europe. Il annonça le désir de traiter; il invita le comte de Pontoise et sa femme à une conférence dans sa ville natale de Falaise; les princes soupèrent ensemble. Le matin suivant, Gaultier et Biote n'existoient plus : le crime cependant eut un plein succès. Les Manceaux prêtèrent serment de fidélité au duc de Normandie, et pendant vingt-quatre ans qu'il régna encore, ce fût toujours en vain qu'ils essayèrent de secouer son joug. (1)

Cependant les événemens qui devoient appeler Guillaume à la conquête de l'Angleterre commençoient à acquérir plus d'importance. Édouard-le-Confesseur, qui régnoit dans cette île, y étoit constamment demeuré sous la tutelle d'un vassal plus puissant que lui. C'étoit Goodwin, comte de Kent, de Sussex, de Surrey, duc de Wessex, grand-trésorier, et gouverneur, par l'entremise de son fils, des comtés d'Oxford et d'Héréford.

(1) *Orderici Vitalis Hist. eccles.* Lib. III, p. 487; Lib. IV, p. 534. *Script. normann.* — *Ib. Script. franc.*, T. XI, p. 231; T. XII, p. 593. — *Roberti de Monte accessio ad Sigebertum*, p. 167.

Édouard, qui voyoit en lui le meurtrier de son frère, le haïssoit. En montant sur le trône il avoit dû se réconcilier à lui, et épouser sa fille; mais en même temps il s'étoit secrètement lié par un vœu de virginité auquel il l'avoit aussi soumise elle-même. Privé d'héritier par cet engagement que la dévotion ou la haine lui avoient fait prendre, il voyoit, en avançant en âge, que les yeux des Anglais se tournoient vers Harald, fils de son orgueilleux protecteur. Harald, à la mort de Goodwin en 1053, avoit succédé à tout le pouvoir de son père; dès lors il fut regardé comme le candidat populaire au trône. Édouard III préféroit hautement la Normandie à l'Angleterre; il y avoit été élevé, il y avoit trouvé un asile dans le temps de l'usurpation des Danois, et il en avoit appelé plusieurs favoris pour leur distribuer les prélatures de l'Angleterre. Il est probable qu'il songea le premier à opposer Guillaume au comte Harald, soit qu'en effet il le nommât réellement son héritier par son testament, soit qu'il se fût contenté de lui faire espérer sa couronne, en retour des secours qu'il lui demandoit souvent. Guillaume se préparoit donc de longue main à disputer le trône d'Angleterre, lorsqu'un accident lui présenta une facilité nouvelle, dont il tira parti avec peu de générosité.

Harald, fils de Goodwin, faisoit en bateau une

partie de plaisir sur les côtes d'Angleterre, lorsqu'il fut enlevé par un coup de vent, et poussé sur le rivage du comté de Ponthieu ou d'Abbeville. Guido, qui gouvernoit ce comté, le fit aussitôt jeter dans un cachot, non que les Anglo-Saxons fussent alors en guerre avec ce seigneur français, mais parce qu'un étranger entré sans sauf-conduit sur les terres d'un autre, étoit toujours regardé comme abandonné à sa discrétion. C'étoit le droit des gens que de le saisir, le livrer à la torture, l'exposer aux tourmens les plus affreux, pour tirer de lui une plus grosse rançon; et lorsque la tempête avoit contribué à sa disgrâce, cet abus de la force contre un naufragé paroissoit sanctionné par le doigt même de Dieu (1). Harald, pour se soustraire à la cupidité du comte d'Abbeville, réclama la protection du duc Guillaume : il prétendit que lorsqu'il avoit été surpris par la tempête il se rendoit en Normandie pour traiter de la rançon de son frère et de son neveu, qui avoient été précédemment donnés en otage au prince Normand; il ajouta qu'il étoit, de plus, chargé d'une mission d'Édouard auprès de lui. Guillaume en effet obligea le comte Guido de lui envoyer son captif, en menaçant d'aller le délivrer avec une puissante armée. Mais il ne tint pas plus tôt celui

(1) *Guillelmi Pictavensis Gesta Guillelmi ducis*, T. XI, p. 87.

qu'il avoit réclamé au nom du droit des gens, qu'il fit sentir à ce prétendu ambassadeur qu'il n'avoit que changé de prison. Il lui annonça ses propres projets sur la couronne d'Angleterre. Pour prix de la liberté qu'il lui faisoit espérer, il exigea d'Harald les sermens les plus solennels sur les reliques de tous les saints, qu'il le seconderoit, et l'aideroit à recueillir la succession d'Édouard; il lui fit promettre, de plus, de donner sa sœur en mariage à son fils, et d'épouser sa fille, et enfin il se fit livrer par lui le château de Douvres, pour assurer d'avance son débarquement. (1)

Après avoir reçu toutes ces promesses, Guillaume ne se pressa point encore de renvoyer Harald en Angleterre, mais il lui donna des armes et des chevaux, aussi-bien qu'aux gentilshommes de sa suite, et il le conduisit avec lui à la guerre de Bretagne. Conan, duc des Bretons, avoit été averti des projets que formoit Guillaume pour s'emparer de la couronne d'Angleterre; il connoissoit l'état chancelant de la santé d'Édouard-le-Confesseur, et il savoit que ce monarque favorisoit lui-même les prétentions du prince normand; il avoit donc envoyé des ambassadeurs à ce dernier, chargés de lui tenir ce discours. « J'apprends que tu te prépares à passer

---

(1) *Roberti de Monte accessio ad Sigebertum*, T. XI, p. 167. — *Gesta Guillelmi ducis*, p. 88. — *Eadmeri Cantuariensis monachi*, Lib. I, p. 192.

« la mer, et à t'emparer du royaume d'Angle-
« terre ; je t'en félicite, pourvu que de ton côté
« tu me rendes la Normandie ; car Robert, duc
« des Normands, que tu prétends être ton père,
« partant pour Jérusalem, recommanda tout
« son héritage à Alain mon père et son cousin.
« Mais toi, de concert avec tes complices, tu fis
« périr par le poison Alain mon père, près de
« Vimoutier en Normandie ; tu envahis sa terre,
« que je ne pouvois défendre, étant alors encore
« enfant, et dès lors tu l'as gardée, tout bâtard
« que tu es, contre toute sorte de droit : rends-
« moi donc la Normandie qui m'appartient ; il
« en est temps désormais, ou je te ferai la guerre
« avec toutes mes forces (1). » Ce message, qui
nous est rapporté par un panégyriste de Guillaume, ne nous fait comprendre qu'obscurément
les événemens auxquels il fait allusion. Dans la
guerre qui s'ensuivit entre les Normands et les
Bretons, Harald, qui vouloit obtenir la faveur
de Guillaume pour pouvoir repasser en Angleterre, le seconda valeureusement.

Cette guerre, qui se borna probablement à
quelques hostilités sur les frontières, fut bientôt
interrompue par un événement funeste, que le
même panégyriste raconte ainsi : « Le duc Guil-
« laume fut quelque peu effrayé des demandes
« de Conan ; mais bientôt Dieu daigna venir à

(1) *Willelmi Gemeticens. Hist.*, Lib. VIII, cap. 33, p. 50.

« son secours, en rendant vaines les menaces de
« ses ennemis. Un des seigneurs bretons qui
« avoit fait serment de fidélité à l'un et à l'autre
« duc, et qui portoit entr'eux les messages que
« nous venons de dire, garnit par dedans de poi-
« son le cor de chasse de Conan, ses gants et les
« rênes de son cheval; profitant pour cela de ce
« qu'il étoit son chambellan. Le prince breton as-
« siégeoit alors Château-Gonthier, dans le comté
« d'Anjou, et s'en étant emparé, il y faisoit entrer
« sa troupe. Mais Conan, après avoir mis et ôté
« ses gants et touché ses rênes, porta imprudem-
« ment ses mains à sa bouche : cela suffit pour l'in-
« fecter de ce poison, et le faire périr au milieu
« des pleurs de ses amis (le 11 décembre). Sa
« sagacité, sa probité et son amour de la justice
« l'auroient conduit à de grandes choses, et lui
« auroient acquis beaucoup d'honneur s'il avoit
« vécu. Le traître qui l'avoit empoisonné s'en-
« fuit de son armée, et annonça au duc Guil-
« laume la mort de son ennemi (1). » D'autres
écrivains accusent plus expressément Guillaume
d'avoir suscité l'empoisonneur. (2)

Sur ces entrefaites Édouard III, qu'on a sur

---

(1) *Willelmi Gemeticens. Hist.*, Lib. VII, cap. 33, p. 50.
In Duchesne *script.*, p. 286. — *Chron. Briocense*, T. XII,
p. 565.

(2) *Orderici Vitalis*, Lib. IV, p. 543, T. XII. *In* Duchesne,
Script. normann., p. 594. — Hist. de Bretagne, Liv. III,
cap. 87, p. 97.

nommé le Saint ou le Confesseur, le dernier des rois de la race anglo-saxonne, mourut le 5 janvier 1066. Parmi ceux qui prétendirent à sa succession, un seul avoit des droits que, dans notre manière actuelle de juger, nous appellerions légitimes; c'étoit Edgar Atheling, fils d'Édouard Cliton, et petit-fils d'Édouard Ironside, le roi sur lequel Canut-le-Danois avoit conquis l'Angleterre en 1016 et 1017. Mais ce représentant d'une race exilée étoit né en Hongrie, où son père avoit long-temps vécu durant l'usurpation des Danois : il étoit étranger au royaume, si ce n'est par le sang, du moins par son éducation et toutes ses habitudes, et il n'étoit point encore d'un âge à faire valoir efficacement ses droits, et à défendre l'indépendance nationale qui paroissoit menacée. Le défenseur naturel de cette indépendance sembloit être Harald, le second des prétendans au trône, et celui que Guillaume venoit de remettre en liberté avec son frère et son neveu (1). Harald, fils aîné de Goodwin, avoit succédé à la puissance territoriale de ce comte protecteur des rois; elle s'étendoit sur la plus grande partie de l'Angleterre : il étoit beau-frère d'Édouard, mais cette affinité ne pouvoit lui donner aucun droit à sa succession; il n'avoit de même rien à attendre de sa bienveillance : au contraire, la puissance de Harald et de son

(1) *Gesta Guillelmi Ducis*, p. 89.

père, en causant au dernier roi une constante défiance, avoit augmenté sa partialité pour les Normands. Il n'avoit donc d'autre appui que la faveur du peuple, et d'autre titre à faire valoir qu'une élection. Il s'adressa en effet à la grande assemblée nationale des Anglo-Saxons, ou au *Wittenagemote*, tandis qu'Édouard, à ce qu'il paroît, vivoit encore; les sermens que la force lui avoit extorqués furent considérés comme de nulle valeur, et il fut porté sur le trône d'une voix presque unanime. (1)

Le troisième des prétendans, Guillaume, duc de Normandie, n'avoit que des droits si frivoles, qu'on ne sait comment les concevoir, ou par quels termes les représenter. Édouard étoit bien fils d'Emme de Normandie, grande-tante de Guillaume; mais jamais cette affinité n'auroit pû être un titre pour réclamer une succession. Guillaume se fondoit donc sur un prétendu testament d'Édouard en sa faveur, que cependant il ne put jamais représenter, et qui d'ailleurs ne pouvoit disposer d'une nation comme d'un héritage. En même temps il fit valoir la renonciation d'Harald, confirmée par ses sermens,

―――――――――――――――――――

(1) *Willelmi Gemeticensis Hist.*, Lib. VII, cap. 31, p. 50. — *Willelmi Pictavens. de Gestis Guillelmi ducis*, p. 91. — *Chron. Centulense Sancti-Richarii*, p. 133. — *Willelmi Malmesbur.*, Lib. III, p. 182. — *Eadmeri mon. Hist.*, Lib. I, p. 193. — *Rapin Thoyras, Hist. d'Angl.*, Lib. V, T. I, p. 463.

comme si, au défaut d'Harald, lui seul pouvoit occuper le trône. Quelque futiles que fussent ces prétextes, Guillaume les présentoit avec autant d'assurance que s'ils établissoient pour lui des droits légitimes; car alors ce n'étoit point un pays étranger qu'il parloit de conquérir, c'étoit son propre héritage, où il prétendoit rentrer par la force des armes; et d'autres successions que le temps a sanctionnées comme légitimes, n'étoient peut-être, dans l'origine, pas moins injustes que celle qu'il réclamoit. Sur la nouvelle de la mort d'Édouard et de l'élection d'Harald, Guillaume se plaignit avec amertume; il accusa Harald de parjure, il fit immédiatement des levées de troupes dans ses états, et il appela à lui, par des offres brillantes, les aventuriers et les soldats de tous les comtés voisins. On en vit arriver auprès de lui un grand nombre qui étoient vassaux immédiats du roi de France ou du comte de Flandre : le premier, trop jeune encore pour avoir aucune volonté, croissoit dans l'obscurité, ignoré de ses peuples, et sans influence sur leur sort; le second, comme beau-père de Guillaume, s'intéressoit à ses succès.

Au moment où les Normands, qu'on pouvoit, sous des rapports divers, considérer tantôt comme Français, tantôt comme Scandinaves, s'engagèrent avec les Anglo-Saxons dans cette lutte, qui fut ensuite continuée entre les Fran-

çais et les Anglais, pendant tant de siècles ; un écrivain presque contemporain esquissa le caractère des deux peuples, et le portrait qu'il en fit est un précieux monument des mœurs de cette époque. « Les Anglo-Saxons, dit Guil-
« laume de Malmesbury, avoient, long-temps
« avant l'arrivée des Normands, abandonné les
« études des lettres et de la religion. Les clercs
« se contentoient d'une instruction tumultuaire ;
« ils savoient à peine balbutier les paroles des
« sacremens ; et si quelqu'un d'entre eux con-
« noissoit la grammaire, il étoit en admiration
« à tous les autres. — Tous buvoient à l'envi, et
« c'étoit là l'étude à laquelle ils consacroient les
« jours comme les nuits. Ils consumoient tous
« leurs revenus dans les festins, tandis qu'ils
« se contentoient de maisons pauvres et abjec-
« tes ; bien différens en cela des Français et des
« Normands qui, dans des maisons amples et
« superbes, se contentoient d'une petite dépense.
« Les vices qui accompagnent l'ivrognerie, et
« qui efféminent les cœurs des hommes, en
« avoient été la conséquence, et c'est la raison
« pour laquelle ils combattirent Guillaume,
« plutôt avec la témérité et la précipitation de
« la fureur, que d'après la science militaire :
« aussi ils furent facilement vaincus en un seul
« combat par lequel ils livrèrent à la servitude
« eux-mêmes et leur patrie. — Les habits des

1066.

« Anglais leur descendoient alors jusqu'au mi-
« lieu du genou; leurs cheveux étoient courts,
« leur barbe rasée, leurs bras étoient chargés de
« bracelets dorés, leur peau étoit relevée par des
« peintures et des stigmates colorés; leur glou-
« tonnerie alloit jusqu'à la crapule, leur pas-
« sion pour la boisson jusqu'à l'abrutissement.
« Ils communiquèrent ces deux derniers vices
« à leurs vainqueurs; à d'autres égards, ce fu-
« rent eux qui adoptèrent les mœurs des Nor-
« mands.

« De leur côté, les Normands étoient et sont
« encore (au milieu du douzième siècle, épo-
« que où écrivoit Guillaume de Malmesbury)
« soigneux dans leurs habits, jusqu'à la recher-
« che, délicats dans leur nourriture, mais sans
« excès; accoutumés à la vie militaire, ardens
« à s'élancer sur l'ennemi, et ne pouvant vivre
« sans guerre. Lorsque leurs forces ne leur suffi-
« sent pas, ils sont également prêts à employer la
« ruse, ou à corrompre leurs adversaires à prix
« d'argent. Chez eux, comme je l'ai dit, ils ne
« font, dans des maisons très vastes, qu'une
« dépense modérée pour la table. Ils sont en-
« vieux de leurs égaux; ils voudroient dépasser
« leurs supérieurs, et tout en dépouillant leurs
« inférieurs, ils les protégent du moins contre
« les étrangers. Ils aiment leurs seigneurs, mais
« la moindre offense les rend infidèles. Ils sa-

« vent peser la perfidie avec la fortune, et com-
« parer le changement de parti à l'argent qu'il
« peut rapporter. Au reste, de tous les peuples,
« ils sont les plus susceptibles de bienveillance;
« ils rendent aux étrangers autant d'honneur
« qu'à leurs compatriotes, et ils ne dédaignent
« point de contracter des mariages avec leurs
« sujets. » (1)

Les préparatifs de Guillaume pour attaquer
l'Angleterre avaient été très considérables, et
son armée fut une des plus puissantes qu'on
eût vu rassembler dans le onzième siècle. Il
n'est pas facile cependant de se former une idée
précise du nombre de ses soldats. Guillaume connoissoit les chevaliers qui marchoient sous sa
bannière; il a même voulu conserver tous leurs
noms à la postérité. Ils sont au nombre de
quatre cent deux, inscrits sur une table du couvent de Battle, près d'Hastings, dans le comté
de Sussex, et ce monument authentique, qui
fait connoître l'origine des plus illustres maisons
de l'Angleterre, nous présente une majorité de
noms français, tandis qu'il n'y en a que fort
peu qui conservent des traces de leur origine
germanique ou danoise (2). Guillaume n'avoit

(1) *Willelmi Malmesburiensis de Gestis Regum Anglorum*,
Lib. III. *Inter Rerum Anglicarum scriptores Francofurti*,
1061, *fol.*, p. 102. — *Scr. fr.*, T. XI, p. 185.

(2) Cette liste est imprimée en note *ad Willelm. Gemetic.*,

probablement pas lui-même un dénombrement exact de la milice féodale qui marchoit sous les bannières de ces chevaliers; aussi les rapports des chroniques qui parlent de cinquante ou même soixante mille hommes, méritent-ils peu de confiance, d'autant plus que les Normands, en exagérant leur nombre, cherchoient à inspirer de la terreur à leurs ennemis, et les Anglo-Saxons à excuser leur défaite.

Si nous calculons d'après les usages militaires du moyen âge, et surtout si nous comparons l'armement de Guillaume avec la plus grande expédition maritime de toute cette période, la seule en même temps dont nous ayons un dénombrement exact, savoir la quatrième croisade illustrée par la conquête de Constantinople, nous pourrons estimer comme probable que chacun des quatre cents chevaliers de Guillaume conduisoit avec lui dix suivans d'armes; ce qui lui donneroit un corps de quatre mille hommes pesamment armés, et la plupart à cheval: ceux-là faisoient le nerf de son armée. Pour chaque cuirassier, on peut supposer encore que tout chevalier conduisoit avec lui trois archers ou arbalêtriers, ce qui feroit un corps de douze

p. 50. — Dans les *Gesta Guillelmi ducis*, p. 93, d'après un ms. de l'abbaye de Jorvaulx; et dans Duchesne *Scr. norman.*, p. 1023 et seq.; on trouve, outre ces deux catalogues, celui de tous les fiefs de chevalier de Normandie.

mille fantassins; et en y joignant l'équipage des bâtimens de transport, l'armée entière pouvoit être forte de vingt ou vingt-cinq mille hommes. (1)

Les barons de Normandie avoient d'abord apporté beaucoup d'opposition à une entreprise qui leur paroissoit si fort au-dessus des forces de leur duché, et qui, dût-elle réussir, en satisfaisant l'ambition de leur chef, nuiroit probablement à leur patrie. Parmi ceux qui avoient paru se signaler dans cette opposition, Guillaume Fitz Osberne tenoit le premier rang. Tous les seigneurs normands qui partageoient ses sentimens, mais qui craignoient d'attirer sur eux le courroux de leur duc, s'étoient contentés de répondre à celui-ci, qu'ils s'étoient engagés par serment à faire ce que feroit Fitz Osberne. Peut-être ce dernier les avoit-il toujours trompés, peut-être Guillaume prit-il ce moment pour le gagner par des présens et des promesses. Fitz Osberne parla le dernier, et, s'avançant au milieu de l'assemblée, il dit au duc, à haute voix : « Je suis prêt, avec tous les miens, à vous suivre « dans l'expédition que vous proposez. » (2)

(1) L'armée qui prit Constantinople se trouva, d'après le marché fait avec les Vénitiens, pour la transporter, forte de quatre mille cinq cents chevaliers, neuf mille écuyers, et vingt mille fantassins. Geoffroi de Villehardouin, ch. 13 et 14, p. 4. Bysant. Vén., T. XX.

(2) *Roberti de Monte accessio ad Sigebertum*, p. 168.

Soit que le duc se défiât lui-même de ses forces, et fût prêt à se contenter des avantages qu'il pourroit obtenir par une négociation, soit qu'il voulût seulement endormir son rival, pendant qu'il rassembloit son armée, et qu'il préparoit les bâtimens nécessaires pour la transporter, il envoya des ambassadeurs à Harald, pour le sommer d'accomplir les conditions moyennant lesquelles il l'avoit remis en liberté. « Ma sœur, « que j'avois promise en mariage à son fils, est « morte, répondit Harald; cependant, plutôt « que de manquer à ma promesse, je suis prêt « à lui envoyer son corps, s'il le demande. J'ai « rempli la seconde partie de mon engagement; « je lui ai remis le château de Douvres, avec « un puits d'eau douce : mais de quel droit au« rois-je pu lui donner ou lui promettre ce « royaume, quand moi-même je n'étois pas roi? « Quant à sa fille qu'il dit que j'ai promis d'épou« ser, qu'il sache que je ne pourrois donner pour « reine aux Anglais une femme étrangère, sans « le consentement des grands de mon royau« me. » (1) Guillaume, sans se décourager, envoya de nouveaux ambassadeurs, chargés d'insister seulement sur le mariage de sa fille : mais en même temps il pressoit une autre négociation avec la cour de Rome, dont il attendoit plus

---

(1) *Eadmeri Cantuariens.*, p. 193. — *Willelmi Malmesbur.*, Lib. III, p. 182.

de succès. L'archevêque de Cantorbéry, qui étoit Normand, avoit été chassé de son siége par les Anglais, et un autre avoit été installé à sa place, sans l'approbation du saint-siége. Aux yeux de la cour de Rome, c'étoit une violation des priviléges ecclésiastiques; et quoique elle eût eu lieu sous le règne d'Edouard III, Harald, qui l'avoit conseillée, en étoit rendu responsable. Guillaume en profita pour aigrir le pape Alexandre II contre le roi d'Angletere; il en appela à lui comme au juge suprême des rois, maître de donner et de reprendre les couronnes; et à ce titre, il obtint de lui une bulle qui le reconnoissoit pour champion de l'Église, contre un roi contempteur des immunités ecclésiastiques. Cette bulle frappoit ses adversaires d'excommunication, et l'autorisoit à déployer, en tête de l'armée, le drapeau bénit que le pape lui envoyoit. (1)

Harald avoit rassemblé ses troupes et ses vaisseaux près d'Hastings et de Pevensey, pour s'opposer au débarquement des Normands : il en fut rappelé par un autre ennemi qui le menaçoit en même temps. Son frère Toston prétendoit avoir des droits supérieurs aux siens sur l'héritage de leur père: Harald l'avoit forcé à s'exiler, et Toston avoit d'abord imploré les

---

(1) *Willelmi Malmesbur.*, Lib. III, p. 182. — *Orderici Vitalis*, T. XI, p. 235. — *Baronii Annal. eccles.*, 1066, p. 375.

secours du duc de Normandie son beau-frère (ils avoient épousé deux filles de Baudoin, comte de Flandre). Il avoit ensuite été poussé par la tempête en Norwége, et il avoit engagé le roi de ce pays à envahir l'Angleterre. Harald, qui avoit passé l'été dans le comté de Sussex, à observer les côtes de Normandie, apprit, au mois d'août, que Toston avoit débarqué dans le comté d'York, avec une armée de Norwégiens conduits par leur roi. Il abandonna aussitôt les côtes méridionales, pour marcher à la rencontre de ces nouveaux adversaires, avec tout ce qu'il avoit de soldats; il les atteignit le 25 septembre, et les défit à Stamford-Bridge, dans une grande bataille où Toston et le roi norwégien perdirent la vie; mais en même temps il laissa à Guillaume l'occasion d'effectuer son débarquement. (1)

Guillaume avoit rassemblé son armée et sa flotte à Saint-Valery de Ponthieu, à l'embouchure de la Somme; mais des vents contraires l'y avoient retenu déjà long-temps, et portoient le découragement dans l'âme de ses soldats, lorsque tout à coup, le jour de Saint-Michel, 29 septembre, un vent favorable enfla ses voiles;

(1) *Orderici Vitalis Hist. eccles.*, Lib. III, p. 492 et 500. *In* Duchesne *Script. norman.* — *Chronicon Johannis Bromton abbatis Jorvalens.*, p. 958. *In Anglicis scr. X.* London, 1652, fol. — *Simeonis Dunelmensis, Hist. Regum Anglor.*, p. 194. *Ib.* — *Rodulfi de Diceto abbreviationes Chronicorum Ib.*, p. 479.

il s'embarqua aussitôt, et dans la même journée il vint débarquer à Pevensey, sur les côtes de Sussex; il occupa également ce jour-là le château d'Hastings. Cependant, comme étonné de la hardiesse de son entreprise, Guillaume passa quinze jours à la même place, sans oser pénétrer dans un pays où il savoit ne devoir trouver que des ennemis. La nouvelle de la victoire d'Harald ajoutoit à son inquiétude : celui-ci étoit revenu en toute hâte à Londres, avec une armée qu'il croyoit encouragée par un si grand succès, mais qui nourrissoit contre lui quelque ressentiment, parce qu'il avoit manqué de générosité dans le partage du butin. Sa mère et l'un de ses frères lui conseilloient de traîner la guerre en longueur. Ils lui représentoient que Guillaume, au lieu de l'attaquer, élevoit timidement des redoutes à Pevensey et à Hastings, pour se défendre; que personne ne venoit le joindre; que les vivres commenceroient bientôt à lui manquer, et qu'il seroit alors défait sans combat. Mais la mauvaise destinée de Harald, dont on s'accorde cependant à reconnoître les talens militaires, le poussoit en avant. Si une partie des soldats qui avoient combattu les Norwégiens l'avoit abandonné après la victoire, d'autres, en plus grand nombre, étoient venus le joindre. Sa principale force consistoit en son infanterie, armée de haches et de

1066.

boucliers; elle étoit accoutumée à se présenter au combat en forme de coin, en unissant ses boucliers de manière à former une masse impénétrable. Les Normands, de leur côté, avoient plus d'infanterie qu'on n'en vit plus tard paroître dans les combats; et déjà l'on remarquoit, parmi les troupes de Guillaume, des corps armés de cette redoutable arbalète, qui donna si long-temps à l'infanterie anglaise l'avantage sur celle du reste du monde.

Les deux armées se rencontrèrent le samedi 14 octobre 1066, à peu de distance de Hastings, dans un lieu qui dès lors a porté le nom de *Battle* (bataille). Guillaume avoit fait trois corps de son armée; le premier, d'archers; le second, de fantassins cuirassés; le troisième, de cavaliers au milieu desquels il avoit choisi sa place. Les Anglais avoient tous mis pied à terre, et à neuf heures du matin ils marchèrent en un seul corps serré contre l'ennemi. Quoique le roi Harald fût tué dès les commencemens du combat, ils ne se découragèrent point; ils enfoncèrent les rangs de leurs adversaires, en annonçant, en croyant peut-être, que Guillaume avoit aussi été tué. Celui-ci ôta son casque pour se bien faire voir à ses chevaliers, puis entonnant la chanson de Roland, ou peut-être celle de Rollon, le chef de sa race, il les conduisit à une charge sur cette infanterie qui se croyoit victorieuse;

il en fit un grand carnage, et il la repoussa jusqu'à son premier quartier : là le combat se renouvela avec plus de vigueur. Guillaume jugeant qu'il avoit dû son premier avantage au désordre dans lequel l'infanterie anglaise étoit tombée en le poursuivant, donna deux fois de suite, à la sienne, l'ordre de prendre une fuite simulée, et deux fois de suite les Anglais tombant dans le piége, et poursuivant les fuyards, furent hachés par la cavalerie normande. Le comte Loefwin, frère d'Harald, avec la plupart des grands du royaume, avoient été tués, lorsque les Anglais, comme le soleil étoit près de se coucher, prirent enfin la fuite. Cependant la poursuite ne fut pas meurtrière seulement pour eux; les Normands, en se répandant dans la campagne, durant la nuit et la journée suivante, furent souvent rencontrés par des partis plus forts qu'eux, qui se vengeoient avec fureur de leur défaite. Le massacre des deux parts fut épouvantable, et il passa tout ce qu'on avoit vu dans les autres guerres du siècle. C'est à cause de cette effroyable boucherie que le sort de l'Angleterre fut décidé dans une seule bataille (1).

(1) *Orderici Vitalis*, Lib. III, p. 501. *Scr. normann.* — *Willelmi Gemeticens.*, p. 51. — *Guillelmi Pictavensis*, p. 91. — *Ingulfi abbatis Croyland.*, p. 154. — *Willelmi Malmesb.*, Lib. III, p. 183. — *Henrici Huntingdon*, Lib. VI, p. 207. — *Simeonis Dunelmensis Hist.*, p. 194. — *Chronicon Johannis Bromton*, p. 959 *Anglor. script.* X.

1066.   La résistance se seroit probablement renouvelée, elle se seroit multipliée avec chaque province, si les Anglais avoient vu dans Guillaume un conquérant, au lieu d'un prétendant au trône. Que ses droits fussent bien ou mal fondés, c'étoit des droits qu'il annonçoit, et la nation, en les sanctionnant, pouvoit les rendre légitimes. Harald n'étoit lui-même qu'un roi électif, et tous les droits qu'il avoit tenus du peuple étoient rendus au peuple par sa mort. Il se fit bien quelque tentative pour lui substituer Edgar Atheling; mais les raisons qui lui avoient fait donner l'exclusion neuf mois auparavant, avoient acquis une nouvelle force par les dangers croissans, des circonstances. Les habitans de Londres, après une courte résistance, ouvrirent leurs portes aux Normands, et dans une assemblée des sages de la nation, ou *Wittena gemote*, Guillaume fut élu roi des Anglais d'une voix unanime; l'archevêque d'York y recueillit les suffrages des Saxons, et l'évêque de Coutance ceux des Normands. Le premier lui mit la couronne sur la tête le jour de Noel, à défaut de l'archevêque de Cantorbéry, que le pape avoit repoussé comme intrus et excommunié. (1)

Mais Guillaume, devenu maître de l'Angleterre, fut appelé à distribuer aux aventuriers qui

---

(1) *Gesta Guillelmi ducis*, p. 100.

l'avoient suivi, les brillantes récompenses qu'il leur avoit promises. En respectant les lois et les libertés de l'Angleterre, il n'auroit eu ni fiefs, ni seigneuries, ni châteaux à leur donner : pour plaire à ses soldats il avoit besoin de dépouiller ses sujets ; et c'est dès ce moment que, changeant tout à coup de langage, au lieu de faire valoir plus long-temps le testament d'Édouard III, la cession de Harald, ou de prétendus droits héréditaires, il fonda son titre sur la conquête, et proclama que tous les droits antérieurs étoient abolis par celui de son épée. On avoit vu en Germanie d'illustres empereurs déployer une grande vigueur, malgré les entraves du système féodal. Guillaume fit plus encore ; par le système féodal il institua un pouvoir absolu. Transportant ce système tout à la fois en Angleterre, le fondant par le pouvoir de l'épée, le consolidant contre la volonté des indigènes, il en fit un régime sévère d'obéissance et de discipline. Il déposséda presque tous les anciens propriétaires pour leur substituer des Normands ; il combla ceux-ci de richesses, mais il n'étoit pas fâché de leur laisser apercevoir le danger dont les entouroit sans cesse la haine des Anglais, leurs vassaux. Il vouloit que ses feudataires se sentissent comme en garnison dans un pays ennemi, qu'ils se persuadassent bien qu'ils ne pourroient s'y maintenir qu'à l'aide de leur roi et de leurs compagnons d'armes, et qu'au lieu de demander des priviléges et des garanties pour eux-mêmes, ils se regardassent comme assez récompensés, par une pleine licence d'abuser de leur victoire sur les Anglo-Saxons qui leur étoient soumis.

Au reste, les fiefs de l'Angleterre ne furent pas seuls accordés aux Normands, les bénéfices ecclésiastiques leur tombèrent également en partage, et Guillaume alla même jusqu'à promulguer un décret, par lequel il prohiboit aux chapitres et aux couvens, d'élever aucun clerc, ou aucun moine anglois, à aucune dignité ecclésiastique (1). En retour, les Normands en possession de toutes les prélatures, montrèrent à la couronne une déférence qui n'avoit point d'égale dans aucune partie de la chrétienté. Quoique le règne de Guillaume répondît précisément à celui de l'orgueilleux Hildebrand, le nouveau roi ne voulut point souffrir, dit le moine Eadmer, son contemporain, « Que personne, dans « sa domination, reconnût l'évêque de Rome « pour pontife apostolique, jusqu'à ce qu'il en eût « donné l'ordre ; que personne reçût ses brefs ou « ses bulles sans les lui avoir montrées auparavant. Si le primat de son royaume, l'archevêque de Cantorbéry, présidoit un concile

(1) *Willelmi Malmesbur.*, Lib. III, p. 185. — *Eadmeri mon. Hist.*, p. 193.

« d'évêques, il ne permettoit point qu'on y pu-
« bliât aucun canon sans l'avoir soumis à sa vo-
« lonté, et en avoir reçu l'ordre de lui. De même,
« il ne permettoit à aucun de ses évêques d'ac-
« cuser, d'excommunier, ou de soumettre à
« aucune peine ecclésiastique aucun de ses
« barons ou de ses ministres, pour inceste, pour
« adultère, ou pour aucun autre crime capital,
« sans sa permission expresse. » (1)

Par cette politique, Guillaume réduisit son nouveau royaume à dépendre uniquement de sa volonté. Malmesbury en donne pour preuve, « Qu'il fit le premier, sans aucune contradic-
« tion, un recensement de toutes les têtes ; qu'il
« fit mettre par écrit les revenus de tous les
« fonds de terre dans toute l'Angleterre, et qu'il
« amena tous les hommes libres, de quelque
« seigneurie qu'ils relevassent, à lui prêter ser-
« ment de fidélité. » (2)

Dans l'ivresse de sa conquête, la nation normande, si récemment devenue française, et que les autres Français reconnoissoient à peine pour compatriote, s'anima tout à coup pour la France d'un zèle ardent de nationalité. Elle voulut transporter les mœurs, les lois, la langue de la France en Angleterre, et donner en quelque sorte l'île à la nation. « Ces Normands, dit

(1) *Eadmeri monachi Hist. Novorum*, Lib. I, p. 193.
(2) *Willelmi Malmesbur.*, Lib. III, p. 187.

1066. « Ingulfe, moine de Croyland, avoient les An-
« glais en telle abomination, que de quelque
« mérite qu'ils brillassent, ils les excluoient de
« toute dignité, et leur substituoient des hom-
« mes moins habiles, de quelque nation qu'ils
« fussent nés, pourvu qu'ils fussent étrangers.
« Ils abhorroient même tellement jusqu'à leur
« idiome, qu'ils voulurent que les lois du pays
« et les statuts des rois anglais ne fussent plus
« cités que dans la langue française, et que dans
« les écoles ils enseignèrent aux enfans les prin-
« cipes de la langue latine en français, non en
« anglais. De même ils voulurent qu'on renon-
« çât absolument à écrire l'anglais, et qu'on ne se
« servît que du français dans les chartes comme
« dans les livres. » (1)

1067. Guillaume avoit passé moins de six mois en
Angleterre, lorsqu'il revint, durant le carême
de 1067, en Normandie, pour jouir de sa gloire
au milieu de ses compatriotes. Il y fut reçu par
le clergé, par les seigneurs, par le peuple, avec
un enthousiasme proportionné à de si grands
succès, et à la part abondante qu'il avoit faite
à tous ses serviteurs dans les fruits de sa victoire.
Il faut qu'il crût avoir bien peu à craindre du
mécontentement d'un peuple nouvellement conquis, puisqu'il passa en Normandie le printemps,
l'été et l'automne de cette première année de son

(1) *Ingulfus Croyland. abbas.*, p. 155.

règne ; peut-être aussi ne croyoit-il pas politique de demeurer témoin des violences qu'il ne vouloit ni empêcher ni punir. Il avoit conduit avec lui, en otage, Edgar Atheling, et plusieurs des nobles de race anglo-saxonne; tandis que son frère Eudes, évêque de Bayeux, et Guillaume Fitz Osberne, gouvernoient en son nom l'Angleterre. (1)

(1) *Gesta Guillelmi ducis*, p. 103. — *Orderici Vitalis*, Lib. IV, p. 506. — *Rogerii de Hoveden Annal.*, p. 313.

CHAPITRE VIII.

Noblesse; Tournois; Adolescence de Philippe Ier. 1068—1074.

Les institutions qui ont fixé le caractère du moyen âge recevoient, au onzième siècle, chaque jour, de nouveaux développemens; la France prenoit chaque jour davantage un aspect héroïque et chevaleresque; tous ces souvenirs flattent aujourd'hui notre imagination, et nous regrettons ces temps poétiques, même en reconnoissant toute la barbarie dont ils sont empreints. Nos yeux, il est vrai, ont peine à distinguer, à cette époque, la nation française, nation humiliée, souffrante, asservie; c'est la noblesse seule qui attire les regards; la noblesse qui, vers cette époque, étoit elle-même devenue une seconde nation. En effet, comme dans cet ordre, avoir une nombreuse famille étoit un moyen de puissance, tous les mariages avoient été féconds, tous les fils s'étoient mariés de bonne heure, et avoient fondé de nouveaux ménages, non moins prolifiques que ceux de leurs pères: aussi la race des nobles s'étoit multipliée avec toute la rapidité que peut admettre le principe de population, quand aucune circonstance ne le contrarie.

Les nobles, suffisant presque seuls à occuper la carrière militaire, ont aussi fixé presque exclusivement l'attention de ces chroniqueurs, qui ne savoient raconter que des combats; cependant la distance qui les séparoit des classes inférieures n'étoit plus si grande qu'elle l'avoit été. Tandis que le partage rapide des anciens patrimoines forçoit le gentilhomme à se contenter d'une portion de terre bien plus petite qu'autrefois, les bourgeois acquéroient des richesses nouvelles par le commerce et l'industrie; les conditions sembloient plus rapprochées, et les nobles, envieux de l'élévation de ces parvenus, cherchèrent à se séparer d'eux par des barrières artificielles.

En effet, dans les siècles précédens, la noblesse n'avoit été autre chose que l'exercice actuel d'un pouvoir, nécessairement attaché à l'étendue des possessions territoriales. Celui-là étoit noble ou notable, qui attiroit sur lui les regards de tous, par le nombre de ses serfs ou de ses créatures, et par le vaste espace que couvroient ses domaines. Mais lorsque les nobles furent assez multipliés, et souvent assez pauvres, pour n'avoir plus rien de notable, ils désirèrent d'autant plus vivement se distinguer du reste de leurs concitoyens, par quelque chose qui fût tout à eux, quelque chose qu'ils ne pussent eux-mêmes communiquer, et qui les signalât comme une race étrangère, au milieu du reste du peuple. L'attention scrupuleuse aux généalogies et à la pureté du sang commença donc vers cette époque. Auparavant on avoit reconnu pour nobles tous ceux qu'on voyoit puissans et riches, tandis que, dès le milieu du onzième siècle, la naissance constitua seule la noblesse, à l'exclusion de la richesse et du pouvoir.

La distinction des races, la pureté du sang, ne sont point des notions sur lesquelles on puisse insister, quand on ne garde aucun souvenir de famille, et l'étude des généalogies est nécessairement liée avec une certaine étude littéraire et historique. Avec le onzième siècle, on commença à vouloir savoir ce qu'avoient fait les ancêtres de chaque famille, non point, il est vrai, pour s'instruire par leur exemple, mais pour s'en enorgueillir ; on attacha aux événemens passés une importance qu'ils n'avoient point eue encore, parce qu'ils devinrent la cause des grandeurs présentes ; et l'on comprit qu'il pouvoit y avoir pour le gentilhomme quelque avantage à savoir lire, ne fût-ce que pour connoître les titres et toutes les alliances de sa maison.

Nous venons de voir avec quel soin Guillaume-le-Conquérant et ses barons normands s'efforcèrent de conserver les noms des chevaliers qui avoient pris part à la conquête de l'Angleterre, afin de les signaler désormais comme les souches d'autant de familles illustres. Ces noms furent inscrits sur la pierre au monument de Battle près d'Hastings; ils furent transcrits sur les registres de l'abbaye de Jorvaulx; ils furent assortis deux à deux d'après la rime, pour en faire une sorte de ritournelle, qui se gravât plus profondément dans la mémoire, et rien ne fut omis de ce qui pouvoit donner une base assurée à l'orgueil de leurs descendans (1). Vers le même temps, autant qu'on peut le conjecturer, commença l'usage des armoiries, ou de ces enseignes parlantes, répétées sur l'écu du chevalier, et sur le harnois de ses chevaux, qui, lors même qu'il se taisoit, que sa visière abaissée cachoit les traits de son visage, et que son isolement, sans écuyer, sans suite, sans équipage, auroit pu faire méconnoître son rang, annonçoient la race à laquelle il appartenoit et les dignités dont il étoit revêtu.

Une autre institution qui appartient plus positivement encore à l'époque où nous sommes parvenus, contribua à augmenter la distance entre les nobles et les roturiers; ce fut celle des tournois, ou de ces jeux publics et nationaux, dans lesquels des récompenses étoient accordées, aux yeux de tout le peuple, à ceux

---

(1) Historiens de France, T. XI, p. 50 et 93. — Duchesne, *Script. Normann.*, p. 1023.

qui se distinguoient, par leur force et leur adresse, dans les exercices du corps. Ces jeux français, comme on les appeloit généralement, avoient de grands rapports avec les anciens jeux de la Grèce, excepté que chez les Grecs ces exercices nationaux étoient communs à tout le peuple ; que chez les Français, au contraire, ils étoient exclusivement réservés à la noblesse, qui repoussoit, comme une souillure, tout mélange, même en plein air, avec les plébéiens.

Plusieurs chroniques du midi de la France, en racontant sous la date du 4 avril 1068, l'issue des querelles de Geoffroi-le-Barbu, comte de Tours, avec Foulques-le-Réchin, comte d'Anjou, son frère, ajoutent que Geoffroi de Pruilly, l'inventeur des tournois, et l'auteur de la race des comtes de Vendôme, y fut tué (1). Nous avons déjà vu, sous l'année 842, la description d'un combat simulé entre Louis-le-Germanique et Charles-le-Chauve, qui ressembloit fort à un tournoi (2). Il est probable que des exercices semblables n'avoient pas cessé dès lors d'être encouragés par les mœurs nationales; aussi les jeux chevaleresques usités dans la cour de

---

(1) *Chronic. Andegavense*, T. XI, p. 169. — *Martene Thesaur. Anecdot.*, T. III, p. 1380. — *Chronic. Turon.*, p. 336. *Chronic. Sancti-Martini Turonens.*, p. 212. Ducange, Dissertation VI sur les Mémoires de Joinville, p. 438.

(2) Ci-devant T. III, ch. 8, p. 72.

tous les châteaux, et qui faisoient une partie essentielle de l'éducation de tous les jeunes guerriers, sembloient autant de préparations pour les tournois en règle. Le témoignage des contemporains ne laisse pas douter néanmoins qu'avant l'année 1068 Geoffroi de Pruilly n'ait été, en quelque sorte, le législateur de ces jeux. C'en est assez pour justifier notre curiosité de savoir ce qu'ils étoient à cette époque.

Le mot de tournoi, quelquefois tournoiement, et en latin *torneamentum*, indique clairement et l'origine française de ces jeux, et le but principal de cet exercice, l'art de manœuvrer, de *tournoyer* son cheval avec adresse, pour frapper son adversaire et se dérober en même temps à ses coups. Les combats, surtout ceux de la noblesse, se livroient toujours à cheval, avec la lance et l'épée tranchante ; le chevalier s'y présentoit revêtu d'une armure qui couvroit tout son corps, et qui, en même temps qu'elle le préservoit des blessures, devoit gêner tous ses mouvemens et rallentir ceux de son cheval de bataille. Il importoit donc qu'un constant exercice accoutumât les membres du chevalier au poids énorme qu'il devoit porter, et son cheval à l'agilité qu'on attendoit de lui. Dans un *passage* ou *pas d'armes*, nom générique de tous ces jeux, cet exercice se composoit de deux parties : la joûte, qui étoit le combat singulier d'un chevalier contre un chevalier, tous deux revêtus de toutes leurs armes, et le tournoi, qui étoit l'image d'une bataille générale, ou la rencontre et les évolutions de deux troupes de cavalerie égales en nombre.

Lorsque ces exercices domestiques furent tirés de la cour de chaque château pour être produits au grand jour ; qu'un seigneur en invitant ses voisins à un tournoi, en donnant des juges au combat, une grande solennité aux épreuves de vigueur et d'adresse, et des récompenses publiques au vainqueur, excitoit les chevaliers à redoubler leurs efforts pour vaincre, il devenoit nécessaire d'arrêter par des règles sévères l'impétuosité des combattans ; autrement, l'enceinte destinée aux plaisirs nationaux seroit bientôt devenue un champ de carnage. Il est probable que les principales règles inventées par Geoffroi de Pruilly se rapportoient aux armes à employer dans les tournois. Ces armes, qu'on nommoit courtoises, avoient la forme des armes guerrières, mais n'étoient point destinées à faire de dangereuses blessures. « Les chevaliers ne portoient nulles « espées, fors glaives courtois, qui estoient de « sapin ou d'if, avec courts fers, sans estre « tranchans ne esmolus. » (1) Avant d'entrer

---

(1) Manuscrit cité par Ducange, Traité des Chevaliers de la

dans le champ clos, ils devoient se présenter aux *diseurs* ou juges du combat ; ceux-ci étoient toujours des chevaliers de grande réputation, choisis l'un par chacun des deux partis qui devoient combattre, et décorés d'une longue baguette blanche, qu'ils portoient toujours en signe de leur autorité, et qu'ils n'avoient pas plutôt croisée devant les combattans, que ceux-ci, sous peine de se déshonorer, devoient suspendre leurs coups. Ces juges devoient, dans les quatre jours qui précédoient le tournoi, prendre connoissance de tous les chevaliers qui vouloient combattre, s'assurer de leur rang et de leur lignage, pour qu'aucun roturier, ou aucun homme dont la réputation étoit entachée, ne se mêlât parmi les nobles ; s'assurer qu'ils n'étoient point liés à leur selle, car la victoire consistant à renverser l'adversaire de son cheval, ne devoit pas être rendue plus difficile pour l'un que pour l'autre. Enfin les diseurs devoient exiger des chevaliers le serment « qu'ils ne porteroient espées, armures, « ne bastons affustiés ; ne enfonceroient leurs « armes ne estaquettes assises, par iceux di- « seurs, mais combattroient à espées sans pointe « et rabattues, et auroit chascun tournoyant

Table ronde, Dissertation sur les Tournois. Joinville, II, p. 447.

« un baston pendu à sa selle, et feroient des-
« dites espées et bastons tant qu'il plairoit aux-
« dits diseurs, frappant de haut en bas, sans
« tirer ne sans saquier. » (1)

Les combats ordinaires ne laissent guère de doute sur celui qui demeure vainqueur ; les blessures et la mort des vaincus mettent assez de différence entre les combattans. Mais dans des combats simulés, avec des armes qui n'infligent aucune blessure, qui ne mettent personne hors de combat, on couroit toujours le risque que cette image de la guerre ne dégénérât en un simple exercice de grâce et d'adresse, et que le courage et la force n'y devinssent aussi inutiles qu'ils le sont aujourd'hui à la plupart de nos jeux. Ce n'étoit point là le but que s'étoient proposé les inventeurs des tournois. « L'athlète, dit Roger de Hoveden, qui n'a ja-
« mais éprouvé de meurtrissure, ne peut ap-
« porter un grand courage au combat. C'est celui
« qui a vu couler son sang, qui a senti ses dents
« ébranlées sous le poing de son adversaire,
« qui, soulevé dans les airs, puis renversé, n'a
« point laissé abattre son cœur quand son corps
« étoit abattu, qui autant de fois qu'il a été
« porté par terre, autant de fois s'est relevé

(1) Traité manuscrit des Tournois, cité par Ducange, p. 447.

« avec plus d'audace ; c'est celui-là qui des-
« cend au combat avec une juste espérance de
« vaincre. » (1)

Aussi, selon les règles même du combat, la
joûte et le tournoi pouvoient entraîner des
conséquences graves et souvent funestes, sans
que le sang répandu dans la lice fût vengé ou
par l'autorité publique, ou par le ressentiment
particulier. Les chevaliers partant au galop des
deux extrémités de la carrière, la lance en arrêt,
recevoient reciproquement la pointe de leurs
adversaires sur leur bouclier, et s'ils réunis-
soient une grande vigueur à beaucoup d'adresse,
les deux lances, quoique dures et fortes, voloient en éclats ; les deux chevaux étoient renversés sur leur croupe, et les deux combattans
les relevant aussitôt, continuoient leur carrière : mais plus souvent il arrivoit que l'un des
deux étoit désarçonné et jeté sur la poussière,
quelquefois avec des blessures dangereuses. La
chute de l'un des combattans étoit l'issue la
plus ordinaire du combat, et distinguoit le vainqueur du vaincu; de même on étoit considéré
comme vaincu, si l'on étoit forcé de franchir
la lice, ou barrière faible et peu élevée, qui entouroit le champ clos ; soit qu'on fût poussé par
la violence de ses adversaires, ou entraîné par

(1) *Rogerii de Hoveden*, p. 588 ; apud *Rer. Anglic. Scriptores*, 1061. *Francofurti*.

l'impétuosité de son propre cheval. Enfin, lorsque les lances étant brisées, on continuoit le combat avec ces bâtons ou ces sabres de bois d'if, qui représentoient les épées, on ne succomboit que sous des coups et des meurtrissures qui souvent mettoient la vie en danger.

Toutefois les chevaliers trouvoient encore souvent que ce jeu n'étoit point assez sérieux, et aux armes courtoises des tournois, ils substituoient, par une convention réciproque, les armes guerrières, sous condition seulement qu'elles ne fussent point affilées. Aussi l'arène des tournois fut-elle presque constamment ensanglantée; on en vit plusieurs dégénérer en combats acharnés, où la haine et la vengeance prenoient la place de l'émulation; les conciles et les papes essayèrent à plusieurs reprises de les interdire; mais la superstition elle-même étoit sans force lorsqu'elle devoit lutter contre une passion nationale. Les dames, dans leurs plus brillantes parures, couvroient les échafauds circulaires qui entouroient le lieu du combat. Les blessures et le sang, en redoublant leur émotion, ne pouvoient leur inspirer assez de répugnance pour leur faire détourner les yeux. Elles s'intéressoient ouvertement aux chevaliers qui leur étoient chers, elles les animoient de la voix et du geste; elles leur donnoient souvent quelque portion de leur parure, une manche, une mantille, un nœud de rubans qu'on nommoit *faveur* ou *enseigne*, et que le chevalier portoit sur son armure, et perdoit s'il étoit vaincu; elles étoient habituellement consultées, à la fin de la journée, pour décerner le prix à celui qui s'étoit comporté le plus vaillamment, et c'étoit toujours par leurs mains que ce prix étoit distribué. Dans aucune autre occasion la nation française ne déployoit un luxe égal à celui qu'elle étaloit dans les tournois : tout le revenu d'une baronie étoit dépensé en un seul jour, pour que la dame du château pût briller dans l'amphithéâtre par ses ornemens d'or et de soie; pour que le chevalier qui vouloit combattre ne risquât point de voir son honneur compromis par le défaut de son armure, ou la foiblesse de son cheval. La supériorité d'un bon destrier étoit sentie dans le tournoi plus encore que dans la bataille, et l'écu brillant, couvert d'émaux, et quelquefois de pierreries, étoit, avant le combat, exposé long-temps à l'admiration des curieux, aux portes d'un couvent ou d'un château.

Les tournois avoient été une invention purement française, et ils contribuèrent à donner aux Français une réputation supérieure de bravoure et de chevalerie : ils accoutumèrent les guerriers à ne perdre jamais de vue, dans la fureur des combats, les lois de la courtoisie et de la loyauté, à se mesurer avec leurs adversaires, comme s'ils avoient toujours un cercle de dames pour juger de leurs coups, et des hérauts d'armes prêts à baisser leurs masses sur eux, lorsqu'ils recherchoient, par quelque tromperie, un indigne avantage. La fréquence des tournois en France n'avoit pas seulement donné aux chevaliers français un avantage dans les exercices du corps, sur ceux de toutes les autres nations; elle les avoit institués, en quelque sorte, arbitres chez les autres peuples, dans toutes les questions de chevalerie et de pas d'armes; car ces jeux de la noblesse furent bientôt portés de France dans les autres pays. Il semble que la Belgique les adopta presque aussitôt après leur première invention, puisqu'en l'année 1048, Thierry IV, comte de Hollande, tua, dans un tournoi à Liége, le frère de l'archevêque de Cologne, et fut par là engagé dans une guerre qui lui coûta la vie (1). Ils passèrent un peu plus tard en Allemagne (2). Ce fut seulement le roi Étienne qui les introduisit en Angleterre, dans la première moitié du douzième siècle (3). Les Italiens les adoptèrent à leur tour, et il y

---

(1) *Magnum Chronicon Belgicum*, p. 114. *Struvii Script. Rer. Germ.*, T. III.

(2) *Otto Frisingensis de Gestis Freder. I*, Lib. I, cap. 17, p. 653. *In Script. ital.*, T. VI.

(3) *Willelmi Neubrig.*, Lib. V, cap. 4, T. XVIII, p. 45.

eut en Lombardie plusieurs tournois célèbres dans le douzième siècle. Cependant ce fut surtout au treizième que Charles d'Anjou, qui les aimoit avec passion, en communiqua le goût aux Napolitains (1). Après que les Français eurent porté, avec les croisades, leurs mœurs et leurs amusemens dans l'Orient, on vit aussi les empereurs grecs donner des tournois à Constantinople, et les Comnènes sont célébrés par les écrivains leurs compatriotes, comme ayant eux-mêmes brillé dans ces combats simulés. (2)

Ce Geoffroi de Pruilly, que les chroniques contemporaines célèbrent comme l'inventeur, ou tout au moins le législateur des tournois, ne se montra guère digne de ce jeu chevaleresque qui devoit ranimer le sentiment de l'honneur, et apprendre à ne jamais désirer de victoire aux dépens de la loyauté. Les historiens qui nous ont conservé son nom, nous apprennent, dans une même phrase, l'invention qui l'a rendu célèbre, sa trahison, et sa mort. Il étoit attaché à Foulques-le-Réchin, qui avoit eu en partage le comté d'Anjou, et qui, depuis la mort de son oncle Geoffroi Martel, avoit été constamment en guerre avec son frère Geoffroi-le-Barbu,

1066.

---

(1) *Muratori Antiq. ital.*, T. II, *Dissert.* XXIX, p. 833 et seq.

(2) *Nicetas in Manuel.*, Lib. III, cap. 3, *Byz. Veneta*, T. XIV, p. 57.

comte de Touraine. Les moines s'étoient déclarés contre ce dernier, qui étoit accusé d'avoir pour eux peu de respect, et d'avoir opprimé le couvent de Mont-Majeur; et ils invoquoient contre lui la vengeance céleste. Geoffroi de Pruilly se chargea d'accomplir leurs vœux. De concert avec trois autres chevaliers, il arrêta en trahison, le 4 avril 1068, Geoffroi-le-Barbu, qui s'étoit confié à lui, et il le livra à son frère. Mais cet acte de déloyauté, qui obtint l'approbation des moines, excita l'indignation du peuple. Le lendemain de l'arrivée du captif à Angers, les bourgeois de cette ville se soulevèrent; Pruilly, avec ses trois compagnons, fut massacré; le comte de Touraine fut remis en liberté, et la guerre entre les deux frères recommença. Geoffroi-le-Barbu n'avoit toutefois point encore lassé sa mauvaise fortune; dans les premiers mois de l'année suivante, il tomba de nouveau au pouvoir de son frère, à la suite d'un combat qu'il perdit contre lui; et dès lors il languit trente ans dans la captivité. (1)

Ce n'est pas sans raison qu'à l'époque où nous sommes parvenus, nous nous sommes arrêtés pour rendre compte du progrès des mœurs de la noblesse, de ses jeux, de ses institutions, et de leur effet sur l'esprit national. Dans la France

---

(1) *Chron. Andegav. Martenii*, p. 169. — *Chronic. Andeg. Labbei*, p. 30. — *Gesta Consulum Andegavens.*, p. 272.

féodale, la noblesse avoit la principale part au gouvernement ; mais elle avoit ce gouvernement tout entier entre ses mains, lorsque le roi se trouvoit de plus ou trop jeune, ou trop faible pour avoir une volonté à lui. Philippe Ier, qui n'eut jamais ni un caractère vigoureux, ni un esprit distingué, n'exerça aussi jamais qu'une foible influence sur le sort de la France : cependant sa nullité durant son adolescence, entre sa quatorzième et sa vingt-unième année, ou de l'an 1068 à l'an 1074, doit lui être moins attribuée à lui-même qu'aux institutions de la monarchie. Pendant les sept années précédentes, il avoit été confié à la garde d'un tuteur, qui pouvoit suppléer par sa propre vigueur au défaut de volonté de son pupile. La tutelle, suivant les lois romaines, finissoit avec la quatorzième année, et alors commençoit la curatelle, qui duroit jusqu'à la majorité. Baudoin de Flandre mourut justement à l'époque où auroit fini la tutelle romaine, et ne fut point remplacé par un curateur ; en sorte que Philippe fut abandonné à lui-même. A peine pourroit-on dire que l'état fût dès lors livré à son inexpérience, car l'état étoit administré par la noblesse feudataire. Mais le domaine royal et la cour dépendoient sans réserve du jeune adolescent, et le résultat le plus indubitable de ces sept années d'insubordination, fut de modifier le caractère du prince lui-même, par les funestes conséquences d'un trop grand pouvoir trop tôt atteint. Celui qui n'étoit pas encore maître de lui-même étoit depuis long-temps maître d'autrui ; il mettoit les débauches et les vices au premier rang parmi les jouissances de la vie que son rang l'autorisoit à rechercher. Bientôt il fut entouré de courtisans et de flatteurs empressés à exciter ses passions, à les nourrir, à les servir, et assurés d'un avancement d'autant plus rapide, que les services qu'ils rendoient à leur jeune maître étoient plus honteux.

Les deux monarchies entre lesquelles la France étoit partagée éprouvoient en même temps les mêmes inconvéniens, en raison de l'adolescence de leurs rois; car Henri IV de Germanie, qui portoit les couronnes de Lorraine, de Bourgogne et de Provence, n'étoit que de deux ans plus âgé que Philippe Ier; et comme son caractère étoit plus bouillant, ses passions étoient aussi plus impétueuses, et ses vices eurent pendant quelque temps plus d'empire encore sur lui. Sa jeunesse et les désordres de la cour d'Allemagne, contribuèrent à relâcher toujours plus les liens d'obéissance des grands seigneurs français qui relevoient de lui : cependant les dénominations de France orientale et de France occidentale, qui étoient quelque temps tombées en oubli, sembloient reprendre faveur depuis que la maison de Franconie avoit joint à l'empire une si grande partie de la Gaule. Les Franconiens étoient fiers du nom de Français : le premier de leurs empereurs, Conrad, avoit cherché à rappeler, par le surnom de *Salique*, les premiers temps de la monarchie française; et le jeune Henri IV, qui prenoit le titre de roi des Français orientaux, sembloit animé, dans le gouvernement de la Germanie, par la haine et la jalousie contre les Saxons, auparavant maîtres de l'empire; toutes les fois que les passions politiques remplaçoient en lui, pour un peu de temps, la passion des plaisirs.

Nous serions mal instruits de cette disposition à la débauche, de cette corruption scandaleuse des deux cours de France et de Germanie, si les besoins de ces monarques libertins ne les avoient pas fait toucher aux trésors des églises. Mais l'organisation militaire et féodale des deux royaumes ne laissoit aux rois presque aucun revenu dont ils pussent disposer : ils avoient pour eux leurs maisons royales et leurs domaines, et dans un petit nombre de cas, quelques offrandes de leurs vassaux qui leur arrivoient irrégulièrement, et sur lesquelles ils ne pouvoient point compter : d'ailleurs ils ne levoient pas d'impôts, et ils n'auroient presque jamais pu se procurer de l'argent, au lieu des produits en nature de leurs terres, si la distribution des bénéfices ecclésiastiques n'avoit pas été pour eux une abondante source de revenus. L'usage de vendre les évêchés et les abbayes, ou, comme ils le considéroient eux-mêmes, de retenir pour eux les prémices des grâces qu'ils accordoient aux prêtres, en les élevant en dignité, étoit devenu si universel, que cette espèce de marché se faisoit publiquement, et en quelque sorte à l'enchère; et que le prix des évêchés et des abbayes, considéré par l'Église comme le prix des faveurs du Saint-Esprit, étoit le revenu qui servoit le plus constamment à payer les maîtresses des rois et leurs débauches.

Henri IV et Philippe Ier ne le cédoient point l'un à l'autre dans ce commerce des dignités ecclésiastiques, flétri du nom de simonie, qui scandalisoit les saints, et qui ne blessoit pas moins la cupidité des prêtres mondains. L'un et l'autre s'autorisoit de ce qui avoit été fait presque constamment par leurs prédécesseurs : mais les temps étoient changés; l'Église avoit acquis bien plus de puissance, et il n'étoit plus possible à de jeunes imprudens de lutter avec ces hommes énergiques, qui avoient été successivement élevés sur la chaire de saint Pierre, et qui y avoient développé tant de vigueur de caractère et des talens si distingués. Alexandre II, qui, de 1061 à 1073, porta la tiare, avoit travaillé sans relâche à détruire la simonie, à interdire le mariage des prêtres, et à substituer 1068—1074. les mœurs les plus austères, et toute l'âpreté des vertus monacales aux anciens désordres du clergé. Afin d'imprimer plus de respect à la cour de France, et de forcer Philippe à renoncer à des marchés simoniaques, il chargea le cardinal Pierre Damiani, évêque d'Ostie, qu'il appeloit avec assez de raison l'œil du siége apostolique, de parcourir le royaume de France, et de réformer le clergé; il le recommanda dans ce but, par une circulaire, aux cinq archevêques de Reims, de Sens, de Tours, de Bourges et de Bordeaux (1). Le résultat de cette inspection du clergé fut la destitution des évêques de Chartres et d'Orléans, dont la simonie fut prouvée : le jeune Philippe fut contraint à s'y soumettre, et le pape le remercia de sa condescendance. (2)

Le même saint, Pierre Damiani, fut aussi envoyé à Henri IV, et dans le même but; mais outre qu'il devoit travailler à la réforme du clergé, le cardinal devoit aussi prononcer sur un divorce que le monarque de Germanie, marié à seize ans avec Berthe, fille d'Adélaïde, marquise de Suze, demandoit à dix-huit ans, d'avec cette princesse, pour laquelle il prétendoit sentir une répugnance invincible; et qu'il assuroit qu'il ren-

---

(1) *Epistola Alexandri II.* 21ᵃ, *ad archiepiscopos Galliæ, Concilior.*, T. IX, p. 1131.
(2) *Epistola Alexandri II.* 23ᵃ, *ib.*, p. 1132.

droit vierge à ses parens. Henri IV, afin de gagner le saint-siège, offroit d'employer tout son crédit, et au besoin la force des armes, pour étendre sur la Thuringe la perception des dîmes, dont cette province avoit jusqu'alors trouvé moyen de se dispenser. Mais Alexandre II et Pierre Damiani étoient bien éloignés de vouloir transiger sur rien. Ils demandèrent au roi toutes les concessions, et n'en voulurent accorder aucune. Le cardinal lui déclara que s'il se séparoit de sa femme, ou même s'il ne se conduisoit pas en bon mari avec elle, jamais le pape ne lui accorderoit la couronne impériale. Henri IV fut réduit à se soumettre, et à se réconcilier avec Berthe. La naissance de plusieurs enfans, dont l'un d'eux fut son successeur Henri V, prouva que cette réconciliation avoit été sincère. (1)

Il étoit plus difficile de faire renoncer les deux rois à ce que la cour de Rome appeloit leur simonie; ils s'humilioient, ils protestoient de leur repentance, mais bientôt ils recommençoient. Alexandre II prenant un ton plus élevé, somma, au commencement de l'année 1073, Henri IV de se rendre à Rome, pour se justifier des accusations intentées contre lui. L'archevêque de Cologne et l'évêque de Bamberg furent

---

(1) *Lambertus Schafnaburgensis ad ann.* 1069. *In Pistoria,* T. II. *Hist. Germaniæ.*

chargés de lui signifier cette sommation (1), et Alexandre II ne comptoit pas traiter Philippe avec plus de ménagemens; mais la mort de ce pape, survenue le 21 avril 1073, mit un terme à la procédure qu'il venoit de commencer. (2)

1068—1074.

Le lendemain de la mort d'Alexandre II, les cardinaux, le clergé et le peuple de Rome se réunirent et proclamèrent unanimement, comme son successeur, le moine Hildebrand, qui depuis long-temps étoit le guide de la cour de Rome, et l'âme de tous ses conseils. Cependant il y avoit parmi les évêques un parti nombreux, composé surtout de ceux qui croyoient avoir quelque reproche à se faire, et qui ne se voyoient pas, sans inquiétude, placés dans l'entière dépendance d'un homme si noté pour la ferveur de son zèle, la véhémence et l'amertume de son caractère. Ils sollicitèrent Henri IV de ne point reconnoître cette élection tumultueuse, qui de plus avoit été faite sans son consentement. Hildebrand s'étoit aussitôt mis en possession du pontificat, et avoit pris le nom de Grégoire VII. Toutefois il répondit au comte Éberhard, messager du roi de Germanie, en prenant Dieu à témoin, qu'il n'avoit point ambitionné l'honneur qu'on lui avoit accordé; que les Romains en l'élisant lui

(1) *Abbas Urspergens. Chronic. ad ann.* 1073. — *Otto Frisingens.*, Lib. VI, cap. 34.
(2) *Baronii Annal. eccles.*, 1073, p. 411.

avoient imposé violemment la nécessité d'administrer l'Église, mais qu'on ne pourroit le forcer à recevoir l'ordination, jusqu'à ce qu'il se fût assuré, par une communication directe, que le roi et les princes teutoniques du royaume consentoient à son élection. Cette modestie désarma Henri IV, qui donna son plein consentement à ce que Hildebrand fût consacré; il le fut en effet le jour de la Purification de la Vierge de l'année suivante. Soit que cette déférence eût été inspirée à Grégoire par un doute sur la régularité de sa propre élection, ou par le désir de s'assurer pleinement du pouvoir avant d'en user, c'étoit la dernière marque de respect qu'il comptoit donner à la puissance séculière. (1)

Grégoire VII vouloit en même temps réunir son clergé en un seul corps, le détacher des plaisirs du monde, et l'opposer aux princes, pour leur arracher toute influence sur les nominations ecclésiastiques. Il commença donc par sévir contre les prêtres concubinaires ou mariés, assuré que, plus la vie de ses serviteurs seroit austère, et plus ils lui seroient dévoués. Les évêques des Gaules opposèrent, dit-on, une vive résistance à ces projets de réforme; ils alloient même jusqu'à accuser Grégoire VII d'hérésie, ou tout au moins de leur prêcher une doctrine absurde et inexécutable, en leur recom-

(1) *Lamberti Schafnaburg.*, T. XI, p. 65.

mandant la continence (1). Ils comptoient sans doute trouver pour leur résistance de l'appui auprès de leur roi; Grégoire se hâta de faire voir qu'il ne montreroit à ce roi aucune déférence.

Plus Philippe avançoit vers l'âge d'homme, et moins on voyoit se développer en lui les qualités qui inspirent de la considération. Les défauts, il est vrai, par lesquels ce jeune prince offensoit l'Église n'étoient peut-être pas ceux par lesquels il mécontentoit le plus ses sujets; mais sa lâcheté encourageoit le pape à le traiter avec plus de hauteur qu'aucun autre. Dès la première année de son pontificat, au mois de décembre 1073, Grégoire VII avoit écrit à l'évêque de Châlons : « Entre tous les princes de « notre temps qui par une cupidité perverse ont « vendu l'Église de Dieu en dissipant ses biens, « et ont ainsi rendu esclave et foulé aux pieds « leur mère à laquelle, d'après le commande- « ment de Dieu, ils doivent honneur et respect, « nous avons appris que Philippe, roi des Fran- « çais, tenoit le premier rang; il a tellement « opprimé les Églises des Gaules, qu'on peut « dire qu'il est parvenu au comble de ce forfait « détestable. Nous en avons reçu la nouvelle « avec d'autant plus de douleur, que ce royaume

(1) *Lamberti Schafnab.*, p. 66.

« étoit plus puissant, et que par sa prudence et
« sa dévotion il avoit été jusqu'alors plus attaché
« à l'Église romaine. Notre zèle pour la charge
« qui nous est confiée, et la destruction de ces
« Églises, nous animoient à punir avec sévérité
« des forfaits aussi audacieux; mais, dans ces
« derniers jours, son chambellan Albéric est
« venu nous promettre de sa part, qu'il se sou-
« mettroit à notre censure, qu'il réformeroit sa
« vie, et qu'il respecteroit les Églises. Ainsi nous
« suspendons les rigueurs canoniques, et nous
« voulons bien éprouver, à l'occasion de l'Église
« de Mâcon, depuis long-temps privée de son
« pasteur, quelle foi nous devons ajouter à ses
« paroles; qu'il donne gratis, comme il convient,
« cet évêché à l'archidiacre d'Autun, car nous
« apprenons que ce prêtre a été élu d'un consen-
« tement unanime par le clergé et le peuple, et
« même avec son approbation. Mais s'il ne veut
« pas le faire, qu'il sache, à n'en point douter,
« que nous ne tolérerons pas plus long-temps
« cette ruine de l'Église; qu'avec l'autorité des
« apôtres saint Pierre et saint Paul, nous répri-
« merons la dure contumace de sa désobéissance.
« Il faudra alors ou que le roi renonce au hon-
« teux commerce de son hérésie simoniaque,
« ou que les Français, frappés de l'épée d'un
« anathème général, renoncent à son obéis-

« sance, s'ils ne préfèrent renoncer à la foi chré-
« tienne. » (1)

Philippe se soumit docilement aux injonctions du saint-siége; il envoya une députation à Grégoire VII, pour lui déclarer que son intention étoit d'obéir toujours aux ordres du prince des apôtres, et entre autres, de faire à l'égard de l'évêché de Mâcon tout ce qui lui étoit demandé. Grégoire lui pardonna; mais le ton de supériorité avec lequel il le tançoit étoit encore suffisamment humiliant. « Nous voudrions, lui
« dit-il, que tu remarquasses avec nous, com-
« bien ceux des rois tes prédécesseurs, qui ont
« été si illustres et si fameux, étoient chéris
« du siége apostolique, combien leur gloire s'é-
« tendoit par toute la terre, lorsqu'ils n'em-
« ployoient leur pouvoir qu'à enrichir les églises
« et à les défendre; mais depuis que tant de
« vertu s'est émoussée dans leurs successeurs,
« qu'ils ont confondu les droits divins et hu-
« mains, toute la gloire de leur royaume, son
« honneur et sa puissance se sont écroulés avec
« ses mœurs. Ce sont des choses que notre office
« nous oblige à te répéter, et s'il le faut, en des
« termes qui te paroîtront âpres à entendre. Il
« ne dépend point de nous de taire la parole de
« la prédication; mais plus la dignité est ample,

---

(1) *Gregorii VII*, Lib. I, *Epist.* 35. *Conc. Gener.*, T. X, p. 33. — *Baronii Annal.*, 1073, p. 431.

« plus la personne est sublime, plus nous de-
« vons prendre de soins et élever la voix pour
« la ramener au chemin de la droiture. » (1)

Au reste, Philippe n'étoit susceptible ni du noble orgueil qui lui auroit fait trouver ces leçons trop sévères, ni de la résolution de bien faire, avec laquelle il auroit profité de ces avertissemens pour se corriger. Il se repentoit, il s'humilioit, il faisoit au pape les plus belles promesses ; mais il retomboit aussitôt après dans les vices contre lesquels il avoit protesté. La même année, au mois de novembre, Grégoire écrivit de nouveau aux archevêques et aux évêques de France, pour accuser Philippe devant eux. « Un long espace de temps s'est
« déjà écoulé, depuis que le royaume de France,
« autrefois si fameux et si puissant, a commencé
« à voir décliner sa gloire, et à perdre les mar-
« ques de toutes les vertus, tandis que les mau-
« vaises mœurs s'y accroissent. Mais dans ces
« derniers temps, nous avons vu tomber son
« honneur et toute apparence de décence ; car les
« lois y étant négligées, et toute justice foulée
« aux pieds, tout ce qu'on sauroit faire de hon-
« teux, de cruel, de misérable, d'intolérable,
« s'y fait impunément, et y a même passé en
« habitude par une longue licence. Depuis un

(1) *Gregorii VII*, Lib. I, *Ep.* 75. *Conc. Gen.*, p. 59. Le 13 avril 1074.

« certain nombre d'années, la puissance royale
« ayant perdu toute vigueur parmi vous, et
« aucune loi, aucune autorité, ne pouvant pro-
« hiber ou punir les injures, les ennemis ont
« commencé à combattre entre eux de toutes
« leurs forces, comme s'ils ne faisoient que se
« conformer au droit des gens, et ils rassemblent
« ouvertement des armes et des troupes pour se
« venger. Si de tels usages ont multiplié dans
« votre patrie les meurtres, les incendies, et
« tous les fléaux de la guerre, on peut s'en affli-
« ger sans doute, mais on ne sauroit s'en éton-
« ner. Bien plus, aujourd'hui, une méchanceté
« nouvelle les ayant atteints comme une peste,
« ils commencent à commettre des forfaits exé-
« crables et horribles à redire, sans que per-
« sonne les y pousse. Ils ne s'arrêtent devant
« aucun respect ou divin ou humain; ils regar-
« dent comme rien les parjures, les sacriléges,
« les incestes, les trahisons, et, ce qu'on ne voit
« nulle part ailleurs sur la terre, les citoyens,
« les proches, les frères, s'arrêtent réciproque-
« ment par cupidité; le plus fort arrache à son
« captif tous ses biens par des tortures, et lui
« laisse terminer sa vie dans une extrême mi-
« sère. Les pèlerins qui se rendent aux portes
« du tombeau des saints apôtres ou qui en re-
« viennent, sont saisis par ceux qui en pren-
« nent la fantaisie, jetés dans des prisons, sou-

1074.

1074.
« mis à des tourmens plus cruels que les païens
« eux-mêmes n'en sauroient inventer, jusqu'à
« ce que, pour se racheter, ils aient donné
« souvent plus même qu'ils ne possèdent. C'est
« votre roi, ou bien plutôt votre tyran, qui,
« à la persuasion du diable, est l'origine et la
« cause de toutes ces calamités. Il a souillé toute
« sa jeunesse par les crimes et les infamies : aussi
« foible que misérable, il porte inutilement les
« rênes du royaume dont il s'est chargé, et
« non-seulement il abandonne à tous les crimes
« le peuple qui lui est soumis, en relâchant
« les liens de l'obéissance, il excite encore par
« l'exemple de ses goûts et de ses actions, dans
« tout ce qu'il n'est pas permis de faire, ni même
« de dire. Il ne lui suffit point d'avoir mérité la
« colère de Dieu, par le pillage des églises, par
« les adultères, par des rapines détestables, par
« des parjures, et par des fraudes de tout genre
« que nous lui avons reprochées à plusieurs re-
« prises; il vient, à la manière d'un brigand,
« d'enlever des sommes énormes à des mar-
« chands qui, de toutes les parties de la terre,
« se rendoient à je ne sais quelle foire en
« France. Dans les fables mêmes on n'avoit ra-
« conté rien de semblable d'un roi ; lui qui de-
« voit être le défenseur des lois et de la justice,
« en a été le plus grand contempteur. Il a agi de
« sorte que ses forfaits ne se sont pas renfermés

« dans les bornes du royaume qui lui est confié ;
« mais que pour sa confusion, la connoissance
« s'en répand en tous lieux. » Grégoire VII
ordonne, dans la même lettre, aux évêques de
France, de reprocher sévèrement à Philippe ses
offenses, d'exiger de lui des réparations solennelles ; s'il s'y refuse, de frapper le royaume
d'interdit, et de suspendre en tous lieux le service divin : et si ces peines ne suffisent pas, Grégoire VII déclare qu'avec l'aide de Dieu, il tentera par toutes sortes de voies de lui enlever le
royaume de France. (1)

Une autre lettre de Grégoire VII à Guillaume VI, comte de Poitiers et duc d'Aquitaine, achèvera de faire connoître la situation
du royaume, les mœurs du roi, et l'autorité
que s'arrogeoit l'Eglise. « Quoique je ne doute
« pas, lui dit-il, que les iniquités de Philippe,
« roi des Français, ne soient parvenues à ta
« connoissance, j'ai cru utile de te faire savoir
« combien elles nous affligent. Entre tant de
« crimes par lesquels il semble avoir pris à
« tâche de surpasser tous les princes, non-seu-
« lement les chrétiens, mais les infidèles, après
« avoir ruiné toutes les églises où il a pu porter
« la confusion, il vient de mettre tellement de
« côté toute pudeur pour la dignité royale, que

(1) *Gregorii VII*, Lib. II, *Epist.* 5, p. 72. *Concil. Gener.*,
T. X.

« de livrer au pillage les négocians d'Italie qui
« se rendoient dans votre pays, et cela non
« d'après aucune raison qui pût le justifier,
« mais seulement pour assouvir son avarice.
« Nous avons déjà averti par nos lettres les
« évêques de France de lui en demander rai-
« son ; mais comme nous savons que tu aimes
« et saint Pierre et nous-mêmes, et comme
« nous croyons que tu t'affliges avec nous des
« périls auxquels ce roi s'expose, nous avons
« voulu t'avertir de te joindre à ces évêques et
« à quelques-uns des meilleurs et des plus
« nobles de France, pour lui notifier ses ini-
« quités. Il faut le sommer de renoncer aux
« suggestions des insensés, de s'attacher au con-
« seil des sages, de retenir ses mains du pil-
« lage des églises, de réformer ses indignes
« mœurs à l'exemple des meilleurs rois des Fran-
« çais, de corriger enfin ces brigandages dont
« nous avons parlé, à l'occasion desquels les
« orateurs de saint Pierre sont empêchés,
« sont arrêtés et sont exposés à mille souf-
« frances. S'il se réforme d'après tes conseils,
« nous le traiterons avec charité comme nous
« le devons ; mais s'il s'obstine dans la perver-
« sité de ses goûts ; si dans la dureté et l'impé-
« nitence de son cœur il thésaurise la colère
« de Dieu et de saint Pierre, nous le sépare-
« rons dans le synode romain avec le secours

« de Dieu, et selon que sa perversité le mérite,
« de la communion de la sainte Église, aussi-
« bien que quiconque lui attribueroit les hon-
« neurs royaux et l'obéissance, et chaque jour
« nous confirmerons notre excommunication
« sur l'autel de saint Pierre ; car il y a trop
« long-temps que nous supportons ses iniquités,
« il y a trop long-temps que nous dissimulons
« les injures de la sainte Église, en épargnant
« sa jeunesse. A présent la perversité de ses
« mœurs s'est rendue si notoire, que quand
« bien même il auroit autant de pouvoir et de
« vaillance que ces empereurs païens qui ont
« causé tant de maux aux saints martyrs, au-
« cune crainte ne feroit jamais que nous lais-
« sassions toutes ses iniquités impunies. » (1)

Les auteurs des anciennes chroniques ont trouvé peu de satisfaction à consigner dans leurs écrits ces vices et ces forfaits de Philippe, qui excitoient si vivement l'indignation de Rome. Ils gardent en général un profond silence sur la cour, et même sur tout ce qui appartient proprement à l'histoire de la monarchie. Ce ne sont point les faits généraux qu'ils rapportent, mais ceux seulement qui servent à l'histoire de chacun des grands fiefs dont la France étoit

---

(1) *Gregorii VII*, Lib. II, *Ep.* 18, p. 84. *Conc. Gen.* — *Baronii Annal.*, 1074, p. 456. — *Script. franc.*, T. XIV, p. 586.

composée ; c'est aussi là que nous chercherons des matériaux, pour le tableau des événemens dont Philippe 1er fut spectateur bien plus qu'acteur, durant les sept années de son adolescence.

Le plus grand parmi ces feudataires étoit, sans contredit, Guillaume, duc de Normandie, qui, par l'acquisition du royaume d'Angleterre, et l'abus qu'il avoit fait du droit de conquête, avoit, à ce qu'on assuroit, soixante mille fiefs de chevaliers relevant de sa couronne, et un revenu net de 386,900 livres sterling, valant chacune trois des livres sterling actuelles (1). Mais cette puissance et cette richesse, à supposer encore qu'elles ne fussent pas exagérées, lui suffisoient à peine pour retenir dans la sujétion le peuple qu'il avoit conquis ; car ce peuple détestoit son joug ; il méditoit à toute heure de nouvelles rebellions, et il invoquoit tour à tour tous ses voisins, tous les peuples étrangers, pour l'aider à chasser du trône un roi devenu odieux. Dès l'époque même du couronnement de Guillaume, les Normands effrayés des acclamations par lesquelles les Anglais saluöient leur nouveau monarque, avoient mis le feu à l'église où ceux-ci se trouvoient rassemblés, et les avoient punis comme d'une offense,

(1) *Orderici Vitalis Hist. eccles.*, Lib. IV. *Script. Norman.* Duchesne, p. 523.

des vœux qu'ils faisoient pour lui (1). Les Anglais s'étoient bien gardés de lui donner dès lors aucun signe d'amour. Les uns, pour fuir l'oppression, avoient passé jusqu'à Constantinople, et avoient demandé du service à l'empereur Michel Comnène. Ils avoient en effet été admis dans sa garde, et leurs compatriotes y occupoient encore un poste honorable, cent trente ans après, à l'époque de la prise de la capitale de l'Orient par les Latins (2). D'autres avoient recouru successivement à Eustache, comte de Boulogne, à Sueno, roi de Danemarck, et aux divers princes des Ecossais, des Gallois, des Irlandais, auxquels ils demandoient du soutien dans leurs rebellions. Les seigneurs anglais, en petit nombre, que Guillaume avoit d'abord ménagés, se trouvoient, chacun à leur tour, enveloppés dans ces révoltes partielles ; ils périssoient alors sur l'échafaud, ou ils languissoient dans les prisons du duc de Normandie. Aucune de leurs entreprises n'avoit de succès : tant il est difficile de renverser un gouvernement établi ! mais elles se renouveloient chaque année, et leur répétition ne laissoit aussi à Guillaume aucun repos ; sa puissante armée étoit tout entière neutralisée par la résistance de son peuple, et

(1) *Orderici Vitalis*, Lib. III, p. 503.
(2) *Orderici Vitalis Hist. eccles.*, Lib. IV, p. 508. *Script. normann.*

depuis qu'il avoit gagné un royaume, il étoit devenu bien moins redoutable à ses voisins que quand il n'étoit que simple duc de Normandie. Ses sujets français, dont il avoit si richement payé l'assistance, se lassoient eux-mêmes de leur long exil loin de leur patrie, et des guerres continuelles où il les tenoit engagés. En 1068, un grand nombre de chevaliers normands, conduits par Hugues de Grantménil, Humfroi du Tilleul, et d'autres barons, le quittèrent, uniquement parce qu'ils ne pouvoient plus résister aux sollicitations de leurs femmes, qui les menaçoient de céder aux demandes de leurs amans, s'ils les laissoient languir plus long-temps dans le veuvage (1). L'année suivante, comme il traversoit, au milieu de l'hiver, les montagnes qui séparent le comté de Chester du pays de Galles, les chevaliers de l'Anjou, de la Bretagne et du Maine, rebutés de tant de fatigues et de dangers, refusèrent de le suivre. Guillaume, sans chercher à les ramener, dé-

---

(1) *Orderici Vitalis*, Lib. IV, p. 512. — *Et in Script. fr.*, T. XI, p. 240.

« *His temporibus quædam Normanniæ mulieres, sæva libidinis face urebantur, crebrisque nuntiis a viris suis flagitabant ut cito reverterentur : addentes quod nisi redditum maturarent, ipsæ sibi alios conjuges procurarent.... Rursus honorabiles athletæ quid facerent, si lascivæ conjuges torum suum adulterio polluerent, et progeniei suæ perennis maculæ notam et infamiam generarent.* »

clara qu'il lui suffisoit de ses soldats fidèles, et continua sa marche; les mutins, honteux ou intimidés, n'osèrent point retourner en arrière; ils demeurèrent sous ses drapeaux, et Guillaume, en punition de leur désobéissance, les y retint encore quarante jours après qu'il eut renvoyé leurs compagnons d'armes. (1)

Durant les sept années dont nous parcourons les événemens, l'Angleterre fut tout au plus en paix pendant un petit nombre de mois en 1070; dans ce court intervalle l'on vit les Normands et les Saxons habiter les mêmes villes et les mêmes villages, en apparence réconciliés; à la même époque, on vit dans les villes de l'Angleterre, les marchands français étaler les produits des fabriques de leur patrie, alors bien plus industrieuse et bien plus commerçante que l'Angleterre, et l'on vit les Saxons quitter leurs habits nationaux pour revêtir ceux des Normands. Guillaume lui-même, s'efforçant de consolider cette réconciliation, s'appliquoit de tout son pouvoir à étudier la langue anglaise, et il en faisoit un devoir à ses barons; mais ses organes n'étoient point assez flexibles, ou sa mémoire point assez exercée pour qu'il pût obtenir dans cette étude aucune sorte de succès (2). Aussi il

---

(1) *Orderici Vitalis*, Lib. IV, p. 515.
(2) *Ib.*, p. 520.

revint bientôt aux moyens de contrainte qui convenoient mieux à son caractère, et il fit de tous côtés construire des châteaux forts, car l'Angleterre en étoit presque absolument dépourvue, tandis que la Normandie en étoit couverte. Guillaume attribuoit à l'absence de ces fortifications la facilité avec laquelle il avoit conquis cette île, et il ne songeoit pas que les châteaux, qu'il élevoit en tous lieux, serviroient un jour à ses barons pour résister au pouvoir royal. (1)

Parmi les difficultés que rencontroit Guillaume, il n'avoit point à compter, il est vrai, l'opposition du clergé : soit qu'il eût réussi à se concilier l'affection du pape par son langage flatteur, et ses professions de déférence à l'autorité de l'Église, soit qu'éprouvant moins de besoin d'argent, il s'abstînt plus que d'autres souverains, de la vente des bénéfices ecclésiastiques, soit enfin que la cour de Rome crût user d'une bonne politique en ménageant un roi aussi habile et aussi puissant, dans le temps où elle traitoit tous les autres avec tant de hauteur, il est certain du moins qu'au lieu de ressentir ses fréquentes usurpations des droits de l'Église, elle le seconda au contraire toujours contre tous ses ennemis. Grégoire VII lui-même écrivoit à l'évêque de Die, en parlant de lui : « Quoique

(1) *Orderici Vitalis*, Lib. IV, p. 511.

« le roi des Anglais ne se conduise pas, en cer-
« taines choses, aussi religieusement que nous
« aurions voulu, cependant, comme il n'a ni
« détruit ni vendu les Églises de Dieu, et qu'il
« a cherché à administrer à ses sujets la paix et
« la justice avec modération (jamais éloge ne
« fut moins mérité), comme surtout il n'a
« point consenti à comploter contre le saint-
« siége apostolique, ainsi qu'il en a été requis
« par quelques ennemis de la croix du Christ;
« comme il a forcé les prêtres à renoncer à leurs
« femmes, et les laïques à abandonner les dîmes
« qu'ils percevoient, en les y obligeant sous le
« serment, il s'est rendu plus digne d'approba-
« tion et d'honneur que les autres rois, et il a
« mérité qu'on supportât avec plus d'indulgence
« ses fautes et celles de ses sujets (1). » Il semble
même que quelque projet avoit été formé par
les prêtres d'armer Guillaume contre le roi de
Germanie, de lui faire surprendre Aix-la-Chapelle, et de renouveler pour lui l'empire d'Occident (2); mais la conspiration des comtes
d'Hereford et de Norwich, que Guillaume découvrit en 1075, et qu'il punit par de cruels
supplices, le fit sans doute renoncer aux intrigues qu'il avoit concertées avec l'archevêque

(1) *Gregorii VII*, Lib. IX, Ep. 5, p. 280. — *Baronii*, ann.
1074, p. 455.
(2) *Lamberti Schafnaburg.*, p. 66.

de Cologne, et que celui-ci s'empressa de désavouer. (1)

Les sujets français de Guillaume, enrichis par la part qu'il leur avoit donnée dans ses conquêtes, ne laissoient pas que de se plaindre encore quelquefois de la longueur et de la fatigue des campagnes auxquelles ils étoient appelés; cependant ils étoient glorieux de ses victoires, satisfaits de sa munificence, et doublement attachés à sa personne par leur confiance en son habileté, et par le plaisir qu'ils trouvoient à humilier ses ennemis. Les seuls habitans du Maine ne partageoient point ces sentimens nationaux. Ils regrettoient leurs anciens comtes de la famille d'Héribert-Éveille-Chiens; ils accusoient Guillaume d'avoir fait périr par le poison Héribert le jeune, leur dernier seigneur, aussi-bien que le comte et la comtesse de Pontoise, qui auroient dû lui succéder; une des sœurs de cet Héribert le jeune avoit épousé Robert, fils de Guillaume, et c'étoit en son nom que Guillaume régnoit sur le Maine; une seconde étoit mariée à Albert Azzo II, marquis de Ligurie, l'un des ancêtres de la maison d'Este; une troisième à Jean, seigneur de la Flèche, qui à son tour prétendit par elle à l'héritage du Maine. (2)

(1) *Henrici Huntind. Hist.*, p. 209. — *Rogerii de Hoveden*, p. 314. — *Orderici Vitalis*, Lib. IV, p. 534.
(2) *Orderici Vitalis Hist. eccl.*, Lib. IV. Scr. norm., p. 532.

Au moment où Guillaume paroissoit le plus embarrassé en Angleterre par les révoltes des Saxons, les invasions des Danois, et celle des Gallois, les habitans du Maine résolurent de secouer son joug. « Les grands et le peuple, d'un « accord unanime, dit un ancien historien, re- « tirèrent leur obéissance au roi, et firent venir « d'Italie le marquis Albert Azzo, avec sa femme « Garisende, sœur de leur dernier prince, et « son fils Hugues. » Ils destinoient celui-ci à être la tige d'une seconde maison des comtes du Mans (1). Garisende étoit la seconde femme du marquis Albert Azzo; la première, qui étoit Allemande, lui avoit donné un fils connu sous le nom de Guelfo IV, qui recueillit en héritage le duché de Bavière, et de qui sont sortis les ducs de Brunswick et les rois d'Angleterre de nos jours. Un second frère, nommé Foulques, continua la maison italienne, d'où sont sortis les ducs de Ferrare et de Modène; et le troi- sième, nommé Hugues, devoit se faire Français pour gouverner le Maine. (2)

L'établissement de Hugues d'Este dans le Maine eut cependant peu de durée : son père, proche parent de la comtesse Mathilde, et l'un des seigneurs qui avoient le plus de part aux

---

(1) *Gesta Pontificum Cenomannensium*, T. XII, p. 539.
(2) *Muratori antichità Estensi*, p. 1, cap. 27. — *Annal. d'Italia*, ann. 1071.

intrigues de l'Italie, ne séjourna pas assez longtemps en France pour y affermir son parti : il laissa au Mans sa femme Garisende et son fils Hugues, sous la direction de Geoffroi de Mayenne, homme noble et d'un esprit adroit, qui acquit bientôt tant de crédit sur Garisende, que chacun supposa qu'il étoit son amant. « Comme « ce Geoffroi de Mayenne, continue l'historien « contemporain des évêques du Mans, cherchoit « des occasions nouvelles de vexer les citoyens, « et qu'il inventoit des exactions pour tirer d'eux « de l'argent, ceux-ci se consultèrent sur les « moyens de s'opposer à ses coupables tentati- « ves, et d'empêcher que lui-même, ou aucun « autre, pût désormais les opprimer injustement. « Ils formèrent donc une conspiration qu'ils « nommèrent *communion* (plus tard on l'ap- « pela *commune*). Chacun d'eux se lia par les « mêmes sermens, et ils obligèrent Geoffroi et « les autres grands de la province à jurer, quoique « bien malgré eux, fidélité à leur conspiration. » L'auteur, partisan du roi d'Angleterre et de l'évêque, regardoit la formation d'une commune comme une révolte : aussi, dit-il, « que « par l'audace que leur inspira cette conspira- « tion, ils commirent des crimes innombrables, « condamnant un grand nombre de gentilshom- « mes, sans aucun droit de passer sur eux ju- « gement, leur faisant, pour les moindres causes,

« arracher les yeux, ou même, ce qu'on a hor-
« reur de raconter, les faisant périr à la potence.
« De même ils attaquoient et brûloient sans rai-
« son les châteaux du voisinage, dans les jours
« saints du carême, et même le dimanche de la
« Passion. » (1)

Cette association des citoyens du Mans, qui forçoient la noblesse à s'unir à eux, et qui punissoient ses brigandages, tantôt par des supplices, tantôt en assiégeant et brûlant ses châteaux, est d'autant plus digne d'attention, que quoiqu'elle ne fût point la seule, ni probablement la première, c'est cependant la plus ancienne dont nous ayons une date fixe et authentique, et que nous y retrouvons, dès cette époque, l'esprit que nous verrons bientôt avoir animé toutes les autres, aussi-bien que les républiques d'Italie. La première commune du Mans cependant eut une forte courte durée. Geoffroi de Mayenne, qui lui avoit prêté serment de fidélité, la trahit durant le siége du château de Sillé ; il livra à ses ennemis l'armée de sa patrie, qui fut surprise et mise en déroute par les gentilshommes. Les deux partis en vinrent ensuite aux mains dans l'intérieur de la ville, où plusieurs maisons furent assiégées, prises et reprises, tantôt par les bourgeois, tantôt par les nobles. Hugues d'Este voyant peu de chances

(1) *Gesta Pontif. Cenomann.*, p. 540.

d'affermir dans le Maine son autorité, repartit pour l'Italie ; sa mère Garisende mourut en 1072, et, l'année suivante, les citoyens fatigués rendirent le Mans à Guillaume, roi d'Angleterre, après avoir reçu son serment de pardonner le passé, et de conserver à leur cité *ses anciennes coutumes et ses justices.* (1)

Parmi les plus puissans feudataires de la couronne de France on devoit compter aussi le comte de Flandre, qui vers le même temps attira l'attention des Français comme des Allemands, par les révolutions auxquelles sa famille et son pays furent exposés. Baudoin V ou de Lille, le même qui avoit été tuteur de Philippe Ier, avoit laissé en 1067, à sa mort, plusieurs fils et plusieurs filles. Baudoin VI l'un d'eux, déjà comte de Mons par le fait de sa femme, lui avoit succédé; Robert, qui selon un historien du temps étoit cependant l'aîné, fut exclu de l'héritage (2). Dès l'époque où Robert étoit arrivé à l'âge d'homme, son père avoit mis à sa disposition des vaisseaux, des richesses, et tous les moyens de faire ailleurs un établissement, en lui recommandant de montrer par ses entreprises s'il étoit homme de cœur. De nombreux aventuriers, qui aussi-bien que lui n'avoient pour s'élever que leur épée, s'atta-

---

(1) *Gesta Pontific. Cenomann.*; p. 540, 541. — *Orderici Vitalis*, Lib. IV, p. 532, 533. *Script. norm.*

(2) *Orderici Vitalis*; Lib. IV, p. 526.

chèrent à sa fortune. Robert avoit de la bravoure, du talent pour la guerre, et une persistance inébranlable; mais il étoit constamment malheureux, soit qu'il lui manquât quelque qualité nécessaire pour faire valoir les autres, ou qu'il s'attaquât toujours à des adversaires plus forts et plus habiles que lui. Il étoit parti avec une flotte richement équipée, pour tenter une expédition sur les côtes de Galice; car les pays des Musulmans étoient alors regardés comme abandonnés au premier occupant, et la foiblesse des petits cheiks qui se partageoient l'Espagne, les livroit en proie aux moindres attaques. Cependant celle de Robert eut une issue désastreuse. Il avoit commencé ses ravages, et amassé un butin considérable, lorsque les Sarrasins se rassemblant de toutes les provinces voisines, l'attaquèrent avec des forces supérieures. Dans un combat acharné il perdit tous ses compagnons d'armes, qui furent ou tués ou faits prisonniers; seul il réussit à s'enfuir, et il trouva un refuge sur ses vaisseaux.

Lorsqu'il fut de retour en Flandre, son père et ses amis lui reprochèrent son désastre comme une honte, et ne lui laissèrent d'autre ressource que de tenter de nouveau la fortune. Cependant on lui fournit les moyens de réparer ses vaisseaux, de nouveaux aventuriers se rangèrent sous ses étendards, et il se remit en mer. Il ne s'étoit pas encore fort éloigné lorsque sa flotte fut détruite par la tempête, avec toutes ses espérances. Robert, en échappant au naufrage, prit l'habit de pèlerin pour se rendre à Jérusalem, et expier par une pénitence solennelle la faute inconnue qui causoit sans doute ses revers; mais en chemin il lia des intrigues avec des Normands qui lui promirent de lui faire un établissement splendide dans la Grèce. C'étoit le moment où Robert Guiscard, non content de l'Italie méridionale qu'il avoit conquise avec les forces d'un simple gentilhomme, commençoit à porter ses vues ambitieuses sur l'empire d'Orient. Toutefois les projets du prince flamand furent éventés, ses correspondances furent surprises, et des gardes furent placés dans tous les ports de la Grèce, avec ordre de l'arrêter et de le faire mourir.

Robert renonça alors aux entreprises lointaines, mais il ne fut point abandonné par ses compagnons d'armes, et il trouva moyen, avec leur aide, de réparer les pertes qu'il avoit faites. A la tête d'une armée d'aventuriers il attaqua les comtés de Frise et de Hollande : le comte Florent Ier étoit mort en 1062, laissant trois enfans en bas âge, dont l'aîné, Thierri V, fut reconnu pour son successeur, sous la régence de sa mère Gertrude. Robert fit pendant deux ans la guerre à cette veuve et à ses orphelins : toujours battu, il fut néanmoins toujours redoutable, et jamais découragé. Enfin Gertrude, pour mettre un terme à cette guerre, consentit à lui donner sa main, 1070-1073. avec le titre de comte de Frise, et à l'associer à la tutelle de ses enfans. Dès lors ce prince fut connu sous le nom de Robert-le-Frison. (1)

Lorsque Baudoin V mourut en 1067, Robert-le-Frison son fils ne disputa point son héritage à son frère Baudoin VI, qui fut reconnu pendant trois ans comme souverain de la Flandre. Selon Lambert d'Aschaffenbourg ce fut Baudoin 1070. qui le premier chercha querelle à Robert, et envahit la Hollande avec une nombreuse armée. Robert ayant vainement cherché à conserver la paix, dut enfin se préparer à repousser cette attaque par les armes; un combat entre les deux frères, livré le 16 juillet 1070, fut le premier où Robert restât victorieux; son frère y périt, et sa femme Richilde, avec son jeune fils Arnolphe, à qui la succession de la Flandre étoit destinée, se réfugia auprès de Philippe, roi de France, pour implorer son secours (2). Aucun autre des historiens anciens ne fait mention de cette bataille; ils donnent à entendre que Baudoin VI mourut de maladie, que Robert-le-Frison demanda alors la garde-noble de ses enfans et de son comté, et qu'à cette occasion seulement la guerre civile fut allumée. (3)

(1) *Lamberti Schafnaburg.; ad ann.* 1071, p. 63.
(2) *Lamberti Schafnab.*; p. 64.
(3) *Chron. Sancti-Martini Tornac.*, p. 142. — *Roberti de*

1071.

Philippe Ier étoit tout au plus âgé de dix-huit ans, quand Richilde de Flandre vint avec son fils Arnolphe se mettre sous sa protection. C'étoit l'âge où le cœur du jeune prince devoit être le plus accessible à l'amour de la gloire, et à l'impulsion généreuse qui le portoit à protéger le petit-fils de son oncle et de son tuteur. Il paroît qu'en effet il promit immédiatement des secours à Richilde, et que sans se donner beaucoup de peine pour rassembler une armée, il prit le chemin de la Flandre avec les jeunes seigneurs qui se trouvoient à sa cour. La comtesse de Flandre comptoit également sur l'assistance de Guillaume, roi d'Angleterre, qui avoit épousé Mathilde sa belle-sœur. Elle s'adressa à Guillaume Fitz Osberne, qui au nom de ce roi gouvernoit alors la Normandie; et celui-ci accourut en effet aussitôt au camp de Philippe Ier, amenant avec lui dix chevaliers seulement, parés comme pour un tournoi. Tous ces jeunes courtisans ne se figuroient pas qu'un comte de Hollande osât tenir la campagne contre l'armée réunie des deux rois de France et d'Angleterre; et ils s'avançoient avec une imprévoyante con-

---

Monte ad Sigebertum, p. 169. — *Chronicon Elnonense*, p. 345. — *Chronic. Alberici Trium Fontium*, p. 362. — *Chron. Sithiense*, p. 383. — *Chron. Lobiense*, p. 416. — *Orderici Vitalis*, Lib. IV, p. 526. — *Oudeghersi, Chr. de Flandre*, ch. 47, p. 91.

fiance, tandis que Robert-le-Frison augmentoit encore leur assurance, en se conduisant comme s'il ressentoit le plus grand effroi. Mais après les avoir laissé s'engager dans un pays qu'ils ne connoissoient point, et où des canaux et des fossés les arrêtoient à chaque pas, il les attaqua tout à coup près de Cassel, le dimanche 20 février 1071, et les mit dans une complète déroute. Le jeune comte de Flandre, Arnolphe, fut tué dans cette surprise, de même que Guillaume Fitz Osberne. Philippe prit assez honteusement la fuite, et Robert-le-Frison se trouva affermi dans la domination du comté de Flandre, tandis que Richilde se retira dans le Hainault, son héritage paternel. (1)

Le second fils de Baudoin VI et de Richilde, qui se nommoit également Baudoin, étoit l'héritier naturel de la Flandre : aussi la guerre civile se continua-t-elle entre lui et Robert; Richilde cependant avoit fort aliéné ses sujets par son mauvais gouvernement, et par les exactions des sires de Mailly et de Couchy, ses conseillers. Les Flamands de la langue française lui demeurèrent fidèles, mais ceux de la langue flamande se déclarèrent tous pour Robert. Philippe fit un nouvel armement en sa faveur; puis après

---

(1) *Lamberti Schafnab.*, p. 64. — *Willelmi Gemeticens.*, p. 47. — *Order. Vitalis*, Lib. IV, p. 526. — *Oudegherst, Ann. de Flandre*, ch. 50, 51, p. 91.

s'être rendu maître de Saint-Omer, et avoir traité cette ville avec une cruauté excessive, il s'enfuit dans un accès de frayeur, abandonnant tous ses bagages, parce que Robert-le-Frison avoit réussi à lui faire croire qu'il n'étoit entouré que de traîtres. Richilde trouva un allié plus belliqueux dans Godefroi-le-Bossu, duc de Lorraine, époux de la fameuse comtesse Mathilde. Godefroi, qui avoit quelques prétentions à la souveraineté de la Frise, y entra avec son armée, et la mit, ainsi que la Hollande, à feu et à sang. Cependant après que ces riches provinces eurent été saccagées deux ou trois ans, la paix leur fut enfin rendue par l'entremise de l'évêque de Liége. Le fils de Richilde, Baudoin, qui fut ensuite connu sous le nom de Baudoin de Jérusalem, garda le Hainault; Robert-le-Frison garda la Flandre: la nièce du second devoit aussi épouser le premier, et lui porter en dot la ville de Douai; mais Baudoin l'ayant vu arriver à Mons, la trouva si laide, qu'il aima mieux renoncer à la ville de Douai que de l'acquérir par une union si rebutante (1). Un autre mariage termina la pacification de ces provinces. Le roi Philippe Ier épousa, en 1071, Berthe de Hollande, fille du comte Florent, et de cette

---

(1) *Lamberti Schafnab.*, p. 64. — *Alberici Trium Fontium*, p. 363. — Oudegherst, *Chroniq. de Flandre*, ch. 53, f. 101.

même Gertrude qui avoit été mariée en secondes noces à Robert-le-Frison. (1)

L'histoire des autres grands fiefs de la couronne de France ne présente presque pas d'événemens, pendant la période que nous venons de parcourir. Les seigneurs du midi de la France, qui ne conservoient guère de relation avec son monarque, sont, à cette époque, enveloppés d'une grande obscurité, d'où nous les verrons tout à coup sortir au moment des croisades : les érudits qui ont eu peine à démêler pendant tout ce siècle leur généalogie et l'étendue de leurs états, ne cherchent point encore à nous faire connoître les individus, et n'essaient point de nous intéresser à leur caractère. Cependant c'étoit dans cette partie de la France que la civilisation faisoit alors même les plus rapides progrès; que les arts usuels, le commerce, la médecine, quelque connoissance des sciences exactes et des sciences naturelles, étoient importés de chez les Sarrasins, et que l'augmentation de l'aisance universelle accoutumoit les classes industrieuses à prétendre à de nouveaux droits. Dans une chronique des comtes de Barcelonne, qui se disoient encore feudataires des rois de France, et qui continuèrent, jusqu'au milieu du treizième siècle, à indiquer sur leurs diplômes

(1) *Chron. Hugonis Floriac.*, p. 159. — *Alberici Trium Fontium*, p. 363. — Oudegherst, ch. 54, f. 102.

l'année du règne des monarques français, on trouve quelques phrases dignes d'être recueillies, sur ce mélange avec les Maures, et ce progrès des esprits. « Raymond de Bérenger, dit-elle, suc-
« céda, en 1068, à Bérenger, dans le comté de
« Barcelonne ; il brilla par sa prouesse entre les
« autres princes d'Espagne, et il obtint un tel
« empire sur les Sarrasins, que douze rois mu-
« sulmans d'Espagne lui payoient chaque an-
« née un tribut comme à leur seigneur. Pour
« donner plus d'éclat encore à sa domination,
« ce comte, en présence de Hugues, cardinal-
« légat de Rome, et de plusieurs magnats de ses
« états, rassemblés dans son palais de Barce-
« lonne, institua par leur conseil, et avec leur
« consentement, des lois propres à ses terres,
« que nous appelons toujours *les Usages de*
« *Barcelonne* ; et il ordonna que tous les comtés
« qui relevoient du comté de Barcelonne, se
« régiroient par ces constitutions. » (1)

(1) *Gesta Comitum Barcinonensium*, p. 290. — *Balusius Append. ad Marcam Hispanicam*, p. 542. L'auteur paroît avoir écrit vers l'an 1190.

CHAPITRE IX.

Établissement des communes par le peuple. Rivalité de Philippe Ier et de Guillaume. 1075—1087.

L'ÉTABLISSEMENT de la commune du Mans, vers l'année 1070, n'étoit point un fait isolé et sans rapport avec ce qui se passoit dans le reste de la France; c'étoit au contraire un symptôme de la grande révolution qui s'opéroit dans les opinions, les mœurs, la condition de la masse du peuple; un symptôme qui, portant une date certaine, doit nous servir à établir l'époque d'une foule d'efforts analogues, faits dans les autres villes de France. L'histoire n'a point conservé le souvenir de ces efforts divers, mais elle nous en a montré les résultats. Pendant les deux siècles suivans, les cités n'ont cessé d'obtenir des chartes, pour fonder ou garantir par l'autorité légitime, les immunités et les franchises qui constituoient les droits de commune; les unes faisant valoir d'anciens documens, demandoient aux princes de confirmer seulement des priviléges dont elles se prétendoient depuis long-temps en possession; d'autres reconnoissoient que leurs lentes usurpations n'étoient légitimées par aucun titre, et demandoient aux souverains, comme une concession nouvelle, de donner une existence légale à ce qui n'étoit encore qu'un gouvernement de fait. Toutes, ou presque toutes, avoient cependant conquis déjà la liberté; elles avoient éprouvé combien il étoit avantageux de se gouverner par elles-mêmes, et le haut prix qu'elles mettoient à la faveur qu'elles sollicitoient, rendoit témoignage de leur expérience.

L'on a presque universellement rapporté au règne suivant, celui de Louis-le-Gros, l'affranchissement des communes; et l'on a fait honneur de cette grande révolution, qui créa le tiers-état et la liberté en France, ou à la générosité, ou à la sage politique de ce prince. Il y a sans doute quelque chose de vrai dans cette opinion, puisqu'on ne trouve pas, en France, de charte de commune qui soit antérieure au règne de Louis VI, et qu'il est également le premier roi qu'on ait vu s'allier aux bourgeois pour faire la guerre à la noblesse. Cependant l'idée qu'on se forme de cet événement, lorsqu'on y voit ou l'acte de la volonté du monarque, ou l'effet de son système, est complétement erronée. Le peuple français ne dut le degré quelconque de liberté dont il jouit dans le moyen âge, qu'à sa propre valeur; il l'acquit, comme la liberté doit toujours être acquise, à la pointe de l'épée; il profita des divisions, de l'imprudence, de la foiblesse ou des crimes de ses seigneurs, tant laïques qu'ecclésiastiques, pour la leur arracher malgré eux. Il rencontra autant d'opposition à toutes ses prétentions dans les rois que dans les nobles; ce ne fut qu'après avoir grandi par la liberté, et s'être mis en état d'offrir à ses amis une puissante assistance, qu'il obtint tour à tour l'alliance des rois contre les nobles, ou celle des nobles contre les rois, et qu'il acheta de son sang, aussi-bien que de son argent, les chartes qui lui garantissoient les priviléges dont il étoit déjà en possession. Alors seulement il entra dans l'ordre que les rois et leurs ministres regardoient comme seul légitime; cet ordre étant au onzième et au douzième siècle, le système féodal, les communes devinrent partie de la féodalité; elles tinrent à fief du souverain, leur ville, comme auroit pu le faire un seigneur, moyennant des services et des redevances. Elles crurent acquérir ainsi plus de sécurité pour leurs droits; cependant ce fut justement du moment où ces droits furent reconnus, qu'ils commencèrent à être exposés aux usurpations, et elles perdirent bientôt par les parchemins, ce qu'elles avoient conquis par l'épée, et ce qu'elles ne pouvoient défendre que par l'épée.

L'origine de toute commune étoit, comme l'indiquent les noms divers par lesquels on les désignoit, une *communion, conjuration* ou *confédération*, des habitans d'une ville, qui s'engageoient mutuellement à se défendre les uns les autres. Le premier acte de la commune étoit l'occupation d'une tour où l'on établissoit une cloche ou beffroi; et la première clause du serment de tous les communiers, étoit de se rendre en armes, dès que le beffroi sonneroit, sur la place d'armes qui leur étoit assignée, pour se défendre les uns les autres (1). De ce premier engagement résultoit celui de se soumettre à des magistrats nommés par les communiers : c'étoient des maires, échevins, et jurés, dans la France septentrionale, des consuls ou des syndics dans la France méridionale, auxquels l'assentiment de tous abandonnoit le droit de diriger seuls les efforts communs (2). Ainsi la milice étoit créée la première ; la magistrature venoit ensuite. L'obligation imposée à cette magistrature de rendre bonne justice, soit aux membres de l'association, soit, au nom de cette association, aux étrangers, étoit presque une conséquence né-

(1) Cette obligation étoit fréquemment confirmée encore par une amende. Dans la Charte de commune de Soissons, §. 19, cette amende est fixée à douze deniers. Ordonnances des rois de France, T. XI, p. 221.

(2) Préface au tome XI des Ordonnances, p. 36.

cessaire de sa création, et elle se retrouve dans toutes les chartes (1). La magistrature devoit avoir une bourse commune, ou un trésor, pour payer les dépenses communes; un sceau commun, pour sanctionner les engagemens pris au nom de la communauté; et en effet, c'étoit en quelque sorte les marques distinctives auxquelles on reconnoissoit une commune. Enfin la défense mutuelle seroit demeurée incomplète, si elle s'étoit bornée aux seuls efforts d'une milice armée. La ville ne se fut pas plus tôt organisée en corps politique, qu'elle voulut demeurer seule chargée de la construction et de la garde des murs, des fossés, des tours, des chaînes ou barricades qui fermoient occasionnellement les rues (2); et qu'elle prit l'engagement d'interdire à tout particulier d'élever, soit dans la ville, soit dans la banlieue, des tours, des forteresses et des postes de défense, sans le consentement formel de la magistrature. (3)

(1) *Voyez* entr'autres Charte de Corbie. Ord. de Fr., T. XI, p. 216, §. 4, 5, 6, 7.
Lettres de commune de Soissons, p. 220, §. 7 et 8, etc.
(2) Lettres de commune de Mantes, p. 197, §. 8. — De Chaumont, p. 225, §. 8. — Toutes les dépenses pour ces défenses communes sont comprises sous le nom de *Communes necessitates*.
(3) Lettres de commune de Corbie, T. XI. Ordonn., p. 216, §. 3.

Mais si ces premières conditions de la formation d'une commune étoient nécessairement semblables, il y en avoit d'autres qui dépendoient de la situation de chaque ville, et qui varioient à l'infini. Quelques villes en effet, mais en bien petit nombre, relevoient immédiatement du roi, et celles-là réussirent moins que toutes les autres à s'affranchir; témoin Paris et Orléans, qui n'obtinrent jamais les droits de commune. D'autres appartenoient ou aux grands ou aux petits feudataires. Dans plusieurs enfin, l'autorité étoit partagée; le comte, le vicomte, et l'évêque, y avoient chacun une juridiction et un château; souvent même, soit le comté, soit la vicomté, étoient partagés entre deux ou trois cohéritiers, dont chacun avoit conservé dans la même enceinte une forteresse. Ce furent ces seigneuries partagées, celles surtout qui appartenoient en tout ou en partie à des ecclésiastiques, qui donnèrent les premières l'exemple d'une confédération entre les bourgeois, et de la fondation d'une commune.

Durant les règnes des Carlovingiens, lorsque la classe ouvrière étoit réduite à un complet esclavage, ce partage de la seigneurie d'une ville n'étoit pas sujet à de si graves inconvéniens; chaque seigneur, outre les esclaves qu'il maintenoit dans son château, en avoit d'autres attachés moins immédiatement à sa personne, qui habitoient de misérables cabanes, tout à l'entour, et de ces cabanes se formoit la ville ; là logeoient tous les artisans dont il avoit besoin pour tisser ses habits, forger ses armes ou fabriquer ses meubles. Il avoit tout pouvoir sur eux ; mais leur situation étoit si misérable, qu'il étoit peu tenté d'en abuser. Leur propriété étoit à lui, aussi-bien que leur personne. Toutefois, dans le triste réduit où ils logeoient, le seigneur n'auroit rien trouvé à prendre. Leur ôter les outils de leur travail, c'étoit se priver de leur ouvrage ; leur ôter leurs provisions de vivres, c'étoit se mettre ensuite dans la nécessité de les nourrir. Dans une ville partagée, chaque seigneur connoissoit ses esclaves, il étoit connu d'eux ; il les protégeoit au besoin, et il avoit peu lieu de craindre qu'un de ses coseigneurs pillât des hommes qui n'avoient rien à perdre. Mais les affranchissemens personnels, qui s'étoient multipliés dans le dixième siècle, et qui avoient permis d'introduire dans les villes quelque sorte de commerce, avoient changé la situation relative des parties. Au milieu de ces huttes construites de paille et de boue, on commençoit à voir s'élever quelques boutiques ; quelquefois même elles receloient de riches magasins et des sommes d'argent considérables, qu'on s'efforçoit, il est vrai, de dérober à tous les yeux. Les habitans ayant cessé d'être esclaves, les seigneurs avoient cessé de se croire obligés à nourrir leurs hommes. Lorsqu'ils les dépouilloient, ils leur supposoient encore quelque ressource cachée ; et dûssent ces hommes mourir de faim, leur mort n'étoit plus considérée comme une perte immédiate pour le seigneur. Celui-ci leur avoit rendu la liberté, mais sans garantie ; il avoit renoncé à prendre à discrétion toutes leurs propriétés ; mais il leur avoit imposé, sous le nom de coutumes, un nombre infini d'exactions ; il demandoit une part dans toutes leurs récoltes, une redevance pour chaque personne, une autre pour chaque chambre de leur maison, des amendes pécuniaires pour chacune de leurs fautes, un service personnel pendant un nombre de jours déterminé, au château ou à la guerre, le monopole des fours, des moulins, et d'un certain nombre de branches d'industrie (1). Et après avoir fixé lui-même ces conditions, qui sembloient déjà bien assez dures, il se dispensoit presque toujours de les observer. Sous le nom de *toltes*, de *questes*, pour la chevalerie de son fils ou le mariage de sa fille, et souvent même sans aucune raison ou aucun prétexte, il leur enlevoit tout ce qui tentoit sa fantaisie dans leurs maisons. Ses pourvoyeurs

---

(1) *Voyez* une charte du comte de Nevers aux habitans de Tonnerre, 1174, pour modérer ces coutumes. *Ordonn. de Fr.*, T. XI, p. 217.

fournissoient sa table de tout ce qu'ils avoient trouvé de mieux chez les bourgeois, et un sentiment d'inimitié, de jalousie, pour les trésors secrets que le noble supposoit au marchand, ajoutoit encore à toutes ces vexations.

Les habitans des villes partagées entre plusieurs seigneurs, se trouvoient en même temps mieux et plus mal que ceux des villes qui n'appartenoient qu'à un seul; chaque seigneur se permettoit des violences et des extorsions, non-seulement sur ses propres hommes, mais encore sur ceux de son voisin; mais chaque seigneur voyoit avec ressentiment les exactions de son voisin, lorsqu'elles ruinoient ses propres hommes, et il ne s'opposoit pas à ce qu'on établît contre ce voisin, à l'égard des redevances des roturiers, quelque sorte de règle, qu'il comptoit se dispenser seul d'observer. De leur côté les souverains ecclésiastiques, quelquefois par un sentiment de conscience, vouloient bien renoncer à des abus particulièrement oppressifs; quelquefois, par une générosité qui ne leur coûtoit rien, consentoient à accorder ou à vendre des chartes de priviléges, qui ne devoient commencer à être observées qu'après leur mort.

En dépit de cette lutte sur tous les droits et toutes les propriétés, la population et la richesse croissoient; les besoins de la société, les besoins de cette noblesse même, qui ne travailloit point, mais qui vouloit qu'on travaillât pour elle ; qui avoit commencé à goûter les jouissances du luxe, qui vouloit briller dans les tournois, qui vouloit exercer avec splendeur l'hospitalité dans ses châteaux, et qui ne pouvoit se passer du commerce, multiplioient les artisans et les marchands. Pour exercer leur industrie, ceux-ci avoient eu besoin de plus de lumières que les simples laboureurs, et ces lumières leur avoient donné le sentiment de leurs droits, et de l'injustice qu'ils éprouvoient. Les voyages avoient été nécessaires aux marchands pour acheter et pour vendre, et les voyages les avoient éclairés, en les mettant à même de comparer. En Italie, les villes plus riches, plus populeuses, et conservant, même au milieu des siècles de barbarie, plus de restes de leur ancienne organisation municipale, donnoient un heureux exemple de liberté. Les villes du midi de la France n'étoient, non plus, jamais tombées dans une entière dépendance des seigneurs ; jamais leurs habitans n'avoient été serfs ; jamais le droit de nommer leurs magistrats et de former une corporation ne leur avoit été enlevé ; un petit nombre de villes, dans le nord de la France, étoient peut-être aussi demeurées en possession des mêmes priviléges, puisqu'on les voit jouir de la liberté sans avoir jamais eu de communes : c'étoit dans celles-là que toute l'industrie, que tout le commerce s'étoient pendant un temps réfugiés ; des exemples se trouvoient donc sous les yeux de ceux qui sentoient leur oppression, et qui vouloient en sortir : il ne s'agissoit que de s'entendre, et d'avoir assez de force pour les imiter.

Le seigneur, couvert de son armure et monté sur son cheval de bataille, s'il étoit en rase campagne ; ou défendu par des tours et des fossés, s'il étoit dans son château, avoit un grand avantage sur des paysans désarmés, en quelque nombre qu'ils fussent. Mais il perdoit cet avantage dans les villes, où ses adversaires coupoient les rues par des chaînes et des barricades, l'attaquoient du haut des toits, et se mettoient derrière leurs murs, à l'abri de ses coups, mieux encore que lui sous sa cuirasse : ils se retrouvoient ainsi cent contre un seul. Il falloit sans doute, pour former une commune, une conjuration, et c'étoit même le nom fréquemment employé pour les désigner ; il falloit s'entendre pour s'armer en secret, s'emparer par surprise des portes et des murailles, et se mettre une première fois en état de défense : mais la liberté acquise de cette manière n'étoit pas très-difficile à conserver. Le seigneur, après avoir été pris au dépourvu, n'étoit pas en état, avec ses seuls écuyers et serviteurs, de reprendre la ville : il lui auroit fallu l'assistance des autres seigneurs ses voisins, avec lesquels il étoit rarement d'accord; et d'ailleurs, lors même que ceux-ci se seroient déterminés à former un siége, ils pouvoient rarement tenir la campagne aussi long-temps que les bourgeois pouvoient se défendre. C'étoit le moment de venir à composition, et de reconnoître la commune, d'autant plus que, quoique celle-ci eût la force en mains, ses prétentions n'étoient nullement exagérées.

En effet, les bourgeois ne se refusoient à aucune coutume juste et établie par l'usage; c'étoit contre les abus seulement qu'ils déclaroient s'être armés. « Tous ceux qui feront partie de la pré-
« sente commune, disoient-ils dans la plupart
« de leurs chartes, seront exempts de toute
« taille, de toute injuste capture, de tout crédit
« forcé, de toute exaction déraisonnable, quel
« que soit le seigneur dont ils sont les hommes;
« mais sauf leur fidélité, et sauf toutes les an-
« ciennes coutumes (1). » Parmi ces anciennes coutumes, il y en avoit plusieurs toutefois qui pouvoient paroître suffisamment vexatoires. Une des plus odieuses prétentions du seigneur étoit celle d'avoir chez tous ses bourgeois un crédit illimité. Les bourgeois consentoient le plus souvent à lui vendre à crédit jusqu'à concurrence d'une certaine somme, avec la condi-

---

(1) Charte de la communauté de Chaumont, T. XI. Ordon. de Fr., p. 228.

tion sous-entendue de n'être jamais payés; ils s'arrangeoient seulement pour que le seigneur ne les forçât pas à vendre ainsi la totalité de leurs propriétés.

« Dans l'intérieur des murailles de la ville de
« Soissons, disent les bourgeois de cette ville,
« dans leur charte de commune, chacun vien-
« dra au secours des autres, loyalement et sui-
« vant son opinion; il ne souffrira nullement
« que quelqu'un prenne à un autre quelque
« chose, qu'il lui fasse une taille, ou qu'il lui
« enlève quelqu'un de ses effets; avec cette ex-
« ception seulement, c'est que les hommes de
« la ville feront crédit à l'évêque, pour trois
« mois, du pain, de la viande et des poissons
« qu'ils lui fourniront; et si l'évêque, au bout
« des trois mois, ne paye pas ce qu'on lui aura
« confié, les bourgeois ne seront pas obligés de
« lui faire un nouveau crédit, jusqu'à ce que
« l'évêque ait payé l'ancien. Quant aux pêcheurs
« étrangers, ils ne lui feront crédit que pour
« quinze jours, après lesquels, s'il n'a pas payé,
« ils auront droit de saisir autant de biens ap-
« partenans à des membres de la commune, qu'il
« en faudra pour couvrir le montant de leur
« créance.

« ..... Tous les hommes de cette commune
« pourront prendre les femmes qu'ils voudront,
« après en avoir demandé permission à leurs

« seigneurs : et si, sans le consentement de leurs
« seigneurs, ils épousent une femme qui soit
« d'une autre seigneurie, l'amende à laquelle
« ils seront condamnés ne pourra pas excéder
« cinq sous. » (1)

Tous les habitans d'une ville étoient obligés de jurer la commune, au moment du soulèvement qui lui donnoit naissance, ou de sortir de la ville. Cependant deux classes de personnes étoient souvent disposées à refuser ce serment : les prêtres, qui ne pouvoient pas prendre les armes pour défendre leurs concitoyens, et qui d'ailleurs voyoient presque toujours de mauvais œil les autres ordres de la société acquérir une garantie dont ils n'avoient pas besoin eux-mêmes ; et les chevaliers ou gentilshommes, qui n'avoient pas de châteaux. Le nombre de ceux-ci commençoit à se multiplier dans les villes. C'étoit, pour la plupart, des cadets de famille qui n'avoient pas assez de bien pour fortifier suffisamment leur demeure dans les champs, et qui trouvoient plus de sûreté dans un lieu où plus d'hommes étoient rassemblés. Une communauté d'intérêt les rapprochoit des bourgeois, car, sans être exposés aux mêmes avanies, ils étoient souvent froissés par les plus puissans, à raison de leur petitesse ; mais une communauté d'orgueil

(1) Lettres de commune de Soissons, T. XI. Ordonnances, p. 219.

les ramenoit plus souvent encore vers les grands seigneurs. Nous avons vu que dans la plus ancienne commune dont nous ayons mémoire, celle du Mans, les bourgeois forcèrent les chevaliers, et leur chef Geoffroi de Mayenne, à jurer fidélité à leur association, et qu'ils furent ensuite trahis par eux. Dans toutes les communes, la même opposition entre ces ordres se représenta, et la même difficulté fut éprouvée pour les concilier. A Noyon, il fut réglé par la charte de commune, « que tous ceux qui avoient « des maisons dans la ville, à la réserve des « clercs et des chevaliers, étoient tenus à la « garde et à l'aide de la cité, tout comme aux « coutumes de la commune (1). » A Roye au contraire, « lorsque pour la première fois la « commune fut formée, tous les pairs de la « commune en jurèrent l'observation, ainsi que « tous les clercs, sauf leur ordre et leur droit, « et tous les chevaliers, sauf leur fidélité au roi « et leurs droits (2) ». Les communes dûrent à l'alliance de cette noblesse citadine l'appui de quelque cavalerie, et de soldats accoutumés à la guerre ; mais ces auxiliaires, dont les intérêts n'étoient point les mêmes que les leurs, étoient toujours prêts à les trahir. Les chevaliers avoient appris du système féodal à garder la foi à leurs

---

(1) Lettres de commune de Noyon, p. 224. Ordonn., T. XI.
(2) Lettres de commune de Roye, p. 228. *Ibid.*

supérieurs, mais ils avoient trop d'orgueil et trop de mépris pour les bourgeois, pour sentir jamais aucune honte à tromper tous ceux qu'ils regardoient comme au-dessous d'eux.

Les villes du duché de France, de la Normandie, de la Champagne, de la Bourgogne, et des moindres fiefs qui entouroient ceux-là, au centre de la France, éprouvèrent toutes, sur la fin du onzième siècle, la fermentation intérieure qui devoit les conduire à la liberté : les unes prirent actuellement les armes, et se lièrent par tous les sermens de commune; d'autres indiquèrent seulement, par plus de hardiesse dans leurs rapports avec leurs seigneurs, qu'elles nourrissoient les mêmes désirs : dans plusieurs, au lieu de l'association générale qui devoit pourvoir plus efficacement à leur défense, on voyoit se former des associations partielles de corps de métier, dont le but étoit aussi uniquement la défense commune. Car ces corporations, depuis attaquées avec vivacité au nom de l'économie politique et de la liberté d'industrie, n'avoient point été formées dans les vues d'après lesquelles on les a défendues : il ne s'agissoit point de garantir la fabrication de certaines marchandises d'après de certaines règles, d'ordonner à l'art d'aller jusqu'à tel point, et pas au-delà; il s'agissoit de donner aux artisans les moyens de repousser une oppression intolérable, d'associer les bouchers contre ceux qui prétendoient prendre à leurs étaux la viande sans payer, d'intéresser les drapiers à défendre réciproquement la boutique de celui de leurs confrères qui étoit pillée. Les corporations de métiers ne donnoient pas aux seigneurs autant d'inquiétude que celles des communes; elles étoient moins puissantes, et elles régularisoient, plutôt qu'elles n'abolissoient les droits qu'ils vouloient lever sur les artisans; aussi Philippe-Auguste ayant supprimé la commune de la ville d'Étampes, accorda-t-il cependant aux tisserands de la même ville le droit de former une corporation particulière, qui se rachetoit de toutes les tailles, toltes et collectes, par une contribution fixe de vingt livres d'argent par année, et qui nommoit quatre préposés pour rendre la justice entre les tisserands, et réformer ce qu'il y avoit à réformer (1). Souvent aussi, sans permettre l'établissement d'une commune, les seigneurs accordoient des priviléges aux villes, qui ne différoient pas essentiellement de ceux que les bourgeois auroient voulu s'assurer à eux-mêmes, mais qui n'avoient pour toute garantie qu'une promesse, au lieu de la force des associés. (2)

(1) Lettres de Philippe Auguste aux tisserands d'Étampes, ann. 1204. Ordonn., T. XI, p. 286.
(2) *Voyez* entre autres une charte de la Chapelle-La-Reine. *Ib.*, p. 239.

Cependant il ne paroît point qu'avant la fin du onzième siècle, les communes qui s'étoient formées par ces associations volontaires, dans le centre de la France, fussent reconnues par l'autorité légitime, ou des seigneurs, ou du roi, ni sanctionnées par une charte, et changées en privilége. Les grands continuoient toujours à les regarder comme des usurpations ou des révoltes, et le clergé en parloit toujours dans des termes analogues à ceux qu'employoit, au commencement du siècle suivant, Guibert, abbé de Nogent. « La commune, dit-il, est le nom d'une
« invention nouvelle et détestable, qui se règle
« ainsi ; c'est que tous les serfs et tributaires ne
« sont plus obligés à payer qu'une fois par année
« la redevance annuelle qu'ils doivent à leurs
« maîtres ; que les fautes qu'ils commettent
« contre les lois sont punies par des amendes
« légales, et qu'ils demeurent exempts de toutes
« les exactions qu'on a coutume d'imposer aux
« esclaves. » (1)

Mais dans la Flandre, la Belgique et la Hollande, l'esprit d'association étoit plus ancien ; il étoit lié à la nature même du pays, à sa défense contre les eaux. L'agriculture elle-même n'avoit pu commencer, dans des campagnes que l'industrie de l'homme avoit arrachées aux inonda-

(1) *Guiberti Abbatis de Novigento*, ad ann. 1106, T. XII. *Script. franc.*, p. 250.

tions, qu'après que les travaux entrepris par des corporations, avoient raffermi le terrain, et l'avoient défendu par des digues. La construction d'un *polder* (1) avoit formé, de tous ceux qui l'habitoient, et qui étoient intéressés à le défendre, une petite république. Les comtes de Flandre, et les autres seigneurs belges et bataves, avoient compris de bonne heure que leurs richesses ne pouvoient s'accroître qu'avec celles de leurs sujets; ils avoient permis aux villes de se gouverner elles-mêmes, à une époque qui, faute de documens, ne peut être fixée par l'histoire; mais qui, du moins, est évidemment antérieure à l'affranchissement des villes de France; car les cités flamandes étoient arrivées, dans le cours du onzième siècle, à une prospérité commerciale et à une population que n'égalèrent point les villes de France, même plusieurs siècles après, et que ne sauroient jamais atteindre des hommes qui n'auroient aucune garantie ni pour leurs propriétés ni pour leurs personnes. On cite des franchises accordées en 1068, par le comte Baudoin, à la ville de Grammont, qui assurèrent aux bourgeois l'élection de leurs échevins, leur justice, la dispense du duel, la liberté de mariage, et à peu près toutes les immunités qui faisoient partie des chartes

(1). Territoire entouré de levées qui le garantissent des inondations.

de commune (1). Mais on ne sauroit indiquer de même quand commença la liberté, sans doute bien plus ancienne, de Gand, Bruges, Furnes, Berghe, Bourbourg, Cassel, Courtrai, Ypres, Lille, Arras, Douai, Tournai, Saint-Omer et Béthune. On voit seulement que dans les guerres civiles entre Robert-le-Frison et Richilde de Flandre, ces villes embrassoient le parti de l'un ou de l'autre, d'après les passions de leurs citoyens, non d'après la volonté de leurs seigneurs. (2)

Dans le midi de la France, la liberté des villes suivoit une marche absolument différente. Là, ce n'étoient point des esclaves qui s'affranchissoient, mais des hommes libres qui n'avoient jamais perdu leurs priviléges, et qui commençoient à les faire valoir avec plus d'audace et de constance, depuis que leur importance s'étoit accrue avec leur prospérité. Les barbares du Nord n'étoient parvenus dans le midi des Gaules qu'en moindre nombre, et lorsqu'ils commençoient à se civiliser; ils n'y avoient pas résidé si long-temps, ils n'y avoient pas introduit avec autant de dureté toutes leurs institutions : les curies et les sénats municipaux de l'administration romaine n'y avoient jamais été détruits; le commerce y avoit toujours fleuri dans quelques

---

(1) Oudegherst, *Chroniq. de Flandre*, cap. 45, fol. 87.
(2) Oudegherst, *ib.*, cap. 49, fol. 94.

grandes villes, et les manufactures y étoient soutenues par l'industrie des hommes libres, au lieu d'avoir été transportées dans les salles des seigneurs, parmi leurs esclaves. Dans le onzième siècle, cette industrie, encouragée par le luxe naissant de toutes les cours, prit un nouvel essor; les progrès du commerce et des manufactures furent rapides; les richesses acquises par les roturiers, dans ces professions, les entourèrent d'une considération qu'on leur refusoit dans le reste de la France. On les admettoit déjà, au pied des Pyrénées, à délibérer en commun avec les prêtres et les nobles sur les affaires d'état. Le 7 mai 1080, Pierre, archevêque élu de Narbonne, tint dans la cathédrale de cette ville une assemblée politique dont il nous reste quelques actes: on y vit les évêques de Béziers et d'Agde, plusieurs abbés, chanoines et ecclésiastiques, le comte d'Urgel, avec beaucoup de seigneurs et de chevaliers; enfin tous les citoyens de Narbonne, et un grand nombre d'autres citoyens et chevaliers de la province: c'étoient déjà les trois ordres des états de Languedoc (1). Il se passa long-temps encore avant que, dans le reste de la France, les bourgeois fussent admis à une telle égalité de droits.

(1) Histoire du Languedoc, T. II, Liv. XIV, ch. 13, p. 255. — Preuves. Charte, n° 281, p. 308.

Le rôle important que la bourgeoisie et les hommes libres commençoient à jouer dans le midi de la France, donnoit à toute la population de ces provinces un caractère différent, et un caractère qui l'exposoit, en partie, au mépris des septentrionaux chez qui la noblesse seule étoit consultée. Un écrivain du siècle suivant, parlant d'une guerre où les deux nations combattoient sous les mêmes drapeaux, a comparé les Normands avec les Provençaux. « Les Normands, « dit-il, ont le regard altier, l'esprit féroce, la « main prompte à saisir les armes; ils sont prodi- « gues dans leurs dépenses, et incapables d'accu- « muler. Autant les canards diffèrent des pou- « les, autant ils diffèrent des Provençaux, par « leurs mœurs, leur esprit, leurs vêtemens, « leur manière d'exister. Ces derniers vivent « avec épargne; ils étudient tout avec soin, ils « sont laborieux avec fruit; mais à ne rien « céler, ils sont aussi moins belliqueux. Ils « voient dans les ornemens du corps quelque « chose de féminin, et ils les rejettent comme « avilissans; tandis qu'ils prennent un soin par- « ticulier des ornemens de leurs chevaux et de « leurs mulets. Durant la famine, leur bon mé- « nage nous fut bien plus utile que la bravoure « des gens plus prompts au combat. Quand le pain « manquoit, ils se contentoient de racines et de « légumes, et leurs longues épées alloient cher-

« cher des vivres jusque dans les entrailles de
« la terre. Aussi les enfans chantent-ils encore,
« *les Français au combat, les Provençaux au*
« *fourrage.* » (1)

Quelquefois chez les Provençaux, ou chez tous
les peuples du midi de la France qui parloient
la langue provençale, on vit, à cette époque,
la bourgeoisie en guerre avec la noblesse, comme
on la voyoit dans le Nord. Mais même dans ces
guerres leur condition étoit fort différente : les
bourgeois de France qui avoient formé des communes, prenoient les armes pour défendre leurs
personnes et leurs propriétés, contre des exactions intolérables. Ils demandoient à leurs seigneurs de ne plus les opprimer en esclaves, après
avoir cessé de les nourrir, comme ils étoient
obligés de nourrir leurs esclaves ; les bourgeois
provençaux, s'ils prenoient aussi les armes
quelquefois, le faisoient pour la défense de
leurs droits politiques. On en vit un exemple
en Languedoc, lorsque Raymond Bérenger II,
comte de Barcelonne et de Carcassonne, fut
tué par son frère, le 6 décembre 1082. Son
fils Raymond Bérenger III, qui devoit lui succéder, n'étant âgé que de vingt-cinq jours, la
principauté de cet enfant devint la proie de
l'anarchie. Les chevaliers de la province, jaloux

(1) *Gesta Tancredi principis*, cap. 61. Script. rer. ital.,
T. V, p. 306.

de l'influence qu'avoit acquise la ville de Carcassonne, en vinrent former le siége : les bourgeois non-seulement se défendirent avec courage, ils déférèrent à Bernard Alton, vicomte de Béziers, l'administration de la tutelle, dans leur vicomté; ils s'engagèrent à lui obéir jusqu'au jour où leur jeune prince seroit armé chevalier; et c'est par cette investiture populaire que commença la souveraineté de la maison de Béziers à Carcassonne. (1)

Les progrès que l'ordre populaire, ou tout au moins toute cette partie du peuple qui habitoit les villes, faisoit en France vers la liberté, doivent sans doute être considérés comme une des parties les plus importantes de l'histoire du onzième siècle; mais ces progrès n'ont point été marqués à cette époque par de grands événemens nationaux, leurs traces ne se trouvent point dans les écrits du temps, il faut les démêler dans le progrès des mœurs, et les deviner plutôt que les suivre. Pendant qu'ils occupoient dans des efforts domestiques l'activité de la nation, l'histoire générale de la France devenoit toujours plus incohérente. Le chef de la monarchie se perdoit dans l'indolence et les vices; il laissoit échapper de ses foibles mains les rênes

---

(1) *Inquisitio circa Comitatum Carcassonens.*, T. XII, p. 374. — *Gesta Comit. Barcinonens.*, *ib.*, p. 376. — Hist. gén. du Languedoc, Liv. XV, ch. 17, p. 260.

d'un gouvernement prêt à se dissoudre, et il demeuroit, s'il est possible, plus ignoré encore qu'il ne l'avoit été durant sa minorité et son adolescence. Nous désignons sous le nom de rivalité entre Philippe et Guillaume, la période de douze ans, comprise dans ce chapitre, depuis le moment où le premier parvint à l'âge d'homme, jusqu'à celui où le second mourut, parce qu'une petite inimitié, qui jusqu'alors n'avoit pas été aperçue, éclata vers ce temps entre les deux rois, et les excita à des ravages insignifians sur la frontière du Vexin. Ces ravages commencèrent en 1075, et ne finirent qu'en 1087; mais jamais rivalité entre deux états ne fut poursuivie avec plus de nonchalance, et ne fut marquée par moins de faits honorables; et jamais les historiens n'ont semblé détourner leurs yeux avec plus de dégoût des événemens de leur temps.

Philippe, né en 1053, régnoit depuis quinze ans, et étoit âgé de vingt-deux ans en 1075 : sa longue minorité avoit achevé de détacher les provinces du siége de la monarchie, et son indolence ne lui permit point de recouvrer ensuite l'influence qui appartenoit à un roi féodal; influence qui faisoit de Henri IV, roi de Germanie, son contemporain, un grand monarque, et de Guillaume d'Angleterre un roi absolu. Sans que lui ni ses prédécesseurs immédiats eussent rien fait pour augmenter son pouvoir, le progrès seul de la civilisation et du commerce, qui rapprochoit les distances, rappeloit son titre de roi de France à ceux de ses vassaux les plus éloignés, qui, dans les règnes précédens, sembloient l'oublier. Ils avoient soin d'intituler tous leurs actes des années de son règne, et ils étoient prêts à lui rendre les mêmes devoirs qu'ils exigeoient en retour de leurs vassaux. Mais pour profiter de cette disposition, il auroit fallu que Philippe visitât, comme son contemporain Henri IV, tous les grands fiefs de ses états, qu'il se fît connoître personnellement des seigneurs sur lesquels il pouvoit exercer encore de grandes prérogatives, des chevaliers et des peuples auxquels il pouvoit offrir un protecteur. C'étoit le train de vie de tous les princes du moyen âge, et l'activité de Guillaume-le-Conquérant ne le cédoit point à celle des empereurs germaniques. Les Capétiens seuls sembloient attachés à une même place; si Philippe quittoit Paris, c'étoit seulement pour quelques maisons de plaisance du voisinage; il paroissoit redouter autant d'entrer dans les terres de ses vassaux que dans celles des étrangers. Cependant le peuple, dans près des neuf dixièmes de la France, ne l'avoit jamais vu; il n'avoit avec lui aucun des rapports qui fondent le gouvernement; il ne lui payoit aucun impôt, ne lui envoyoit aucun soldat, ne se soumettoit à aucun officier civil, militaire ou ecclésiastique nommé par lui, ne faisoit pas usage de sa monnoie, ne concouroit pas avec lui à faire des lois, et ne reconnoissoit pas ses ordonnances.

Quelque dissemblable que fût Philippe d'avec Guillaume, il ressentoit de la jalousie pour la gloire que son sujet avoit acquise. Son vassal étoit devenu roi comme lui; il étoit devenu bien plus puissant que lui, à considérer ou l'étendue de ses domaines immédiats, ou le nombre de soldats qu'il pouvoit mettre sous les armes, ou les récompenses qu'il accordoit à ses serviteurs. Les profusions en terres de Guillaume étoient sans bornes, parce qu'il trouvoit autant d'avantage à dépouiller les anciens propriétaires de l'Angleterre, qu'à en enrichir de nouveaux. Il donnoit à ses favoris des comtés tout entiers, que ceux-ci distribuoient ensuite par parcelles à leurs chevaliers. Sa mère Harlotte, remariée à Herluin de Contaville, lui avoit donné deux frères que Guillaume avoit comblés de biens : l'un, Robert, avoit eu en partage deux cent quatre-vingt-huit seigneuries, dans le seul comté de Cornouailles, et cinq cents cinquante-huit dans le reste de l'Angleterre; l'autre, Eudes, évêque de Bayeux, n'avoit pas été moins bien partagé (1). Mais ce n'étoit pas ses seuls parens

(1) Hist. d'Angleterre, de Rapin Thoyras, L. VI, T. II, p. 31.

que Guillaume traitoit avec tant de générosité ; ce n'étoit pas même les seuls Normands ; il appeloit des seigneurs et des chevaliers de toutes les parties de la France, à partager les dépouilles des Anglo-Saxons ; il débauchoit à Philippe tous les soldats, tous les conseillers, sur lesquels ce roi auroit dû naturellement compter ; il les asservissoit par ses bienfaits, plus facilement qu'il n'auroit pu le faire par ses armes ; et quand il les avoit une fois établis dans son île, il se faisoit des amis fidèles, même de ces Bretons ou de ces Manceaux que d'anciennes inimitiés préparoient à lui résister. En effet, ces nouveaux propriétaires, sans cesse menacés par la haine et le ressentiment des anciens qu'ils avoient dépouillés, ou des paysans saxons qu'ils opprimoient, n'avoient plus d'autre politique que de se serrer avec les Normands, et d'unir tous leurs efforts pour se défendre.

L'humeur et la jalousie, plutôt que la politique, avoient suggéré à Philippe le désir d'humilier un vassal, d'affoiblir un voisin, dont il pouvoit craindre l'inimitié. Il n'étoit point en état d'entreprendre une guerre vigoureuse. Mais son rival étoit de son côté trop occupé chez lui pour venir l'attaquer en France. Philippe offroit son appui à tous les mécontens qui pouvoient troubler la cour d'Angleterre, et quoiqu'il ne mît à leur disposition ni de grandes forces, ni de grands trésors, la proximité de ses frontières et l'influence de son nom leur donnoient de la hardiesse. D'ailleurs la carrière où s'étoit engagé Guillaume, les avoit multipliés. Un pouvoir fondé sur la tromperie, l'oppression et la cruauté révolte souvent ceux même qui en profitent; plus d'un seigneur normand, et avec eux le fils aîné de Guillaume, recoururent à leur tour à Philippe, pour qu'il les aidât à mettre un terme à une tyrannie dont ils étoient en même temps instrumens et victimes.

A la tête d'une des plus redoutables de ces rébellions contre Guillaume, on vit se placer, en 1075, Raoul, seigneur de Gael et de Montfort en Bretagne, auquel Guillaume avoit donné le comté de Norfolk, et Roger de Breteuil qu'il avoit fait comte d'Héreford. Ces deux seigneurs furent vaincus en Angleterre. Roger de Breteuil fut condamné à une prison perpétuelle, et son comté d'Héreford fut confisqué; il étoit fils de ce Guillaume Fitz Osberne, qui avoit si vaillamment secondé le conquérant, et si cruellement opprimé les Anglais. Raoul de Montfort, après s'être échappé de Norwich où il étoit assiégé, et avoir perdu tout ce qu'il possédoit en Angleterre, revint en Bretagne, où il maintint son indépendance (1). Il s'y joignit aux comtes de Penthièvre et de Rennes, qui fai-

(1) *Orderici Vitalis Hit. eccl.*, Lib. IV, p. 534. *Script. norm.*

1075. soient alors la guerre à Hoel, duc de Bretagne ; et bientôt il leur procura l'alliance de Robert *Courte-Heuse*, fils du conquérant, aussi-bien que celle de Philippe, roi de France. Guillaume voulut réduire les rebelles, et vint les assiéger pendant quarante jours dans le château de Dol; mais Philippe se plaça de manière à lui couper les vivres, et sans engager de combat, il le contraignit à se retirer avec perte (1). Cet exploit de Philippe ne repose, il est vrai, que sur la foi d'une seule chronique, copiée ensuite par d'autres; et il n'est point mentionné par les deux historiens contemporains qui ont raconté ce siége avec le plus de détail. (2)

1077-1087. La part que prit Robert, fils du roi d'Angleterre, aux guerres et aux révoltes contre son père, est mieux attestée; mais il est difficile de fixer la date de sa rébellion. Nous devons surtout nos renseignemens sur ce siècle, à la volumineuse histoire du moine Orderic Vitalis, qui, interrompant sans cesse son récit, pour raconter ou des vies de saints, ou des querelles de couvent, ou des anecdotes de famille, rend presque impossible de comprendre l'ordre qu'il

---

(1) *Rogerii de Hoveden Annal.*, T. XI, p. 315. — Cette partie des Annales de Roger a été adoptée par Siméon de Durham et Mathieu Paris. — Hist. de Bretagne, Liv. III, ch. 101, p. 101.

(2) *Orderici Vitalis*, Lib. IV, p. 535. — *Chron. Ragnaldi Andegav.*, T. XII, p. 479.

a voulu mettre dans sa narration. Il nous apprend que le roi Guillaume étant tombé malade, peu après la conquête de l'Angleterre, avoit désigné Robert, son fils aîné, pour être son successeur, et lui avoit fait faire hommage par tous les grands de Normandie. Lorsqu'il se rétablit ensuite, non seulement il reprit l'administration de ses propres états, il refusa même de laisser à Robert celle du Maine, que la femme de ce jeune prince, Marguerite, lui avoit apporté en dot, et sur lequel Guillaume n'avoit aucun droit. Robert se plaignit amèrement d'une injustice qui le laissoit sans revenus, et sans moyens de récompenser ses serviteurs. « Il étoit, « dit Vitalis, bavard et prodigue, mais auda- « cieux et très vaillant dans les armes; aucun « archer n'étoit plus habile que lui et plus sûr « de son coup; sa voix étoit claire et sonore, et « son élocution agréable; mais son visage étoit « chargé d'embonpoint, et son corps si court « et si gros, qu'on l'appeloit communément « *Gambaron* ou *Courte-Heuse*. » Les deux frères de Robert voyoient avec plaisir leur père s'aliéner de leur frère aîné, et ils cherchèrent à les aigrir l'un contre l'autre : une circonstance frivole fit éclater la haine entre ces trois princes. Comme les deux plus jeunes, Guillaume et Henri jouoient ensemble au château de l'Aigle; ils s'amusèrent à jeter de l'eau sur Robert et ses compagnons, qui étoient dans la cour au-dessous d'eux. Parmi ceux-ci, Ives et Albéric de Grandménil excitèrent Robert à tirer vengeance d'un jeu qu'ils représentèrent comme un affront. Robert, furieux, entra l'épée à la main dans l'appartement de ses frères : le roi qui étoit proche, accourut au bruit et les sépara. Robert tourna son ressentiment contre son père, pour avoir pris la défense de ceux qui l'avoient outragé, et dans la nuit suivante il partit à cheval, avec ses compagnons, dans l'espérance de surprendre la forteresse de Rouen : il fut déjoué par la fidélité et le courage du commandant de la tour. Cependant Guillaume considéra cette attaque comme un acte de haute trahison, et il donna ordre de traduire en justice les coupables. Dès lors Robert n'eut d'autre parti à prendre que de chercher un refuge chez les ennemis de son père. (1)

Robert, qui étoit parti en protestant que les étrangers sauroient mieux que son père reconnoître ses services, fut accompagné dans son exil, qui dura cinq ans, par Robert de Bellesme, Guillaume de Breteuil, Roger, fils de Richard de Benefait; Roger de Munbray, Guillaume des Moulins, et Guillaume de La Roche. C'étoient tous les plus illustres parmi les jeunes seigneurs normands de la cour du roi d'Angleterre. Il

(1) *Orderici Vitalis Hist. eccles.*, Lib. IV, p. 545, 546.

alla visiter les cours de Robert-le-Frison, comte de Flandre, et de son frère Eudes, archevêque de Trèves; puis celles d'un grand nombre de seigneurs dans la Lorraine, l'Allemagne, l'Aquitaine et la Gascogne. Presque tous s'empressoient d'offrir de riches présens au fils d'un grand roi, qui, en leur contant ses malheurs, leur demandoit en quelque sorte l'aumône : mais Robert dissipoit aussitôt, avec des histrions, des parasites et des courtisanes, tout l'argent qu'il recevoit de ces princes. Mathilde, sa mère, lui envoyoit aussi en cachette de fréquens secours. Lorsque Guillaume l'eut découvert, il en conçut tant d'indignation, qu'il jura de faire arracher les yeux à celui qui avoit porté les messages de sa femme : ce malheureux ne trouva de sûreté qu'en s'enfermant dans un couvent, bien loin de la Normandie. Après avoir fatigué toutes les cours de ses besoins et de ses vices, Robert recourut au roi Philippe, qui étoit son cousin, et lui demanda de le réconcilier avec son père. Pendant que le roi de France sollicitoit pour lui, Robert fut reçu dans Gerberoi, par Élie, qui étoit co-seigneur de ce château, et qui en avoit fait un repaire pour le brigandage, et un refuge toujours ouvert à tous les fugitifs. Le prince normand y appela à lui tous les aventuriers, tous les gens sans aveu de toutes les nations, et il se mit à leur tête pour faire des courses en Normandie.

1075-1085. Guillaume ne voulut ni agréer les offres de soumission que son fils lui faisoit faire par le roi de France, ni tolérer ses brigandages ; il vint avec une armée considérable devant Gerberoi, pour en former le siége (1). Huntindon assure que, durant ce siége, le père et le fils, tous deux couverts de leurs armes et ne pouvant se reconnoître, se chargèrent dans une escarmouche ; que Robert renversa son père de son cheval, et le blessa au bras ; que le reconnoissant alors à sa voix, il se précipita à genoux, lui demanda pardon avec une vive émotion, et le fit remonter sur son propre cheval ; que Guillaume enfin, moins touché d'un mouvement subit d'émotion ou de remords, que d'une longue désobéissance, s'éloigna de son fils en lui donnant sa malédiction, et alla rejoindre les siens (2). Orderic Vitalis ne parle point de cette rencontre, mais il nous apprend qu'après trois semaines, Guillaume leva le siége de Gerberoi, et retourna à Rouen ; que là, les sollicitations des seigneurs de Normandie, des évêques et des ambassadeurs de Philippe, obtinrent enfin de lui qu'il permît à son fils de revenir, et qu'il confirmât son droit à la succession de Normandie. Cependant ces deux princes, jaloux, ombrageux, arrogans, ne

(1) *Orderici Vitalis Hist. eccles.*, Lib. V, p. 571, 572.
(2) *Henrici Huntindon.*, T. XI, p. 210. — *Rogerii de Hoveden Annal.*, 1079, p. 315.

pouvoient pas long-temps s'accorder. Au bout de peu de mois, Robert retourna en exil avec un petit nombre de compagnons, et il y demeura jusqu'aux derniers momens de la vie de son père. (1)

La grande querelle entre le sacerdoce et l'empire ébranloit alors l'Europe entière : elle étoit commune à tous les rois ; cependant Philippe et Guillaume n'y jouèrent qu'un rôle secondaire ; ils abandonnèrent au seul Henri IV de Germanie, le soin de défendre les prérogatives du trône contre Grégoire VII. Ce dernier ne bornoit plus ses prétentions à réprimer la simonie, il vouloit exclure complétement le pouvoir séculier de toute part à la distribution des grâces ecclésiastiques ; il déclaroit que tout prélat qui oseroit consacrer un évêque ou un abbé, après qu'il auroit reçu l'investiture d'un laïque, seroit soumis aux mêmes peines que le simoniaque lui-même. Il annonçoit ses prétentions vis-à-vis de tous les monarques à la fois, et il entreprenoit de dépouiller en même temps toutes les couronnes d'une de leurs plus antiques prérogatives. Ses légats, l'évêque de Die et l'abbé de Clugny, furent chargés, en 1077, au synode de Langres, de faire valoir les droits de l'Église, et de demander en particulier que les évêques de Bretagne

(1) *Orderici Vitalis*, Lib. V, p. 573.

et d'Angleterre eussent à s'y soumettre (1). En même temps Grégoire expulsoit de Chartres le moine Robert, destiné par Philippe à l'évêché de cette église, et il le qualifioit de parjure et de simoniaque, pour avoir consenti à recevoir sa nomination d'un roi (2). Il appeloit aussi l'évêque d'Orléans à se présenter en jugement, à Rome, avant cinquante jours, sous peine de destitution (3). Enfin d'autres légats qu'il avoit envoyés dans le midi de la France, présidèrent aux conciles de Gironne et de Bezalù, tenus en 1077; ils y diputèrent le droit d'investiture aux grands seigneurs qui avoient succédé à toutes les prérogatives de la couronne, et ils prétendirent y extirper la simonie. (4)

Mais quoique l'attaque de Grégoire VII fût dirigée en même temps contre tous les rois, ceux de France, d'Angleterre, et les autres souverains moins puissans semblèrent se retirer à l'écart, pour laisser au seul Henri IV, roi de Germanie, la défense de leurs intérêts. La hauteur de Grégoire avoit révolté l'orgueil de Henri, et la lutte avoit pris entre eux un caractère de

(1) *Gregorii Epist.*, Lib. IV, Ep. 16 et 22. *Concilior.*, T. X, p. 162. — *Baronii Annal.*, 1077, p. 506.
(2) *Ejusd. Epistola* 14, *ad Carnot. et* 15 *ad Archiepisc. Senon.*, Lib. IV. p. 161.
(3) *Ejusd.*, Lib. V, *Epist.* 8 et 9, p. 182.
(4) *Gregorii Epist.*, Lib. IV, Ep. 28, p. 173. — Hist. génér. de Languedoc, Liv. XIV, ch. 91, p. 238.

violence qu'on n'avoit encore jamais vu dans l'Église. Le pape avoit cité le roi de Germanie à se trouver à Rome avant le second dimanche de carême de l'année 1077, pour se justifier des crimes qui lui étoient imputés. Henri, loin de se soumettre, convoqua en 1076 un synode à Worms, où vingt-quatre évêques et un grand nombre de princes déclarèrent l'élection de Grégoire VII irrégulière, et lui adressèrent l'ordre de se démettre de la papauté. Grégoire VII, à cette nouvelle, assembla à Rome un synode plus nombreux, où Henri IV fut frappé d'excommunication, déposé de la royauté, et ses sujets déliés de leur serment de fidélité. Dans ce même synode romain, furent promulguées les fameuses sentences connues sous le nom de *Dictatus papœ*, *les Dictées du pape*, qui contiennent en peu de mots l'exposition de la toute puissance du pontife de Rome. Il y énumère ses droits de déposer les empereurs, de faire baiser ses pieds par les rois, de condamner même les absens, de faire seul des lois, de porter seul les enseignes de la souveraine puissance, de convoquer et de présider seul les synodes et les conciles, de juger sans appel et de ne pouvoir être jugé, enfin d'être, par son ordination seule, changé en saint. (1)

Bientôt Henri IV fut forcé de reconnoître que

---

(1) *Gregorii Epist.*, Lib. II, p. 110. — *Baronii Annal. eccl.* 1076, p. 471 seq.

l'opinion populaire n'accordoit à son concile aucune autorité en opposition à celui de Rome. Les Allemands paroissoient frappés de l'excommunication lancée contre lui; les mécontens saisissoient avec empressement cette occasion de réprimer ses usurpations et de punir ses fautes. Les Saxons surtout, qu'il avoit constamment sacrifiés aux Français orientaux, ou Franconiens, vouloient le renverser du trône, et la politique s'allioit contre lui avec le fanatisme. L'année qui lui avoit été accordée par le pape pour se rendre à Rome étoit presque écoulée, lorsqu'il s'aperçut des dangers de sa situation, et qu'il se détermina, au milieu d'un des hivers les plus rigoureux, à se rendre en Italie par la Bourgogne et le Mont-Cenis. A Vevey il rencontra la comtesse Adélaïde de Suze, et son fils Amédée II de Savoie, dont la famille, grandissant sur les ruines du royaume de Bourgogne, étoit maîtresse du passage des Alpes. Ces princes lui vendirent en quelque sorte un libre transit, en se faisant céder une province à leur bienséance. Ils demandoient d'abord cinq évêchés en Italie; Henri trouva plus expédient de leur abandonner une portion du royaume de Bourgogne, probablement le Bugey, qu'il sentoit près d'échapper à son autorité. (1)

(1) *Lamberti Schafnaburg.*, p. 67. — Guichenon, *Histoire générale de la maison de Savoie*, T. I, p. 268.

Amédée de Savoie, gagné par cette libéralité, s'attacha dès lors fidèlement au parti de Henri IV. La guerre ne tarda pas à recommencer, la pénitence cruelle que Grégoire imposa à Henri, au mois de janvier 1077, dans la cour de son château de Canossa, où il le laissa trois jours à jeun, les pieds nus, exposé à la neige, avant de lui donner l'absolution, ne servit qu'à révolter le parti impérial, et à donner plus d'acharnement aux combats. Bientôt les prêtres choisirent pour leur chef Rodolphe, duc de Souabe, qu'ils nommèrent roi de Germanie (1). Les impériaux sentoient de leur côté la nécessité de donner un autre chef à l'Église. Le 25 juin 1080, un concile de trente évêques attachés à l'aristocratie, et menacés par la rigueur du pontife, qui voyoit de la simonie dans le crédit de toute famille puissante, s'assembla à Brixen. Il déposa Grégoire VII, et il élut à sa place Guibert, archevêque de Ravennes, que la cour de Rome avoit excommunié depuis trois ans, comme partisan du roi de Germanie. Guibert prit le nom de Clément III. Dès lors deux papes et deux rois, en opposition l'un à l'autre, se partagèrent l'Italie et l'Allemagne; mais dans l'un et l'autre pays la fortune favorisa Henri. Le 15 octobre 1080 il livra bataille dans la Saxe à son

---

(1) *Lamberti Schafnaburg.*, p. 67. — *Baronii Ann. eccles.*, 1077, p. 491.

rival Rodolphe, qui fut tué dans le combat, où son armée fut dissipée; et précisément le même jour, ses généraux défirent, dans le Mantouan, l'armée de la comtesse Mathilde. (1)

Quelque danger que courût Grégoire, il n'étoit pas d'un caractère à se laisser abattre par les revers. Au milieu des révolutions il écrivit, avec sa hauteur accoutumée, aux rois d'Angleterre, de Suède, de Castille, de France, et à d'autres souverains. Parmi ceux-ci, Guillaume étoit son favori; pour lui seul on le voyoit se départir de sa sévérité hautaine, et fermer les yeux sur l'oppression du clergé britannique. Dans sa lettre du 24 avril 1080, il lui annonçoit que, par égard pour sa recommandation, il rendoit son siége à l'évêque du Mans, et il accordoit l'absolution à l'abbé de Saint-Pierre de la même ville, tous deux accusés de simonie. Mais ces grâces n'étoient pas tout-à-fait gratuites. « Tu « n'ignores point, mon excellent fils, lui écri- « voit-il, combien je t'ai aimé avant de parvenir « aux honneurs pontificaux, et quelle aide effi- « cace je t'ai donné dans toutes tes affaires; sur- « tout avec quel zèle j'ai travaillé pour t'élever « au faîte royal. J'en ai même éprouvé quelque « blâme de la part de mes frères, car ils mur- « muroient de me voir consacrer trop de soins « à favoriser l'accomplissement de tant d'homi-

(1) *Muratori Annali d'Italia*, ad ann. 1080, T. IX, p. 125.

« cides. Mais Dieu m'est témoin, en ma con-
« science, que je le faisois avec un cœur droit;
« je me confiois dans les vertus que je voyois
« en toi, et j'espérois en sa grâce que, plus tu
« t'élèverois, et plus tu serois prêt à servir Dieu
« et la sainte Église..... Je te montrerai donc en
« peu de mots ce que désormais il te convient
« de faire..... Sa loi divine tonne d'une manière
« terrible à nos oreilles, en nous disant : *Maudit*
« *soit l'homme qui épargne son glaive et qui*
« *l'écarte du sang*; ce qui veut dire, *qui se*
« *refuse à faire périr pour la doctrine ceux qui*
« *ne vivent que dans la chair* (1). Ainsi donc,
« mon cher fils, mon fils que j'embrasse dans
« le Christ, tu vois quelles sont les tribulations
« de ta mère la sainte Église; tu vois quelle
« nécessité te presse de nous secourir; c'est le
« moment, pour ton honneur, pour ton salut,
« et c'est par charité que je t'en avertis, de
« nous montrer une vraie obéissance. » (2) Il
semble toutefois que Guillaume ne vit pas cette
nécessité, et qu'il ne fit rien pour l'Église romaine.

La lettre de Grégoire VII à Philippe est sur

(1) Le passage dont Grégoire fait ce terrible usage, est le
v. 10, chap. 48 de Jérémie, sur la destruction des Moabites :
« Maudit soit celui qui fait l'œuvre du Seigneur infidèlement;
« maudit soit celui qui arrête son épée au milieu du carnage. »

(2) *Concilior.*, T. X, Lib. VII, Ep. 23. *Gregorii VII*,
p. 243.

un autre ton; on y sent percer ce mépris que les âmes fières ressentent pour les hommes foibles, lors même qu'ils se soumettent à ce qu'elles désirent, et qu'ils font ce qui leur est commandé. « Les messagers de ton altesse nous ont
« souvent annoncé, dit-il, que tu désirois la
« grâce de saint Pierre et notre amitié; nous
« avons accueilli avec plaisir cette déclaration,
« et si tu conserves la même disposition, elle
« nous plaît encore. Tu montreras en effet ta
« sollicitude pour le salut de ton âme, si tu re-
« cherches la bienveillance apostolique, comme
« il convient à un roi chrétien. Tu pourrois
« l'acquérir bien plus facilement et plus digne-
« ment, cette bienveillance, si tu te montrois di-
« ligent et dévot dans les affaires ecclésiastiques;
« et tu dois bien reconnoître toi-même que tu as
« été à cet égard bien moins vigilant, bien plus
« négligent que tu n'aurois dû l'être. Mais nous
« avons supporté les délits passés de ton adoles-
« cence, dans l'espoir de ta correction, et c'est le
« devoir de notre office de t'avertir d'y veiller dé-
« sormais avec des mœurs plus châtiées. Parmi
« les vertus qui conviennent à l'excellence roya-
« le, et que nous te souhaitons, nous voudrions
« te voir ami de la justice, gardien de la misé-
« ricorde, défenseur des églises, protecteur des
« veuves et des orphelins; et surtout, pour la
« garde de ton cœur, nous te conseillons de mé-

« priser les conseils des méchans, et de détester la
« familiarité des excommuniés. Aussi nous or-
« donnons à ton altesse, au nom de saint Pierre,
« et nous t'en prions en notre nom, de ne plus
« accorder aucune faveur, de retrancher de ton
« amitié, et de repousser de ta présence Ma-
« nassé qui se fait appeler archevêque de Reims ;
« mais que pour ses iniquités, qui te sont bien
« connues, nous avons irrévocablement déposé.
« Nous voulons encore, et nous t'ordonnons, au
« nom de l'apôtre, que tu n'empêches point
« l'élection pour cette église de Reims, que doit
« faire le clergé et le peuple......... » (1)

Philippe étoit trop dévot pour favoriser le schisme, ou pour opposer, avec Henri IV, le pouvoir de l'épée à celui de l'encensoir ; mais il étoit luxurieux et avide d'argent, et lui ôter la disposition des bénéfices de son royaume, c'étoit lui ôter sa seule fonction publique, et la seule source de ses revenus. Les légats du pape envoyés dans son royaume pour réprimer la simonie, lui paroissoient des usurpateurs de ses droits : il chassa de son siège l'archevêque de Tours pour les avoir favorisés (2). Il acquiesça à la déposition de Manassé, archevêque de Reims; mais ce fut pour revendre son siège à Hélinand

---

(1) *Gregorii VII*, Lib. VIII, Ep. 20, p. 266.
(2) *Narratio controversiæ inter capitulum Sancti-Martini*, etc. T. XII, p. 459. — *Chronicon Turonense*, p. 453.

alors évêque de Laon (1). Cependant les succès constans qu'obtenoient les impériaux ne laissoient point à Grégoire le temps de châtier comme il l'auroit voulu la désobéissance du roi de France. Le dévouement de la comtesse Mathilde, le talent et le courage de Robert Guiscard, qui s'étoit attaché à son parti, n'empêchèrent point Henri IV de pénétrer jusqu'à Rome, de faire accepter le 22 mars 1084, son antipape Clément III aux Romains, et de recevoir ensuite de lui, le 31 mars, la couronne impériale dans la basilique du Vatican. Grégoire VII, qui à son approche s'étoit enfermé au château Saint-Ange, fut délivré du siége par Robert Guiscard, qui réduisit en cendres plus de la moitié de Rome. Il se retira ensuite à Salerne, où il mourut le 25 mai 1085. (2)

Si la guerre des investitures troubloit à peine la France royale, elle causoit plus d'agitation dans ce qu'on pouvoit nommer la France impériale, qui se composoit des trois royaumes de Lorraine, de Bourgogne et de Provence, dont les couronnes étoient réunies sur la tête de Henri IV. Le royaume de Lorraine étoit plus anciennement et plus intimement uni à l'empire; c'étoit là que le jeune roi de Germanie trouvoit plusieurs de ses plus chauds et de ses plus fidèles partisans. L'un d'eux, Godefroi-le-

(1) *Guiberti abbatis de Novigento*, Lib. III, p. 241, T. XII.
(2) *Pagi critica*, 1084, 1085, T. IV, p. 287.

Bossu, duc de Lorraine, mari de la fameuse 1080—1085. comtesse Mathilde, s'étoit séparé d'elle à l'occasion de la guerre des investitures, pour défendre l'empereur qu'elle attaquoit de toutes ses forces : il fut assassiné à Anvers en 1076 par des satellites de Robert-le-Frison. Comme il ne laissoit pas d'enfans, son fief de Basse-Lorraine fut donné en apanage à Conrad, fils de Henri IV; cependant Henri en détacha le marquisat d'Anvers ou de Brabant, qu'il donna à Godefroi de Bouillon, si célèbre depuis dans les croisades. Ce guerrier illustre, qui en 1093 réunit au Brabant le duché de Basse-Lorraine, étoit fils d'Eustache II de Boulogne, et d'une sœur de Godefroi-le-Bossu. (1)

L'ancien royaume de Bourgogne transjurane, qui comprenoit la Suisse actuelle et la Franche-Comté, fut une des parties de l'empire les plus déchirées par la guerre civile et la guerre religieuse. Plusieurs feudataires s'y étoient déjà élevés à une grande indépendance; mais, d'autre part, les rois germaniques, en le traversant fréquemment, y avoient conservé leur influence et le souvenir de leur dignité. Pendant les hostilités de Henri IV et de Grégoire VII, les comtes, les évêques et les abbés se partageant également entre l'empereur et le pape, il n'y eut presque

(1) *Lamberti Schafnab.*, p. 67. — *Magnum Chron. Belgicum, in Struvio,* T. III, p. 132.

pas une vallée du Jura et des Alpes qui échappât aux ravages de la guerre. (1)

L'autre partie de cette monarchie, qui s'étendoit de Genève et Lyon à Marseille, et du Rhône aux Alpes de Piémont, et qu'on nommoit proprement le royaume d'Arles, se regardoit comme plus séparée, par sa langue même, la provençale, de tous les intérêts de l'Allemagne. Depuis long-temps elle n'avoit pas vu ses rois, et elle n'avoit point été visitée par les souverains Allemands qui avoient recueilli l'héritage de Rodolphe-le-Fainéant. Aussi, dans ce royaume, les princes regardèrent la guerre entre le pape et le roi de Germanie, comme une occasion de rompre absolument avec le dernier. En secouant le joug de Henri IV, ils ne reconnurent à sa place ni Rodolphe ni Herman de Luxembourg, que le parti des prêtres donna pour successeur à Rodolphe en 1081; ils se regardèrent comme devenus entièrement indépendans, et ils s'intitulèrent comtes et marquis, par la grâce de Dieu. Nous avons deux sermens de fidélité prêtés volontairement par Bertrand, comte de Provence, à Grégoire VII et à ses successeurs, qui semblent lui avoir été suggérés par un sentiment de dévotion : c'est pour *le remède de son âme* qu'il transmet à l'Église tout l'*honneur* de son fief, tel

(1) *Muller Geschichte der Schwez*, B. I, cap. 13, p. 316 et suiv.

qu'il l'a hérité de ses pères; cependant il continue à s'intituler comte par la grâce de Dieu, et il ne renonce à aucun autre droit qu'à celui qu'il avoit usurpé sur les églises (1). Dans le même temps et le même royaume, les comtes de Savoie, de Genevois, de Forcalquier, de Venaissin, d'Orange, les vicomtes de Marseille, et plusieurs autres, se mirent en possession d'une complète indépendance (2). L'élévation de la famille des comtes d'Albon, dont les descendans devoient plus tard posséder le Dauphiné, date de la même époque. Guigue-le-Vieux, son fils Guigue-le-Gras, et son petit-fils Guigue III, étoient contemporains de Henri IV et de Philippe Ier, et n'obéissoient ni à l'un ni à l'autre; mais leur première origine, et leurs usurpations sur les terres de l'empire ou celles de l'évêché de Grenoble, sont enveloppées de ténèbres plus épaisses encore, que celles qui nous dérobent l'histoire des autres grands fiefs de la France. (3)

Les provinces à la droite du Rhône ne se détachoient pas moins de la monarchie de Philippe, que les provinces à sa gauche, de celle de Henri IV. Grégoire VII traitoit avec tous les seigneurs des unes et des autres, d'abord pour

(1) *Gregorii VII Epistolæ*, Lib. IX, n° 12, p. 285.
(2) *Pagi critica ad ann.* 1081, cap. 8 et 9, p. 279.
(3) Histoire du Dauphiné, Premier Discours, p. 2. *Genève*, 2 vol. fol, 1722.

les faire renoncer à ce qu'il nommoit la simonie, ou au droit d'investiture des bénéfices ecclésiastiques; ensuite, et par la même occasion, pour leur faire transférer au saint-siége l'allégeance qu'ils devoient à leurs seigneurs temporels et aux rois de France. En 1085 le comte Pierre de Melgueil donna à Grégoire VII, et à tous les papes ses successeurs, *en alleu*, comme il *l'avoit tenu lui-même, ainsi que ses ancêtres*, le comté de Substancion et l'évêché de Maguelonne, sous condition de les recevoir de nouveau en fief de l'Église romaine, moyennant la redevance d'une once d'or par année. C'est en sollicitant les feudataires français de faire de telles donations, *pour le remède de leur âme*, que les légats du pape ébranloient les liens sociaux; car si l'autorité royale pouvoit être regardée comme anéantie à cette extrémité du Languedoc, le comté de Substancion faisoit du moins toujours partie du marquisat de Gothie, et le feudataire ne pouvoit aliéner son fief sans l'autorité de son seigneur (1). Cinq ans après, Bérenger Raymond II, comte de Barcelonne, fit à son tour donation de tous ses états au saint-siége, en les conservant ensuite en fief, sous la redevance de vingt-cinq livres d'argent par année.

Dans cette même province où l'histoire n'a-

(1) Hist. gén. de Languedoc, Liv. XV, chap. 27, p. 267; et Preuves, §. 297, p. 321.

voit encore pu conserver que des noms et des 1075—1087. généalogies, s'élevoit à la même époque, vers une grandeur qui surpassoit de beaucoup celle du roi de France son seigneur, un homme qui devoit aussi acquérir bientôt une gloire qu'aucun des Capétiens n'avoit méritée. C'étoit Raymond de Saint-Gilles, second fils de Pons comte de Toulouse. En 1062 il avoit partagé avec son frère l'héritage paternel. L'aîné des deux frères, Guillaume IV, succéda à son père dans les comtés de Toulouse, de Quercy et d'Albigeois; il vécut jusqu'en 1093, mais sans avoir de fils. Raymond son cadet n'eut d'abord pour apanage que le petit comté de Saint-Gilles près des bouches du Rhône; mais ayant épousé sa cousine germaine, fille et héritière de Bertrand, comte de Provence, il acquit par elle, à la mort de son beau-père, la souveraineté de la moitié de la Provence (1). En 1065, il hérita de Berthe, comtesse de Rouergue et marquise de Gothie, en qui finissoit une branche cadette de sa famille (2). Enfin en 1088 il acheta de son frère Guillaume IV, qui se voyoit sans héritier mâle, sa succession future au comté de Toulouse (3). C'est ainsi que Raymond IV, réunissant successivement au comté de Saint-Gilles, ceux de Rouergue, de Ge-

---

(1) Hist. de Languedoc, Liv. XIV, p. 204; et Notes, p. 559.
(2) Hist. de Languedoc, Liv. XIV, chap. 56, p. 210.
(3) *Ib.*, Liv. XV, p. 32, p. 272.

vaudan, de Nismes, d'Agdes, de Besiers, de Narbonne, d'Usez, de Cahors, d'Alby, de Toulouse, et le marquisat de Provence, éleva dans le midi de la France une des plus puissantes souverainetés que l'Europe pût compter à cette époque. Les poètes ont fait de lui le Nestor de la première croisade : cependant quand il mourut en 1105, il n'avoit pas plus de soixante ans. Deux fois il fut excommunié, en 1076 et 1078, par Grégoire VII, à l'occasion de son mariage avec sa cousine, l'héritière de Provence : toutefois comme celle-ci lui apportoit des domaines considérables, il ne voulut point s'en séparer. Il paroît qu'elle mourut avant 1080, car à cette époque Raymond épousa Mathilde, fille de Roger, grand comte de Sicile, qu'il alla chercher à Palerme. (1)

On désireroit aussi connoître l'histoire des ducs de Bourgogne, qui tenoient à cette époque un rang distingué entre les grands feudataires de la couronne de France; mais il n'est aucune dynastie qui ait laissé moins de souvenirs. Robert-le-Vieux, fils du roi Robert, mourut en 1075, après un règne de quarante-trois ans, sans qu'une seule de ses actions ait paru digne d'être transmise à la postérité. Son fils Hugues, qui lui succéda, se signala pendant trois ans par sa

(1) Hist. de Languedoc, Liv. XV, ch. 15, p. 257. — Gaufredi Malaterræ *Hist. Sicula*, Lib. III, cap. 22, p. 582; T. V, *Muratori rer. ital.*

libéralité envers les couvens. En 1078 il aban- 1075-1087.
donna le trône et se retira parmi les moines de
Clugny, où il vécut encore quinze ans dans la
pénitence : son frère Eudes, qui lui succéda, n'a
pas laissé plus de souvenirs de son règne, quoique ce règne se soit prolongé vingt-quatre ans, de
1078 à 1102, qu'il mourut à la Terre-Sainte. (1)

Mais quoique les Capétiens de Bourgogne
languissent dans la même oisiveté et la même
mollesse que ceux qui occupoient le trône de
France, les Bourguignons participoient à cette
activité, à cette avidité d'émotions qui poussoit
tous les Français à la recherche des aventures
brillantes et de la gloire. Une fille du duc Robert-le-Vieux, Constance, veuve du comte de
Challons, épousa en 1078 Alphonse VI, roi de
Castille et de Léon, qui s'étoit divorcé, pour
cause de parenté, d'avec une fille du duc d'A-
quitaine (2). Cette alliance engagea les aventuriers bourguignons à diriger leurs entreprises
du côté de l'Espagne; malgré la distance des
deux états, qui sembloient faits pour rester à
jamais étrangers l'un à l'autre. Les premiers
chevaliers qui accompagnèrent Constance dans
la Castille en appelèrent d'autres; ceux-ci furent suivis par d'autres encore : c'étoit l'époque
du plus haut héroïsme des Castillans; le Cid,
don Rodrigue de Bivar, qui naquit probable-

(1) Plancher, *Hist. de Bourgogne*, Liv. VI, chap. 19, p. 271.
(2) *Chronicon Trenorciense*, T. XI, p. 112.

ment en 1026, étoit alors au faîte de sa gloire. On croit qu'il conquit Valence en 1094, et qu'il mourut en 1099. Sa réputation qui attira, dit-on, des ambassadeurs de Perse, pour voir en lui un chevalier accompli (1), dut se répandre plus facilement en Bourgogne qu'aux extrémités de l'Orient, et elle détermina un grand nombre de jeunes seigneurs à venir apprendre le métier des armes à l'école d'un si grand maître. De son côté, Alphonse VI, quoique sa conduite à l'égard du Cid n'eût pas toujours été ou juste ou généreuse, passoit aussi pour un grand capitaine et un grand prince. Le 25 mai 1085, il se rendit maître de Tolède, et lorsqu'il fit la conquête de cette ville, l'une des plus célèbres dans la domination des Arabes, par sa population, ses richesses et ses savantes écoles, il étoit secondé par un grand nombre de chevaliers français, et surtout bourguignons. Deux ans plus tard, le 9 décembre 1086 ou 1087, il fut défait à Zélaka près de Badajos, par le roi de Séville; et à cette occasion le zèle des Français pour le secourir donna lieu à une sorte de croisade (2). Parmi les chevaliers qui passèrent alors en Castille, les généalogistes ont cru re-

---

(1) *Romancero del Cid*, n° 62. — Littérature du Midi, T. III, p. 188.

(2) *Fragment. Hist. Franciæ*, T. XII, p. 2. — *Chronicon Sancti-Petri vivi Senon.*, p. 279. — *Chronic. Sancti-Martini*, p. 402. — *Hugonis Floriacens. Libellus*, p. 797.

connoître Raymond qu'Alphonse VI fit comte de Galice, et auquel il donna sa fille Urraque en mariage, comme étant le quatrième fils de Guillaume Ier, comte de Bourgogne ou de Franche-Comté ; et Henri, qu'Alphonse VI fit comte de Portugal, en lui donnant en mariage Thérèse sa fille naturelle, comme étant le quatrième fils de Henri, frère de Hugues et de Eudes, ducs de Bourgogne. Le premier fut le père d'Alphonse VII, roi de Castille et de Léon, le second fut le fondateur de la maison royale de Portugal. (1)

Au milieu de cette fermentation universelle, qui créoit de grands princes parmi les feudataires du premier rang, tels que Guillaume-le-Normand, Robert-le-Frison, Raymond de Saint-Gilles, et Foulques-le-Réchin ; qui amenoit à la tête du clergé des hommes d'un caractère fort et audacieux, dignes d'entrer dans la lutte que Grégoire VII avoit excitée ; qui réveilloit l'esprit de chevalerie chez tous les feudataires du second rang, chez tous les seigneurs et les gentilshommes ; qui faisoit sortir les villes de leur ancienne obscurité, et les encourageoit à s'assurer par les armes les droits de commune,

---

(1) *Fragment. Hist. Franciæ*, p. 2. — *Alphonsi a Carthagena reg. Hispan.*, cap. 75. *Hispania illustrata*, T. I, p. 277. — *Jo. Marianæ de Reb. Hispan.*, Lib. IX, cap. 11 à 20, p. 471-485. T. III, *Hispan. illust.*

l'indépendance et la liberté, Philippe Ier continuoit à dormir. Il ne s'étoit guère fait remarquer que par sa vénalité dans les affaires de l'Église, par sa faiblesse toutes les fois qu'on lui résistoit, et par son goût pour les plaisirs de la table, qu'il transmit, avec son énorme embonpoint, à son fils Louis-le-Gros, quoiqu'il ne lui transmit pas en même temps son apathie. (1)

Ce n'est pas qu'on ne raconte de Philippe un ou deux faits d'armes; mais ils n'ajoutent guère à l'idée que nous avons cherché à donner de sa bravoure ou de ses talens. En 1075, à la mort de Raoul III, comte de Crespy et de Valois, il ravagea cruellement ces comtés, auxquels devoit succéder le comte Simon, qui ne tarda pas à s'en venger sur les terres du roi (2). La même année Philippe prit soin de fortifier le comté de Vexin et le château de Montmélian, pour les défendre contre le comte de Dammartin. Le comté de Vexin, frontière du duché de France et de la Normandie, étoit un petit fief que le roi tenoit à foi et hommage de l'abbaye de Saint-Denis, et le service qu'il devoit rendre, pour ce fief, étoit de venir en personne chercher l'oriflamme, ou drapeau de Saint-Denis, dans l'église de cette

(1) *Henrici Huntindon. Epistola de contemptu mundi*, T. XII, p. 761.
(2) *Mabillonis acta SS. Bened. sæculi VI*, p. 376. — *Scr. fr.*, T. XII, p. 276.

abbaye, et de le porter dans ses batailles. L'ori- 1075-1087. flamme n'étoit donc pas proprement le drapeau royal de la France, mais celui d'un petit fief, pour lequel le roi étoit vassal d'une maison religieuse (1). On rapporte à l'année 1078 une autre expédition de Philippe, qu'il entreprit de concert avec le comte de Nevers, l'évêque d'Auxerre, et un assez grand nombre de seigneurs bourguignons et français, contre Huon, seigneur du petit château du Puiset, qui avoit étendu ses ravages dans le pays Chartrain et l'Orléanais. En effet, les seigneurs du duché de France, profitant de l'indolence de Philippe Ier, avoient souvent fait de leurs châteaux des repaires de brigands, d'où ils fondoient sur les marchands et les voyageurs qui se rendoient à Paris, pour les rançonner. Il ne sembloit pas que Huon pût espérer de résister aux forces supérieures par lesquelles il étoit attaqué; cependant il fit une brusque sortie, qui frappa les assiégeans d'une terreur panique : Philippe s'enfuit jusqu'à Orléans, le comte de Nevers et l'évêque d'Auxerre furent faits prisonniers, et tous leurs bagages furent perdus. On attribua cette déroute à un miracle de saint Benoît, parce que la troupe royale, encouragée par l'évêque d'Auxerre lui-même, avoit enlevé des vivres

---

(1) Felibien, *Hist. de l'abbaye de Saint-Denys, Preuves*, n° 124, p. 93. — *Script. franc.*, T. XII, p. 50.

dans une église, où les paysans les avoient enfermés, comme en un lieu de sûreté. (1)

Ce fut là, à peu près, le terme de la carrière militaire de Philippe Ier. Après sa déroute au Puiset, il revint aux plaisirs auxquels il consacroit ses journées, à son indolence et à ses festins ; arrivé en 1086, à l'âge de trente-trois ans, il commença aussi à manifester cette inconstance dans les liens du mariage, qui empoisonna le reste de sa vie. Il y avoit treize ou quatorze ans qu'il étoit marié à Berthe, fille du comte Florent de Hollande, et il en avoit un fils et une fille. (2). Cependant il se lassa de cette reine, dont nous ne savons ni les qualités ni les défauts ; et il chercha un prétexte pour la répudier. Les prohibitions canoniques étendues jusqu'au septième degré fournissoient aux familles des princes, toutes apparentées entre elles, un prétexte toujours prêt pour dissoudre leurs mariages. Philippe n'avoit cepen-

(1) *Miracula Sancti-Benedicti abbatis*, T. XI, p. 487. — *Sugerii abbatis vita Ludovici Grossi*, cap. 18, T. XII, p. 32. — Grandes Chroniques de Saint-Denys, p. 163.

(2) Toutes les dates de l'histoire privée de Philippe Ier sont incertaines. Le P. Brial assigne l'année 1071 ou 1073 à son premier mariage, et l'année 1082 à la naissance de Louis-le-Gros (Préface au tome XVI des historiens de France); mais il donne trop d'importance au témoignage du moine Hariulfe. Les agiographes ne se font jamais scrupule d'altérer une date, pour lier un événement à un miracle de leur saint.

dant pas encore obtenu, ni peut-être sollicité son divorce, lorsqu'il fit demander à Roger, grand comte de Sicile, et plus jeune frère de Robert Guiscard, Emma sa fille en mariage, sous condition qu'elle lui apportât une dot proportionnée à l'honneur de cette alliance. Roger accepta cette proposition avec empressement; il envoya Emma en Languedoc, auprès de sa sœur, qui avoit déjà épousé Raymond, comte de Saint-Gilles. Raymond, sachant que la main de Philippe n'étoit pas libre, maria sa belle-sœur à Guillaume VI, comte de Clermont d'Auvergne. Il vouloit toutefois se réserver une part de la dot destinée au monarque, et qu'il jugeoit trop considérable pour la donner à un comte; mais le commandant de la flotte sicilienne ne vit pas plus tôt sa princesse honorablement établie, qu'il fit voile pour Palerme, remportant avec lui tous les trésors de son maître. (1)

Avec une si grande disproportion entre la foiblesse du roi et la puissance des grands feudataires qui relevoient de lui, entre son ineptie et leurs talens ou leur activité, on auroit pu s'attendre à ce que le lien social fût absolument rompu, et à ce que chacun des grands seigneurs prétendît à une entière indépendance.

(1) *Gaufredi Malaterræ Hist. Sicul.*, Lib. IV, cap. 8. *Scr. ital.*, T. V, p. 592. — Histoire générale de Languedoc, Liv. XV, ch. 29, p. 270.

Mais le système féodal, le serment de fidélité, l'hommage, l'investiture, avoient substitué, dans tous les esprits, l'idée du devoir à celle de la force et de la puissance. Ce devoir faisoit la garantie des comtes et des ducs, vis-à-vis des vicomtes ou des comtes ruraux leurs vassaux; et de ceux-ci à leur tour, vis-à-vis des simples chevaliers; chacun s'efforçoit de l'affermir, de le régulariser, d'y paroître soumis lui-même, afin d'avoir plus de droit à son tour d'exiger la soumission d'autrui. Les grands vassaux de la couronne, qui avoient si peu de chose à faire pour se rendre indépendans, qui commandoient pour la plupart à des sujets plus belliqueux que ceux du roi, qui n'entrevoyoient pas même la chance d'en être attaqués dans leurs propres domaines, tenoient à honneur cependant de conserver leurs anciens rapports avec leur souverain; ils visitoient quelquefois sa cour pour y étaler leur luxe et leur puissance, et même ils ne dédaignoient pas de joindre, aux honneurs du gouvernement, des titres de domesticité dans la maison du roi. Les comtes d'Anjou, si distingués par leur valeur, leur ambition et leur puissance, réclamoient l'office de majordome et de sénéchal de France, comme leur appartenant par droit héréditaire; et dans des jours de grande cérémonie, on les vit porter eux-mêmes les premiers plats sur la table du lâche

Philippe Ier; puis exiger que ceux qui les remplaçoient dans le service personnel du monarque leur fissent hommage à l'occasion de cette fonction. (1)

Malgré sa dignité royale, le duc des Normands, devenu roi d'Angleterre, ne se regardoit point comme l'égal du roi de France, et néanmoins il lui étoit infiniment supérieur et en puissance et en richesses. Guillaume méprisoit Philippe, il n'avoit aucun lieu de le craindre, et il étoit déterminé à ne point lui obéir; cependant il n'oublioit pas l'hommage qu'il lui avoit rendu, et il évita presque jusqu'à la fin de sa vie, de soutenir contre lui une guerre déclarée, où il sembloit qu'il auroit été sûr du succès. Il s'occupoit plutôt de ramener à l'obéissance ceux de ses vassaux français qui méconnoissoient leurs devoirs féodaux; il fit plusieurs années la guerre à Hubert, vicomte du Mans, qui en 1083 s'étoit enfermé dans le château de Sainte-Suzanne, et qui, par sa bravoure, obtint enfin une paix honorable (2). Il voulut également forcer Alain Fergent, qui en 1084 avoit succédé à son père Hoel, dans le duché de Bretagne, à lui faire hommage de ce grand fief, se fondant sur la première investiture de la mouvance de Bretagne, donnée à Rollon par Charles-le-Simple.

(1) *Hugo de Cleeriis*, T. XII, p. 493 (ann. 1118).
(2) *Orderici Vitalis*, Lib. VII, p. 648.

075-1087. Mais les Bretons n'avoient jamais voulu reconnoître cette concession, faite à leur ennemi, par un roi qui n'avoit aucune autorité sur eux. Alain Fergent surprit les quartiers de Guillaume, qui assiégeoit Dol en 1085, et il mit son armée en déroute. Après cet avantage, il traita à des conditions plus avantageuses avec le roi d'Angleterre; il épousa sa fille Constance en 1086, et il accepta l'alliance des Anglais. (1)

1087. Cependant les brigandages des habitans de Mantes provoquèrent enfin Guillaume à la guerre contre son seigneur direct. La petite province du Vexin avoit tour à tour été possédée par les Normands et par les Français; ces derniers en étoient maîtres depuis que Henri, qui l'avoit donnée au duc Robert, l'avoit reprise à son fils, dans son enfance; deux gentilshommes du Vexin, Hugues de Stavelo et Raoul de Mauvoisin avoient profité de l'anarchie, alors universelle dans les états de Philippe, pour faire de toute cette province un repaire de brigands. Ils avoient accoutumé aux armes les habitans de Mantes, et à leur tête, ils passoient l'Eure pour étendre leurs ravages dans tout le diocèse d'Évreux. Chaque jour les habitans des frontières portoient plainte à Guillaume pour de nouveaux outrages. Irrité

(1) Lobineau, *Hist. de Bretagne*, Liv. III, ch. 116, p. 103. — *Chron. Raynaldi Andegav.*, 1086, p. 479. — *Order. Vitalis*, Lib. IV, p. 544.

par ces brigandages, il fit demander à Philippe, non-seulement de réprimer les déprédations des habitans de Mantes, mais encore de lui rendre le Vexin, à la moitié duquel tout au moins il prétendoit avoir des droits (1). Philippe ne se borna pas à refuser de le satisfaire, il se permit sur lui des plaisanteries qu'il pouvoit être appelé à payer bien cher. Guillaume n'étoit pas moins gros mangeur que lui, et avoit comme lui un énorme embonpoint. Philippe, apprenant qu'une maladie lui faisoit garder le lit, s'informa s'il n'étoit pas en couche. *Qu'il attende les cierges que je présenterai à Sainte-Geneviève pour mes relevailles*, s'écria Guillaume. En effet, dans la dernière semaine de juillet, il entra par surprise dans Mantes, et il livra cette ville au pillage et aux flammes. Mais pour accomplir sa vengeance, il avoit bravé la fatigue en jeune homme, et il avoit soixante ans ; sa santé succomba à l'échauffement. Se sentant malade, il se fit reporter à Rouen, puis au couvent de Saint-Gervais, près de cette ville, où il croyoit jouir de plus de tranquillité. Pendant les six semaines qu'il vécut encore, il conserva toute la vigueur de son caractère et la netteté de son esprit. Il témoigna des remords pour le sang qu'il avoit versé, et la tyrannie qu'il

(1) *Orderici Vitalis*, Lib. VII, p. 655. *Editionis Chesnianæ.*

avoit exercée sur l'Angleterre; il se refusa même à disposer par testament de sa couronne, pour ne pas aggraver le péché qu'il avoit commis en l'usurpant. Toutefois, comme il la destinoit à Guillaume-le-Roux, son second fils, il fit partir ce prince pour Londres en toute hâte, afin qu'il s'assurât des prélats et des grands. Il ne voulut point ôter à Robert, son fils aîné, qui étoit toujours exilé, la Normandie qu'il regardoit comme son droit héréditaire; il exprima cependant le peu d'estime qu'il faisoit de son caractère et de ses talens. Il ne laissa, à son troisième fils Henri, qu'une somme d'argent pour apanage. Il fit ouvrir les prisons où il retenoit ses ennemis, exigeant seulement d'eux, qu'ils s'engageassent par serment à ne point troubler la succession de ses fils; mais il se refusa long-temps à remettre aussi en liberté son frère Eudes, évêque de Bayeux, qu'il avoit fait arrêter trois ans auparavant, au moment où il intriguoit pour succéder à Grégoire VII, dans le souverain pontificat (1). Rien, disoit-il, ne pourroit jamais corriger les penchans de cet évêque, pour le sang, pour les femmes et pour les complots, et l'avantage de ses sujets exigeoit qu'il le retînt en prison. Dans ses derniers momens il donna enfin l'ordre de le remettre en liberté; puis il mourut le 9 sep-

(1) *Baronii Annal. eccles.*, 1084, p. 571.

tembre 1087, au lever du soleil, en se recommandant à la Sainte-Vierge. (1)

On put, dans cet instant, reconnoître quelle est la triste condition d'un pays où tout repose sur la tête d'un seul homme, et où ses sujets restent sans garantie, au moment où la mort lui ravit son pouvoir. Pendant sa maladie, Guillaume avoit été entouré d'un grand nombre de seigneurs et de serviteurs, qui attendoient ses moindres ordres dans un profond silence. Il avoit gardé une si parfaite présence d'esprit que sa mort les frappa d'étonnement, comme s'ils n'avoient pu la prévoir. Cependant, dès qu'ils furent assurés qu'il avoit rendu le dernier soupir, les seigneurs redoutant quelque trouble dans ce moment d'anarchie, montèrent à l'instant à cheval, et se retirèrent, avec leurs femmes et leurs enfans, chacun dans leur château dont ils firent doubler les gardes. Les domestiques et les gens d'un ordre inférieur, demeurés seuls auprès du corps de leur maître, songèrent à leur tour à se mettre en sûreté par la fuite; mais auparavant ils se payèrent de leurs services par leurs propres mains; le palais fut entièrement pillé; le lit même sur lequel reposoit Guillaume tenta leur cupidité; ils déposèrent le cadavre nu sur la terre, pour se partager ses couvertures et ses habits. Ils s'échappèrent

(1) *Orderici Vitalis*, Lib. VII, p. 656.

ensuite, et la maison où ils l'avoient laissé demeura pendant deux heures complétement déserte. L'alarme avoit bientôt gagné les habitans de Rouen. Dans l'attente immédiate d'un pillage, ils s'occupoient à mettre en sûreté leurs effets les plus précieux, et ils les transportoient en toute hâte, ou dans les églises, ou dans les cachettes de leurs maisons.

Les moines, reprenant les premiers leurs sens, se rangèrent enfin en procession, avec des croix et des encensoirs, et se rendirent au couvent de Saint-Gervais, où Guillaume étoit mort, pour prendre son corps, qui devoit être enseveli à Caen, dans la basilique de Saint-Etienne, qu'il y avoit fondée : mais lorsqu'ils le trouvèrent complétement dépouillé, ils montrèrent peu d'empressement à suppléer à tout ce qui manquoit pour les funérailles. Un pauvre chevalier campagnard fournit à ses frais un bateau pour le transporter par la Seine, et le revêtit des plus simples habits de deuil. A Caen, la pompe funèbre fut préparée avec plus d'ordre; plusieurs prélats et une foule de peuple accompagnèrent le corps; mais un incendie qui éclata dans ce moment même, troubla le convoi, que chacun s'empressa d'abandonner pour courir au feu. Enfin le corps étoit déjà déposé dans la fosse, et avant qu'on le recouvrît de terre, Gislebert, évêque d'Évreux, prononçoit son panégyrique, lors-

qu'un Normand, nommé Ascelin, fils d'Ar- 1087.
thur, se leva du milieu de la foule, et s'écria
à haute voix : « Cet homme dont vous venez de
« prononcer l'éloge, vous allez l'enterrer dans
« une terre qui est à moi. Ici même étoit ma
« maison paternelle, et il l'enleva à mon père
« contre toute justice, sans jamais la lui payer,
« pour y bâtir cette église. Je vous interdis, au
« nom de Dieu, de couvrir le corps du ravis-
« seur, avec une terre qui m'appartient. » Cette
protestation frappa de componction les seigneurs
et les évêques qui l'entendirent ; ils firent immédiatement autour du cercueil une collecte
qui monta à soixante sous, pour racheter d'Ascelin la place même où son souverain seroit enterré ; ils lui promirent que plus tard on le
compenseroit pour la perte de son héritage, et
ils lui tinrent parole ; car le fait qu'il avoit rappelé étoit de notoriété publique. (1)

(1) *Orderici Vitalis*, Lib. VII, p. 662.

CHAPITRE X.

Fin du onzième siècle; Troubadours; excommunication de Philippe Ier; première croisade. 1088—1100.

Le onzième siècle est en général considéré avec dédain, comme un temps de barbarie et d'oppression; il n'occupe de place dans notre souvenir que par quelques grands faits historiques, qui doublèrent les calamités de la race humaine, tels que les conquêtes du royaume de Naples et de l'Angleterre par les Normands, la guerre des investitures, et la première croisade. Des prétentions injustes et violentes, d'effrayans massacres, une religion fanatique et sanguinaire, qui troubla les états et sacrifia les générations à un but chimérique, des fautes et des crimes, voilà quels paroissent être les résultats de cent années d'efforts de la race humaine. C'est ainsi qu'en doivent juger surtout ceux qui prennent de la France leur point de vue historique; car la nullité ou la lâcheté des quatre premiers Capétiens ayant dégoûté leurs contemporains de toute envie de transmettre les souvenirs de leur temps, la monarchie française s'est trouvée sans histoire pendant le onzième siècle. Les chroniqueurs des deux ou trois siècles suivans s'empressent de se débarrasser, en quelques lignes, de Hugues, de Robert, de Henri, et de Philippe; et les modernes auroient cru inconvénant de faire l'histoire de la nation, quand il n'y avoit rien à dire, ou rien que de honteux à dire des rois.

Le onzième siècle pourroit cependant, à bon droit, être considéré comme un grand siècle, comme un des siècles les plus importans pour l'histoire française. Ce fut une période de vie et de créations; tout ce qu'il y eut de noble, d'héroïque, de vigoureux dans le moyen âge, commença à cette époque; la nation acquit et développa son nouveau caractère : elle devint vraiment française, de germanique et de barbare qu'elle étoit auparavant. Le système féodal, qui à son origine étoit un système de liberté, comme plus tard il en fut un d'oppression, lui enseigna la loyauté, le respect pour le serment, et la conscience des devoirs réciproques : ces vertus idéalisées donnèrent naissance à la chevalerie, ou à la consécration des hommes forts à la défense des foibles; l'éducation guerrière des chevaliers brilla dans les tournois; leur éducation domestique créa la courtoisie, et en fit le caractère distinctif de la nation : la langue se trouva alors appartenir à un peuple policé, et au lieu de n'être qu'un patois barbare, elle acquit de la souplesse et de l'élégance. Le commerce lia les provinces entre elles ; il fit connoître les Français du Nord aux Français du Midi, il donna à un ordre inférieur de l'indépendance et de la richesse ; il inspira aux citoyens des villes l'amour de la liberté, et il leur apprit à la conquérir les armes à la main. Un dernier progrès devoit appartenir à cette époque : la poésie commença. Pendant le temps que comprend ce chapitre, le plus ancien des troubadours, dont les œuvres nous aient été conservées, occupoit déjà le trône de Poitou ; et comme il n'appartient guère aux souverains d'inventer les arts, lorsque Guillaume IX écrivoit des chansons, il avoit sans doute appris les règles de la poésie de troubadours d'un rang plus obscur. Telle fut la France au onzième siècle, vivante dans toutes ses provinces, justement peut-être à cause de l'imbécillité de ses rois ; tandis qu'à mesure que leur puissance s'accrut, on vit tout son essor, toute son activité se concentrer dans la capitale, et la nation finit par n'exister plus qu'à la cour.

La poésie, à sa renaissance au onzième siècle, se répandit en Europe du midi au nord, des pays qui confinoient avec les Arabes, à ceux où les Germains n'avoient jamais été troublés dans leur domination. Quelques auteurs ont cependant attribué à ces Germains le mouvement poétique qui sembloit tout à coup animer tous les esprits, d'autres l'ont cru emprunté aux Arabes, d'autres n'y ont vu que le langage de la jeunesse des nations, que l'expression de cette chaleur de sentimens, de cette abondance de vie, qui devoient accompagner la première aurore de la prospérité, après une si longue oppression et tant de souffrances. On ne sauroit arriver à une démonstration des faits en faisant l'histoire des sentimens; tant d'élémens divers se combinent dans l'âme d'une manière imperceptible, que les individus eux-mêmes ne sauroient démêler l'origine de leurs impressions. Combien leur complication n'est-elle pas accrue encore, quand il s'agit d'une nation! Combien n'est-il pas plus difficile d'assigner ce que des contemporains ont emprunté les uns aux autres, ce qu'ils ont trouvé en eux-mêmes!

La poésie semble être un besoin impérieux de l'âme, lorsque la civilisation commence, lorsque l'homme s'élève pour la première fois au-dessus de ses appétits grossiers, qu'il aperçoit la magnificence de l'univers où il est placé, sans le connoître ou le comprendre encore, qu'il sent en lui-même bouillonner ses sentimens et ses idées, sans avoir appris à les classer. Avant cette époque, vivre est le seul but de la vie, et la lutte contre les besoins suffit à remplir l'existence; plus tard, la connoissance des choses détruit les prestiges de l'imagination, et le vrai a acquis trop d'importance pour que les fictions conservent tout leur attrait. Au onzième siècle, le nord de l'Espagne, le midi de la France, et le midi de l'Italie, étoient bien en effet dans cette condition sociale, où les premiers besoins des hommes étant satisfaits, ils sentent leur force, ils jouissent de la vie, et ils s'empressent de célébrer leur bonheur par des chants. La guerre ne dévastoit plus ces contrées; on n'y avoit plus vu depuis long-temps d'invasions de barbares, portant partout le massacre et l'incendie; on continuoit cependant à y livrer des combats, ils étoient assez animés pour développer l'énergie et échauffer l'enthousiasme et l'amour de la gloire, assez peu meurtriers pour qu'ils ne fussent qu'une épisode dans la vie, au lieu de l'occuper toute entière. Les chaînes de l'esclavage avoient été ou brisées ou relâchées, et l'amour de la liberté fermentoit dans tous les cœurs : les premières classes de la société avoient appris à connoître cette aisance, à goûter cette élégance qui flatte l'imagination, qui éveille l'amour des beaux-arts, et qui demande des jouissances au plus sublime de tous. Le moment sembloit donc venu où la poésie devoit naître dans la Galice, la Vieille-Castille, la Catalogne, l'Aquitaine, le Languedoc, la Provence, la Pouille, la Calabre et la Sicile, lors même que ces provinces n'auroient eu aucune communication avec les autres. Elle naquit en effet simultanément dans ces provinces seules ; mais il faut bien remarquer aussi que c'étoient les seules où les habitans fussent en communication habituelle avec les Arabes.

Les Allemands avoient eu une poésie nationale long-temps avant les Provençaux, car elle semble avoir brillé de tout son éclat dans le temps de leurs grandes conquêtes, ou de leur premier établissement chez les peuples du midi ; tandis qu'à l'époque de Charlemagne, les chants nationaux couroient déjà risque de se perdre, lorsque ce monarque les recueillit. Mais la forme de cette antique poésie, *l'allitération*, son but, de réveiller chez les Germains la fureur guerrière, les mœurs qu'elle peignoit, où la galanterie n'avoit point de part ; les sentimens qu'elle exprimoit, qui préparoient les âmes au paradis d'Odin, semblent la rendre absolument étrangère à la poésie provençale. Lorsque la poésie allemande fleurit pour la seconde fois, au douzième ou treizième siècle, ce furent les Provençaux qui servirent de modèle aux peuples germaniques, et les *minne singer* ou chantres d'amour, se formèrent à l'exemple des Troubadours.

Les Arabes étoient placés, soit en Sicile, soit en Catalogne et en Castille, dans un rapport avec les chrétiens, qui devoit les rendre beaucoup plus propres que les Allemands, à devenir leurs maîtres pour les beaux-arts. Malgré la haine religieuse qui séparoit les deux peuples, les chrétiens ne pouvoient s'empêcher de reconnoître que les musulmans avoient sur eux l'avantage de la civilisation. Les hommes qui, non-seulement dans ces provinces limitrophes, mais dans tout le midi de la France, se sentoient du talent pour les sciences ou exactes ou naturelles, alloient étudier dans les universités des Arabes, et nous en avons vu un grand exemple dans le pape Sylvestre II. Tous les médecins qui ne vouloient pas se borner aux secrets et aux pratiques des bonnes femmes, fréquentoient les écoles illustrées par Avicenne et par Averrhoès, dont l'un fleurit au onzième, l'autre au douzième siècle (1). Les seigneurs féodaux meubloient leurs châteaux, les dames se paroient pour les fêtes, les chevaliers s'armoient pour le combat, avec les produits des manufactures d'Espagne, d'Afrique et de Syrie. Le chrétien,

(1) Avicenne, né près de Schiras en 980, et mort à Hamadan en 1037, appartient à l'Orient; mais ses canons ont servi de fondement à toutes les études médicales des Arabes. Ils ont été commentés par Averrhoès, né à Cordoue après 1100, et mort à Maroc en 1198. Les médecins juifs qui, pendant quelque temps, pratiquèrent seuls en Europe, avoient le plus grand respect pour ses écrits, qu'ils avoient traduits dans leur langue. Les canons d'Avicenne furent enseignés pendant près de six siècles dans les écoles de médecine d'Europe, dans le temps même où la métaphysique d'Averrhoès s'emparoit de presque toutes les universités.

malgré son horreur pour l'islamisme, empruntoit ses modes aux musulmans. Dans toutes les grandes villes on voyoit le palais des Arabes, le marché des Sarrasins (1). Bien plus, les grands avoient besoin de recevoir des leçons de ces mêmes infidèles, pour apprendre à jouir d'un luxe dont ils étoient les inventeurs; et les palais des rois de Sicile se remplirent d'eunuques mahométans (2); qui, sans renoncer à leur religion, devinrent les arbitres de la cour, les grands chambellans du palais, plus tard même, et sous Frédéric II, les principaux juges dans les Deux-Siciles. (3)

De même, en Espagne, les chrétiens pouvoient être estimés plus propres au combat, mais les musulmans étoient toujours chargés de préférence des fonctions qui demandoient du goût, de l'élégance ou de l'intelligence. Les plus braves guerriers s'entouroient de Sarrasins dans l'intérieur de leurs maisons; la plus ancienne chronique du Cid, Ruy Dias de Bivar, fut écrite en Arabe, peu de temps après sa mort, par deux de ses pages qui étoient musulmans. Le maure Aben Galvon, roi de Molina, étoit le meilleur

---

(1) *Hugo Falcandus Præfatio ad Histor. Siculam*, T. VII, *Rer. ital.*, p. 256 et suiv.

(2) *Hugonis Falcandi Hist. Sicula*, p. 301, 302, 316.

(3) *Diurnali di Matteo Spinelli di Giovenazzo*, T. VII, *Rer. ital. Muratorii*, p. 1067.

ami du Cid; ce héros fut encore l'hôte et l'ami d'Ahmed el Muktadir, roi de Saragosse, et le tuteur de son fils Joseph el Muktamam (1). Les Français étoient moins intimement liés que les Siciliens ou les Espagnols avec les Arabes; un plus grand espace ou de terre ou de mer les séparoit; cependant s'ils avoient eu de plus rares occasions de combattre les uns contre les autres, les Provençaux, et tous ceux qui bordoient la mer Méditerranée, en avoient eu peut-être de plus fréquentes de commercer avec les Sarrasins. C'étoit par leurs ports de mer que toutes les marchandises du Levant et du Midi, destinées à toute la France, entroient dans le royaume; Marseille, Arles, Avignon, Montpellier, Toulouse, étoient les étapes accoutumées des marchands Sarrasins, et les deux peuples n'avoient point conçu l'un pour l'autre l'horreur qu'a inspiré plus tard aux Européens, la piraterie universelle des Barbaresques, ou le danger de la peste.

La musique étoit la passion des Maures; par elle ils avoient un immense avantage sur les chrétiens, quand, admis dans un château, parmi les serviteurs d'un chevalier, ils cherchoient à charmer les loisirs des nobles dames, qui vivoient familièrement avec leurs pages et leurs écuyers. Les Maures, mêlés avec les chrétiens, quelque-

---

(1) *Voyez* Littérature du Midi, T. III, ch. 23 et 24.

fois comme serviteurs, ou même comme esclaves; quelquefois comme confidens ou comme hôtes, enseignoient aux pages et aux jeunes chevaliers l'usage de leurs instrumens de musique, et leurs chants harmonieux. Ils leur traduisoient sans doute aussi leurs chansons, qui étoient bien faites pour plaire dans ces châteaux, changés en école de courtoisie, où les jeunes pages et les jeunes demoiselles, formés sous les yeux du seigneur et de la dame, s'occupoient presque uniquement de galanterie. En effet, l'amour étoit le sujet de presque tous les chants des Maures; mais un amour ardent, passionné, qui transformoit les femmes en divinités, et qui célébroit avec ravissement leur beauté, ou le bonheur qu'elles accordent. Les poëtes maures, selon le génie de la langue arabe, entassoient les métaphores et les figures les plus hardies du langage, et recherchoient un brillant souvent faux, par les antithèses et les jeux d'esprit. Ils en plaisoient davantage à nos ancêtres, dont l'imagination étoit plus ardente que le goût n'étoit châtié. Ces chansons furent sans doute traduites en castillan, en sicilien, en provençal, pour être chantées sur les mêmes airs, et accompagnées par les mêmes instrumens sur lesquels l'habileté des Maures étoit indisputable. C'est ainsi que la coupe des vers et la rime passa de l'arabe au provençal : on ne sauroit trouver des monumens de ces amusemens domestiques, ailleurs que dans les anciens romans (1). Cependant un historien contemporain nous parle de matrones chrétiennes et sarrasines, qui chantoient en chœur, en se répondant dans les deux langues, tandis que leurs suivantes les accompagnoient sur le tambourin. (2)

La poésie provençale, autant que nous pouvons en juger, fut ce qu'elle devoit être d'après une telle origine : on trouve dans les vers des troubadours, beaucoup d'amour, assez de recherche et de jeux d'esprit, de l'exagération, quelquefois de la sensibilité, mais fort peu d'invention, et presque aucune indication d'une étude, d'une culture d'esprit, autre que celle qu'un jeune page pouvoit acquérir entre les

---

(1) Le conte d'Aucassin et Nicolette peut servir d'exemple de ce mélange des chevaliers français avec les esclaves sarrasins, et du goût des Français pour la musique maure. Le vicomte de Beaucaire dit à Aucassin : « Nicolette est une caétive « que j'amenai d'estrange terre ; si l'acatai de mon avoir à Sa- « rasins : si l'ai levée et bautissé, et faite ma fillole »., p. 383. — Et quand Nicolette reconnue pour fille du roi de Carthage, voulut retourner à son Aucassin, plutôt que d'épouser un riche roi païen, « elle quist une viele, s'aprist à vieler, et elle s'em- « bla la nuit, si s'atorna à guise de joglior ;» et arrivée en terre de Provence ; « si prist sa viele, si alla vielant par le « pays, tant qu'elle vint au castel de Biaucaire. » Page 414, Méon, *Fabliaux*, T. I.

(2) *Hugonis Falcandi Hist. Sicula*, p. 303.

tournois où il suivoit son maître, et la salle du château où il cherchoit à entretenir sa maîtresse. Au reste, un malheur obstiné s'attache à ces poésies; malgré les demandes du monde savant, et les recherches d'un grand nombre d'érudits, on n'en a point d'édition, et on n'est point encore près d'en avoir une. Le poète célèbre qui s'occupe aujourd'hui de les reproduire, semble avoir cru qu'elles ne pouvoient avoir d'intérêt que comme étude de langue, ou comme objets de goût. Dans deux gros volumes, il nous a donné une savante grammaire provençale, et des fragmens curieux des plus anciens monumens de cette langue; mais ensuite il a renoncé à publier dans son entier tout ce qui reste des troubadours, et qui, avec moins de luxe typographique, auroit été compris dans un bien petit nombre de volumes. Il a choisi les vers qu'il a crus les plus élégans, les plus dignes d'être cités; il a tronqué ainsi toutes les pièces qu'il publie, et il en a retranché tout ce qui, par ses défauts même, nous auroit fait mieux connoître, et les mœurs, et les préjugés, et l'histoire politique, et celle des arts dans le moyen âge. La méthode de tronquer les ouvrages, sous prétexte d'en faire un choix, double la peine et la dépense de ceux qui font des recherches réelles, en disséminant dans beaucoup de collections différentes, ce qu'ils auroient voulu trouver réuni. (1)

Les poètes qui inventèrent les règles nouvelles de la versification provençale, qui donnèrent de la souplesse et de la grâce au langage, et qui, privés des ressources de l'imprimerie, presque de celles de l'écriture, dans un temps où si peu de gens savoient lire, procurèrent cependant de la publicité à leurs compositions, en les portant eux-mêmes de châteaux en châteaux, et en les chantant dans les joyeuses assemblées des dames et des chevaliers, furent nommés en provençal *trobador*, trouveurs ou inventeurs. Comme leur talent ne demandoit que la connoissance de leur langue maternelle, une oreille délicate et exercée, que les Provençaux apportoient en naissant, une imagination et un cœur faits pour sentir ces passions amoureuses ou guerrières qu'ils se plaisoient à exprimer; des hommes qui occupoient les premiers rangs dans la société, des princes souverains, des chevaliers, des grandes dames, prirent rang parmi les Troubadours. Le comte de Poitiers, le plus ancien de ceux qui nous sont connus, paroît s'être déjà exercé dans les trois genres de composition auxquels se borna long-temps la muse provençale, les chansons,

(1) Raynouard, *Choix des poésies des Troubadours.*

les tensons, dialogues ou disputes par strophes alternes entre deux interlocuteurs, et les sirventes, qui se rapprochoient un peu de la satire. Ces mêmes chants étoient ensuite répétés par les jongleurs et les ménestrels, qui voyageoient de château en château, pour divertir ces petites cours, par des tours de passe-passe, ou par de la musique instrumentale. Les jongleurs qui vivoient des chants d'autrui, apprirent bientôt à en faire eux-mêmes; il devint alors difficile de distinguer la noble profession du poëte, d'avec le métier du chanteur parasite, qui alloit répéter ses vers ou ceux d'autrui, partout où il pouvoit espérer des festins et des présens, et qui s'exposoit souvent, pour exciter le rire, aux jeux grossiers et aux plaisanteries offensantes de ceux dont il sollicitoit la générosité. Dans plusieurs poëmes des meilleurs Troubadours, on voit combien ils étoient offensés eux-mêmes de cette association, et combien leur métier s'étoit dégradé en devenant vénal. Les jongleurs qui l'exercèrent comme moyen de fortune, étoient souvent sortis des plus basses classes de la société; mais ce n'étoit point dans les villes qu'ils se formoient à la poésie. Les bourgeois, malgré leurs richesses toujours croissantes, sembloient encore dédaigner les beaux-arts. Tandis qu'ils cherchoient à s'élever par la patience, le travail, l'industrie, ils étoient disposés à regarder comme des vagabonds, ces poëtes qui s'associoient aux bouffons et aux hommes de cour, pour passer leur vie, sans travailler, dans les fêtes et dans les plaisirs.

La naissance de la poésie provençale devoit à son tour exercer de l'influence sur le grand événement par lequel se termina le onzième siècle. La galanterie, qui avoit été l'ame de cette poésie, n'excluoit point la dévotion; et lorsque celle-ci se changea en fanatisme, lorsqu'elle entraîna presque tous les guerriers de l'occident à la conquête de la Terre-Sainte, les Troubadours sonnèrent la trompette guerrière, et contribuèrent, autant que les prédicateurs de la Croisade, à rendre l'enthousiasme universel.

A la mort de Guillaume-le-Conquérant, le 9 septembre 1087, rien n'annonçoit cependant encore cette fureur des guerres sacrées, qui devoit, huit ans plus tard, saisir l'Europe entière et bouleverser les empires; la plus grande partie de l'Occident demeuroit calme; les regards étoient fixés seulement sur la lutte entre l'empereur Henri IV et la cour de Rome, ou sur les intrigues des fils de Guillaume en Angleterre et en Normandie; jusqu'au moment où Philippe Ier sortit de l'oubli dans lequel il étoit presque toujours enseveli, et rappela l'attention sur lui, par ses désordres et par ses vices.

La tiare de saint Pierre étoit toujours disputée; l'archevêque de Ravenne que Henri IV avoit fait élire sous le nom de Clément III, étoit maître de Rome. Il est vrai que les églises de cette capitale, transformées en forteresses, étoient tour à tour prises et reprises par les orthodoxes et les schismatiques. Les cardinaux qui avoient suivi Grégoire VII à Salerne, et ceux qui s'étoient formés à son école, n'avoient point voulu, à sa mort, reconnoître son rival; ils avoient, dès la fin de l'année 1085, réuni leurs suffrages sur Didier, abbé du Mont-Cassin, et auteur de la Chronique de ce couvent; mais celui-ci, qui désiroit mettre fin au schisme, se refusa long-temps à être porté sur la chaire de saint Pierre. Après avoir été élu au commencement de l'année 1086, sous le nom de Victor III, il s'échappa pour retourner dans son couvent, et il s'y déroba obstinément à la consécration. Il ne se soumit enfin à cette cérémonie que lorsque sa tête étoit déjà affoiblie par la maladie à laquelle il succomba le 16 septembre 1087. (1)

Le parti qu'avoit formé Grégoire VII, et qui vouloit maintenir l'indépendance de l'Église, avoit besoin de se donner un chef plus vigoureux, et qui songeât moins à la paix qu'à la victoire. Il accusa ses adversaires d'avoir empoisonné Victor III dans la coupe de l'Eucha-

(1) *Muratori Annali.*

ristie ; et redoublant de ferveur par la croyance à ce crime (1), il réunit ses suffrages sur Eudes ou Odon, évêque d'Ostie, que la comtesse Mathilde recommanda vivement aux cardinaux rassemblés à Terracine. Cet évêque, qui, nommé pape le 8 mars 1088, prit le nom d'Urbain II, étoit né à Châtillon-sur-Marne, d'une famille de gentilshommes français : il avoit été chanoine de Reims et moine de Cluni, et il s'étoit distingué par ses talens littéraires, et son zèle pour la discipline. (2)

Mais malgré la fermeté et les talens d'Urbain II, le parti qu'il dirigeoit éprouva une suite de revers. Les Saxons qui avoient persisté vingt ans dans leur révolte contre Henri IV, furent obligés de se soumettre, et de lui demander la paix. Hermann de Salm, comte de Luxembourg, que les papes avoient fait roi de Germanie, avoit abdiqué, et s'étoit retiré à Metz, où il mourut bientôt après. Berchtold de Zœhringen, que le même parti vouloit mettre en possession du duché de Souabe, fut dépouillé de presque tous ses états par Frédéric de Hohenstauffen, fondateur de la maison que de grands monarques illustrèrent durant le siècle

---

(1) *Andreæ, Danduli Chronic.*, cap. IX, P. 5, p. 251. *Script. ital. Muratorii*, T. XII, et alii.

(2) *Gesta abbat. Autissiod.*, p. 306. — *Fragm. Hist. Franciæ*, p. 3.

suivant. Henri IV, entré en Lombardie au mois de mars 1090, eut autant de succès contre les rebelles d'Italie qu'il en avoit eu auparavant contre ceux d'Allemagne ; il défit les troupes de la comtesse Mathilde, à qui il avoit enlevé Mantoue ; il rétablit à Rome son anti-pape, et il parut quelque temps au-dessus des coups de la fortune. Urbain II, et Mathilde, avec les prêtres qui leur étoient dévoués, trouvèrent enfin moyen d'arrêter le cours de ses prospérités, en lui suscitant, dans sa propre famille, les ennemis qu'il devoit le moins craindre. Sa première femme, Berthe, fille du marquis de Suze, étoit morte en 1087. Deux ans après il avoit épousé Adélaïde, ou Praxéde, fille du tzar russe Démétrius, avec laquelle il fut moins heureux encore qu'il ne l'avoit été avec la première. Il la fit enfermer en 1093 ; alors le parti ecclésiastique, séduisant en même temps Conrad, fils aîné de l'empereur, par l'offre de la couronne, répandit sur cette brouillerie des horreurs que des prêtres seuls peuvent inventer, dans toute la fureur des haines religieuses ; de ces horreurs qui indiquent tout à la fois une imagination dépravée et une complète ignorance de tous les sentimens humains. Suivant les écrivains ecclésiastiques, Henri IV auroit abandonné sa femme aux honteuses débauches de ses conseillers, de ses généraux, de ses soldats ;

bien plus, il auroit excité son fils lui-même à l'inceste, et ce seroit sur le refus de Conrad de se souiller par ce crime effroyable, que le père et le fils se seroient brouillés, et que Conrad, déjà chargé du commandement de l'armée d'Italie, auroit passé avec ses soldats sous les drapeaux de l'Église, et auroit obtenu du pape la promesse de la couronne impériale. (1)

Il suffit d'indiquer de telles calomnies pour les démentir, et l'on n'a pas besoin de les combattre par des faits ; d'ailleurs, ces faits, nous ne pouvons les connoître. Quelque absurde et horrible que soit l'accusation intentée contre Henri IV, il semble qu'elle repose sur des déclarations faites par Conrad et Adélaïde elle-même, devant un concile ; soit que la haine aveuglât Adélaïde, au point de lui faire inventer des récits aussi honteux pour elle-même que pour celui qu'elle accusoit, soit que sa raison fût égarée, et qu'on alléguât comme un témoignage valide les illusions de la folie, soit enfin que cette princesse russe, qui avoit eu à peine le temps d'apprendre l'allemand, ne sût point le latin, et ne comprît rien aux déclarations qu'on lui faisoit signer. (2)

(1) *Dodechinus, ad ann.* 1093, *apud Baronium Annal.*, p. 628. — *Pagi Critica*, p. 313.
(2) *Concilium Constantiense, ann.* 1094. *Concilia Gener.*, T. X, p. 497.

La guerre des investitures avoit tellement 1087—1094. affoibli l'influence de l'empereur sur la France impériale, qu'on ne sauroit dire en quoi les trois royaumes de Lorraine, de Bourgogne et de Provence participèrent aux vicissitudes qu'éprouvoit Henri IV, leur roi. Parmi les lettres d'Urbain II, on n'en trouve aucune adressée aux évêques de ces provinces, où il soit fait mention de la guerre civile. Henri IV avoit donné le duché de Lorraine à son fils Conrad ; il le lui reprit à l'occasion de sa rebellion, et il en gratifia, en 1093, Godefroi de Bouillon, à qui, dix-sept ans auparavant, il avoit déjà donné le marquisat d'Anvers. Godefroi conserva dès lors la Lorraine sous l'obéissance de Henri IV. Le parti contraire dominoit dans les deux autres royaumes. En Bourgogne, Berchtold de Zaehringen, le favori de la cour de Rome, avoit une grande supériorité sur ses adversaires ; toutefois quelques prélats, entre autres l'évêque de Lausanne et l'abbé de Saint-Gall, redoutant l'esprit de réforme du pape Urbain II, servoient l'empereur les armes à la main (1). Humbert II, de Savoie, se mit en possession de l'héritage de son aïeule Adélaïde, marquise de Suze, que Henri IV auroit pu lui disputer au nom de Berthe, sa première femme, s'il n'avoit pas été

(1) *Muller Geschichte*, B. I, ch. 13, p. 326.

lui-même si occupé (1). Enfin, en Provence, il ne semble pas qu'aucun des grands barons embrassât le parti de l'empereur.

Tandis que les provinces orientales de la France devoient subir la révolution de l'empire germanique dont elles relevoient, les occidentales éprouvoient les vicissitudes de la monarchie britannique. Cependant ces provinces, les seules qui, à cette époque, aient eu des historiens exacts et circonstanciés, ont été négligées par les compilateurs qui sont venus depuis, parce qu'ils les ont toujours regardées comme étrangères. Les Français bornant leur attention à leur roi, ont détourné les yeux de toute la partie de la France qui ne lui appartenoit pas; les Anglais ne s'occupant, au contraire, que de l'histoire nationale, ont peu songé à des provinces qui appartenoient à leur roi, et non à leur monarchie.

Au reste, au moment de la mort de Guillaume-le-Conquérant, la Normandie et ses dépendances se trouvèrent de nouveau, pour un peu de temps, séparées de la couronne britannique. Robert-Courte-Heuse, sur la nouvelle de la mort de son père, étoit revenu en 1088 prendre possession de son duché de Normandie; il n'y éprouva, dans le premier moment, aucune opposition, parce

(1) Guichenon, *Hist. généal. de Savoie*, ch. 6, p. 216.

que son frère Guillaume-le-Roux étoit, dans le même temps, non moins occupé à s'assurer de l'Angleterre. Durant son exil, Robert avoit été célébré par ses amis pour sa générosité; mais il étoit plutôt libéral par légèreté que par grandeur d'ame. En effet, dès qu'il se sentit le maître, il voulut récompenser ceux qui lui avoient été fidèles dans son malheur, et se concilier en même temps ses adversaires. Il commença donc à donner aux uns et aux autres de toutes mains, et il eut bientôt épuisé toute la part du trésor de son père qui lui étoit échue en partage. Il essaya alors d'emprunter de son frère Henri, qui n'avoit retiré que de l'argent de l'héritage paternel : celui-ci ne voulut se dessaisir de ses richesses qu'en échange pour une souveraineté. Ils traitèrent donc ensemble, et Henri obtint en fief, de son frère, les diocèses de Coutance et d'Avranche, avec un tiers environ de la Normandie. Il s'y fit remarquer par ses talens. L'autre frère, Guillaume-Rufus, devoit à l'intrigue ou à son habileté, plutôt qu'à aucune sorte de droit, la possession de la couronne d'Angleterre. On ne croyoit pas que Robert pût consentir à cette usurpation, ou que les deux frères demeurassent long-temps d'accord : aussi les seigneurs normands, feudataires en même temps de l'un et de l'autre, prévoyoient avec inquiétude qu'ils seroient bientôt engagés dans des guerres aux-

1088.

quelles ils n'avoient aucun intérêt, et que ces guerres, quel qu'en fût le résultat, leur feroient toujours perdre l'une ou l'autre partie de leur fortune. Appelés à choisir entre les deux princes, ils auroient préféré voir l'Angleterre réunie à la Normandie, sous la domination de Robert, et ils lui firent offrir de prendre les armes tous à la fois contre son frère, pourvu qu'il se hâtât d'arriver à leur secours. Le chef des partisans du duc de Normandie en Angleterre, fut son oncle maternel, cet évêque de Bayeux, Odo, que Guillaume avoit remis en liberté si à regret, avant de mourir. Robert accepta avec légèreté les offres que lui firent ces gentilshommes; mais quand l'exécution étoit déjà commencée, il les abandonna avec plus de légèreté encore. A peine avoient-ils pris les armes, en proclamant pour roi le fils aîné du conquérant, que Guillaume-le-Roux les attaqua avec vigueur; les secours promis par Robert n'arrivèrent point; son argent étoit dissipé, ses vaisseaux désarmés, ses soldats dispersés; et les gentilshommes qui s'étoient compromis pour lui donner une couronne, s'estimèrent heureux de quitter l'Angleterre avec leurs vies sauves, en abandonnant au roi, qu'ils avoient voulu détrôner, les terres et les châteaux qu'ils avoient reçus de son père, au temps de la conquête. (1)

(1) *Ord. Vitalis*, L. VIII, p. 665, *apud Duchesne Scr. norm.*

Guillaume-le-Roux n'eut pas plus tôt déjoué les tentatives de son frère sur l'Angleterre, qu'il songea à son tour à lui enlever la Normandie. Mais quoiqu'il mît plus de suite que lui, et plus d'habileté dans l'exécution de ses projets, il n'étoit guère plus propre à les mener à une heureuse issue. Il étoit hautain, cruel, avare, débauché ; et malgré l'intérêt qu'il sembloit avoir à ménager ses sujets anglais, pour les opposer aux Normands, il les opprima plus cruellement encore que n'avoit fait son père. Comme il préparoit son attaque sur la Normandie, Robert fut averti que son frère Henri, qui avoit passé en Angleterre avec Robert de Belesme, y étoit entré dans quelque conjuration contre lui ; il les fit arrêter tous deux à leur retour, ce qui probablement retarda l'attaque qu'il devoit craindre. La discorde avoit passé de la famille royale dans celle de tous les seigneurs de Normandie ; le mécontentement étoit extrême ; la province tout entière sembloit abandonnée au brigandage ; mais toutes les forces nationales se perdoient en vain dans des combats intestins. Sur ces entrefaites, les Manseaux, qui regrettoient leur indépendance, leurs anciens seigneurs et leurs droits de commune, crurent le moment favorable pour secouer le joug des Normands. Robert qui, dans toute la vigueur de sa santé, se seroit trouvé impuissant pour rétablir l'ordre, tomba gravement malade, justement à cette époque. Pour sauver ce qui lui restoit de l'héritage paternel, qu'il ne pouvoit défendre lui-même, il recourut à Foulques-le-Réchin, et demanda son assistance. (1)

Foulques-le-Réchin, qui régnoit sur l'Anjou depuis l'année 1060, étoit un des plus ambitieux et des plus entreprenans parmi les seigneurs qui se partageoient la France. Il avoit enlevé la Touraine à son frère, qu'il retenoit toujours dans les prisons de Chinon; il s'étoit aussi emparé des seigneuries d'Amboise et de la Flèche; puis il avoit renoncé, en faveur de Philippe, au Gatinois son héritage paternel, afin d'obtenir à ce prix, du roi français, l'investiture de ses conquêtes. Célèbre comme guerrier et comme politique, il ne le fut peut-être pas moins comme l'inventeur d'une mode ridicule, celle des souliers à la poulaine, qui lui servoient à cacher la difformité de ses pieds. Ces souliers, dont le grand bec recourbé étoit comparé à une queue de scorpion ou à une corne de bélier, ont acquis une importance historique, par les efforts de l'Église, qui employa en vain pendant plus de deux siècles, les excommunications et toutes les foudres spirituelles, pour les faire abandonner (2). Foulques n'étoit

(1) *Orderici Vitalis*, Lib. VIII, p. 672.
(2) *Order. Vitalis*, Lib. VIII, p. 682. — *Ducange voce*

plus jeune en 1089; mais ce guerrier habile, cet homme ambitieux et cruel, aimoit les femmes avec passion, et il étoit disposé à faire pour elles des sacrifices, qu'il n'auroit point faits pour des raisons d'état. Il avoit déjà été marié deux ou même trois fois; mais un, ou peut-être deux de ses mariages avoient été cassés ensuite pour cause de parenté (1). « Je te garan-
« tirai le comté du Maine, dit Foulques-le-
« Réchin au duc Robert, et je te servirai en
« fidèle ami, si tu fais la chose que je désire.
« J'aime Bertrade, fille du comte Simon de
« Montfort, qui est élevée aujourd'hui par le
« comte et la comtesse d'Évreux, son oncle et
« sa tante : fais-la-moi obtenir pour épouse. »
Dans cette Bertrade, à ce qu'assuré un contemporain, aucun homme de bien ne pouvoit trouver autre chose à louer que la beauté (2). Toutefois ses parens mirent assez d'obstacles à la négociation de Foulques avec Robert; ils prétendoient ne pouvoir se résoudre à sacrifier une jeune fille qui avoit été confiée à leur piété,

---

Poulainiæ in glossario, et in notis ad Alexiad. Annæ Comnenæ, p. 302-304. Édit. du Louvre, p. 57. *Byz. Ven.*

(1) Orderic Vitalis dit expressément que Foulques avoit alors deux femmes vivantes. Cependant le P. Brial, dans une dissertation en tête du XVI⁰ volume des *Historiens de France*, rassemble d'assez fortes raisons pour conclure que l'une étoit morte, et l'autre légalement divorcée.

(2) *Gesta Consul. Andegav.*, p. 497.

aux désirs d'un vieillard dont la réputation étoit mauvaise, et qui avoit déjà deux femmes. Ils demandoient, si on vouloit leur faire faire une action déloyale, qu'on la leur payât tout au moins, non comme à de vils roturiers, mais comme à de bons gentilshommes; et Robert, en effet, pour les faire consentir à ce mariage, fut obligé de leur rendre plusieurs châteaux que son père leur avoit enlevés. Foulques-le-Réchin ayant épousé Bertrade, employa si efficacement son crédit et ses menaces auprès des Manseaux, qu'il les empêcha pendant une année de prendre les armes. (1)

Toutefois l'aversion des habitans du Maine pour le joug des Normands ne se contint que jusqu'à l'année 1090. Ils recoururent de nouveau à Hugues d'Este, fils du marquis Albert Azzo, et de Garisende, fille elle-même d'Héribert éveille-chiens. Hugues, dont l'un des frères régnoit en Bavière, l'autre en Lombardie, accourut pour la seconde fois dans le Maine. Mais ce prince, à ce qu'avouent les historiens les plus partiaux de sa maison, étoit indigne de sa race. Les habitans de cette province belliqueuse lui reprochèrent bientôt ses mœurs efféminées et sa lâcheté : la différence de langue, de mœurs, d'opinions, l'empêchoit de prendre confiance en personne. Son cousin, Élie de la

---

(1) *Order. Vitalis*, Lib. VIII, p. 681.

Flèche, profita de la terreur qu'il avoit contribué lui-même à lui inspirer, pour acheter de lui, au prix de dix mille sous du Maine, tous ses droits sur ce comté, et le renvoyer ainsi en Lombardie. Élie de la Flèche, fils d'une sœur cadette de Garisende, se fit à son tour proclamer comte du Maine. Cependant le concurrent italien dont il s'étoit débarrassé n'étoit pas le plus redoutable; et il avoit encore bien des combats à livrer pour établir son droit au préjudice du duc Robert, alors demeuré veuf de l'aînée des trois filles du comte Héribert. (1)

Le duc Robert de Normandie avoit perdu, dans l'habitude des plaisirs, jusqu'aux qualités qui seules avoient distingué sa jeunesse. On ne pouvoit plus compter ni sur sa bravoure, ni sur sa franchise, ni sur son humanité; tandis qu'il étoit toujours indolent, imprudent, dissipateur, incapable de soumettre ses actions à aucune règle, autant qu'il l'eût été jamais. Le résultat de ses vices et de sa négligence avoit été de livrer la Normandie à une guerre civile, qui la désoloit tout entière en même temps. Il n'y avoit pas de ville, il n'y avoit pas de château qui ne fût disputé entre les partis, et exposé aux ravages, à l'incendie, ou aux extorsions des soldats : la capitale elle-même n'étoit pas à

---

(1) *Gesta Pontific. Cenomann.*, p. 545. — *Orderici Vitalis*, Lib. VIII, p. 683.

l'abri de ces violences. Sous le règne de Guillaume-le-Conquérant la ville de Rouen avoit été enrichie, autant par le pillage de l'Angleterre que par le commerce. Le séjour du duc, des nobles, des prélats, qui s'étoient partagé les trésors, les fiefs et les bénéfices d'un grand royaume, y avoit répandu l'opulence. Dès lors Rouen avoit commencé à prendre, aux affaires de l'état, un intérêt qui attestoit sa liberté politique. Depuis la mort de ce roi, deux factions opposées partagèrent la bourgeoisie, aussi-bien que la noblesse. L'une vouloit transférer la souveraineté au roi d'Angleterre, qui, par ses talens, en paroissoit plus digne; l'autre vouloit la conserver au duc de Normandie qui, par sa naissance, sembloit y avoir plus de droits. Le plus riche des bourgeois de Rouen, Conan, fils de Gislebert Pilate, étoit à la tête du parti royal, et le 3 novembre 1090, il introduisit dans les murs de sa patrie des soldats de Guillaume-le-Roux. Toutefois la plupart des maisons riches étoient fortifiées, les rues étoient coupées par des barricades, et les royalistes, maîtres des postes, avoient encore beaucoup de combats à livrer avant de pouvoir se dire maîtres de Rouen. Dans ce moment le duc Robert, au lieu de se mettre à la tête de ses partisans, alla chercher un refuge au couvent de Sainte-Marie-des-Prés, hors de la ville. Henri son frère, au contraire, avec quelques-uns des principaux seigneurs auxquels il s'étoit tout récemment réconcilié, marcha hardiment contre les soldats de Guillaume, les enfonça, les renversa, les força à ressortir de la ville, et fit prisonnier Conan avec plusieurs des chefs de son parti.

Henri avoit montré la bravoure d'un vaillant chevalier; il ne falloit guère demander d'autres vertus à ceux qui faisoient parade de ce titre; surtout il ne falloit pas attendre d'eux la générosité, la pitié, qui appartiennent à la civilisation, non à la barbarie. Le prince conduisit Conan, son prisonnier, au haut de la tour de la citadelle. « Vois, lui dit-il, en lui montrant
« la ville au-dessous de lui, comme elle est
« belle cette patrie que tu voulois subjuguer,
« quel beau port au midi s'étend sous tes yeux;
« vois cette forêt si abondante en gibier, cette
« Seine si poissonneuse, qui baigne nos murs, et
« qui nous apporte chaque jour des vaisseaux
« remplis de si riches marchandises; vois du
« côté opposé, comme la ville est peuplée, comme
« elle est ornée de tours, de temples, de palais. »
Au sourire féroce qui accompagnoit ce langage, Conan comprit tout ce qu'il avoit à craindre, et il demanda grâce en pâlissant. Il offrit à Henri, pour se racheter, non-seulement toutes ses richesses, mais toutes celles qu'il obtiendroit encore de sa famille. « Par l'âme de ma mère,

« s'écria Henri, il n'y a point de rançon pour
« un traître, mais rien autre qu'une prompte
« mort! » Le traître, cependant, en prenant le
parti de l'un des frères contre l'autre, n'avoit
fait que ce que Henri avoit déjà fait, ce qu'il
devoit bientôt faire encore. « Pour l'amour de
« Dieu, du moins, s'écria Conan, accordez-moi
« le temps de me confesser. — Pas un instant, »
répondit Henri, et en même temps il le poussa
de ses deux mains, par la fenêtre qui étoit ouverte jusqu'au bas. Conan se brisa la tête sur
le pavé. Les grands seigneurs de Normandie,
Robert de Belesme, Guillaume de Breteuil,
Guillaume d'Évreux, Gilbert de l'Aigle, se partagèrent les autres bourgeois du parti royaliste;
chacun d'eux en entraîna quelqu'un dans les
prisons de son propre château, et lui arracha
une énorme rançon, par la terreur ou les tortures. La cupidité n'agissoit pas seule dans cette
occasion sur l'âme des nobles; ils étoient jaloux
des bourgeois qui, enrichis par le commerce,
et cessant de trembler devant eux, prétendoient
déjà être consultés dans les affaires de l'état.
C'étoit peu de les piller, il leur falloit des supplices plus cruels, pour les punir d'avoir osé
penser en hommes, ou agir en citoyens. (1)

Henri ne tarda pas à éprouver l'ingratitude
du frère qu'il avoit si bien servi; le roi d'An-

(1) *Orderici Vitalis*, Lib. VIII, p. 690.

gleterre débarqua en Normandie pour attaquer Robert; mais les deux frères, après avoir mesuré leurs forces, sentirent que la guerre pourroit être longue et fatale à tous les deux; ils s'accordèrent donc en sacrifiant le troisième, auquel ils convinrent de reprendre, pour se les partager, les comtés de Coutance et d'Avranche, qu'il tenoit en fief de Robert. Henri ne pouvoit résister seul aux deux princes à la fois; aussi tous ses chevaliers, jugeant d'avance sa cause perdue, l'abandonnèrent, à la réserve de quelques braves soldats bretons, qui s'enfermèrent avec lui au château du Mont-Saint-Michel, et qui y soutinrent un siége de quinze jours. Toutefois, avant la fin du carême, Henri lui-même reconnut l'impossibilité de tenir plus long-temps, il demanda à sortir la vie sauve; et s'étant retiré sur les terres du roi de France, il y passa trois ans dans l'exil. Il n'y fut accompagné que par un seul chevalier, un seul prêtre, et trois écuyers. (1)

La retraite de Henri et le partage de ses fiefs entre ses deux frères, suspendit, pendant deux ans au moins, les hostilités entre eux : le roi d'Angleterre acquit la propriété d'une partie considérable de la Normandie; le duc Robert recommença à vivre dans la mollesse, entouré de baladins, de jongleurs, de parasites, qui par-

(1) *Orderici Vitalis*, Lib. VIII, p. 693-697.

tageoient ses orgies, et qui célébroient sa générosité. Au milieu d'un peuple aussi turbulent, aussi irritable, et quelquefois aussi féroce que les Normands, un souverain perdu dans l'indolence ne pouvoit maintenir la paix publique; aussi, bientôt des querelles privées donnèrent lieu à autant de brigandages que l'avoit fait auparavant la guerre civile. Des insultes faites à une femme, par le frère d'Ascelin de Goel, qu'il prétendit que son seigneur, Guillaume de Breteuil, avoit punies avec trop de sévérité, allumèrent une guerre entre ces deux gentilshommes. Une circonstance qui sert à faire connoître les rapports du roi de France avec ses arrière-vassaux, rendit cette guerre remarquable. On y vit la maison de Philippe Ier ou les jeunes gentilshommes élevés à sa cour, ennuyés de l'oisiveté où il les faisoit vivre, prendre parti pour Goel qui étoit le plus foible, et qui avoit plus besoin d'appeler des soldats mercenaires à sa solde. Richard de Montfort prit le commandement de cette maison du roi qui, secondant vaillamment Ascelin de Goel, défit son adversaire Guillaume de Breteuil, au mois de février 1094, et le fit prisonnier. Il falloit cependant payer cette assistance royale, qui étoit plus coûteuse que celle du commun des soldats. Goel vouloit le faire avec l'argent de son prisonnier, mais il falloit pour cela trouver moyen de lasser sa constance par des tourmens, et de lui extorquer des trésors que Breteuil étoit déterminé à défendre. Respectant cependant encore quelque peu en lui le caractère de son seigneur, et se souvenant de l'hommage qu'il lui avoit rendu, il ne voulut pas le livrer aux bourreaux, chargés le plus souvent d'arracher la rançon des prisonniers par la torture. Mais pendant trois mois il le fit exposer en chemise, tous les matins, aux fenêtres du nord de son château de Breherval, après avoir fait verser sur lui des seaux d'eau froide qui se glaçoit tout au tour de son corps. De cette manière il extorqua enfin de lui trois mille livres d'argent, des chevaux, des armes, la citadelle d'Ivry, et sa fille qu'il lui demandoit en mariage. (1)

D'autres seigneurs normands donnoient, dans le même temps, des preuves d'une férocité plus grande encore; Robert de Geroy faisoit souvent couper les mains ou les pieds à ses captifs, ou leur faisoit arracher les yeux; et c'étoit moins encore pour satisfaire sa cupidité, que pour jouir de leur souffrance, et y trouver matière pour d'atroces plaisanteries, avec ses amis ou ses parasites. Plusieurs de ses captifs qui lui avoient offert, pour se racheter, de grosses sommes d'argent, moururent dans les tourmens; plusieurs autres lui échappèrent, et le poursuivi-

(1) *Orderici Vitalis*, Lib. VIII, p. 704-705.

rent dès lors avec une haine inextinguible (1). Les femmes même participoient à cette cruauté. Albéréda, comtesse d'Évreux, avoit fait bâtir la forteresse d'Ivry; bientôt elle craignit que l'architecte, qui en avoit fait un ouvrage admirable, ne se laissât tenter, ou d'en construire une semblable pour quelqu'un de ses rivaux, ou de trahir les secrets de la sienne; et sans qu'il se fût rendu coupable d'aucune offense, elle lui fit trancher la tête. Cet architecte, nommé Lanfred, fut au reste bientôt vengé. Le comte Raoul d'Évreux, mari d'Albéréda, songea, avec inquiétude, que sa femme connoissoit tous les secrets de son château, et il la traita comme elle avoit traité son architecte. (2)

Au milieu du mouvement universel des esprits en Europe, des progrès de la population et de la richesse, du développement du caractère national, de la naissance simultanée de l'esprit de liberté et de l'esprit de chevalerie, Philippe languissoit ignoré; les années s'écouloient les unes après les autres, sans qu'on eût jamais aucune occasion de parler de lui; et les historiens, par une sorte de pudeur, évitoient de prononcer son nom, ou celui des pays qui lui étoient immédiatement soumis, en même temps qu'ils sembloient inépuisables dans leurs

(1) *Orderici Vitalis*, Lib. VIII, p. 707.
(2) *Ibid.*, Lib. VIII, p. 706.

détails sur des hommes qui montroient, si ce n'est plus de vertus, au moins plus d'énergie.

Mais à cette époque, vers l'an 1092, commença pour Philippe l'aventure scandaleuse qu'on peut regarder comme le plus grand événement de sa vie. Bertrade, sœur du comte Amaury de Montfort, mariée depuis près de quatre ans à Foulques-le-Réchin, craignoit de devoir bientôt éprouver l'insconstance de ce comte d'Anjou, comme les deux femmes qu'il avoit épousées avant elle. Aucune des dames de France ne l'égaloit en beauté, lorsqu'elle eut occasion de se faire voir à Philippe, dans un voyage que celui-ci fit à Tours. Le roi s'étoit dégoûté de Berthe, fille du comte Florent de Hollande, dont il avoit eu déjà quatre enfans; il l'avoit reléguée dans le château de Montreuil, qui lui avoit été assigné pour dot; et il l'y retint en prison jusqu'à sa mort. Bertrade inspira à Philippe autant d'amour que son indolence pouvoit en ressentir : elle consentit à être à lui s'il vouloit l'épouser; et en effet, après que le roi fut parti de Tours, elle s'échappa d'auprès de son mari, sous la protection d'une escorte que Philippe lui avoit laissée; et elle vint le rejoindre à Orléans. (1)

(1) *Orderici Vitalis*, Lib. VIII, p. 699. — *Continuatio Aimonii de Gestis Francor.*, p. 122. — *Chronicon Sancti-Petri vivi Senon.*, p. 280. — *Gesta Consul. Andegav.*, p. 498.

Philippe prétendoit avoir des raisons légitimes pour se divorcer d'avec Berthe, et faire divorcer Bertrade d'avec Foulques-le-Réchin; toutefois il eut quelque peine à trouver un prêtre qui bénît un mariage contraire à toutes les lois. Le nouvel évêque de Chartres, Ives, qui cette même année avoit été consacré, et qui fut considéré comme un des luminaires de l'Église gallicane, se refusa à en faire la célébration, malgré les demandes de Philippe (1). Les autres évêques de France suivirent son exemple, et le roi fut obligé de recourir à un prélat normand, qu'il séduisit par de grandes récompenses. Ce fut, selon les uns, le frère de Guillaume-le-Conquérant, Eudes, évêque de Bayeux, sur qui la religion n'avoit jamais eu beaucoup d'empire; selon d'autres, ce fut son métropolitain, l'archevêque de Rouen. Le scandale étoit grand sans doute, et l'exemple dangereux pour les mœurs publiques; cependant les fautes de cette nature sont encore les moins funestes entre les délits des rois. Aussi la hauteur avec laquelle le clergé demandoit une séparation immédiate, ses menaces, et les châtimens qu'il infligea à Philippe et à Bertrade, doivent-ils être considérés plutôt comme des symptômes de ses usurpations ambitieuses, que de son zèle pour le

---

(1) *Epistolæ* 5, 6, 7. *Ivonis Carnotensis*, T. XV, p. 73.

maintien des mœurs publiques et pour le règne
de la justice.

Philippe avoit violé en même temps les lois
de l'Église sur le mariage, celles de l'honneur et
de l'hospitalité, en séduisant la femme de son
hôte, et celles des fiefs, en faussant la protection
qu'un seigneur devoit à son vassal. Il se trouva
dès lors engagé dans deux guerres de famille,
l'une contre Foulques-le-Rechin, pour garder
Bertrade, et l'autre contre le comte de Flandre
Robert-le-Frison, pour repousser Berthe. Cependant les hostilités se bornèrent, d'une et d'autre
part, à quelques pillages sur les frontières, et
aux obstacles apportés aux communications des
marchands et des voyageurs. La brouillerie entre
le roi et le clergé fut plus durable et plus grave
dans ses conséquences. Philippe étoit chaque
jour attaqué par des remontrances, des censures, des menaces d'excommunication; en retour, il menaçoit aussi ses prélats; il jeta même
Ives de Chartres en prison, puis il le relâcha
au bout de peu de mois. En général il ne donnoit aucune suite à ses accès de colère; il ne
cédoit point, il ne se séparoit point de Bertrade; mais d'autre part il ne rompoit point
avec son clergé, et il ne lui résistoit point avec
assez de vigueur pour lui imposer silence. (1)

(1) Toutes les circonstances de ce mariage sont examinées,
et tous les témoignages anciens sont rapportés, dans une dis-

1092. Philippe, dont les domaines ne comprenoient plus qu'une fort petite partie de la France, qui n'avoit point d'armée, point de forteresse, et qui n'exerçoit presque aucune juridiction sur ses vassaux, n'étoit cependant pas si dépourvu de crédit qu'on auroit pu s'y attendre. Sa cour étoit le lieu de rassemblement des hommes qui espéroient s'élever à la fortune par les plaisirs ou la servilité. Quoique le roi ne disposât plus que d'un bien moindre nombre de faveurs, depuis que toutes les places, auxquelles un commandement étoit attaché, étoient devenues héréditaires, il avoit encore des revenus considérables, et surtout il pouvoit distribuer beaucoup de bénéfices ecclésiastiques. C'étoit encore à lui à inféoder de nouveau les fiefs qui faisoient échûte au domaine royal, et quoique le nombre n'en fût point considérable, cette loterie toujours ouverte flattoit les espérances des coureurs de fortune. Ses recommandations enfin avoient de l'efficacité auprès de la plupart des grands vassaux, et il pouvoit aisément procurer de l'avancement à un jeune page ou un jeune chevalier, sans que ses faveurs lui coûtassent autre chose que de bonnes paroles. Ces motifs divers attiroient autour de lui ce qu'on nommoit la *famille du roi*, et cette *famille* ou

sertation de D. Brial, en tête du XVIe volume des *Historiens de France*.

maison, composée de jeunes gentilshommes qui désiroient se former dans une cour, aux exercices chevaleresques, lui tenoit souvent lieu d'armée. Nous avons vu qu'à la fin de l'année 1093 cette famille seconda Ascelin Goel, seigneur de Breherval, dans sa guerre contre Guillaume de Breteuil son seigneur. L'année suivante Guillaume, impatient de se venger du traitement qu'il avoit reçu de son vassal, gagna Philippe par un présent de sept cents livres, et engagea le roi de France à venir avec lui assiéger Breherval. Le duc Robert de Normandie, par les mêmes motifs, prit un semblable engagement; en sorte que les deux plus grands princes de France se mirent en même temps aux gages de leur vassal, pour opprimer un de leurs arrière-vassaux. Le château de Breherval fut pris en effet après deux mois de siége, et toute la seigneurie de Goel fut ruinée. (1)

La foiblesse du roi, son incapacité ou sa vénalité, qui lui faisoit embrasser alternativement le parti de celui de ses vassaux qui le payoit à un plus haut prix, n'étoient point les vices que le clergé cherchoit à corriger en lui par des réprimandes; il s'attachoit uniquement au déréglement de ses mœurs, et sous ce rapport, il attaquoit Philippe sans ménagement. Berthe,

(1) *Willelmi Gemeticens. Contin.*, Lib. VII, p. 575. — *Orderici Vitalis*, Lib. VIII, p. 705.

femme légitime du roi, mourut dans le courant de l'année 1094; mais le mariage qu'il avoit contracté avec Bertrade n'en fut pas regardé comme plus valide; et c'étoit moins encore parce qu'il l'avoit enlevée à son mari, ce qu'à la rigueur les prêtres auroient pu lui pardonner, que parce qu'il y avoit entre elle et lui quelque rapport de parenté, qui leur faisoit nommer cette union incestueuse. Urbain II fit choix de Hugues, archevêque de Lyon, pour être son légat dans les Gaules, et dissoudre ce mariage; et Ives de Chartres, en invitant l'archevêque de Lyon à venir en France, car Lyon appartenant au royaume de Bourgogne étoit regardée comme ville de l'empire, lui écrivoit:
« Quoique dans le royaume d'Italie on ait vu
« s'élever un autre Achab, et dans celui des
« Gaules une autre Jézabel, qui désirent ren-
« verser les autels et tuer les prophètes, vous
« ne devez point perdre courage, car c'est
« aux malades qu'on doit envoyer les méde-
« cins. (1) »

Philippe trouvoit, il est vrai, dans ses états, des prélats disposés à user envers lui de plus d'indulgence. Il convoqua, pour le 17 septembre 1094, un concile à Reims, où se réunirent les archevêques de Reims et de Sens, avec les évêques de Paris, de Meaux, de Soissons, de Noyon,

(1) *Ivonis Carnotensis*, Ep. 15, T. XV, p. 79.

de Senlis, d'Arras, et quelques autres. Non-
seulement ces prélats s'assemblèrent d'après ses
ordres, ils se montrèrent même disposés à poursuivre l'évêque de Chartres, comme ayant manqué à la fidélité qu'il devoit au roi. Mais, de
son côté, l'archevêque de Lyon convoqua un
concile national à Autun, et ce dernier, à son
ouverture le 16 octobre, se trouva bien plus
nombreux que celui de Reims. Les prélats qui
s'y étoient réunis, quoique Français, n'étoient
point sujets immédiats du roi de France, aussi
se laissèrent-ils implicitement diriger par les
instructions que le légat avoit reçues de Rome;
et après avoir renouvelé les excommunications
contre Henri IV et son anti-pape Guibert,
contre les évêques simoniaques et les nicolaïtes,
ils en frappèrent également Philippe, avec sa
nouvelle épouse Bertrade. (1)

Cependant le fanatisme religieux, qui durant un demi-siècle n'avoit cessé de faire des
progrès, étoit arrivé à son plus haut degré
d'exaltation. La réformation des mœurs de la
cour de Rome et des ecclésiastiques, à laquelle
l'empereur Henri II avoit travaillé avec un zèle
si ardent, avoit élevé dans l'Église un pouvoir

---

(1) *Baronii Annal. eccles.*, 1094, p. 635. — *Script. franc.*,
T. XIV, p. 750. — *Clarius Senonnens. Chronog.*, T. XII,
p. 280. — *Hugo Floriacens.*, T. XIII, p. 625. — *Bertholdus
Constantiens.*, T. XIV, p. 680.

nouveau, prêt à écraser les successeurs de ce monarque. Les anathèmes prononcés contre les prêtres mariés, contre les simoniaques, contre ceux qui consentoient à dépendre du pouvoir civil, contre ceux qui souilloient des mains destinées à la consécration de l'hostie, en les mettant, pour rendre foi et hommage, entre celles de princes militaires accoutumés à répandre le sang, avoient échauffé tous les esprits; on avoit assemblé concile après concile. Le premier souverain de la chrétienté étoit depuis long-temps frappé d'excommunication; d'autres monarques avoient été à leur tour soumis aux censures des papes; le roi de France, dont le rang ne se mesuroit point sur sa puissance réelle, mais sur l'étendue des pays qui se reconnoissoient pour feudataires de sa couronne, venoit à son tour d'être soumis à une pareille sentence, et l'Europe entière sembloit avoir reconnu qu'il n'y avoit point de pouvoir qui pût se comparer à celui de l'Église, point d'intérêt à mettre à côté de ce qu'on nommoit les intérêts du ciel.

Le même zèle avoit multiplié les pèlerinages; à chaque génération ils devenoient plus nombreux, et ils étoient plus souvent accomplis les armes à la main. Les conquêtes des Turcs qui s'étoient rendus maîtres de Jérusalem, et qui menaçoient Constantinople, et les vexations auxquelles les pèlerins étoient exposés, lorsqu'ils se mettoient au pouvoir de ces barbares, excitèrent enfin le ressentiment d'un peuple qui ne connoissoit d'autre gloire que celle des armes, qui par zèle religieux avoit déjà combattu, à plusieurs reprises, les infidèles en Espagne, et qui, voyant sa population et ses richesses s'accroître rapidement, cherchoit quel essor nouveau il donneroit à sa nouvelle puissance.

1095.

Tout près d'un siècle auparavant, Sylvestre II avoit, le premier, songé à armer l'Europe pour la délivrance des chrétiens de l'Orient. Plus tard, Grégoire VII avoit formé les mêmes projets, ou du moins les avoit annoncés dans ses lettres. Cependant le saint-siége portoit son ambition sur des objets plus rapprochés de lui ; ce n'étoit point lui qui avoit excité ou entretenu une ardeur militaire née de causes tout-à-fait indépendantes de l'Église, et qui pouvoit lui nuire. Il laissa faire l'esprit du siècle plutôt qu'il ne le poussa, et jusqu'à la fin des guerres sacrées, il songea bien plus souvent à détourner à son profit le courage des croisés, qu'à les exciter à la conquête des saints lieux. Urbain II lui-même ne paroît point, dans ses discours ou ses lettres, ressentir l'enthousiasme qui, sous son pontificat, ébranla toute la chrétienté. Le mélange de fanatisme et d'esprit militaire qui fit les croisades, étoit l'ouvrage du siècle ; il ne falloit plus qu'une étincelle pour allumer un grand incendie. Cette étincelle fut apportée par un homme que l'Orient appeloit Coucou-Pierre, et l'Occident, Pierre l'ermite. (1)

Cet homme déjà vieux et d'une petite taille, mais qui se faisoit remarquer par le feu qui brilloit dans ses yeux, et l'éloquence de sa langue, après avoir porté les armes dans les guerres de sa province, s'étoit retiré dans un ermitage près d'Amiens, sa patrie. Bientôt il l'avoit quitté pour accomplir, suivant les usages du temps, un pèlerinage au saint Sépulcre. Mais là il avoit éprouvé lui-même, il avoit vu éprouver aux pèlerins animés du même zèle que lui, toute l'insolence des Turcs. Il conféra avec Siméon, patriarche de Jérusalem, sur ce qu'il y avoit à faire. Celui-ci déclara qu'il n'attendoit plus rien des Grecs, qui, dans le cours des dernières années, avoient perdu plus de la moitié de leur empire. « Eh bien, dit « Pierre, donnez-moi des lettres pour le pape, « et pour les différens princes de l'Occident, « dans lesquelles vous leur exposerez toutes les « souffrances de l'Église; et moi, pour le re- « mède de mon âme, j'irai les leur porter, je « les verrai tous, je les exhorterai tous, et j'en « obtiendrai quelque secours. » Pierre passa

(1) *Annæ Comnenæ Alexiados.*, Lib. X, p. 224. Ed. Ven.; 284, Ed. Paris.

ensuite la nuit dans l'église du saint Sépulcre, et il y eut, dit-on, une vision de Jésus-Christ, qui lui promit son assistance pour l'accomplissement de ce qu'il s'étoit proposé. Il partit; il arriva en Italie, où il trouva le pape Urbain II auprès de Rome. Il lui remit les lettres du patriarche de Jérusalem; et Urbain, après l'avoir entendu, promit de joindre la demande d'un secours pour les chrétiens d'Orient, aux autres propositions qu'il feroit au concile qu'il avoit convoqué à Plaisance pour le 1er de mars 1095. (1)

Pierre ne se reposa point après avoir obtenu cette promesse du pape. Il parcourut l'Italie en prêchant en tous lieux, sur la misère des chrétiens d'Orient, l'humiliation des pèlerins, et la profanation des saints lieux. Il passa ensuite en France, où il recommença ses prédications avec plus de zèle et plus de succès encore; et faisant pour le pape le rôle d'un précurseur, il enflamma d'enthousiasme toutes les provinces que celui-ci alloit traverser, et il attira tous les regards sur le concile que ce pontife avoit convoqué.

Ce concile qui s'assembloit à Plaisance, étoit destiné à entendre les tristes et scandaleuses

---

(1) *Willelmus Tyrius*, Lib. I, cap. 11, 12, 13, p. 637. *In Gesta Dei per Francos.* — *Albertus Aquensis*, Lib. I, cap. 2, p. 186. — *Pagi Critica.*, ad ann. 1095, p. 322, §. 12.

confessions de l'impératrice, à juger Philippe Ier, et les évêques de ses états qui lui avoient montré plus d'indulgence, à fulminer de nouveaux anathèmes contre Henri et son anti-pape, et à assurer la couronne d'Italie à Conrad. Mais la prédication de Pierre l'ermite avoit excité dans les peuples une attente d'une toute autre nature, et l'on vit en effet accourir à Plaisance, d'Italie, de France et d'Allemagne, plus de deux cents évêques, près de quatre mille clercs et de trente mille laïques. Aucune église n'étant assez grande pour recueillir une semblable multitude, elle se réunit dans une vaste plaine, près de la ville, probablement celle de Roncaglia, où, durant ce siècle et le suivant, les états d'Italie furent habituellement assemblés. Les ambassadeurs d'Alexis Comnène y exposèrent, au nom de leur maître, les dangers de la Grèce, et ils demandèrent des secours contre les Turcs, que le pape et les pères du concile s'engagèrent par serment à leur donner. (1)

Urbain II convoqua ensuite un second concile, pour le mois de novembre de la même année, à Clermont d'Auvergne, afin d'y terminer les affaires qu'il avoit commencées dans celui de Plaisance; et comme l'ermite Pierre avoit, dans cet intervalle, parcouru la plupart

---

(1) *Willelmi Tyrii*, Lib. I, c. 14, p. 639. — *Baronii Annal. eccl.*, 1095, p. 640. — *Labbei Concilia Gener.*, T. X, p. 500.

des régions de l'Occident, adressant de ville en
ville ses prédications aux grands et aux petits,
avec un zèle qui s'accroissoit par le succès, ce
concile fut plus nombreux encore que celui de
Plaisance. Treize archevêques, deux cent vingt-
cinq évêques, un nombre presque égal d'abbés
mitrés, avec plusieurs milliers de chevaliers, et
une foule immense d'hommes et de femmes de
toute condition, se rassemblèrent en Auvergne;
et malgré la rigueur de la saison, plus âpre
qu'ailleurs dans cette région montueuse, ils
passèrent sept jours sous la tente, attendant ce
que leurs pères spirituels décideroient sur le
sort de la chrétienté. (1)

L'affaire essentielle pour Urbain II, c'étoit sa
victoire en Europe, et non pas la conquête de
la Terre-Sainte : aussi de trente-deux canons
qui furent publiés dans le concile de Clermont,
un seul se rapportoit à la croisade. Les autres
avoient pour objet l'interdiction de tout marché
relatif aux choses saintes, la séparation absolue
des clercs et des prêtres d'avec les femmes,
l'exclusion de leurs enfans des ordres ecclésiastiques, le rétablissement de la trève de Dieu,
et en particulier de la garantie qu'elle donnoit
aux prêtres, l'extension du droit d'asile dans
les églises et au pied des croix, la fixation des
jeûnes divers, et surtout, ce qui importoit

(1) *Orderici Vitalis*, Lib. IX, p. 719. *Script. normann.*

plus encore au pape, le renouvellement des anathèmes prononcés contre Henri IV et tous ses partisans, contre l'anti-pape Guibert, auparavant archevêque de Ravenne, contre Philippe, roi de France, et contre Bertrade sa femme. Toutefois, après ces affaires de l'Église, Urbain traita aussi celles de la chrétienté; une passion populaire qui entraînoit à la fois tous les ordres de la nation, réclamoit une décision en faveur de ceux qui porteroient les armes contre les infidèles; et en effet un canon du concile de Clermont, déclara « que quiconque « par seule dévotion, et non pour acquérir des « honneurs ou de l'argent, se consacreroit à « délivrer l'église de Dieu à Jérusalem, pour- « roit réputer son pèlerinage en lieu de toute « pénitence » (1).

Un premier discours du pape Urbain II, adressé à la multitude, qui attendoit en quelque sorte le signal de courir aux armes, nous a été conservé parmi les actes du concile, et il n'est point digne de la circonstance. Urbain II rassembla curieusement les passages des Écritures qui se rapportoient à la Terre-Sainte : Dieu, dit-il, aime particulièrement les portes de Sion, Israël est son héritage, la vigne du Seigneur s'appelle Sabaoth en Israël; et c'est

(1) *Baronii Annal. eccles.*, 1095, p. 646. — *Concilia Generalia*, T. X, p. 506.

parce qu'il est écrit qu'Abraham dut chasser sa servante et son fils dans le désert, que selon lui les chrétiens sont également tenus à repousser dans le désert tous les Ismaélites ses descendans (1). Mais Pierre l'ermite parla ensuite aux chevaliers assemblés, avec des sentimens plus vrais, avec des expressions qui partoient d'un cœur plus ardent et plus attendri; il excita le plus vif enthousiasme parmi ses nombreux auditeurs, et Urbain lui-même n'y demeura pas étranger.

« Vous venez d'entendre avec nous, mes
« chers frères, reprit-il, et nous ne pouvons en
« parler sans de profonds sanglots, par com-
« bien de calamités, par combien de souf-
« frances, par combien de cruelles contritions,
« nos frères les chrétiens, membres du Christ
« comme nous, à Jérusalem, à Antioche, et
« dans le reste des villes de l'Orient, sont fla-
« gellés, sont opprimés, sont injuriés. Ce sont
« des frères, sortis du même sein, destinés aux
« mêmes demeures; ils sont fils comme vous
« du même Christ et du même Dieu, et dans
« leurs propres maisons héréditaires, ils sont
« faits esclaves par des maîtres étrangers. Les
« uns sont chassés de leurs demeures et vien-
« nent mendier chez vous; les autres, plus mal-
« heureux encore, sont vendus et accablés

(1) *Concilium Claromontanum.*, p. 511.

« d'étrivières sur leur propre patrimoine. C'est
« du sang chrétien, racheté par le sang du Christ
« qui se verse : c'est de la chair chrétienne, de
« la même nature que la chair elle-même du
« Christ, qui est livrée aux opprobres et aux
« tourmens... » (1)

Ce second discours fut fort long; mais toujours également passionné, toujours il éveilla tour à tour la compassion, l'indignation ou le désir de vengeance. Il fut interrompu à plusieurs reprises par les sanglots du peuple et par ses acclamations : *Dieu le veut, Dieu le veut*, s'écria-t-on de toutes parts. A peine Urbain avoit-il fini de parler, qu'Aymar, évêque du Puy-en-Velay, se leva, et s'approchant du pape avec un visage rayonnant de joie, il mit un genou en terre, et lui demanda, avec sa bénédiction, son congé pour aller en Terre-Sainte. Non-seulement le pape le lui accorda, mais il le nomma vicaire apostolique dans cette expédition. Bientôt l'exemple d'Aymar fut suivi par les ambassadeurs de Raymond de Saint-Giles, comte de Toulouse, qui déclarèrent au pape que leur maître étoit prêt à partir pour le *grand passage* avec plusieurs milliers de ses sujets (2). Hugues, frère du roi Philippe, fut parmi les

(1) *Sermo Urbani papæ, ex scheda Bibliothecæ Vaticanæ*, p. 514. *Concil. Gen.*
(2) *Orderici Vitalis*, Lib. IX, p. 720.

premiers qui s'engagèrent à l'expédition sacrée; 1095.
il avoit épousé Adèle, héritière du comté de
Vermandois, et on lui donnoit le surnom de
Grand, surnom fréquent dans la maison des
Capets, qui indiquoit seulement la dignité du
chef de leur famille, et qui faisoit presque toujours un contraste étrange avec la nullité de
celui qui le portoit. On remarqua encore en
première ligne, parmi ceux qui offrirent leurs
services, Godefroi de Bouillon, duc de Lorraine, et ses frères Baudoin et Eustache, fils
du comte de Boulogne; Robert, duc de Normandie, que l'enthousiasme national réveilloit
de son long assoupissement, et qui se sentoit
peut-être lui-même plus propre à combattre en
soldat qu'à gouverner un état. Un autre Robert, dit le jeune, comte de Hollande et de Flandre, qui deux ans auparavant avoit succédé à
son père Robert-le-Frison; Étienne, comte de
Blois, de Chartres et de Meaux, frère du comte
de Champagne dont ses enfans héritèrent (1);
Baudoin du Bourg, fils du comte de Rethel, et
Baudoin, comte de Hainault; Isoard, comte de
Die; Raimbaud, comte d'Orange; Guillaume,
comte de Forez; Étienne, comte d'Aumale; Rotrou, comte du Perche; Hugues, comte de Saint-

---

(1) *Fragment. Histor. Franciæ*, p. 4. — *Chron. Anonym.*,
p. 119. *Script. franc.*, T. XII.

Paul (1). La foule des seigneurs et des chevaliers moins illustres qui prirent le même engagement étoit si grande, que pour se distinguer entre les autres, ils se marquèrent d'une croix rouge sur l'épaule droite ; et ce signe qui leur fit donner le nom de Croisés, tout comme celui de Croisade à leur expédition, contribua bientôt à augmenter leur nombre. Entourés de tant de guerriers qui se consacroient au Christ, et qui entroient dans le chemin de la gloire, ceux qui ne portoient point la croix se regardoient comme confessant leur lâcheté ou leur indifférence ; ils étoient signalés aux prédications des prêtres et aux exhortations de leurs frères d'armes, et ils ne résistoient pas long-temps à l'exemple universel.

Quoique l'expédition fût résolue, les croisés avoient besoin de temps pour faire leurs préparatifs ; aussi une année entière fut accordée à leurs dispositions domestiques, et au rassemblement de leurs soldats. Pendant cette année le pape Urbain ne quitta point la France ; il passa l'hiver à Arles en Provence ; il annonça de nouveaux conciles pour l'été suivant, à Arles et à Nîmes, et il promulgua un décret par lequel tous les biens de ceux qui partoient pour la croisade étoient mis, jusqu'à leur retour,

---

(1) *Willelmus Tyrius*, Lib. I, cap. 17, p. 642.

sous la garantie de la trève de Dieu (1). Pendant le même temps il ne perdoit point de vue le procès intenté à Philippe; mais si auparavant, et dans une période de calme, les historiens daignoient à peine faire mention de ce roi, moins encore, au milieu des grands événemens qui ébranloient la chrétienté, s'occupoient-ils de ses vices et de ses lâches amours. On ne nous dit point ni où il étoit, ni ce qu'il faisoit pendant le concile, tandis que toute la France s'armoit et se préparoit à la guerre. Accablé par le mépris universel, adonné plus encore aux plaisirs de la table qu'à ceux de l'amour, il annonçoit, par son énorme corpulence, l'abrutissement de son esprit. Il n'essayoit point, comme Henri IV, de résister vigoureusement au pape qui l'accabloit d'anathèmes, ou de lui faire la guerre; mais il ne se corrigeoit point, et il ne renonçoit à aucun de ses mauvais penchans.

Comme l'anathème prononcé contre lui, et dont le texte ne nous a pas été conservé, le privoit de sa couronne, Philippe s'étoit soumis à ne point la porter, à ne point revêtir la pourpre, à ne paroître dans aucune cérémonie en costume royal; et Urbain, satisfait de cette vaine déférence, qui ne l'auroit pas contenté s'il s'étoit agi de l'empereur, sembloit admettre lui-même que, en ôtant la couronne à un roi, il

---

(1) *Baronii Annal. eccles.*, 1095, p. 652.

ne le privoit que de l'ornement d'or et de pierreries dont ce roi décoroit sa tête. Il traitoit avec indulgence Philippe; même après l'avoir excommunié, il l'appeloit encore dans ses lettres *son cher fils*. Et s'il exigeoit que dans toute ville où le roi se trouveroit, le chant des prêtres et le son des cloches fussent suspendus pendant son séjour, il lui permettoit d'autre part de se faire dire des messes basses dans sa chapelle, pour sa dévotion privée. Plusieurs prélats français s'indignoient de cette indulgence d'Urbain, et accusoient la vénalité de la cour de Rome (1); tandis que Philippe, lorsqu'il sortoit d'une ville, et qu'il entendoit aussitôt tous les prêtres entonner des antiennes, et toutes les cloches mises en branle, disoit en riant à Bertrade: *Entends-tu, ma belle, comme ces gens nous chassent?* (2)

Le concile de Clermont avoit fixé la fête de l'Assomption, ou le 15 août 1096, pour le départ des croisés, et l'espace de temps qui devoit s'écouler jusqu'alors n'étoit pas trop long pour achever les préparatifs d'une si prodigieuse entreprise. Ce n'étoit pas de soldats cependant que manquoient les chefs: pour augmenter le nombre des croisés, il n'étoit point nécessaire d'échauffer davantage le zele des occidentaux; déjà l'en-

---

(1) *Hugonis Flaviniacens. Chron.*, p. 625, T. XIII.
(2) *Willelmi Malmesbur. de Gestis reg. Anglor.*, Lib. V, p. 14.

thousiasme avoit gagné jusqu'aux dernières classes de la nation. Il avoit saisi les esclaves aussi-bien que les hommes libres, les femmes et les enfans, les vieillards et les valétudinaires, aussi-bien que les soldats. La plupart ne se proposoient autre chose que d'aller mourir à la Terre-Sainte, se croyant assurés qu'alors ils obtiendroient, non-seulement l'absolution de leurs péchés, mais toute la gloire du paradis, toutes ces récompenses de la vertu dont leur imagination avoit été nourrie dès leur enfance. La foi n'avoit alors aucune influence sur la réforme des mœurs, mais elle étoit universelle. Les hommes les plus corrompus, les malfaiteurs, les brigands, ne le cédoient point aux saints en conviction des dogmes de la religion, du pouvoir des prêtres, ou de l'efficace des indulgences.

L'écume de la nation avoit donc aussi pris la croix : c'étoit une populace ignorante, fanatique, et déjà souillée de tous les crimes ; elle fut la première à se mettre en mouvement. Sans comprendre ni quelle distance la séparoit de l'Asie, ni quels dangers elle auroit à braver, ni quels ennemis elle devoit combattre ; elle vouloit partir, elle avoit abandonné ses travaux et ses occupations ordinaires, et elle répandoit le désordre dans toutes les villes et toutes les campagnes. Les seigneurs étoient impatiens de se débarrasser de cette cohue; les vrais croisés eux-mêmes sentoient qu'ils avoient tout à craindre et rien à espérer d'elle, et les efforts de tous se réunirent pour la presser de se mettre en chemin. Dans toutes les villes où ces fanatiques étoient entrés, ils avoient commencé leur guerre contre les ennemis de la foi par le massacre des Juifs. Comme ils les exposoient auparavant à des tourmens épouvantables, on vit un grand nombre de ces malheureux se jeter dans des puits, ou se donner la mort de différentes manières, pour échapper aux croisés. Quelques-uns seulement furent admis par grâce à recevoir le baptême, et à faire, entre les mains de leurs bourreaux, une abjuration précipitée; mais lorsque le danger fut passé et qu'ils retournèrent à leur ancienne foi, le clergé se récria sur leur apostasie, et invoqua contre eux le supplice des relaps. La persécution des Juifs ne finit point avec le passage de cette populace fanatique; toutes les bandes des croisés se regardoient comme également appelées à verser le sang de ce peuple ennemi, et à partager ses dépouilles. La haine contre tous les dissidens en religion ne cessa de s'envenimer pendant toute la durée de la guerre sacrée. (1)

L'ermite Pierre, le moteur de la croisade,

(1) *Histor. Francor.*, Lib. III, p. 218. *In Script. Francor.*, T. XII. — *Guiberti de Novigento*, Lib. II, cap. 5, p. 240.

et un chevalier normand connu sous le nom de
Gauthier *sans avoir*, se chargèrent de la pénible tâche de conduire à la Terre-Sainte toute
la multitude dont les chevaliers redoutoient la
société. Gauthier *sans avoir* partit le premier;
il passa le Rhin le 8 mars 1096, avec une armée
de plusieurs milliers de fantassins, qui n'avoit
avec elle que huit chevaux; il gagna les sources
du Danube, et suivant ce fleuve au travers de
la Bavière, de l'Autriche, de la Hongrie et de la
Bulgarie, il arriva à Constantinople sans avoir
éprouvé autant de revers ou de détresse que la
composition de son armée auroit pu le lui faire
craindre. L'ermite Pierre, qui, quelques semaines plus tard, le suivit par la même route, conduisoit une troupe désordonnée qu'on a évaluée
à soixante mille hommes, femmes ou enfans.
Le pays étoit déjà épuisé par le passage de Gauthier; l'indiscipline des soldats de celui-ci avoit
dissipé l'enthousiasme des habitans. L'ermite
Pierre crut devoir se charger, en Hongrie et en
Bulgarie, de venger les offenses qu'avoient reçues ces premiers croisés, et pour cela de piller
des villages et de brûler des villes. La résistance
qu'il éprouva en Hongrie et en Grèce fut proportionnée à ces violences. Cependant il avançoit toujours avec sa troupe fort réduite; il
arriva jusqu'à Constantinople, et les Grecs se

hâtèrent de le transporter au-delà du Bosphore (1). Dans le cours de la même campagne, deux autres troupes, rassemblées par l'Allemand Godescalc, émule de Pierre l'ermite, et que les historiens du temps portent l'une à vingt mille, l'autre à deux cent mille combattans, suivirent encore la vallée du Danube. On n'avoit au reste aucun moyen de s'assurer du nombre réel des soldats de ces troupes désordonnées, dans un siècle où les armées régulières elles-mêmes ne passoient point de revue. L'expédition de ces fanatiques fut marquée par d'effroyables calamités. N'ayant aucun moyen de pourvoir à leur subsistance, aucune connoissance de la géographie ou de l'art des marches et des campemens, ils suivirent, pour se diriger vers l'Orient, une chèvre et une oie qu'ils croyoient leur avoir été envoyées par le ciel ; ils traitèrent en ennemis tous les pays qu'ils traversèrent; ils se rendirent aussi odieux par leur cruauté et leur débauche que redoutables par leur misère; ils forcèrent successivement les Bavarois, les Hongrois, les Bulgares et les Grecs à les combattre. Bien peu d'entre eux arrivèrent

---

(1) *Alberti Aquensis Hist. Hierosolym.*, Lib. I, cap. 7, p. 186. — *Fulcherii Carnot. Gesta Pereg. Francor.*, p. 384. — *Willelmi Tyrii*, Lib. I, cap. 18, p. 642. — *In Gesta Dei per Francos.*

jusqu'aux rivages de la Propontide, et finirent par tomber sous le fer des Turcs. (1)

Pendant ce temps le pape d'une part, les grands seigneurs français de l'autre, poursuivoient l'accomplissement de leurs projets et achevoient leurs préparatifs. Le pape parcouroit le midi de la France; il célébra un concile à Tours au commencement de mars, et après avoir visité Angers, Poitiers, Toulouse, Maguelonne, il en célébra un autre à Nîmes. C'est dans ce dernier que le roi Philippe fut reçu en grâce, après avoir fait déclarer par son ambassadeur qu'il se soumettoit au jugement de l'Église, et qu'il avoit cessé de traiter Bertrade comme sa femme (2). Au reste, ces déclarations coûtoient peu à Philippe; il n'avoit pas plus tôt reçu l'absolution qu'il recommençoit le même train de vie. Il ne se sépara jamais de Bertrade d'une manière définitive, et pendant quinze ans que dura cette liaison, ce ne fut que pour de très courts intervalles qu'il cessa d'être excommunié.

La grande affaire pour les seigneurs qui s'étoient engagés à la croisade étoit de rassembler l'argent nécessaire pour cette expédition. Pres-

---

(1) *Bernardi Thesaurarii de adquisitione Terræ-Sanctæ;* cap. 10, 11 et 12. *Apud Muratori Script. Rer. ital.*, T. VII, p. 671.

(2) *Labbei Concilior.*, T. X, p. 598-610. — *Urbani II Epistola ad episcopos Franciæ*; T. XIV, p. 729.

1096. que tous étoient disposés à vendre leurs titres, leurs droits, leurs seigneuries; mais il ne leur étoit pas facile de trouver des acheteurs. Ils ne tournoient pas dans cet espoir leurs regards vers le roi; Philippe n'étoit ni assez riche, ni assez soucieux de l'avenir, pour payer à prix d'argent des droits dont il faisoit peu de cas, ou pour sacrifier à l'augmentation des prérogatives de sa couronne, la bonne chère de son palais ou les fêtes qu'il pouvoit donner à Bertrade. Mais les évêques, les abbés, et tous les établissemens religieux, avoient amassé des trésors, qu'ils échangèrent avec joie contre des terres, des châteaux et des justices féodales. Ceux parmi les vassaux du second ordre, les vicomtes et les seigneurs, qui ne partoient pas pour la croisade, achetèrent aussi, aux termes les plus avantageux, de leurs suzerains ou de leurs voisins, des extensions de priviléges, des fiefs plus amples, ou de nouvelles seigneuries. Les bourgeois des villes enfin contribuèrent aussi de leur bourse; et les communes, qui jusqu'alors n'avoient été que des associations armées, contre l'ordre, ou plutôt contre le désordre établi, acquirent à prix d'argent une sanction légale, que leurs seigneurs, pressés de pourvoir aux besoins du moment, et indifférens sur l'avenir, ne leur refusèrent point. (1)

(1) Hist. gén. de Languedoc, Liv. XV, p. 295.

Les croisés se mirent enfin en mouvement, à peu près à l'époque qui avoit été fixée d'avance par le pape et le concile de Clermont. On vit se rassembler dans chaque province, non plus une troupe désordonnée, comme celle de Gauthier *sans avoir*, mais des armées régulières, où tous les nobles combattoient à cheval, revêtus de cuirasses et de cottes de mailles presque impénétrables, et couverts de casques, dont les visières abaissées ne laissoient pas même voir le visage du guerrier. Chaque chevalier avoit levé, dans sa seigneurie, un certain nombre de sergens d'armes et d'archers à pied, pris parmi ses vassaux les plus vaillans. Après cette infanterie d'élite, venoient les simples fantassins, rassemblés parmi les paysans et les serfs; ils étoient armés seulement d'un bouclier et d'une épée, et ils sembloient n'être appelés aux armées que pour y grossir la liste des morts. Les calculs sur le nombre de ces croisés doivent nécessairement être fort vagues; mais l'étonnement des Grecs et l'enthousiasme des Latins nous prouvent également combien il étoit formidable. On estime à trois cent mille le nombre des guerriers qui, cette année, sortirent de la seule France, et peut-être ce calcul n'est-il point exagéré. Entre tant d'hommes, auparavant inconnus les uns aux autres, et qui n'avoient jamais eu occasion ni de servir ni de combattre ensem-

1096.
ble, la confusion étoit presque inévitable; mais les croisades donnèrent une première occasion de chercher à la faire cesser. Les surnoms se changèrent en noms de famille; ces derniers, dont l'usage n'avoit commencé que dans le onzième siècle, devinrent bientôt universels; les titres des seigneuries distinguèrent les races plus nobles, et les généalogies devinrent une étude importante pour les hérauts d'armes qui, dans un parent de leur seigneur, comptoient trouver un défenseur. Les armoiries furent en même temps inventées, pour l'usage auquel nous destinons aujourd'hui les uniformes; chaque chef fit porter à ses soldats quelque signe particulier auquel il pût les reconnoître; et la croix, premier symbole des croisés, entra dans la plupart de ces armoiries primitives. Les hérauts d'armes dûrent également apprendre à connoître ces enseignes, pour porter les ordres du chef aux soldats, rassembler les troupes, et entretenir la police des camps.

Godefroi de Bouillon, duc de la Basse-Lorraine, fut le premier prêt, et vers le 15 août il se mit en route pour la Terre-Sainte. Il avoit engagé son château de Bouillon pour sept mille marcs d'argent, à l'évêque de Liége (1), afin de se mettre en état de soutenir le rang qu'on lui avoit déféré; car sa réputation de sagesse, de

(1) *Orderici Vitalis*, Lib. X, p. 764.

bravoure et de vertu inspiroit une si grande
confiance, que tous les croisés des provinces
belges et lorraines, qui ne lui devoient aucune
obéissance, étoient venus se ranger sous ses étendards. On y voyoit entre autres Baudoin son
frère, qui fut ensuite comte d'Édesse, puis roi
de Jérusalem; Eustache, son autre frère, comte
de Boulogne; deux autres Baudoin, l'un comte
de Saint-Paul, l'autre fils du comte de Rethel, et
un grand nombre de seigneurs indépendans. On
estimoit que leur armée réunie étoit forte de cent
mille hommes. Il avoit été convenu qu'elle suivroit la route de l'Allemagne et de la Hongrie, sur
les traces de l'ermite Pierre, tandis que les deux
autres grandes armées qui se formoient en même
temps, traverseroient, l'une la Dalmatie, l'autre
l'Italie. Ce partage étoit destiné à faire trouver
à chacune des vivres en suffisance sur sa route;
et il étoit le résultat d'une correspondance très-
active, entretenue pendant tout l'hiver entre
les princes croisés (1). Godefroi de Bouillon
réussit, comme on l'avoit attendu de sa prudence, à maintenir une exacte discipline parmi
ces guerriers indépendans; il se fit ainsi respecter dans les régions qu'il traversoit : il apaisa
le ressentiment des Hongrois et des Bulgares,
et il arriva à Philippopolis à temps pour y déli-

(1) *Willelmi Tyrii*, Lib. I, cap. 17, p. 642.

vrer d'autres croisés qui s'y trouvoient prisonniers des Grecs. (1)

Ceux-ci appartenoient à une seconde armée, partie à la fin de septembre, de l'Isle de France et de la Normandie, et qui n'étoit pas moins nombreuse que la première. Robert-Courte-Heuse, fils aîné de Guillaume-le-Conquérant, en étoit le principal chef : ce prince, après s'être résolu de marcher à la croisade, avoit engagé à son frère Guillaume, roi d'Angleterre, son duché de Normandie, pour le terme de cinq ans, et le prix de dix mille marcs d'argent. Eudes, évêque de Bayeux, son oncle, et plusieurs des guerriers normands, bretons, manseaux, qui avoient illustré leurs noms lors de la conquête de l'Angleterre, se rangèrent sous ses étendards. On y voyoit Rotrou, fils du comte de Mortagne, Gaulthier de Saint-Valery, Gerard de Gournay, Raoul de Guader, ou Gaël; Hugues de Saint-Paul, Yves et Albéric de Grandménil, avec plusieurs autres seigneurs de haute naissance (1). A cette même armée se joignirent Etienne, comte de Blois, beau-frère du duc Robert; Hugues-le-Grand, frère du roi Philippe, devenu par sa femme comte de Ver-

(1) *Willelmi Tyrii*, Lib. II, cap. 1, ad. 5, p. 651. — *Bernardi Thesaurarii*, cap. 13, p. 674.
(2) *Orderici Vitalis*, Lib. IX, p. 724.

mandois; enfin Robert, comte de Flandre. Ces
chefs égaux en dignité, s'étoient refusé à reconnoître un supérieur. Le brave Robert Courte-Heuse avoit donné trop de preuves de son
imprudence, pour inspirer beaucoup de confiance, et le grand Hugues n'étoit qu'un fort
petit prince, frère d'un roi méprisé, n'ayant
lui-même aucune réputation ou politique ou
militaire. L'armée marcha donc ensemble, mais
sous des étendards séparés, et si elle n'avoit
pas cheminé dans un pays ami, elle auroit eu
bientôt lieu de se repentir de son insubordination. Comme ces croisés traversoient l'Italie
dans toute sa longueur, le pape qui vouloit
profiter de leur présence, eut soin de leur faciliter les voies. Par leur aide, il dissipa le parti
de l'empereur Henri IV. Il les avoit joints à
Lucques, et il marcha avec eux jusqu'à Rome,
où cette armée força l'anti-pape Guibert à se retirer au château Saint-Ange, tandis qu'elle rendit à Urbain II la possession du reste de la ville.
Robert Courte-Heuse vint ensuite prendre ses
quartiers d'hiver chez les Normands de la Pouille
qu'il regardoit comme ses compatriotes. Hugues
de Vermandois, au contraire, ne voulut point
s'y arrêter ; il passa la mer avec Drogon de
Nesle, Guillaume-le-Charpentier, Clarembaud
de Vandeuil, et le petit nombre de chevaliers
qui s'étoient attachés à sa personne ; il vint ainsi

débarquer à Durazzo. Mais déjà les vexations des croisés avoient enseigné aux Grecs à les traiter en ennemis; un officier d'Alexis Comnène arrêta le frère du roi de France, et le conduisit à Philippopolis, où il fut retenu prisonnier avec ses chevaliers, jusqu'au moment où Godefroi de Bouillon vint l'y délivrer. (1)

Le reste de l'armée de Robert Courte-Heuse fut accueilli avec empressement par les Normands de la Pouille. Roger, fils de Robert Guiscard, faisoit alors le siége d'Amalfi; il y fut laissé presque seul par ses barons, qui, s'enflammant ainsi que leurs soldats, de l'enthousiasme qui avoit armé l'Europe, revêtirent tous la croix. Boémond, fils aîné de Robert Guiscard, mais dont la légitimité étoit contestée, et son cousin Tancrède, fils d'une sœur de Guiscard, se mirent à la tête de ces vaillans aventuriers de la Pouille; ils transportèrent au printemps leurs bataillons à Durazzo, avec ceux du duc de Normandie. (2)

La troisième armée des croisés, et la dernière à se mettre en mouvement, fut celle de Raymond IV, ou de Saint-Giles, comte de Toulouse; elle ne passa pas le Rhône avant la fin d'octobre 1096. Raymond étoit entré en pos-

(1) *Willelmi Tyrii*, Lib. II, cap. 5, p. 654. — *Guiberti abbat. de Novigento*, Lib. II, p. 487. *Gesta Dei*.
(2) *Orderici Vitalis*, Lib. IX, p. 724.

session, seulement en 1094, du comté de Toulouse, à la mort de son frère Guillaume IV, qui ne laissoit pas de fils. Une fille de ce dernier cependant, Philippa, mariée d'abord à Sanche, roi d'Aragon, plus tard à Guillaume IX, comte de Poitiers et duc d'Aquitaine, continuoit à réclamer l'héritage paternel, comme un fief féminin, et ses prétentions allumèrent des guerres qui se prolongèrent pendant plus d'un siècle dans le midi de la France. Raymond, en réunissant l'un après l'autre des comtés indépendans, avoit lentement formé l'un des plus puissans états de l'Europe; il l'abandonna pour le service de la croix, avec la détermination de ne jamais revoir la souveraineté que l'ambition de toute sa vie avoit fondée. Il avoit juré de demeurer jusqu'à sa mort dans les régions du Levant. Il étoit le plus âgé entre les princes qui avoient pris la croix; le plus puissant, le plus distingué, par la loyauté de son caractère, autant que par ses talens, et il auroit pu prétendre au commandement de tous les croisés. Ceux du moins des provinces méridionales de France marchèrent tous sous ses étendards; on y voyoit entre autres Aymar, évêque du Puy-en-Velay, légat du saint-siége, avec les évêques d'Orange et d'Apt; Raimbaud, comte d'Orange; Gaston, vicomte de Béarn; Girard, comte de Roussillon; Guillaume, seigneur de

Montpellier; Guillaume, comte de Forez; Raymond IV, vicomte de Turenne; et Guillaume Amanieu, sire d'Albret. (1)

Cette armée passa de Provence en Italie; mais après avoir traversé la Lombardie, elle en ressortit par le Frioul, et suivit la mer Adriatique par la Dalmatie et l'Esclavonie. Les croisés, durant cette marche, eurent beaucoup à souffrir dans un pays montueux, pauvre et barbare, qu'ils traversoient au milieu des rigueurs de l'hiver. L'habileté et la prudence de Raymond les fit cependant triompher de tous ces obstacles; et quoiqu'ils fussent plus d'une fois forcés de s'engager dans des hostilités avec les Grecs eux-mêmes, devenus méfians après tout ce qu'ils avoient souffert par l'insolence et les voleries des autres croisés, Alexis Comnène témoigna à Raymond de Saint-Giles un respect et une confiance, que jusqu'alors les chefs des Francs n'avoient point réussi à lui inspirer. (2)

Toute l'attention des peuples de l'Occident se dirigeoit désormais vers les armées des croisés. Les princes les plus actifs et les plus ambitieux avoient quitté leurs états, et cessé de

---

(1) *Raimondi de Agiles Canonici Podiensis*, p. 139, *in Gesta Dei per Francos.* — Hist. gén. de Languedoc, Liv. XV, cap. 61, p. 296.

(2) *Raimondi de Agiles*, p. 139. — *Annæ Comnenis Alexiados*, Lib. X, p. 241.

donner de l'inquiétude à leurs voisins ; les autres, épuisés par l'émigration d'un nombre prodigieux de leurs sujets, par les dépenses de l'armement de tant de soldats, par les avances que ceux qui restoient avoient faites, à de gros intérêts, à ceux qui partoient, évitoient soigneusement la guerre ; d'autant plus que leurs entreprises, en contrariant le fanatisme universel, auroient presque été regardées comme sacriléges. Les prédicateurs continuoient à entretenir les peuples, des travaux et des dangers de leurs frères en Orient, et du devoir où ils étoient de les secourir. Les lettres qu'on recevoit d'eux étoient lues dans les chaires, et les faits d'armes qu'ils avoient accomplis étoient assez brillans pour occuper tous les esprits. En effet, les Francs étoient arrivés jusque devant Constantinople en combattant toujours ; car quoiqu'ils eussent prétendu s'armer pour porter des secours aux Grecs, ils avoient forcé ceux-ci, par leur rapacité et leur indiscipline, à tourner leurs armes contre ces prétendus défenseurs. Alexis Comnène avoit eu besoin de beaucoup d'habileté et de modération, pour faire respecter son autorité par ces flots de barbares, qui traversoient en tout sens ses états, et pour éviter en même temps d'entrer en guerre avec eux. Il les voyoit se préparer à conquérir des provinces tout récemment détachées de l'empire d'Orient, et auxquelles

1097.

il n'avoit point encore renoncé : à ce titre, il leur demanda de lui prêter serment de fidélité, et de lui faire hommage pour les fiefs qu'ils tiendroient de sa couronne; puis, aussitôt qu'il avoit obtenu d'eux cette marque de déférence, il les transportoit les uns après les autres sur le rivage d'Asie. (1)

Nous ne suivrons point les croisés en Asie : leurs exploits et leurs malheurs appartiennent à l'histoire de l'Europe ou de la chrétienté plutôt qu'à celle de la France. Les pèlerins, quoique désignés aussi communément par le nom générique de Francs que par celui de Latins, avoient cessé de s'y regarder comme Français, pour n'être plus que les soldats de la croix et les compatriotes de tous les catholiques. Deux mots doivent nous suffire pour indiquer, non pour décrire, les combats où s'ensevelirent leurs bataillons.

Les Turcs Seljoucides s'étoient emparés de l'Asie mineure, et le siége de leur empire étoit à Nicée. C'étoient les premiers infidèles que les Latins devoient rencontrer; d'ailleurs tout parut turc à leurs yeux une fois qu'ils eurent passé le Bosphore : ils se signalèrent par les plus

---

(1) *Annæ Comnenæ Alexias.*, Lib. X, pag. 288. — *Guiberti abbatis Novigenti, Histor. Hierosolym.*, Lib. II, p. 485. *In Gesta Dei per Francos.* — *Fulcherii Carnotens. Gesta Peregrinor. francor.*, cap. 4, p. 386.

horribles cruautés contre les chrétiens qui res- 1097.
toient sur ce rivage, aussi-bien que contre les
Musulmans : en retour ils armèrent toute la
population contre eux. Dans ces premiers combats, Gauthier *sans avoir* fut tué, l'ermite
Pierre perdit toute son armée, Godescalc vit
périr les derniers de ses fanatiques allemands,
et toute la multitude qui avoit précédé les
princes succomba sous le fer des Turcs ou par
la misère.

Lorsque Godefroi de Bouillon, Raymond, et
les deux Robert débarquèrent à leur tour sur
l'autre rive du Bosphore, ils vengèrent ces premiers pèlerins sur Soliman, sultan de Nicée; ils
le vainquirent dans une première bataille, le 14
mai 1097; ils lui prirent sa capitale après un
siége de sept semaines. Traversant alors l'Asie
mineure, ils remportèrent une seconde victoire, le 4 juillet, à Doryleum, sur les mêmes
ennemis qui avoient cru les surprendre. Ils
parvinrent enfin en Syrie, et, le 21 octobre, ils
entreprirent le siége d'Antioche, qui les retint
jusqu'au 3 juin de l'année suivante. (1).

Mais les succès, presque autant que les revers, étoient funestes aux roturiers de l'armée:
presque tous les fantassins périrent, ou dans les

---

(1) *Alberti Aquensis Hist. Hierosol.*, Lib. I, p. 191 seq. —
Fulcherii Carnot., cap. 5, p. 387. — *Willelmi Tyrii*, Lib. III,
p. 665. — *Pagi Critica in Baronium*, ann. 1097, p. 331.

marches, ou dans les batailles, ou par la famine, ou au siége d'Antioche. Les chevaliers étoient toujours les derniers à éprouver les besoins; aussi échappèrent-ils à la faim, à la soif, aux maladies qu'engendroit une chaleur brûlante, et à la fatigue; et l'on en vit un grand nombre atteindre le but de leur pèlerinage et revenir ensuite en Europe.

Pendant leur absence, il y eut cependant quelques mouvemens militaires sur les frontières, entre les deux rois de France et d'Angleterre. Guillaume-le-Roux, qui tenoit la Normandie en gage pour cinq ans, se flattoit que Robert, son frère, ne viendroit jamais la lui redemander. Il voulut donc profiter de la foiblesse et de la lâcheté du roi Philippe, pour étendre à ses dépens les frontières de ce duché. Il lui demanda la restitution du Vexin, et particulièrement des villes de Pontoise, Chaumont et Mantes. « Tout le poids d'une guerre san-
« glante, dit Ordéric Vitalis, tomba alors sur
« les Français; car leur roi Philippe, par sa
« paresse et sa corpulence, n'étoit pas propre
« à la milice, et son fils Louis étoit encore trop
« jeune pour pouvoir combattre; le roi d'An-
« gleterre au contraire étoit uniquement adonné
« aux armes, et toujours entouré d'excellens
« chevaliers (1). » La plupart des seigneurs, sur

---

(1) *Orderici Vitalis*, Lib. X, p. 766.

cette frontière, tenoient en même temps des
fiefs de l'un et de l'autre roi. Ils étoient appelés
à choisir et à rendre le fief à l'un des deux, en
lui retirant leur hommage pour servir l'autre.
Ils préférèrent vaincre avec le plus brave plutôt
que de succomber avec le plus lâche. Le comte de
Mantes, le premier, reçut les Anglais dans ses
châteaux et leur ouvrit la frontière. Le seigneur
de la Roche-Guyon suivit cet exemple, et au
lieu de rendre loyalement à Philippe ce qu'il
tenoit de lui, il fut tenté par l'argent des Anglais, et il leur livra la Roche-Guyon et Veteuil;
d'autres chevaliers encore l'imitèrent; et pour
leur donner un point d'appui, le roi d'Angleterre fit fortifier le château de Gisors. Toutefois
quelques gentilshommes du Vexin, parmi lesquels on remarquoit les seigneurs de Chaumont
et de Serranz, n'oublièrent point ce qu'ils devoient à leur patrie. Ces braves gens, abandonnés par leur roi, et ne trouvant aucun appui
dans la nation, ne recevant aucune solde, et ne
pouvant attendre d'autre bénéfice de la guerre
que la rançon de quelques prisonniers anglais
ou normands, résistèrent cependant avec vaillance, et ne permirent point à l'ennemi de faire
de plus grands progrès dans le royaume. (1)

Si Philippe n'avoit pas été incapable de tout

---

(1) *Orderici Vitalis*, Lib. X, p. 766.

sentiment élevé, et de tout acte de vigueur, la résistance des chevaliers du Vexin l'auroit tiré de son assoupissement; il se seroit opposé aux usurpations du roi d'Angleterre, il auroit également défendu contre lui le comte du Maine, qui se voyoit menacé d'une injuste agression. Ce comte étoit Hélie de la Flèche, fils d'une des trois princesses en qui avoit fini l'ancienne maison du Maine; il avoit acheté les droits de la seconde femme du marquis d'Este; et l'aînée, épouse de Robert Courte-Heuse, étoit morte sans postérité. Hélie étoit un homme probe, rangé dans ses mœurs, aimé de ses sujets, et respecté de ses soldats comme un bon capitaine. Il s'étoit croisé au concile de Clermont, et il étoit venu à Rouen demander au roi d'Angleterre de garantir son patrimoine, pendant qu'il seroit à la Terre-Sainte; mais Guillaume prétendit avoir hérité des droits sur le Maine de la femme de Robert son frère; il déclara qu'il vouloit les faire valoir, non devant des juges ou des arbitres, comme le proposoit Hélie, mais avec des milliers de lances; et le comte du Maine, tout en gardant la croix et la faisant porter à ses soldats, fut obligé de renoncer à la croisade. (1)

Hélie invoqua vainement les secours de

(1) *Orderici Vitalis*, Lib. X, p. 769.

l'Église, qui, au concile de Clermont, s'étoit engagée à protéger les croisés; ceux de Philippe, son suzerain, qui ne voulut pas troubler son repos; ceux de Guillaume IX, comte de Poitiers, qui, au lieu de l'assister, s'allia à ses ennemis; il fit enfin hommage de son comté à Foulques-le-Réchin, comte d'Anjou et de Touraine, pour engager ce prince à le défendre. Il repoussa en effet, au mois de février 1098, l'aggression du roi d'Angleterre; mais le 28 avril suivant, il eut le malheur de tomber dans une embuscade de Robert de Bélesme, son voisin et son rival, qui, l'ayant fait prisonnier, le conduisit à Rouen et le présenta au roi Guillaume. (1)

Guillaume-le-Roux, qui traitoit ses sujets avec une cruauté extrême, savoit quelquefois montrer de la générosité à ses prisonniers. Du moins, pour un homme tel que lui, c'étoit être généreux que de ne pas arracher à Hélie, par des menaces ou des supplices, les possessions qu'il vouloit lui enlever. Foulques-le-Réchin, qui pendant la captivité d'Hélie avoit entrepris la défense du Maine, traita en son nom avec Guillaume. Toute la province, à la réserve de cinq châteaux, fut livrée au roi d'Angleterre pour la rançon de son seigneur; et Hélie, re-

---

(1) *Orderici Vitalis*, Lib. X, p. 771.

mis en liberté, continua, malgré l'extrême disproportion de ses forces, à faire la guerre au roi d'Angleterre, avec le petit nombre de soldats qui s'étoient attachés à sa fortune. (1)

Guillaume étoit cependant retourné en Angleterre, et il s'y livroit à la chasse, son plaisir favori, lorsqu'un courrier lui apporta la nouvelle qu'Hélie de la Flèche avoit surpris la ville du Mans avec l'aide des bourgeois, qui lui avoient toujours été favorables, et qu'il assiégeoit les soldats du roi dans la citadelle, où ceux-ci avoient été forcés de se retirer. Sans perdre un seul instant, Guillaume tourna son cheval vers le plus prochain port de mer, et y arrivant au galop, il se jeta, quoique la mer fût très rude, dans le premier bâteau qu'il trouva prêt à faire voile. Il arriva ainsi à Poucque en Normandie, sans suite et sans équipage ; il se fit prêter, par un prêtre, une jument, pour aller jusqu'à Rouen ; et continuant d'agir avec la même résolution et la même promptitude, il eut bientôt rassemblé une armée avec laquelle il s'avança jusqu'au Mans. Hélie, averti de son approche, évacua cette ville qu'il n'avoit pas gardée plus de huit jours, et qui durant cet espace de temps avoit été brûlée par les feux lancés de la citadelle. Il se retira au château du

(1) *Orderici Vitalis*, Lib. X, p. 773.

Loir, la meilleure de ses forteresses, tandis que
Guillaume dévastoit son patrimoine, et se vengeoit avec usure du dommage qu'il venoit de recevoir. (1)

Pendant ce temps, l'occident retentissoit des nouvelles de la Terre-Sainte. Antioche avoit été prise après un siége de sept mois et demi; et cette grande ville, ancienne capitale de l'Orient, que les Turcs Seljoucides avoient enlevée aux Grecs, seulement en 1084, ou quatorze ans auparavant, étoit devenue la capitale d'une nouvelle principauté normande, fondée en faveur de Boémond, fils de Robert Guiscard. Les chrétiens assiégés dans la conquête qu'ils avoient à peine achevée, et épuisés par des combats sans cesse renaissans, crurent toucher à leur perte. Étienne, comte de Chartres, et Hugues-le-Grand, comte de Vermandois, s'étant chargés d'une mission auprès d'Alexis Comnène, abandonnèrent leurs compagnons d'armes, et arrivèrent en Occident comme des fugitifs. Bientôt cependant la nouvelle des succès de l'armée d'où ils avoient déserté, les couvrit de honte. Les chrétiens avoient défait les Turcs qui les assiégeoient dans Antioche (2). Après quelques mois de repos ils avoient repris l'offensive au mois de mai 1099, et leur armée

(1) *Orderici Vitalis*, Lib. X, p. 775.
(2) *Willelmus Tyrius*, Lib. VI, p. 712.

réduite à moins de quarante mille hommes, s'étoit enfin, le 15 juillet, rendue maîtresse de Jérusalem. Le 23 du même mois, Godefroi de Bouillon avoit été désigné comme roi de ce nouveau royaume. La plupart des croisés étoient ensuite repartis pour l'Europe. On savoit Robert Courte-Heuse déjà débarqué en Calabre; on attendoit les autres, et on se préparoit à recevoir les héros de la croix, dans quelques lieux comme des triomphateurs, dans d'autres, comme des hôtes incommodes, qu'on avoit compté ne jamais revoir.

Guillaume-le-Roux, en particulier, avoit appris avec inquiétude l'approche de son frère Robert; il étoit bien déterminé à ne jamais lui rendre la Normandie qu'il avoit reçue de lui en gage; mais il ne songeoit pas sans crainte à la popularité que le prince croisé avoit acquise dans son voyage d'outre-mer : il fit préparer sa flotte et son armée, non-seulement pour défendre les provinces qu'il possédoit déjà sur le continent, mais pour en acquérir encore de nouvelles. Guillaume IX, comte de Poitiers et duc d'Aquitaine, cédant aux instances des religieux et des troubadours, parmi lesquels il commençoit lui-même à occuper un rang distingué, vouloit se mettre à la tête d'une autre croisade, que l'on préparoit pour porter des secours au nouveau royaume de Jérusalem; aban-

donné dans sa foiblesse par la plupart de ses
premiers conquérans. Le comte de Poitiers, qui
avoit besoin d'argent pour cette expédition,
offroit au roi d'Angleterre, qui étoit fort riche,
tous ses états en gage, de la Loire jusqu'à la Ga-
ronne, pour une somme considérable sur laquelle les deux princes n'étoient pas encore
d'accord. (1).

Mais les vastes projets du souverain de l'Angleterre et de la Normandie furent tout à coup
renversés par un événement imprévu. Le 2
août, comme il se préparoit à chasser dans la
nouvelle forêt que son père avoit formée près
de Southampton, en dévastant plus de soixante
paroisses, et en forçant les habitans de cette
contrée fertile à céder la place aux animaux
sauvages, on lui apporta six flèches nouvelles,
dont le fer étoit très acéré, et qu'il loua comme
les meilleures qu'il eût encore vues. Il en prit
quatre pour lui-même, et donna les deux autres
à Gaultier-Tyrrel, seigneur de Poix et de Pontoise, vaillant soldat, qu'il aimoit beaucoup,
et qu'il regardoit comme un excellent tireur.
Le roi partit ensuite avec lui pour la chasse ;
un cerf passa entre eux ; Guillaume fit signe à
Gaultier de tirer le premier ; la flèche de celui-ci
rebondit, à ce qu'on assure, sur le dos du cerf,

(1) *Orderici Vitalis*, p. 771.

et vint frapper le roi, qui chancela, tomba de son cheval, et expira immédiatement. Sans le vouloir, Tyrrel avoit délivré l'Angleterre, et une grande partie de la France, d'un tyran exécrable, avec les armes mêmes qu'il venoit de recevoir de lui.

Toutefois ceux qui espéroient des temps meilleurs osoient à peine laisser percer leur joie, tandis que les soldats mercenaires, qu'on redoutoit également comme ministres des fureurs de Guillaume, et comme brigands, et les femmes de mauvaise vie qui les accompagnoient, et qui formoient la société plus habituelle du roi, faisoient éclater leur douleur. Tyrrel n'osa point braver leur ressentiment; il s'enfuit vers un port de mer, gagna la France, et s'enferma dans un de ses châteaux, hors de la puissance des Normands et des Anglais; de là il passa plus tard à la Terre-Sainte, où il mourut; tandis que Guillaume, abandonné dans l'endroit où il étoit tombé, par la plupart des grands de sa suite, qui s'enfuyoient à toute hâte vers leurs châteaux, pour les mettre en état de défense, fut recueilli par quelques-uns de ses plus pauvres serviteurs, placé en travers sur un cheval, comme les sangliers qu'il avoit tués à la chasse, et transporté à Winchester, où il fut enterré, dans la quarante-quatrième année de son âge, après un règne de douze ans dix mois et vingt jours. (1)

(1) *Orderici Vitalis*, Lib. X, p. 782. — *Willelmi Malmesbury, de Gestis regum Anglor.*, Lib. IV. p. 5, T. XIII. — *Henrici Huntindon.*, Lib. VII, p. 32. — *Chronic. Anglo-Saxon.*, p. 57. — *Florentii Wigorn. Chron.*, p. 70.

FIN DU TOME QUATRIÈME.

TABLE CHRONOLOGIQUE

ET ANALYTIQUE

DU TOME QUATRIÈME.

TROISIÈME PARTIE.

LA FRANCE CONFÉDÉRÉE SOUS LE RÉGIME FÉODAL.

CHAPITRE Ier. *Affermissement du système féodal, à la chute de la seconde dynastie.* 987.......... page 1

A dater du couronnement de Hugues Capet, la France est gouvernée par une confédération de princes, associés par le régime féodal...................... *ibid.*
La durée de ce régime féodal forme un long interrègne, de 987 à 1226.................................... 2
Ce régime ne fut point l'antique législation des Germains, quoiqu'il en comprît quelques parties...... 4
Toute concession de terre, à charge d'obéissance et de service, n'est pas non plus de la féodalité........ 5
Le droit de guerre privée avoit cessé sous Charlemagne, et la classe des hommes libres avoit presque disparu. 6
Il recommença lorsque les seigneurs acquirent le droit de fortifier leurs châteaux..................... 7
Le droit de défense privée retrempa le caractère national.. 9
La fierté et la bravoure de la noblesse, dues à ses châteaux et à son armure...................... 11

TABLE CHRONOLOGIQUE, etc. 565

Le gentilhomme se destina uniquement à combattre, et donna tout son temps aux exercices du corps. *pag.* 12

L'ordre équestre sentit le besoin d'établir un nouveau lien social... 14

Quels étoient les grands vassaux qui s'étoient divisé la France pendant la seconde race................... 15

Partage des fiefs de ces grands vassaux entre les nobles du second et troisième rang....................... 17

Réciprocité des devoirs contractés, par la foi, l'hommage, et l'investiture, entre le seigneur et le vassal. 19

L'oblation de fief, et les alliances sous foi et hommage multiplient les liens féodaux..................... 21

Les rois admis dans le système féodal, sont supposés avoir sur les seigneurs les droits des seigneurs sur leurs vassaux.. 23

Le service militaire étoit la première condition du lien féodal.. 24

Le service judiciaire étoit la seconde ; il remplaça la juridiction des hommes libres dans les *plaids* du comté. 25

Le combat judiciaire devint la base de la jurisprudence entre gentilshommes............................... 27

La volonté arbitraire des seigneurs continua à régir les vilains.. 28

Le lien féodal put être dissous par l'abjuration de l'hommage... 30

La servitude des campagnes avoit précédé le régime féodal ; l'oppression des paysans s'accrut au lieu de diminuer à son déclin....................................... 31

La période de la confédération féodale vit naître la chevalerie, la liberté des communes, la langue, la poésie moderne, les études classiques, et la réforme des Albigeois... 32

CHAPITRE II. *Règne de Hugues Capet.* 987-996, *pag.* 35

987.	Pour consolider la révolution féodale, la dynastie régnante fut changée................	*ibid.*
	Ce changement de dynastie ne parut point aux contemporains un événement très-important.	36
	Ignorance des contemporains sur l'origine de Hugues Capet.........................	37
	Les vassaux de Hugues Capet, et ceux de son frère et de son beau-frère, l'élèvent sur le trône..	40
	Lenteur de Charles de Lorraine à réclamer la succession de son neveu..................	41
	Les grands seigneurs demeurent favorables à Charles, sans combattre pour lui...........	42
	Tentative de Hugues pour s'assurer des archevêques de Sens et de Reims...............	43
988.	Mai. Charles s'empare de Laon et ensuite de Reims, à l'aide de l'archevêque Arnolphe..	45
988-990.	Hugues passe trois ans avant d'attaquer Charles...............................	46
	Il fait la guerre à Guillaume-Bras-de-Fer, comte de Poitiers.............................	47
990.	Hugues Capet assiége Laon, et il est repoussé par Charles..........................	48
991.	Charles surpris en trahison par l'évêque de Laon, est livré à Hugues Capet...............	49
	Sa captivité à Orléans, avec sa femme, ses enfans, et son neveu; fin de la race Carlovingienne.............................	50
	Succès de Hugues Capet, dont nous ne savons aucun détail.......................	51

Carrière brillante de Gerbert, qui fixe seul les regards à cette époque............*page* 52
Gerbert destiné par Hugues à remplacer Arnolphe dans l'archevêché de Reims....... 55
Concile de Saint-Basle de Reims pour la déposition d'Arnolphe.................... 56
Gerbert professe, pour la première fois, les principes des libertés de l'Église gallicane... 58

991-995. Le pape ne veut point reconnoître Gerbert, qui renonce au siége de Reims....... 60
L'histoire des Français, à cette époque, ne se compose que des guerres des grands vassaux. 63
On sait peu de chose sur le comte de Vermandois, le comte de Flandre et le duc de Bourgogne,................................ 64
Gouvernement et mort de Richard-sans-Peur en Normandie........................ 65
Mouvance de la Bretagne; elle n'eut d'abord rien de réel......................... 67
Guerres des Bretons contre les comtes d'Anjou; les deux batailles de Conquéreux... 68
Guillaume-Fier-à-Bras, comte de Poitou. Jalousie et vengeance d'Emmeline, sa femme. 70
Règne de Conrad-le-Pacifique dans la Bourgogne transjurane...................... 73
Règne de Rodolphe-le-Fainéant. Origine des maisons de Franche-Comté, de Savoie, de Dauphiné et de Provence .... *ibid.*
Peste de Limoges en 994. Première origine de la trève de Dieu..................... 76

996. 24 octobre. Mort de Hugues Capet. Discours qu'il adressa à son fils............... 78

CHAPITRE III. *Commencement du règne de Robert ; ses mariages ; son caractère ; mœurs nationales ; pontificat de Sylvestre II.* 996—1003 .... page 80

Obscurité croissante de l'histoire, malgré le progrès des connoissances.................... *ibid.*
Causes de cette obscurité. Manque de communications entre les provinces..................... 81
Peu d'intérêt accordé à l'histoire privée des provinces ou des villes......................... 83
996. Nullité des rois à cette époque. Cessation de toute action à distance............... 84
Troisième cause. Attente universelle de la fin du monde........................ 85
Révolution dans le pouvoir de l'Eglise, anéanti au dixième siècle, et relevé au onzième... 87
Les évêques tombés dans la dépendance des comtes chez qui leur diocèse étoit situé.... 88
L'influence des empereurs sur la nomination des papes commence à relever l'Église........ 91
Efforts des papes pour recouvrer le temporel des églises par d'effroyables anathèmes..... 92
Robert succède à son père, sans élection ni assentiment de ses vassaux............ 95
Cessation des plaids généraux, et de toute assemblée nationale..................... 96
Les fonctions royales bornées à la ville où le roi résidoit....................... 97
Mariage de Robert avec Berthe. Cette union est déclarée incestueuse................. 98
Ce mariage est dissous par un concile en 998.

Fables sur l'excommunication de Robert. *page* 101
Doutes sur l'époque où Robert épousa Constance, sa seconde femme.................. 102
Robert presque uniquement occupé de composer de la musique d'église.............. 104
Bienfaisance de Robert, qui se laisse voler par excès de bonté....................... 106
Son artifice pour ne pas exposer ses sujets et lui-même au parjure..................... 107
Son indulgence, même pour le sacrilége et pour d'autres péchés...................... 108
Pendant que la chevalerie se formoit, les premiers Capets y demeurèrent étrangers..... 110

997. Soulèvement des paysans de Normandie contre leurs seigneurs.................. 111
Efforts des prêtres pour dominer les chevaliers par la superstition. Pénitences de Foulques Nerra, comte d'Anjou...................... 113
Ceux qui envahissent les biens de l'Église, mangés par les rats...................... 115
Zèle des chevaliers pour les pèlerinages. Premiers Normands dans la Pouille........ 116

999. Gerbert élevé à la papauté, sous le nom de Sylvestre II........................ 118
Gerbert invite les chrétiens à s'armer pour la défense du Saint-Sépulcre............. 120
Gerbert rétablit Arnolphe sur le siége de Reims................................. 121

1003. Mort de Gerbert ou Sylvestre II, un an après son élève Othon III........... 122

CHAPITRE IV. *Fin du règne de Robert II.* 1002—
1031.................................... page 124

Obscurité de cette période de l'histoire de France..... *ibid.*
Son importance dans le développement des mœurs chevaleresques................................. 125
1002. Henri II élevé sur le trône de Germanie........ 126
   Prise et pillage de Strasbourg, le jour de Pâques, par les adversaires de Henri II......... 127
   Les Italiens donnent leur couronne à Arduin, marquis d'Ivrée......................... 128
   15 octobre. Mort de Henri, duc de Bourgogne. Robert veut recueillir son héritage.. 129
1003. Robert ainsi que Richard repoussés devant Auxerre par la crainte de saint Germain.. 131
1005. Seconde campagne de Robert en Bourgogne, également infructueuse................. 133
   Burchard, comte de Melun, et Hugues de Beauvais, favoris du roi...................... 134
   Hugues de Beauvais massacré aux pieds du roi, par des chevaliers de sa femme........... 135
   Jalousie qu'excitoit l'élégance supérieure des chevaliers Aquitains. Les Français et les Bourguignons imitent cependant leurs modes... 136
   Petites guerres d'autres chevaliers autour de leurs châteaux......................... 138
1006. Guerres de Baudoin IV, comte de Flandre, auprès de Valenciennes, contre les rois de France et de Germanie.................. 140
1005-1015. Progrès de la fermentation religieuse. Nombreux synodes..................... 142
   Construction de nouvelles églises. Invention de reliques............................. 144

ET ANALYTIQUE.

Progrès de l'intolérance. Nouvelles hérésies. *pag.* 145
Tentative de réforme. Nouveaux gnostiques d'Orléans................................ 147
1022. Vraies opinions de ces sectaires. Accusations intentées contre eux............................ 149
Ils sont condamnés et exécutés au concile d'Orléans................................. 150
Leurs disciples se répandent en Aquitaine. Commencement des Albigeois................ 152
1009. 29 septembre. Destruction du saint Sépulcre par le khalife Haram....................... *ibid.*
Les Juifs, accusés de l'avoir conseillé, sont mis à mort dans toute la France............ 153
1016. Le comte de Sens chassé de son comté pour avoir défendu les Juifs................... 154
Soufflet annuel donné à un juif sur la porte du temple de Toulouse.................... 157
1018. Expédition du comte Roger-le-Normand contre les Sarrasins d'Espagne................. 158
1016. Pèlerinage du roi Robert à Rome............ 160
Pèlerinage des Normands, qui les acheminent à la conquête de la Pouille.............. 161
Pacification de la Bourgogne. Le titre de duc donné à Henri, fils de Robert........... 163
Négociation de Rodolphe III le-Fainéant, pour soumettre le royaume d'Arles à l'Empire... 164
1016-1023. Comparaison de Henri II avec Robert. Avantages du premier.................. 165
Conférence entre les deux monarques, en 1023, à Ivois sur le Chier................... 167
Henri II veut prendre l'habit de moine à Verdun. Son abbé lui ordonne de régner.... 168
Eudes II réunit la Champagne aux comtés de

Blois et de Chartres. Son ambition.... *page* 170
Robert, en 1017, associe Hugues, son fils aîné, à la couronne.................................. 172
1021. Première association des villes pour se soustraire aux guerres privées........................ 174
Première tentative des évêques pour établir la paix de Dieu................................. 175
1024. 13 juillet. Mort de Henri II. Succession de Conrad II, le Salique..................... 177
Les seigneurs italiens offrent leur couronne à Robert, qui forme aussi des projets sur le royaume de Lorraine........................ 178
Prétention de Guillaume III de Poitiers sur l'Italie, et d'Eudes II de Champagne, sur le royaume d'Arles............................ 180
Longue rivalité d'Eudes II de Champagne, avec Foulques Nerra, comte d'Anjou............. 182
Lettre de Eudes II au roi Robert, avec lequel il fait sa paix................................. 184
1025-1031. Chagrins domestiques du roi Robert. Mort de son fils aîné, 1028................. 187
Imbécillité de son second fils. Il fait couronner (1027) le troisième Henri................. 188
Guerre des fils de Robert contre leur père. Mort de divers seigneurs..................... 189
Mort de Richard II et de Richard III, ducs de Normandie.................................. 190
Révolte en Flandre, de Baudoin de Lille contre son père Baudoin à la Belle-Barbe........ 193
Mort du roi Robert, le 20 juillet 1031....... 195

CHAPITRE V. *Commencemens du règne de Henri I*^{er}.
1031-1042............................. *page* 197

Progrès de la France sous une race royale dégénérée. *ibid.*
Origine de la chevalerie, existant tout au moins au
    temps de Henri Ier................................. 198
Ce fut la consécration des armes des forts à la défense
    des foibles.. 199
Engagemens contractés en recevant l'ordre de cheva-
    lerie... 201
La domesticité est anoblie, et devient l'école des che-
    valiers... 204
Heureux effets sur les mœurs nationales, du rappro-
    chement entre les varlets ou damoiseaux et les cheva-
    liers ou les nobles dames. *Courtoisie.*............ 205
A leur tour les grands seigneurs servent comme damoi-
    seaux à la cour du roi............................. 206
Les quatre premiers rois Capétiens résistent aux pro-
    grès de la chevalerie.............................. 208
1031. Éloge chevaleresque de Henri Ier, qui ne le mé-
    ritoit pas.. 209
    Constance veut faire passer la couronne à son
        plus jeune fils Robert......................... 211
    Le duc des Normands, Robert-le-Magnifique,
        affermit Henri sur le trône.................... 212
1032-1034. Guerres entre Henri et Eudes II de Cham-
    pagne, pour la nomination d'un archevêque
    de Sens... 213
1031-1042. Mollesse de Henri et de son frère Robert,
    oubliés sur le trône.............................. 214
1030-1033. Horrible famine en France, causée par
    les pluies et la pourriture des blés................ 216

Fréquens exemples de l'emploi de la chair humaine à la nourriture de l'homme.... *page* 217
Secours donnés par les églises pour sauver une partie de la population................ 220
1032. 6 septembre. Mort de Rodolphe III. Prétentions des fils de ses sœurs à la couronne d'Arles.. 221
1032-1034. Guerre entre ceux-ci, Conrad-le-Salique, et Eudes II, comte de Champagne....... 223
1034. La Bourgogne transjurane et la Provence réunies à l'Empire........................ 224
1037. Les Milanais offrent la couronne de Lombardie à Eudes II de Champagne............ 225
15 novembre. Eudes II tué près de Bar-le-Duc. Partage de ses états................ 226
1038. Henri III associé, à Soleure, à la couronne de Bourgogne...................... 228
1039. 4 juin. Mort de Conrad. Provinces de France soumises à Henri III............. 229
1036-1040. Guerres civiles dans l'Anjou, entre Foulques Nerra et son fils Geoffroi-Martel.... 230
Pèlerinage de Foulques Nerra à Jérusalem, et sa mort le 21 juin 1040............. 232
1042. Victoire de Geoffroi-Martel sur les fils du comte de Champagne et sur Eudes de France.... 233
1028-1035. Puissance de Robert-le-Magnifique, duc des Normands...................... 235
1033. Son expédition contre l'Angleterre. Hommage du duc de Bretagne................. 236
1034. Pèlerinage de Robert à la Terre-Sainte, et sa mort le 1er juillet 1035.............. 238
1035-1042. Le duché de Normandie disputé entre son fils Guillaume-le-Bâtard et Gui de Mâcon.. 240
1035. Prédication de la paix de Dieu, pour réprimer

les désordres des guerres privées......... page 242
Conditions de la paix de Dieu................ 244
Dénonciation de l'anathème contre ceux qui la violeroient................................. 245
1041. La *trève de Dieu* substituée à la paix de Dieu, par plusieurs conciles provinciaux.......... 246
C'est le plus grand service que le clergé ait rendu à l'humanité................................ 248
De quelle manière la trève de Dieu limita le droit et l'abus de la guerre....................... 249
1042. Elle ne fut point admise par Henri Ier, dans son duché de France.............................. 250

CHAPITRE VI. *Fin du règne de Henri Ier*. 1042-1060... 252

La série des événemens est presque interrompue, et cependant le progrès national est constant pendant cette période............................... *ibid.*
Fixation de la langue, sa division en roman wallon et roman provençal............................ 253
Le roman, conservé chez les villageois, se partageoit en des milliers de dialectes................ 254
Le progrès de l'opulence dans les villes, enrichit la langue et la rendit uniforme............... 256
La comparaison avec le latin, étudié par les prêtres, régularisa sa grammaire................... 257
Le roman acquiert dans les châteaux l'élégance et la courtoisie................................ 258
Langue des cours welches, de Paris, Rouen, Dijon, Blois, Troyes et Lille..................... 259
Langue des cours provençales d'Arles, Marseille, Toulouse, Poitiers, Barcelonne............... 260

1042-1060. Les pays de langue provençale ne présentent pas d'événemens durant cette période.................................*page* 263

Histoire domestique de Henri I*er*. Ses mariages; les deux Mathilde.......................... 264

1042-1051. Il épouse Anne, fille de Jeroslaus, tzar des Russes de Kiovie..................... 265

1059. Il fait sacrer son fils aîné Philippe, âgé de sept ans.. 267

1052. Controverse entre Paris et Ratisbonne sur les reliques de saint Denis.................... 270

Henri I*er* ne paroît qu'incidemment dans l'histoire, par ses rapports avec l'empereur, le duc des Normands et l'Église............ 272

1048. Guerres de l'empereur Henri III en Lorraine, auxquelles Henri I*er* refuse de prendre part.. 273

1048-1057. Résistance de Godefroi de Lorraine et de Baudoin de Flandre à l'empereur......... 274

1032-1047. Minorité de Guillaume-le-Bâtard. Troubles de Normandie....................... 276

1048. Guillaume en guerre avec Geoffroi-Martel, comte d'Anjou............................ 278

1053. Mariage de Guillaume avec Mathilde, fille de Baudoin de Flandre..................... 280

1054. Guerre de Guillaume avec Henri I*er*, à l'occasion du comté d'Arques.................. 281

Guillaume évite de combattre le roi, mais il défait son frère à Mortemer................ 283

1058. Dernière irruption de Henri I*er* en Normandie, et paix entre les Français et les Normands.. 285

1042-1060. Importance de l'histoire religieuse à la même époque. Esprit de réforme........ 286

1046-1052. Sectaires mis à mort pour n'avoir pas

ET ANALYTIQUE.

    mangé de viande .... *page* 288

1050. Commencement de la controverse de Bérenger sur la transsubstantiation 290

    Le supplice de Bérenger demandé par les évêques ; mais on use envers lui de ménagemens. 291

    Désordres de l'Église. Vente des bénéfices ecclésiastiques ou simonie..................... 293

1012-1044. Les papes sous la dépendance des comtes de Tusculum, Benoît IX et ses collègues... 294

    Henri III, empereur, entreprend de réformer la discipline ecclésiastique................ 296

1045. Effets de cette réforme. Commencemens du moine Hildebrand 297

    Concile de Reims, présidé par Léon IX. Punition des évêques simoniaques 299

1053. Les Normands de Pouille deviennent vassaux du pape après leur victoire de Civitella 302

1054. Nouveau pape nommé par l'empereur, de concert avec Hildebrand...................... 303

1056. 7 octobre. Mort de l'empereur Henri III. Succession de Henri IV, âgé de cinq ans...... 304

1059. L'aristocratie de l'Église fondée par Nicolas II. L'élection du pape attribuée aux cardinaux, 306

    Poursuites contre les prêtres mariés ou Nicolaïtes................................. *ibid.*

1055. Réunion du comté de Sens au domaine de Henri Ier..................... 308

1060. 4 août. Mort de Henri Ier................. 309

CHAPITRE VII. *Minorité de Philippe Ier ; conquête de l'Angleterre.* 1060-1067................ *page* 310

État de la maison Capétienne au moment de la mort de Henri Ier............................. *ibid.*

TOME IV.

Avantages des monarchies, quant à la régularité de la transmission du pouvoir............*page* 312

On y demande une volonté gouvernante, et l'on renonce à ce qu'elle soit la plus éclairée........... 313

Les minorités détruisent tous ces avantages des monarchies..................................... 314

Elles substituent une république temporaire de la plus mauvaise espèce à la royauté................ 316

1060. L'hérédité d'un enfant de huit ans garantie en France par le système féodal............. 317

Mais la tutelle féodale étant inapplicable à la couronne, elle fut testamentaire......... 319

Baudoin de Flandre, beau-frère de Henri, nommé tuteur, avec espérance de succession..... 320

1060-1067. Tutelle de Baudoin qui se borne à administrer les biens sans gouverner............. 321

1062. Mariage d'Anne de Russie avec Raoul, comte de Crespy et de Valois................. 323

1068. Cour plénière tenue à Corbie, et charte de Philippe Ier au couvent de Hasnon........... 324

1060-1062. Agnès d'Aquitaine, tutrice de Henri IV, de Germanie, en Lorraine, Provence et Bourgogne.. 325

1061-1067. Schisme de Cadalous et d'Alexandre II.. 326

1062. Henri IV dérobé à Agnès sa mère, par l'archevêque de Cologne........................... 327

1062-1063. Progrès du zèle religieux. Expédition du duc d'Aquitaine contre les Maures d'Espagne. 329

1064. Pèlerinage de sept mille chevaliers armés à la Terre-Sainte................................ 331

1060-1065. Acheminemens de Guillaume, duc de Normandie, à la conquête de l'Angleterre..... 333

1060. Guillaume tranquille du côté de l'Anjou. Guerre

entre les deux neveux de Geoffroi-Martel. *p.* 335

1060-1067. Rapports du duc Guillaume avec les comtes de Bretagne.......................... 337

1061. Révoltes de quelques comtes normands contre Guillaume.............................. 338

1063. Guillaume s'empare du comté du Maine par des empoisonnemens....................... 339

1063-1065. Édouard III, d'Angleterre, oppose les Normands à son puissant sujet Harald, fils de Godwin................................... 340

1065. Harald jeté sur les côtes de Ponthieu, et captif de Guillaume, qui lui extorque des promesses.................................. 341

Harald accompagne Guillaume à la guerre contre Conan, duc des Bretons.............. 343

11 décembre. Conan meurt empoisonné par une créature de Guillaume................... 344

1066. 5 janvier. Mort d'Édouard III. Harald élu pour lui succéder......................... 345

Prétention de Guillaume à la couronne d'Angleterre, et ses préparatifs................ 347

Caractère des Anglo-Saxons et des Normands, d'après un auteur contemporain........... 348

Force probable de l'armée de Guillaume, quatre cent deux chevaliers.................... 351

Dernières négociations de Guillaume avec Harald....................................... 354

Harald excommunié par le saint-siége, qui nomme Guillaume champion de l'Église... 355

Harald rappelé dans le Nord, défait son frère et le roi de Norwège, près d'Yorck...... 356

29 septembre. Guillaume passe avec son armée de Saint-Valery aux côtes de Sussex....... 357

14 octobre. Bataille de Hastings, entre Guillaume et Harald. Défaite des Anglais. *page* 358

Londres ouvre ses portes à Guillaume, qui est reconnu pour roi d'Angleterre............ 360

Guillaume, pour pouvoir enrichir ses soldats, fonde ses droits sur sa conquête........ 361

Soumission à laquelle Guillaume réduit ses barons et son clergé.................. 362

Zèle des Normands pour établir en Angleterre la langue et les mœurs françaises........ 363

1067. Retour de Guillaume en Normandie......... 364

Chapitre VIII. *Noblesse ; tournois ; adolescence de Philippe Ier. 1068-1074*..............*page* 366

Multiplication de la noblesse qui se sépare davantage des autres classes......................*ibid.*

L'orgueil nobiliaire encourage tout au moins de certaines études historiques................. 368

La noblesse affecte de se séparer du peuple dans les jeux publics. Invention des tournois........... 369

Législation donnée au pas d'armes, joûtes et tournois, par Geoffroi de Pruilly............... 370

Armes courtoises, diseurs et juges du combat...... 372

Issue du tournoi souvent sanglante, même avec les armes courtoises.................... 374

Rôle que jouoient les femmes dans les tournois. Luxe des combattans...................... 376

L'invention française des tournois adoptée par les autres nations....................... 377

1068. Geoffroi de Pruilly tué à Angers, où il avoit trahi Geoffroi-le-Barbu............... 379

1068-1074. Philippe Ier abandonné sans directeur à ses passions, de quatorze à vingt-un ans...... 381

La France orientale et l'occidentale gouvernées
    par des rois également adolescens..... *page* 382

La simonie suppléant aux vices de ces rois, ils
    ont été dénoncés par l'Église............ 383

Envoi de Saint-Pierre Damiani en France et en
    Allemagne pour réformer le clergé........ 384

1073. 21 avril. Mort d'Alexandre II. Succession d'Hil-
    debrand ou Grégoire VII................ 386

Grégoire VII attaque en France les prêtres ma-
    riés et concubinaires.................... 388

Il menace Philippe Ier de le punir de sa simonie. 389

1074. Il accuse Philippe Ier des crimes les plus hon-
    teux................................. 392

Il lui reproche le brigandage par lequel il avoit
    dépouillé des marchands italiens à une foire
    où ils se rendoient..................... 394

Il charge Guillaume de Poitiers de lui repro-
    cher ses crimes........................ 395

Il menace de le punir par l'interdit, l'excom-
    munication et la déposition.............. 396

1068-1074. Guillaume-le-Conquérant occupé à ré-
    primer les révoltes des Anglais........... 398

Ses barons Normands, Bretons et Angevins,
    menacent plusieurs fois de le quitter...... 400

Le clergé lui reste soumis, et Grégoire VII le
    favorise.............................. 402

Mécontentement des Manceaux qui veulent se-
    couer le joug des Normands............. 404

1070-1073. Les Manceaux opposent Hugues d'Este,
    fils d'une de leurs princesses, à Guillaume.. 405

1070. Établissement populaire d'une première com-
    mune au Mans......................... 406

1067-1070. Règne en Flandre de Baudoin VI, ou de

Mons .... page 408
   Aventures et tentatives malheureuses de son
      frère Robert-le-Frison 409
1071. Richilde, veuve de Baudoin VI, dépouillée par
      Robert-le-Frison, recourt à Philippe Ier... 411
   20 février. Défaite de Philippe Ier à Cassel, par
      Robert-le-Frison 412
   Pacification de la Flandre. Mariage de Philippe Ier avec Berthe de Hollande 414
   Usages de Barcelonne donnés à la Catalogne
      par Raymond-Bérenger 415

CHAPITRE IX. *Établissement des communes par le peuple ; rivalité de Philippe Ier et de Guillaume.* 1075-1087. .... page 417

La fondation de la commune du Mans est un symptôme
   de la fermentation universelle .... *ibid.*
Les droits de commune furent conquis par les peuples,
   non accordés par les rois 418
Une commune étoit toujours une confédération pour la
   défense mutuelle 420
Les communes se formèrent d'abord dans les seigneuries partagées et dans celles de l'Église 422
Sous quelques rapports la condition des bourgeois
   avoit empiré quand ils sortirent d'esclavage 423
La population et la richesse croissoient cependant en
   dépit des vexations des seigneurs 425
Les villes s'étant révoltées, il leur devint facile de défendre leur liberté 427
Les chartes qu'elles demandoient maintenoient toutes
   leurs redevances 428
Les clercs et les chevaliers prêtèrent quelquefois avec les
   bourgeois serment à la commune 430

Formation de quelques corps de métier .... *page* 432
Les villes du centre de la France n'obtinrent pas de chartes de commune avant le douzième siècle..... 434
Les villes de Flandre et de Belgique furent plutôt affranchies et prospérantes................................ *ibid.*
Les villes du Midi n'avoient jamais entièrement perdu leurs municipalités................................ 436
Caractère plus industrieux et moins belliqueux que les villes donnent aux provinces du Midi............ 438
On est réduit à deviner les progrès de l'ordre populaire dans le onzième siècle........................ 440
1075-1087. Indolence de Philippe Ier parvenu à l'âge d'homme................................. 441
 Profusions de Guillaume qui lui gagnent des serviteurs à la cour de Philippe............ 443
1077-1087. Jalousie de Philippe contre Guillaume; il protége les Normands mécontens........ 444
 Rebellion de Robert Courte-Heuse contre son père Guillaume............................. 446
 Exil de Robert, et sa vie errante et licencieuse. 448
 Rencontre du père et du fils au siége de Gerberoi................................ 450
1075-1085. Rapports de Philippe Ier et de Guillaume avec Grégoire VII................... 451
 Guerre ouverte entre Henri IV de Germanie, et Grégoire VII........................ 452
 Amédée de Savoie en profite pour s'agrandir; il acquiert le Bugey................... 454
1080. Lettre de Grégoire VII à Guillaume; il lui demande des secours................... 456
 Lettre de Grégoire à Philippe Ier; il lui adresse des réprimandes.................. 457
1080-1085. Philippe profite des embarras de Grégoire

pour se dispenser d'obéir............... *page* 459

Influence de la guerre des investitures dans les royaumes de Lorraine, Bourgogne et Provence................................. 460

Indépendance presque absolue des seigneurs provençaux........................... 462

Grandeur croissante de Raymond de Saint-Gilles en Languedoc................... 464

Nullité des ducs de Bourgogne............. 466

Les chevaliers Bourguignons servent avec distinction en Espagne..................... 467

1075-1087. Nullité de Philippe. Petits faits d'armes qu'on raconte de lui................... 469

1086. Philippe songe à se divorcer d'avec Berthe de Hollande........................... 472

Les grands vassaux de la couronne restent attachés au roi, et recherchent même des places à sa cour ou auprès de sa personne....... 473

Égards que conserve Guillaume pour le roi de France son seigneur..................... 475

1087. Guerre entre les deux rois, à l'occasion des brigandages de Mantes et du Vexin.......... 476

9 septembre. Mort de Guillaume, duc de Normandie, roi d'Angleterre................ 477

Ses funérailles; pillage de sa maison; rachat de la terre où il fut enseveli............. 479

CHAPITRE X. *Fin du onzième siècle; troubadours; excommunication de Philippe Ier; première croisade.* 1088-1100.......................*page* 462

Le onzième siècle est à peine aperçu dans l'Histoire française........................... *ibid.*

C'est cependant la période de création de tout ce qu'il

y eut de vigoureux dans le moyen âge....... *page* 483
Renaissance de la poésie au onzième siècle, qui compléta les autres créations........................ 484
Le midi de la France et de l'Italie et le nord de l'Espagne arrivés à l'aurore de la civilisation.......... 485
L'influence des Arabes plus grande que celle des Allemands sur la poésie romane.................. 487
Arabes appelés dans le palais à la domesticité des seigneurs, en Sicile et en Espagne................ 488
La musique, passion des Maures, communiqua le rhythme de leur poésie...................... 490
Caractère particulier de la poésie provençale........ 492
Caractère des troubadours et des jongleurs......... 494
1087. Calme apparent de l'Occident à la mort de Guillaume-le-Conquérant....................... 496
1088. 8 mars. Élection d'Urbain II, français, successeur de Victor III........................ 497
1088-1094. Accusation intentée contre Henri IV, à l'occasion de sa femme Adélaïde.............. 499
La France impériale sent à peine les conséquences de la guerre des investitures....... 501
1088. Robert-Courte-Heuse succède à son père dans le duché de Normandie................. 502
1088-1089. Sa rivalité avec son frère Guillaume-le-Roux, roi d'Angleterre................. 504
Robert s'allie à Foulques-le-Réchin, comte d'Anjou, et le marie avec Bertrade........ 506
1090. Élie de la Flèche se fait reconnoître comme comte du Maine......................... 508
Guerres civiles dans la Normandie. Cruauté du parti victorieux......................... 509
Cruauté de Henri, troisième fils du roi Guillaume, contre les bourgeois de Rouen.... 511

1091-1093. Henri trompé par ses deux frères, et chassé de Normandie............ *page* 512

La maison de Philippe prend part aux guerres civiles de Normandie................... 513

1092. Philippe abandonne sa femme Berthe, et séduit Bertrade, femme de Foulques-le-Réchin... 516

Philippe l'enlève et l'épouse, malgré les réclamations du clergé...................... 518

Sources du pouvoir que conservoit Philippe, malgré la petitesse de son domaine........ 520

L'archevêque de Lyon, légat du pape, chargé de mettre fin au scandale.............. 521

1094. 16 octobre. Concile national d'Autun, qui frappe Philippe d'excommunication............ 522

Progrès du fanatisme qui tourne les yeux de la chrétienté sur la délivrance de l'Orient.... 523

Zèle de Pierre l'ermite à son retour de Jérusalem, pour armer les Latins............ 526

1095. 1er mars. Concile de Plaisance qui promet des secours à l'empereur grec................ 527

Novembre. Concile de Clermont, dont un seul canon se rapporte à la croisade.......... 528

Urbain II n'excita pas l'enthousiasme, mais il s'y laissa enfin entraîner............. 529

Au cri de *Dieu le veult*, la plupart des seigneurs prennent la croix.................... 532

Une année donnée aux préparatifs de la croisade................................ 534

Conduite de Philippe Ier. Ménagemens du pape pour lui................................ 535

1096. Le fanatisme de la croisade gagne les dernières classes du peuple................... 536

Les croisés commencent par massacrer les Juifs

ET ANALYTIQUE. 587

dans toutes les villes............. *page* 537
Marche de Pierre l'ermite et de Gaultier sans
 avoir, avec les premières armées........ 538
Les seigneurs vendent ou engagent leurs seigneuries pour se procurer de l'argent...... 541
Ordre établi par les croisades ; surnoms, gé-
 néalogies, armoiries................... 543
15 août. Départ de Godefroi de Bouillon avec
 les Lorrains et les Belges............... 544
Départ de Robert-Courte-Heuse avec les Normands, les Flamands, et Hugues de Vermandois............................... 546
Les Normands de la Pouille se joignent à cette
 armée devant Amalfi................... 547
Fin d'octobre. Départ de la troisième armée de
 Raymond de Saint-Gilles............... 548
Son passage par la Lombardie et la Dalmatie.. 550
Les croisés traversent l'empire grec et passent
 le Bosphore........................... 551
Suite des événemens de la croisade......... 552
1097. Guerre entre Philippe et Guillaume-le-Roux
 pour le Vexin......................... 554
1097-1099. Guerre de Guillaume-le-Roux avec Hélie,
 comte du Maine....................... 555
1099. Guillaume passe la mer et chasse Hélie du Mans. 558
1100. Retour des croisés. Alarme que l'approche de
 Robert cause à Guillaume.............. 559
1100. 2 août. Mort de Guillaume, tué involontaire-
 ment à la chasse...................... 560

FIN DE LA TABLE.

www.ingramcontent.com/pod-product-compliance
Lightning Source LLC
Chambersburg PA
CBHW070357230426
43665CB00012B/1157